*Reisen
in der
Alten Welt*

LIONEL CASSON

Reisen
in der
Alten Welt

PRESTEL VERLAG
München

Deutsch von Otfried R. Deubner

© George Allen & Unwin Ltd., London 1974
© der deutschen Ausgabe 1976
Prestel-Verlag München

Passavia Druckerei AG Passau
ISBN 3791303678

Inhalt

Vorwort 7

NAHER OSTEN UND GRIECHENLAND

Die Anfänge: 3000-1200 v. Chr. 12
Die Anfänge: 1200-500 v. Chr. 42
Die Horizonte weiten sich 58
Handel und Reisen in den Zeiten
    der Griechen (500-300 v. Chr.) 74
Der erste Reiseschriftsteller 107

REISEN IN RÖMISCHER ZEIT

Eine Welt 128
Verschiedene Reisende 150
Ferien 161
Seefahrten 173
Römische Straßen 188
Unterwegs auf der Straße 206
Rasthäuser und Restaurants 228
Die Post 258

TOURISTEN UND TOURISMUS IN RÖMISCHER ZEIT

Die Sehenswürdigkeiten 268
Museen 278
Reiserouten 296
Die Besichtigungen 306
Baedeker der Alten Welt 352
Pilgerreisen nach Palästina
    und Ägypten 361

Anmerkungen 396
Verzeichnis der Abbildungen 431
Abkürzungen 436
Register 440

Vorwort

Dies Buch ist die erste Gesamtdarstellung des Reisens im Altertum.

Es umfaßt chronologisch alle Reisen, angefangen von den in ägyptischen Inschriften des Alten Reichs verzeichneten bis zu den christlichen Pilgerfahrten im 4.-6. Jahrhundert zu Zeiten des frühen Christentums. Sachlich behandelt es alle Fragen von Bedeutung: Die Anlässe dafür, warum man auf Reisen ging, besonders wenn es nicht Gründe wie Handel oder Regierungsgeschäfte waren; wie man zu Lande oder auf See reiste; Gasthöfe, Raststätten, Lokale und andere dem Reisenden zur Verfügung stehende Einrichtungen; vor allem aber das Wesen des Tourismus im Altertum – die Hauptreiserouten, die bevorzugten Orte und Sehenswürdigkeiten, Museen, Fremdenführer, Reisehandbücher und das Verhalten des Touristen.

Die römische Kaiserzeit, für die wir die ausführlichsten Informationen besitzen, ist von Ludwig Friedländer in den Abschnitten über Verkehrswesen und die Reisen der Touristen seiner meisterhaften ›Darstellungen aus der Sittengeschichte Roms‹ umfassend behandelt worden. Doch stammt die letzte Auflage aus dem Jahr 1922, und die inzwischen vergangenen Jahre haben nicht nur neue Kenntnisse gebracht, sondern auch überkommene in neuem Licht gezeigt. Für andere Epochen gibt es kein umfassendes Werk, nicht einmal ein überholtes. Man kann verstreut in verschiedenen Büchern und Zeitschriften mehr oder weniger nützliche Untersuchungen über bestimmte Einzelaspekte – aber keineswegs über alle – finden. Wie das Reisen auf See vor sich ging, Andenken, Briefe von Reisenden, diese sowohl wie eine Reihe anderer Themen sind bisher nur ganz gelegentlich erwähnt worden.

Ich schrieb das Buch für den Altertumsforscher und für den interessierten Laien; mit Rücksicht auf diesen habe ich kurze historische Einführungen in die verschiedenen behandelten Epochen gebracht und es vermieden, die Textseiten mit Anmerkungsziffern zu belasten. Da aber unsere Kenntnis des Altertums so lückenhaft ist, daß die Quellen, die wir unserer Darstellung zugrunde legen, ebenso wichtig sind wie die Darstellung, habe ich im Anschluß an den Text diese mit jeweiliger Angabe der Seite, auf die sie sich beziehen, aufgeführt. Wo es möglich war, habe ich Standardwerke zitiert, die die wesentlichen literarischen, archäologischen, epigraphischen, papyrologischen und numismatischen Quellenangaben enthalten, andernfalls werden die Quellen selbst angegeben.

Ortsnamen sind immer problematisch. Ich habe manchmal die antiken, manchmal die modernen Namen verwendet. Dabei habe ich in erster Linie auf Leichtigkeit des Verständnisses geachtet. Folglich spreche ich von Mailand und Lyon anstatt von Mediolanum und Lugdunum, von Nikaia und Sidon anstatt von Iznik und Saida. Wenn der Unterschied zwischen beiden geringfügig war, bevorzugte ich den antiken Namen, zum Beispiel Tibur statt Tivoli, Puteoli statt Pozzuoli. Die Rechtschreibung der Orts- und Personennamen folgt in den Kapiteln, die die frühe Zeit behandeln, der landesüblichen, in denen, die die Verhältnisse in der Zeit des Römischen Reiches schildern, der amtlichen römischen Schreibweise.

Größten Dank schulde ich, wie immer, meiner Frau, die mir bereitwillig ihre vielseitige Hilfe gewährte, angefangen von ihrer unfehlbaren Kritik an Abschnitten, die überarbeitet werden mußten, bis zur geduldigen Abschrift der einzelnen Fassungen des Manuskripts. Besonderen Dank schulde ich Bluma Trell, deren hervorragende Kenntnis des römischen Ostens mich auf so manche Spur brachte, die zu einem Ergebnis führte. Auch noch andere Gelehrte ließen mir willkommene Hilfe angedeihen, so Blanche Brown in kunsthistorischen Fragen, Annalina und Mario Levi bezüglich der kaiserzeitlichen Post, Naphtali Lewis mit papyrologischen Hinweisen, Arthur Schiller in Fragen, die sich auf das Recht im Altertum beziehen, Richard Scheuer und Joy Ungerleider hinsichtlich des Reisens im Heiligen Land. Ernest Nash, der Direktor der Fototeca Unione an der Amerikanischen Akademie in Rom gewährte mir seine gewohnte kenntnisreiche Unterstützung bei Auswahl und Beschaffung der Abbildungen. Der Verleger der deutschen Ausgabe hat aus eigener Initiative die Abbildungen durch Farbtafeln und Wiedergabe weiterer Beispiele vermehrt.

NAHER OSTEN UND GRIECHENLAND

Die Anfänge: 3000–1200 v. Chr.

Die ersten Städte, die uns näher bekannt wurden, entstanden in den Ländern zwischen Tigris und Euphrat, der erste Staat, der sich mit einem modernen Nationalstaat vergleichen läßt, längs den Ufern des Nils. Die hier entstehenden neuen Lebensverhältnisse brachten zwangsläufig neue Formen der Bewegung von Ort zu Ort mit sich. Jetzt begannen Kuriere zwischen Städten hin- und herzueilen, Beamte begannen in ihrem Zuständigkeitsbereich herumzureisen, Kaufleute zogen von Markt zu Markt, und Menschenmassen verließen an Festtagen die umliegenden ländlichen Bezirke, um an den heiligen Stätten zusammenzuströmen.

Anfänglich muß solches Reisen recht begrenzt gewesen sein – beschränkt etwa darauf, auf den großen Flüssen abwärts zu fahren oder längs ihrer Ufer zu wandern oder im Gebiet der Hügel, Täler und Ebenen Syriens und Palästinas Nomadenwegen oder dem Saum der Küste zu folgen. Nicht lange nach 3000 v. Chr. jedoch weitete sich der Horizont der Menschen in erregender Weise, als es gelang, Schiffe zu bauen, die sicher und bequem über das offene Meer fahren konnten. Diese Schiffe beförderten Frachten auf dem östlichen Mittelmeer zwischen Ägypten und der Levante, auf dem Roten Meer zwischen Ägypten und Arabien, oder im Persischen Golf und auf dem Indischen Ozean zwischen Mesopotamien und den nordwestlichen Küsten Indiens.

Wir wissen nicht genau, wer zuerst seetüchtige Schiffe baute. Es können sehr wohl die Ägypter gewesen sein, weil sie als Anwohner eines hervorragend schiffbaren Flusses sehr früh schon vom Wasserweg Gebrauch machten. Herodot berichtet: »Wenn der Nil das Land überschwemmt ... wird Ägypten ein Meer, nur die Städte ragen aus dem Wasser heraus. Sie setzen, wenn dies geschieht, mit ihren Fähren nicht mehr im Flußtal über, sondern fahren mitten durch das flache Land. Wer von Naukratis nach Memphis hinauffährt, fährt direkt bei den Pyramiden vorbei.« Herodot beschreibt hier, was er während eines Besuchs um das Jahr 450 v.Chr. sah; aber wenn er zweieinhalb Jahrtausende früher dort gewesen wäre, hätte er über seine Eindrücke wohl dasselbe berichten können (vgl. Farbtafel v). Der Nil, seine Nebenflüsse und Kanäle boten für die Ägypter immer den leichtesten und schnellsten Weg, und in gewissen Gebieten, wie zum Beispiel im Sumpfland des Deltas, war es der einzige. Die Ägypter waren sogar in der Lage, stromaufwärts zu segeln, da der Wind bei ihnen glücklicherweise meist von Norden weht (Abb. 6). Um die erste Hälfte des 4.Jahrtausends v.Chr. benützten sie Kanus und Flöße, die sie aus Bündeln vom Rohr der Papyruspflanze herstellten, die hier in großen Mengen wächst (Abb. 4). In der Bibel wurden daraus die berühmten ›Binsen‹, aus denen das Körbchen gewesen sein soll, in dem der kleine Moses ausgesetzt worden ist. Gegen 2700 v.Chr. verwendete man Flußboote aus Holz (Abb. 5); ein halbes Jahrhundert später hören wir bereits von einem Verband von vierzig Schiffen, der von der libanesischen Küste zur Nilmündung fuhr (vgl. Abb. 7).

Mesopotamien hat zwei große Ströme, aber keiner bietet so viele Nutzungsmöglichkeiten wie der Nil; beide sind schiffbar, doch gibt es dort keinen geeigneten vorherrschenden Wind, um flußaufwärts zu fahren. Im 3.Jahrtausend v.Chr. waren kleine hölzerne Flußboote allgemein im Gebrauch; wenn man von einer

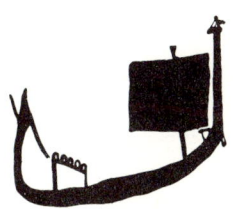

Älteste erhaltene Darstellung
eines Schiffes,
Ägypten, 4.Jahrtausend v.Chr.

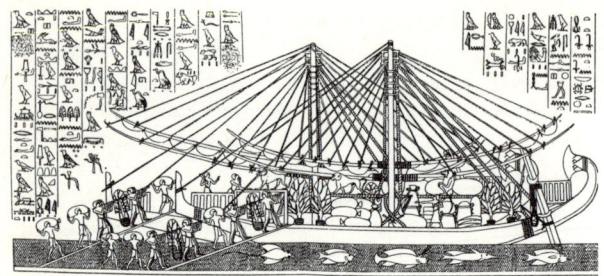

Beladen von Schiffen der Expedition Punt der Königin Hatschepsut, Ägypten, 17. Jahrhundert v. Chr.

Reise flußabwärts zurückkehren wollte, mußten die Schiffe Schritt für Schritt von Treidlern (vgl. Abb. 13) an einem Seil gegen den Strom flußaufwärts gezogen werden. Armenische Flußschiffer, die ihre Reise im fernen Norden begannen und deshalb einen langen Heimweg hatten, machten sich die Sache bequemer, indem sie leichte Flöße benutzten, die vermittels zahlreicher aufgeblasener Tierhäute schwammen; wie Herodot erzählt, »fährt auf jedem von ihnen ein lebender Esel mit, auf den größeren mehrere. Wenn sie nun auf ihrer Fahrt nach Babylon gekommen sind und ihre Ladung verkauft haben, bieten sie Hölzer und das Röhricht ihrer Flöße öffentlich feil, laden die Tierhäute auf die Esel und treiben sie nach Armenien zurück.« Diese leichten Flöße waren gut geeignet, die Stromschnellen zu überwinden, die beim Durchbruch des Tigris durch die Gebirge Kurdistans auftreten; wenn sie an Steine stießen, konnten die Schwimmblasen schlimmstenfalls ein paar Löcher bekommen, die schnell zu reparieren waren. Im ruhigen Unterlauf des Stroms bevorzugten die Mesopotamier besonders für den Fährbetrieb von Ufer zu Ufer große runde Boote aus Weidengeflecht (Abb. 1, 2). Diese waren groß genug, um Wagen und sogar schwere Ladungen von Baumaterialien zu transportieren; aber auch Holzboote verwendete man zu diesem Zweck (Abb. 3).

Wo Transport zu Wasser nicht möglich war, wie zum Beispiel in Palästina und Syrien, wo es wenige schiffbare Flüsse gibt, gingen die Reisenden zu Fuß oder ritten auf Eseln; in den reinen Wüstengebieten und den Steppen auch auf Kamelen.

Etwa seit dem Jahr 3000 v. Chr. gab es Fahrzeuge. Die frühesten Beispiele sind bei den Sumerern bezeugt, einem begabten Volk in Nordmesopotamien, das sich mit den Ägyptern in die Ehre teilt, viele Beiträge zur kulturellen Entwicklung der Menschheit geleistet zu haben. Es sind das schwere Kästen, die von vier massiven Rädern getragen und von Gespannen von Ochsen oder Onagern, einer Art Wildesel, gezogen werden (Farbtafel 1). Bei Grabungen hat man Reste solcher Wagen aus der Zeit um 2500 v. Chr. gefunden. Sie stammen alle von ganz kleinen Fahrzeugen. Die Kästen waren nur etwa 50 cm breit, und die Räder hatten einen Durchmesser von 50 cm bis zu einem Meter. Die Bescheidenheit dieser Wagen war dadurch bedingt, daß sie von Onagern gezogen wurden, größere Wagen dieser massiven Bauart wären zu schwer für diese Zugtiere gewesen. Darstellungen der Zeit zeigen sie öfter zu viert als zu zweit angeschirrt.

Der zweirädrige Karren scheint ein wenig später als der vierrädrige Wagen eingeführt worden zu sein; auch dieser war zuerst noch ein verhältnismäßig schweres Fahrzeug mit massiven Rädern. Um das Jahr 2300 v. Chr. wurde dann das Pferd als Zugtier im Nahen Osten eingeführt, und innerhalb weniger Jahrhunderte kam auch ein leichterer, von Pferden oder Maultieren gezogener Wagentyp in Gebrauch, ein schnelles, handliches Fahrzeug für Könige, Fürsten, hohe Würdenträger und sonstige Personen von Rang (Abb. 15-21).

Dieser zweirädrige, von Pferden gezogene Kampfwagen erfreute sich von etwa 1600 v. Chr. an beim Adel großer Beliebtheit. Er war zunächst speziell für Kriegszwecke entworfen worden. Größe und Gewicht mußten folglich so klein wie möglich gehalten werden, und da es sich um ein Kriegsgerät für die Oberschicht handelte, spielten Kosten bei seiner Entwicklung und Herstellung keine Rolle. In der ersten Hälfte des zweiten Jahrtausends hatten Schreiner die Kunst gelernt, Holz durch Einwirkung von Wasser und Hitze zu biegen. So ließen sich die massiven, schweren Räder früherer Zeiten durch Speichenräder ersetzen – üblicherweise sind es vier, manchmal sechs Speichen, auf denen der Kranz von gebogenen, sorgfältig gefugten Felgen aufsitzt. Den schweren, massiven Wagenkasten löste ein Wagenkorb ab, dessen Rahmen aus gebogenem Holz bestand. Als Wandung dienten Felle oder Weidengeflecht (Abb. 17, 21). Ein im Grab des Tutenchamun (1348-1337 v. Chr.) gefundener Kampfwagen hat sogar geflochtene Lederriemen als federleichten Wagenkorbboden. Diese Art von Kampfwagen war so leicht, daß einer der homerischen Helden, Diomedes, beim Versuch, einen der feindlichen Streitwagen zu stehlen, überlegt, ob er ihn fortziehen oder einfach auf die Schulter nehmen und forttragen soll. Die neue Erfindung, für Kampf und Jagd geeignet, breitete sich nach ihrem Auftauchen im Nahen Osten innerhalb von zwei oder drei Jahrhunderten westwärts in Griechenland, Kreta und Nordeuropa, ostwärts in Indien und China aus.

Der Nahe Osten kannte als Pferdegeschirr nur das Joch und verwendete es unterschiedslos bei den massiven und den leichten Streitwagen. Jedes Fahrzeug hatte eine Deichselstange mit einem horizontal darüberliegenden Jochholz nahe dem Deichselende (Abb. 21). Dieses Geschirr war offenbar ursprünglich dafür gedacht, ein Paar Ochsen anzuschirren, je ein Tier zu Seiten der Deichsel, wobei das Querholz, das Joch, auf deren Schultern auflag. Als dann auch Onager und Pferde die Rolle von Zugtieren übernahmen, wurde für sie das Jochgeschirr einfach übernommen. Da ihnen aber die herausragenden Schultern eines Ochsen fehlen, mußten sie mit einem Band, das um ihre Brust geführt war, am Joch befestigt werden. Sooft sie nun kräftig anziehen wollten, drückte das Band gegen ihre Luftröhre und hinderte sie daran, ihre volle Kraft einzusetzen. Der neue Streitwagen wurde, wo immer er in Gebrauch kam, mit diesem ungeeigneten Geschirr übernommen; Griechen und Römer taten, wie wir sehen werden, sehr wenig, um dem geschilderten Übel abzuhelfen. Der Ferne Osten anderseits entwickelte ein für Pferde geeignetes Geschirr, verwendete es aber nur selten, gleichsam zufällig. Eine passende Art, ein Pferd an ein Fahrzeug anzuschirren, ist die doppelte Deichsel. Einige Bronzemodelle von leichten zweirädrigen Karren mit einer Art Doppeldeichsel sind bei archäologischen Grabungen in Indien gefunden worden und gehören in den Beginn des 2. Jahrtausends v. Chr. Selbst wenn dies wirklich Beispiele von Doppeldeichseln sein sollten, so sind doch keine anderen vor Ablauf von weiteren 1500 Jahren bezeugt; sie treten erst im China des 4. Jahrhunderts v. Chr. wieder auf. Die Chinesen waren es, die zu diesem späten Zeitpunkt als erste den Wert der Doppeldeichsel ganz erkannten; sie führten sie bei sich ein und gaben das aus dem Westen übernommene Joch auf.

Rekonstruktion eines Steppenwagens, nach Henry Hodges. Um 2500 v. Chr.

Aufgrund einiger Tonmodelle darf man schließen, daß es mindestens seit dem Jahr 2500 v. Chr. gedeckte Wagen gegeben hat. Mit einem Baldachin in Bogenform ausgestattet, gleichen sie unseren bäuerlichen Planwagen; sie dienten zweifellos ebenso wie diese dazu, ganze Familien mit ihrem Hab und Gut zu befördern. Der Pharao, der Joseph in Dienst genommen hatte, wird wohl derartige Fahrzeuge im Sinn gehabt haben, als er ihn anwies, seinen Brüdern zu sagen, sie sollten »Wagen aus dem Ägypterland für eure Kinder, eure Frauen und ... euren Vater« nehmen, um sie alle von Kanaan nach Ägypten zu bringen.

Reisende, die gut zu Fuß waren, mieden im allgemeinen Fahrzeuge. Sie gingen oder ritten, wenn sie wohlhabend genug waren, auf Eseln. Sie ritten niemals auf Pferden, denn die Reitkunst lag zu dieser Zeit noch in ferner Zukunft. Sänften werden aus unbekannten Gründen erst ganz spät erwähnt, waren aber sicher bereits in früheren Zeiten bekannt.

Fußgänger oder Tiere brauchen nur einen Pfad. Fahrzeuge brauchen eine Straße – und dies muß wohl der Hauptgrund gewesen sein, warum Händler nicht regelmäßig mit Karren und Wagen unterwegs waren; in frühen Zeiten gab es nicht viele Wegestrecken, die für einen Verkehr mit Fahrzeugen geeignet waren. In einem sumerischen Hymnus, der Schulgi, einem König von Ur (etwa 2100-2050 v. Chr.) zugeschrieben wird, rühmt dieser sich, in einem einzigen Tag die Strecke zwischen der heiligen Stadt Nippur und Ur – eine Entfernung von 160 km – hin- und zurückgefahren zu sein, trotz eines heftigen Hagelsturms auf dem Rückweg. Wenn ein Korn Wahrheit in seinen Worten steckt, dann hat das das Vorhandensein einer Fahrstraße zur Voraussetzung. Es gab in den Tagen Hammurabis, des Herrschers des Babylonischen Reichs zwischen 1792 und 1750 v. Chr. sicherlich eine Straße, und sogar eine recht gute zwischen Babylon und Larsa. In einem Brief an einen Beamten in Larsa gibt er Befehl, daß man so schnell wie möglich bestimmte Leute zu ihm schicke, wobei er anweist, »daß sie Tag und Nacht zu reisen und in zwei Tagen in Babylon zu sein hätten«. Die beiden Städte liegen etwa 190 km voneinander entfernt; wenn wir eine Fahrzeit von 36 bis 48 Stunden zugrunde legen, heißt das, daß er mit einer Durchschnittsgeschwindigkeit von 4 bis 5,5 km in der Stunde rechnete, einem beinahe so guten Durchschnitt, wie ihn Reisende in Mauleselwagen zwei Jahrtausende später auf den hochgepriesenen römischen Straßen erreichten. Die »Straße durch das Land der Philister«, die die Juden bei ihrem Exodus so sorgfältig mieden, das heißt die Straße längs der Küste von der Mündung des Nils bis nach Tyrus und Sidon sowie Beirut und darüber hinaus, die als Hauptverbindungsstrecke zwischen Ägypten und der Levante diente, war auch für Wagen befahrbar, jedenfalls den größten Teil der Strecke. Möglich, daß sie Joseph auf seiner Flucht nach Ägypten benützte.

Doch selbst die besten dieser Landstraßen waren dürftig genug, und eine Art Straßenpflaster gab es kaum. Die Hethiter, das mächtige Volk, das Kleinasien von etwa 1800 bis 1200 v. Chr., vor allem dank seinen hochentwickelten Streitwageneinheiten, beherrschte, pflasterten die 2 km lange Straße zwischen ihrer Hauptstadt und einem nahe gelegenen Heiligtum wegen des Gewichts der schwerbeladenen Wagen, die sie an den Festtagen bei Pro-

DIE ERSTEN STRASSEN

zessionen verwendeten; aber ihre Streitwagen fuhren auf einfachen Erdstraßen durch das Land. Brücken waren ebenfalls lange Zeit eine Seltenheit. In Ägypten und Mesopotamien, wo Überflutungen die Ingenieure jener Zeit vor beinahe unlösbare Probleme stellten, gab es praktisch keine. Fahrzeuge benützten entweder Furten oder sie wurden auf Fähren übergesetzt; manchmal mußte man sie auseinandernehmen, um sie auf einem Boot aus Rohr oder auf einem Boot aus mit Häuten überzogenem Weidengeflecht in gedrängter Enge unterzubringen.

Dann war die Frage der Straßenwartung zu lösen. »Ich verbreiterte die Fußpfade und machte die Verkehrswege des Landes gerade«, sagt Schulgi von sich in dem Hymnus, der von seiner Blitzfahrt berichtet. Aber nicht jeder Herrscher in Mesopotamien war ein Schulgi, und es muß lang dauernde Perioden gegeben haben, in denen niemand es sich angelegen sein ließ, Straßen zu pflegen oder zu begradigen.

Die Verhältnisse scheinen auf der Insel Kreta, wo 2000 bis 1500 v. Chr. die eindrucksvolle Kultur der Minoer (Abb. 18, 34), und in Griechenland, wo von 1600 bis 1200 v. Chr. die ebenso eindrucksvolle mykenische Kultur (Abb. 17) blühte, etwas besser gewesen zu sein. Beide Völker machten ausgedehnten Straßenbau zu ihrer Sache. Auf Kreta sind Archäologen auf die Reste einer Verkehrsstraße gestoßen, die von einem Hafen an der Südküste zur Hauptstadt Knossos führte; sie war in ganzer Länge zweispurig, durchschnittlich 4,10 m breit und wo nötig durch Stützmauern aus Haustein verstärkt. Als monumentaler Viadukt,

Minoisches Schiff, um 1500 v. Chr.
(nach einem Wandfries in Thera, vgl. Farbtafel III)

der ebenfalls aus behauenen Steinen bestand, führte sie auf dem letzten Stück bis zum Palast von Knossos. In Griechenland sind Straßen aus mykenischer Zeit nicht nur in der Nachbarschaft von Mykene, sondern auch bei Pylos, in Böotien und sogar im südlichen Thessalien festgestellt worden. Sie waren meistens einspurig, doch einige mit einer Durchschnittsbreite von 3,45 m konnten Verkehr in beiden Richtungen aufnehmen. Brücken und Wasserdurchlässe machten sie auch während der Regenzeit befahrbar, und dort, wo sie sich den Städten näherten, hatten sie manchmal sogar etwas Pflasterung; es gibt zum Beispiel ein Stück Pflasterstraße, das zum Löwentor von Mykene führt. Im ganzen genommen hatte Griechenland im 13. Jahrhundert v. Chr. wahrscheinlich ein besseres Straßensystem als im 3. Jahrhundert.

Das Interesse unter den Griechen der mykenischen Zeit für Straßen stammt sehr wahrscheinlich von ihrem Vergnügen an Fahrten mit dem Streitwagen. Im Nahen Osten diente der Streitwagen nur für Krieg oder Jagd. Der mykenische Adel scheint dafür einen dritten Gebrauch eingeführt, nämlich ihn zum Reisen verwendet zu haben. Ein in Tiryns aufgedecktes Wandgemälde, heute im Nationalmuseum in Athen, gibt einen eleganten Streitwagen wieder, mit karminrotem Wagenkorb, weißem Schmuck, gelben Rädern, weißer, mit schwarzen Riemen umwickelter Deichselstange und roten Zügeln. Man sieht auf dem Wagen nicht, wie meist, den Wagenlenker mit einem Krieger oder Jäger, sondern ein Frauenpaar, das eine Vergnügungsfahrt

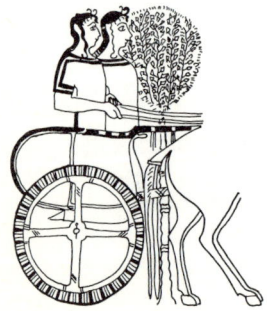

Damen bei einer Landfahrt
mit einem zweirädrigen Wagen,
um 1300-1200 v. Chr.
(nach einem Wandgemälde in Tiryns)

unternimmt; der stilisierte Hintergrund deutet darauf hin, daß es sich um eine Fahrt durch das Land handelt. Die Folgerung liegt nahe, daß der Adel in diesen leichten Wagen über Land zu reisen liebte und daß man darin nicht weit gekommen wäre ohne einigermaßen ordentliche Straßen.

So viel über den Verkehr und seine Mittel in den frühesten Anfängen. Wir wollen uns jetzt den Menschen zuwenden, die reisen.

In Ägypten waren es vor allem Beamte der Regierung. Um 3200 v. Chr. stand das Niltal vom ersten Katarakt an nordwärts bis zur Küste unter der Hoheit eines Herrschers. Von seiner Hauptstadt in Memphis, ein wenig südlich von der Stelle, an der der Nil sich ins Delta verzweigt, schickte der Pharao seine Verwalter, Beamten und Boten stromauf und stromab. In dem heiligen Bezirk des Osiris in Abydos beispielsweise, wo jeder Ägypter ein Erinnerungszeichen hinterlassen wollte, haben die Ausgräber unzählige gefunden, die Beamte gestiftet hatten, wenn sie auf einer Dienstreise durch diese Stadt kamen. »Ich erreichte Elephantine (beim ersten Katarakt), wie mein Auftrag lautete ... ich kehrte auf dem Weg, auf dem ich gekommen war, zurück. Ich warf bei Abydos Anker. Ich ließ meinen Namen im Heiligtum des Gottes Osiris.« So steht es auf einem Denkmal, das ein Kammerherr des Amenemhet II. (1929-1895 v. Chr.) errichtet hat. Die Beamten des Pharao fuhren nicht nur den Fluß aufwärts und abwärts, sondern zogen auch durch die östliche Wüste nach Sinai, wo die Ägypter spätestens seit 3000 v. Chr. Kupfer und Türkis gewannen; ein Strom von Arbeitsgruppen, Trageseln, Trägern, Beamten usw. muß in der Wüste ständig in beiden Richtungen unterwegs gewesen sein. Hin und wieder überschritten die Vertreter Ägyptens die Grenzen ihres Landes, wenn sie entweder nordwärts nach der Levante oder südwärts in den Sudan reisten.

Ein Prinz Harkuf beispielsweise, der irgendwann zwischen 2300 und 2200 v. Chr. lebte, machte, wie wir aus einer kurzen Selbstbiographie, die er in seinem Grab einmeißeln ließ, erfahren, drei Reisen nach dem Sudan. Die erste unternahm er, um zu diesem Land Beziehungen zu eröffnen. »Meine Reise dauerte sieben Monate, und ich brachte von dort allerlei gute und seltene

Geschenke zurück! ... Seine Majestät schickte mich ein zweites Mal ... ich reiste (vom ersten Katarakt) ... und kehrte ... im Zeitraum von acht Monaten wieder zurück. Ich kehrte zurück und brachte von diesem Land Geschenke in sehr großer Zahl ... Seine Majestät schickte mich ein drittes Mal ... ich kehrte mit 300 Eseln zurück, die mit Weihrauch, Ebenholz, Öl, Leopardenfellen, Elfenbein, Wurfhölzern und allen guten Erzeugnissen beladen waren.« Es hat den Anschein, als sei der Mann mit einer Reihe von Handelsmissionen beauftragt gewesen.

Harkuf selbst drang nicht bis ins dunkelste Afrika vor; er begab sich nicht weiter als in die Gegend zwischen dem zweiten und dritten Katarakt. Hier muß ein Handelsplatz gewesen sein, der Endpunkt eines Karawanenwegs, der über das Bergland und durch den Dschungel nach Süden führte. Einige Jahrhunderte später, etwa um das Jahr 2000 v.Chr., gelang es den Ägyptern, die Landwege und die hierbei einzuschaltenden Zwischenhändler dadurch zu umgehen, daß sie den Wasserweg benutzten und Schiffe durch das Rote Meer direkt zu den Küsten Äthiopiens und vielleicht sogar Somalilands schickten.

Auch in Mesopotamien reisten Regierungsbeamte häufig hin und her, wenn auch ein wenig später als in Ägypten. Die Sumerer, die dort die erste Kultur entwickelten, bildeten einzelne Stadtstaaten. Nach 2700 v.Chr. kamen dann die mächtigeren unter ihnen auf den Gedanken, ihre Nachbarn zu unterwerfen. Einzelne kriegslustige Herrscher schufen sich ansehnliche Reiche, und im 21.Jahrhundert v.Chr. war der offizielle Verkehr zwischen einer Hauptstadt und den ihr botmäßigen Städten lebhaft genug, um die Bildung eines von der Regierung betriebenen Verkehrsdienstes zu rechtfertigen.

Im Ägypten der Frühzeit lag der Handel in den Händen des Pharao; Handelsreisen wie diejenigen des Harkuf waren nur eine andere Form offizieller Reisen. Händler aus anderen Ländern kamen gelegentlich in das Niltal, wie zum Beispiel die Gruppe von Levantinern, die wir auf einem Grabgemälde des 20.Jahrhunderts v.Chr. ihre beladenen Esel treiben sehen. Die Ägypter, ein nicht gerade bescheidenes Volk, sprechen von ihnen als offiziellen ausländischen Vertretern und von ihren Waren als einem

Wandernder Semit
mit bepacktem Esel,
um 1920 v. Chr.
(nach einer Wandmalerei
im Grab des Chnemhotpe)

Tribut, doch ist es wahrscheinlicher, daß es private Kaufleute waren, die die Reise zu ihrem eigenen Profit unternahmen.

In Mesopotamien stand privates Unternehmertum in voller Blüte. Karawanen auf den Straßen, beladene Schiffe auf den Flüssen waren ein alltäglicher Anblick. »Vor dreißig Jahren«, so sagt ein Brief von etwa 2000 v. Chr., den zwei Geschäftspartner an Kunden schrieben, deren Konto ein Schuldsaldo aufwies, »habt Ihr die Stadt Assur verlassen. Ihr habt seitdem niemals eine Zahlung geleistet, wir haben von Euch nicht einen einzigen Schekel Silber erhalten, aber wir sind Euch deswegen niemals unangenehm entgegengetreten. Unsere Mahnungen sind mit jeder Karawane zu Euch gegangen, aber von Euch ist nie eine Antwort eingetroffen.« Assur lag im nördlichen Irak, die Adressaten lebten in einer Stadt mitten in Ostanatolien; Karawanen zogen häufig genug hin und her, um einen inoffiziellen Postdienst zu gewährleisten.

Briefe wie dieser und andere Erinnerungsstücke des Geschäftslebens, die, auf Tontafeln geschrieben, Jahrhunderte überdauern können, falls sie ungestört lagern, sind zu Tausenden in Mesopotamien ausgegraben worden. Sie zeigen nicht nur die Ausdehnung des Handelsverkehrs jener Zeit, sondern auch den Grad seiner Verfeinerung. Karawanenbesitzer arbeiteten auf Kredit, indem sie Geld oder Güter dabei verwendeten, die ihnen von einem ›Bankier‹ anvertraut worden waren, üblicherweise auf der Basis der Profitbeteiligung. Sorgfältige Buchführung war Pflicht, und es entstand ein ganzer Komplex von Gesetzen, die sich mit den verschiedensten Fällen beschäftigten, die hier auftreten konnten. Durch das berühmte Gesetz des Hammurabi erfahren wir, daß Händler, die ihre Ware durch einen feindlichen Angriff verloren haben – durch Feinde des Königs oder durch Wegelagerer – keinen Ersatz zu leisten brauchten; wenn sie jedoch ohne Profit zurückkehrten, mußten sie dem Bankier den Vorschuß doppelt zurückerstatten. Offenbar galt es als Vertragsbruch, ohne Profit zurückzukommen oder als ein *prima facie*-Beweis für Betrug. Die mit Schiffsladungen Handelnden arbeiteten ebenfalls auf Kredit. Doch der Bankier stellte in diesem Falle eine ganz normale, zu verzinsende Anleihe zur Verfügung, und der Anleihenehmer trug das ganze Risiko, behielt dafür aber auch den gesamten Gewinn. Bei Verlusten, selbst wenn das Schiff unterging, war Kapital plus Verzinsung an den Bankier zu zahlen. Das Netz des Seehandels war zu dieser Zeit schon von beeindruckender Ausdehnung; seit der zweiten Hälfte des 3. Jahrtausends fuhren Schiffe durch den Persischen Golf nach Saudi-Arabien und längs der Küsten des Iran bis zur Nordwestküste Indiens.

Staatskuriere, Beamte mit ihrer Begleitung, Händler mit ihren Krügen und Warenballen – das waren die Leute, die man tagaus, tagein auf den Straßen und Flüssen sah. Doch zu gewissen Zeiten des Jahres wurde dies alles unbedeutend gegenüber dem Strom der Gläubigen, die am Festtag einer Gottheit zu deren Heiligtum unterwegs waren. In Ägypten, wo der Religion oberster Rang unter allen Lebensbereichen zukam, und wo ein in nächster Nähe fließender Strom das Reisen verhältnismäßig leicht machte, setzten solche Anlässe riesige Menschenmassen in Bewegung. Herodot beschreibt, was sicherlich auch schon Tausende von Jahren vor seiner Zeit geschah:

»Die Ägypter versammeln sich zu festlichen Zusammenkünften nicht nur einmal im Jahr, sondern sehr oft, mit besonderer Vorliebe in Bubastis... und in Busiris... an dritter Stelle kommt Saïs ... an vierter Heliopolis ... an fünfter Buto ... an sechster Papremis... Wenn sie sich nun nach der Stadt Bubastis begeben, machen sie folgendes: es fahren gemeinsam Männer und Frauen in Schiffen, von beiden eine große Zahl auf jedem; Frauen, die Kastagnetten haben, klappern mit ihnen, manche Männer spie-

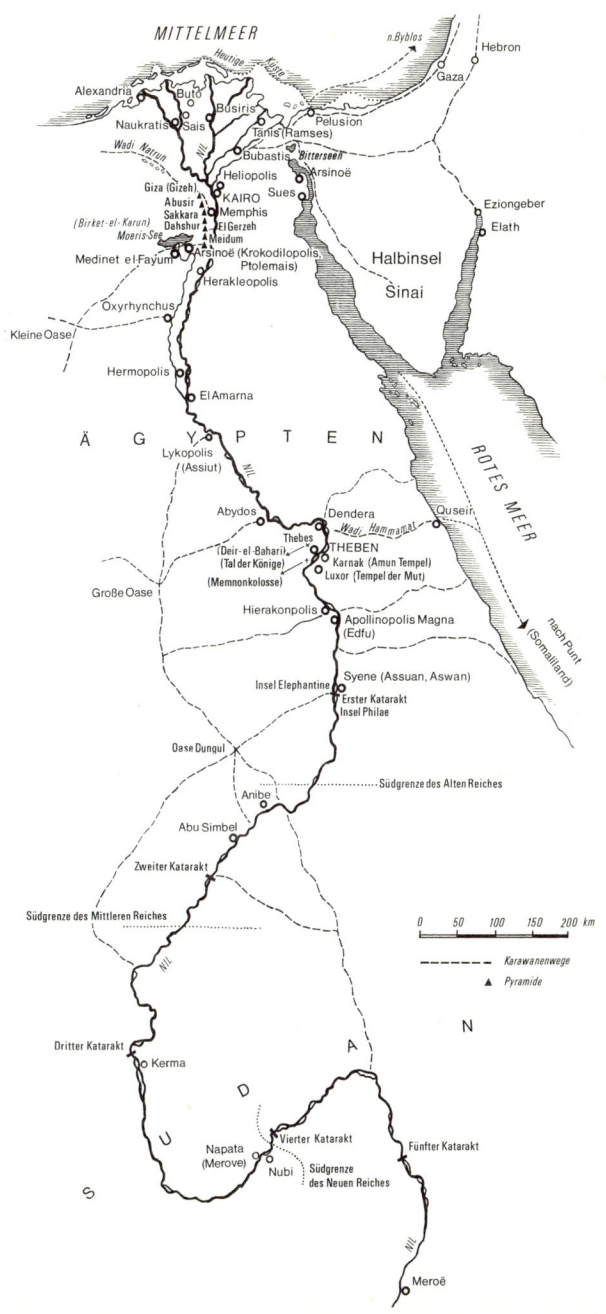

len während der ganzen Fahrt die Flöte, und die übrigen Frauen und Männer singen und klatschen dazu in die Hände. Kommen sie auf ihrer Fahrt an einer Stadt vorüber, so fahren sie mit dem Schiff näher ans Ufer und tun folgendes: einige Frauen klappern, andere rufen den Frauen der Stadt derbe Witze zu, andere tanzen oder stehen auf und heben ihre Röcke hoch. Das wiederholt sich bei jeder am Fluß liegenden Stadt. Sobald sie in Bubastis angelangt sind, beginnt das Fest mit der Darbringung großer Opfer, und Wein wird mehr ausgeschenkt als im ganzen übrigen Jahr. Es kommen, wie die Einheimischen sagen, an die siebenhunderttausend Männer und Frauen, Kinder nicht gerechnet, dabei zusammen.«

Die Teilnehmerzahl, die Herodot nennt, dürfte zu hoch gegriffen sein, aber auch wenn wir Abstriche machen, so waren doch riesige Menschenmengen gleichzeitig unterwegs.

Auch Mesopotamien hatte heilige Stätten, die viele Menschen anzogen. Eine der heiligsten von ihnen war die Stadt Nippur, von der sich ein Lageplan auf einer Tontafel erhalten hat (Abb. 43).

Schließlich können wir etwa ab 1500 v. Chr. in Ägypten sichere Zeichen für eine Art von Tourismus wahrnehmen, für das Reisen aus Interesse am Kennenlernen oder zum reinen Vergnügen. Dieses Phänomen tritt nur hier auf, nicht in Mesopotamien. Da das Niltal mit überaus vielen zum Bauen geeigneten Gesteinsarten gesegnet ist, haben die Pharaonen schon seit etwa 2700 v. Chr. begonnen, diese für ihre grandiosen Grabmäler und Tempel zu verwenden. Folglich empfanden die Ägypter späterer Zeiten, daß sie wie in einem Museum lebten, umgeben von Bauten ihrer ehrwürdigen Vergangenheit. In den großen Tagen des Neuen Reichs, zwischen 1600 und 1200 v. Chr., als Tutmosis, Echnaton, Ramses und andere berühmte Herrscher auf dem Thron saßen, waren die Stufenpyramide des Königs Djoser bei Sakkara, die Sphinx von Giseh, die drei großen Pyramiden von Giseh, der Pyramidenkomplex von Abusir und andere Monumente bereits über tausend Jahre alt. An den Wänden dieser Denkmäler finden wir Einritzungen von Leuten, die eigens Reisen unternommen hatten, um eindrucksvolle Zeugnisse einstiger Größe zu sehen. Jedes der Denkmäler war für sie ein geheiliger Ort, an dem sie einige Augenblicke im Gebet verweilten. Doch der eigentliche Antrieb entsprang nicht der Religiosität, war vielmehr Neugier oder einfach ein Vergnügen.

»Hadnachte, Sekretär des Schatzes ... kam hierher, um einen Ausflug zu machen und sich zusammen mit seinem Bruder Panachti, Sekretär des Wesirs, im Westen von Memphis zu vergnügen«, so lautet eine Einritzung vom Jahr 1244 v.Chr. auf der Wand eines kleinen Kultraums, der zur Pyramide des Djoser gehört. Aus einer Einritzung an der Wand eines der Sechmet geweihten kleinen Kultraums im Pyramidenkomplex von Abusir erfahren wir, daß im Jahr 1261 v.Chr. ein Sekretär oder Schreiber namens Ptah-Emwe und sein Vater, ebenfalls Sekretär, und vielleicht ein dritter Mann desselben Berufs »kamen, um den Schatten der Pyramiden in Augenschein zu nehmen, nachdem sie der Sechmet Gaben dargebracht hatten.« Sie waren ebenso Touristen wie ein heutiger Reisender, der sich in einer berühmten Kathedrale die Zeit nimmt, eine Kerze zu stiften. Natürlich besitzen wir so viele Zeugnisse von Sekretären, weil diese des Schreibens kundig waren. Sie besaßen sogar eine stehende Redewendung, die sie mit geringen Abänderungen jahrhundertelang beibehielten: »Sekretär N.N., der so geschickt im Schreiben ist, kam, um den Tempel des gesegneten Königs N.N. zu sehen«. In einer dieser Inschriften, die irgendwann im 13. Jahrhundert v.Chr. im Pyramidenkomplex von Djoser geschrieben wurde, wird hinzugefügt, daß die Einritzung »für alle Mitglieder der Schule ... der Neun« vorgenommen worden sei – in anderen Worten, eine Schule für Sekretäre veranstaltete einen gemeinsamen Besuch, wie er ebenso heute von Gruppen von Schulkindern unternommen wird, denen wir auf unseren Reisen begegnen.

Diese sich wiederholenden harmlosen Inschriften bezeugen nicht nur das Vorhandensein des Typus des Touristen, sondern auch, daß einige der charakteristischen Züge seines Verhaltens schon sehr bald nach seinem Auftreten ausgebildet waren. Der Hauptgrund für die Einritzungen scheint der uralte Drang gewesen zu sein, seinen Namen an einem Platz, an dem man gewesen ist, als Visitenkarte zurückzulassen. Sie sind nicht formgerecht in den Stein gemeißelt, sondern entweder hastig mit Farbe und Pinsel geschrieben oder mit irgendeinem spitzen Instrument eingeritzt (vgl. Farbtafel II). Einigen Besuchern war die ganze Sentenz zu viel, sie kamen gleich zur Hauptsache und setzten nur einfach ihre Namen hin: »Der Sekretär Pennewet«, »Der Sekretär Wia« und so weiter. Trotz des selbstgefälligen Hinweises auf ihre »geschickten Finger«, das heißt auf ihre Schreibkunst, war ihre Leistung oft alles andere als perfekt, und einmal so dürftig, daß ein Berufsgenosse sich bewogen fühlte, auf einer Wand des Kultraums im Djoser-Komplex seinem Zorn darüber Ausdruck zu geben:

»Der Sekretär mit den geschickten Fingern kam, ein geschickter Schreiber ohnegleichen unter den Leuten von Memphis, der Schreiber Amenemhet. Ich sage: Erkläre mir diese Worte [vermutlich einige unverständliche Kritzeleien, die er sah]. Mein Herz ist krank, wenn ich sehe, was sie mit ihren Händen machen ... es ist wie die Arbeit eines Weibes, das keinen Verstand hat; hätten wir doch jemand, der auf solche Leute aufmerksam machen könnte, bevor sie eintreten, um den Tempel zu sehen! Ich habe einen Skandal gesehen; das sind keine Schreiber, die Thoth [der Gott der Schreiber] erleuchtet hat.«

Eine andere Besonderheit im Benehmen von Touristen, die bereits in jenen frühen Tagen auftritt, ist die Sucht, typische oder exotische Andenken von den Stätten, die man besucht hat, heimzubringen. Harkuf, den, wie wir schon hörten, der Pharao auf Handelsmissionen in den Sudan schickte, erwarb bei der Rückkehr von seiner vierten und letzten Mission als Geschenk für seinen Herrscher das afrikanische Souvenir *par excellence*, einen Pygmäen, der Eingeborenentänze tanzen konnte. Das Geschenk war ausgezeichnet gewählt, denn als er eine Nachricht vorausschickte, um anzukündigen, was er mitbrachte, wurde der Pharao darüber in allergrößte Aufregung versetzt. »Eile«, schrieb er zurück, »und bringe diesen Zwerg mit ... schau, daß Du handfeste Männer bekommst, die auf Deck um ihn sind, sieh zu, daß er nicht ins Wasser fällt. Nimm auch handfeste Männer, die die Nacht bei ihm in seinem Zelt verbringen. Kontrolliere zehnmal während der Nacht!«

Nicht nur der Kauf von Andenken geht in diese früheste Zeit des Reisens zurück, sondern man macht in der Fremde auch Gelegenheitskäufe oder erwirbt eine Spezialität, um Wünsche von Freunden und Verwandten zu erfüllen. Da ist zum Beispiel der Brief, den ein gewisser Uzalum gegen 1800 v. Chr. von Adadabum, einem jungen Freund, oder, falls das Wort »Vater« wörtlich zu verstehen ist, von einem Sohn erhielt; Adad-abum wohnte wahrscheinlich in Eschnunna, unmittelbar nördlich von Bagdad, während Uzalum in einer der zu Bagdad gehörenden Städte unterwegs war:

»Ich habe Dir bisher noch nie wegen einer Kostbarkeit geschrieben, die ich gern haben wollte. Wenn Du aber wie ein Vater zu mir sein willst, besorge mir eine Kette mit Kügelchen, die man um den Kopf trägt. Versiegle sie mit Deinem Siegel und gib sie dem Bringer dieses Täfelchens, damit er sie mir bringen kann. Wenn Du keine kaufen kannst, dann grabe sie aus, wo immer man solche Sachen findet und sende sie mir. Ich wünsche sie mir sehr; enthalte sie mir nicht vor. Daran werde ich erkennen, ob Du mich wie ein richtiger Vater liebst. Natürlich – mach mir dafür einen Preis, schreibe ihn auf und schicke mir das Täfelchen. Der junge Mann, der zu Dir kommt, darf die Kette mit den Kügelchen nicht sehen. Versiegle sie [in einem Paket] und gib sie ihm. Er soll die Kette, die um den Kopf zu tragen ist und die Du mir schickst, nicht sehen. Sie sollte [mit Kügelchen] dicht besetzt und schön sein. Wenn ich sie sehe und nicht mag (?), schicke ich sie wieder zurück. Schicke auch das Gewand, worüber ich mit Dir sprach.«

Wenn eine festliche Menschenmenge von Ägyptern in Busiris oder in einer der anderen Städte, die Herodot aufzählt, zusammenströmte, fanden sie keine Vorkehrungen für Unterkunft und Verpflegung. Ebenso wie die Hunderttausende, die in unserem Jahrhundert zu Festivals der Rock-Musik zusammenkamen, schliefen sie im Freien und ernährten sich so gut wie sie konnten und überließen den Einheimischen das Reinemachen nach ihrer Abreise.

Auf der anderen Seite wurde für Personen, die in einem Regierungsauftrag reisten, alles bis ins einzelne vorbereitet. In sei-

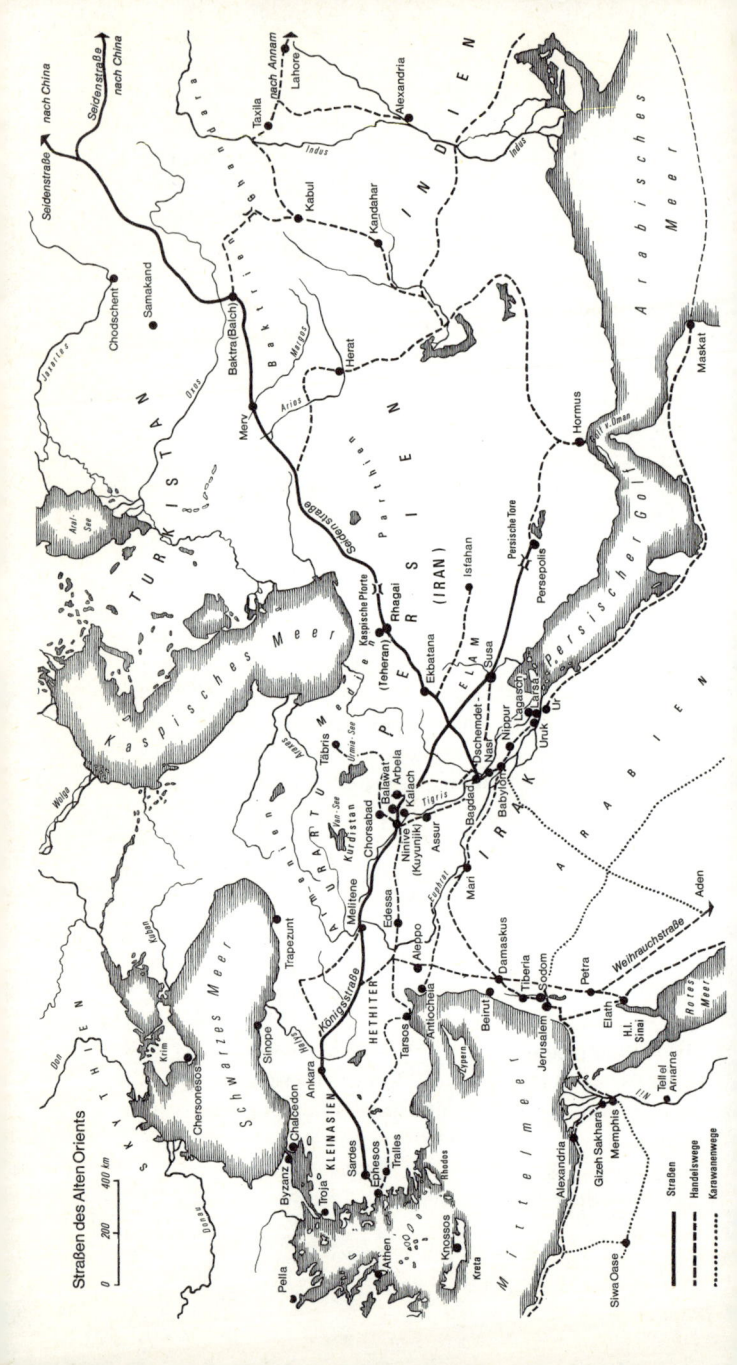

ner Antwort auf Harkufs Botschaft über den Pygmäen erinnert der Pharao seinen Gesandten daran, daß »an den Gouverneur der Neuen Städte Befehl ergangen ist ... Weisung zu erteilen, daß er in jeder Vorrats-Stadt und in jedem Tempel Lebensunterhalt nehmen könne, ohne daß dabei Grenzen gesetzt sind«. In anderen Worten: Harkuf und seine Begleitung waren auf ihrem Reiseweg in Tempeln und bei staatlichen Depots zu verpflegen. Man darf annehmen, daß dies das übliche Verfahren für alle war, die in Regierungsangelegenheiten reisten. In Mesopotamien hatten einige Städte sogar gut durchorganisierte Regierungsraststätten. Schulgi sagt in seinem Hymnus:

> Ich verbreiterte die Fußpfade, machte die Straßen des Landes gerade,
> Ich machte das Reisen sicher, baute dort ›große Häuser‹,
> Pflanzte Gärten bei ihnen, richtete Rastplätze ein,
> Siedelte dort freundliches Volk an,
> (So daß) wer von unten oder wer von oben kommt,
> Sich in deren Kühle erfrischen kann,
> Der Reisende, der nachts auf der Fahrstraße unterwegs ist,
> Dort eine Zufluchtsstätte findet wie in einer wohlgebauten Stadt.

Prosaisch ausgedrückt, er richtete längs der Fahrstraßen befestigte Siedlungen ein, deren Aufgabe es war, den Unterhalt von ziemlich großen Regierungs-Unterkünften zu ermöglichen – recht anziehenden, wenn seine Worte wahr sind. Sie standen allen Reisenden zur Verfügung, sowohl solchen von höherem Rang, sicherlich meist offiziellen Persönlichkeiten, und solchen von niedrigem Rang, wie man wohl annehmen darf, zu einem überwiegenden Teil Händler. Er dürfte die gleiche Art von Diensten eingerichtet haben, wie wir sie etwa zu der gleichen Zeit in Lagasch in Funktion finden, Dienste, die einen zügigen Bewegungsfluß seiner Verwaltungsbeamten, seiner Kuriere und des Militärpersonals zwischen der Hauptstadt und den ihr botmäßigen Städten sicherstellten, Städten, von denen die meisten 160 bis 400 km, eine sogar mehr als 650 km entfernt lagen. Die Dienstreise-Anordnung jedes Beamten schloß die Ausgabe von Lebensmittelrationen ein, die ausreichend waren, um den Empfänger gerade eine Tagesreise weiter zu bringen; an deren Ende er, wie man annehmen darf, bei einem der Regierungsrasthäuser

1 Sumerische Soldaten mit Kampfwagen, die aus zwei Teilen zusammengesetzte hölzerne Scheibenräder haben und von Wildeseln gezogen werden.
Sogenannte Mosaikstandarte von Uruk (Mesopotamien), um 2600/2500 v.Chr. Einlegearbeit aus Muscheln, Lapislazuli und Karneol in Ölschiefer (Bitumen) auf Holz.

London, Britisches Museum

angekommen war, wo er die Nacht zubrachte und Verpflegung für den nächsten Reisetag erhielt. Menge und Qualität der Ration bemaßen sich je nach Rang: Verwaltungsbeamte aßen natürlich erheblich besser als einfache Kuriere. Die meisten dieser Staatsangestellten reisten zu Fuß mit Ausnahme der höchsten Beamten, deren Aufwand auch Futter für Tiere einschloß; es ist wahrscheinlich, daß sie bei jeder Station frische Reittiere bekamen.

Keines dieser mesopotamischen Rasthäuser ist erhalten geblieben. Die früheste Raststätte, von der Überreste vorhanden sind, befindet sich auf Kreta, wo sie etwa um 1500 v. Chr. errichtet worden ist. Es war ein kleiner, eleganter Bau, den man neben der Fahrstraße aufführte, die von der Südküste kam, gerade da, wo sie sich dem Palast von Knossos näherte; Reisende konnten sich hier nach einem langen Ritt durch die Insel erfrischen, bevor sie sich zum Palast begaben. Im untersten Stock befinden sich Räume mit Resten von Vorratskrügen und Behältern für Korn; diese müssen mit der Küche in Verbindung gestanden haben. In einem höheren Stockwerk war eine hübsche Loggia, etwa 5,65 zu 3,75 m groß, die mit einem heiter gemalten Fries ausgestattet ist, der unmittelbar unter der Decke verläuft und Blumen und Vögel zeigt. Das könnte ein Speisezimmer gewesen sein. Nebenan war ein ebenso hübscher kleiner Pavillon mit einer in die Erde versenkten Wanne, dazu bestimmt, sich die Füße zu waschen, umgeben von einem feinen Pflaster aus glatten Steinplatten. Die Wanne war etwa 1,90 zu 1,40 m groß, tief genug für Minoer, die recht kleingewachsen und durchschnittlich vielleicht 1,65 m groß waren, um darin ein Bad bis zur Hüfthöhe zu nehmen. Unmittelbar dahinter war ein Raum, in dem Badewannen gefunden worden sind; dies muß der Ort gewesen sein, wo Gäste sich von Kopf bis Fuß säubern konnten.

Nach den Worten Schulgis zu urteilen, nahmen wenigstens einige der Rasthäuser an den Landstraßen in Mesopotamien gelegentliche, nichtoffizielle Reisende auf. In den Städten übernachteten diese in den örtlichen Gasthäusern, denn private Gastlichkeit scheint in diesen Gegenden keine große Rolle gespielt zu haben, sie war wohl auf die Familienangehörigen und Freunde beschränkt. Öffentliche Häuser gab es in Mesopotamien schon sicher in der ersten Hälfte des 3. Jahrtausends v. Chr., doch stellte man Betten für Fremde nur mehr oder weniger gelegentlich zur Verfügung, da es ihre Hauptaufgabe war, Getränke und Frauen zu bieten. Die Tavernen wurden meist von Frauen geführt, Barmädchen und Barfrau gehören wohl in diesem Teil der Welt zu den ältesten weiblichen Berufen. Die Getränke waren Dattelpalmwein und Gerstenbier, und es gab strikte Vorschriften, sie nicht zu pantschen. In dem Gesetzbuch des Hammurabi bestand die – diesem Vergehen akkurat angemessene – Strafe im Ertränken. ›Anständige‹ Leute besuchten keine Tavernen. Wenn zum Beispiel eine Dame, die Priesterin gewesen war, dabei ertappt wurde, daß sie eine Taverne betrat, wurde sie lebendig verbrannt. Man unterstellte, daß sie nur dorthin ging, um zu huren. Die Vorschrift, die Inhaber derartiger Unternehmen unter Todesstrafe verpflichtete, alle Besucher zu melden, die Verbrecher waren, gibt einen Hinweis auf das Niveau der Kundschaft; sie war nicht gerade ›fein‹. Ein Dokument aus der ersten Hälfte des 2. Jahrtausends v. Chr. sagt: »Wenn ein Mann in der Taverne in Gegenwart einer Frau Wasser läßt, wird ihm kein Glück blühen … er sollte seinen Urin rechts und links von den Eingangspfosten der Taverne verspritzen, dann wird er Glück haben.«

Die Regierungsraststätten waren in gewisser Weise schon Teil eines ersten primitiven Post-Systems. Sie halfen, die schnelle Durchführung der Reisen von bevollmächtigten Kurieren sicherzustellen. Solche Kuriere führten allerdings nur offizielle Post – oder vielleicht noch aufgrund von Überredung oder Bestechung in den Regierungs-Kuriersack eingeschmuggelte Dinge – mit sich. Nicht offizielle Post ging auf dem Weg, den sie im ganzen Altertum nehmen mußte: im Gepäck des Reisenden, den man traf und der in der richtigen Richtung weiterreiste. Die Geschäftsleute in Assyrien, die mit ihren Geschäftsfreunden in Kleinasien korrespondierten, vertrauten ihre Briefe den Karawanen an, die zwischen den beiden Orten hin- und herzogen. Der zuvor zitierte Brief, in dem ein Reisender gebeten wurde, eine Kette mit Kügelchen mitzugeben, spricht von »dem jungen Mann, der zu Dir kommt«; dieser »junge Mann« kann ein Bewohner der gleichen Stadt wie der Auftraggeber gewesen sein, der sich auf einer Rundreise auch zu dem Ort begab, wo sich der Adressat befand, und so in der Lage war, den Brief hin- und den Kauf zurückzubringen. Ein Mann von Larsa, der etwa 2000 v. Chr. an seine Schwester schrieb, schloß folgendermaßen: »Ich schicke Dir jetzt einen Mann [der überland reist] mit der heiligen Barke des Gottes Adad. Schicke mir durch ihn hundert Lokusten und Lebensmittel im Wert eines Sechstels eines Silberschekels.« Auch in diesem Fall scheint der ›Brief-Träger‹ jemand gewesen zu sein, der eine Reise zu dem Ort machte, in dem der Empfänger des Briefs lebte, und dann zurückkehrte.

Reisen überland waren in diesen frühen Zeiten hart und gefährlich. Es bedeutete, auf Wegen zu ziehen, die oft nur einfache Eselspfade waren. Es bedeutete, Flüsse auf Furten zu durchqueren oder, wenn der Reisende das Glück hatte, eine in Betrieb befindliche Fähre zu finden, auf den Fährmann zu warten. Vor allem aber bedeutete es, in Sonnenhitze oder bei Wind und Regen seines Wegs zu ziehen, was im Nahen Osten eine große Strapaze sein kann. Ein ägyptischer Beamter, der Siegelbewahrer des Pharao, der um das Jahr 1830 v. Chr. quer durch die Wüste Sinai zu den dortigen Kupferminen geschickt worden war, hat dort eine Inschrift hinterlassen, die deutlich ist: »Dies Land wurde [von mir] im dritten Monat der zweiten Jahreszeit erreicht, obwohl es keineswegs die geeignete Zeit war, um zu diesem Bergbau-Gebiet zu kommen [das war es in der Tat nicht; es war um den Beginn des Monats Juni]. [Ich] der Siegelbewahrer.. sage zu den Beamten, die vielleicht später einmal zu dieser Jahreszeit zu diesem Bergbau-Gebiet kommen: Laßt deshalb Euren Kopf nicht hängen … Ich kam von Ägypten und ließ meinen Kopf hängen. Nach meiner Meinung ist es schwer, daß neue Haut sich im Gesicht bildet, wo das Land brennend heiß ist und die Berge [die Hitze reflektieren und so] eine schon mit Blasen bedeckte Haut noch mehr verbrennen.«

Noch schlimmer als die Beschwerlichkeiten waren die Gefahren, vor allem die Wegelagerei. Sie war so weit verbreitet, daß das Gesetz des Hammurabi, wie bereits erwähnt, einen Händler von der Rückzahlung eines Darlehens befreite, wenn seine Ware geraubt worden war. Eines der Mittel Hammurabis, mit dem Problem fertigzuwerden, war es, die örtlichen Behörden damit zu belasten; er verfügte, daß sie Opfer von Wegelagerei, die auf ihrem Gebiet beraubt worden waren, zu entschädigen hätten. Wenn Gesetz und Ordnung zusammenbrachen, war die Lage so gut wie hoffnungslos. Zwischen 2200 und 2100 v. Chr., einer Krisenperiode im Niltal, stöhnte ein Ägypter: »Männer hocken im Gebüsch, bis ein unkundiger Reisender kommt, mit der Absicht, ihn auszuplündern. Der Räuber selbst aber besitzt Reichtümer.« Wie das Gleichnis vom Barmherzigen Samariter beweist, blieb dies noch lange so. Schulgis Worte, mit denen er seinen Straßenbau verherrlicht, betonen den Schutz, den er brachte. Eine der eindrucksvollen Einzelheiten der erwähnten kretischen Straße zwischen Knossos und der Südküste ist eine Serie von befestigten Stationen für Straßenpolizei.

Um das Jahr 1130 v. Chr. etwa schrieb ein ägyptischer Priester namens Wenamon einen Bericht über eine von ihm unternommene Geschäftsreise. Durch einen fast wunderbaren Glücksfall ist eine Abschrift davon erhalten, eine zerfetzte Papyrusrolle, die ein paar ägyptische Bauern eines Tages fanden, als sie Brennmaterial suchten. Es ist dies der früheste eingehende Reisebericht, der existiert, und seine unverblümte, höchst persönliche Erzählweise entzündet urplötzlich ein Licht in der Dunkelheit, versetzt uns in die Lage nachzuempfinden, was es bedeutete, zwölf Jahrhunderte vor der Geburt Christi zu reisen.

Wenamon gehörte der Priesterschaft des Amon-Tempels in Theben in Oberägypten an. Der dortige Hohepriester wählte ihn aus, eine Reise nach dem Libanon zu unternehmen, um eine Ladung von dessen berühmten Zedern zu kaufen, die für die Herstellung der Festbarke benötigt wurden, die bei den jährlichen Festen gebraucht wurde. Das erste, was Wenamon tat, war, zum Delta hinabzureisen, dem örtlichen Herrscher dort seine Aufwartung zu machen und sich dessen Unterstützung zu versichern. Er gab einen Empfehlungsbrief des Hohenpriesters und seine Ausweispapiere ab und wurde liebenswürdig empfangen. Er bekam einen Platz auf einem Schiff, das nach Syrien fuhr. Am 20. April, vierzehn Tage nachdem er Theben verlassen hatte, lichtete das Schiff den Anker, segelte stromabwärts zur Flußmündung und fuhr, wie Wenamon sich ausdrückt, »auf die große syrische See hinaus«.

Zunächst ging alles gut, und es sah bei dem ersten Hafen, in dem man vor Anker ging, so aus, als würde Wenamons Glück dauern. Das Schiff machte bei der Stadt Dor, ein wenig südlich von Karmel, fest, wo ein Seeräuberstamm, die Tjeker, vor weniger als einem Jahrhundert zuvor eine Kolonie gegründet hatten. Der örtliche Herrscher der Tjeker, Beder, beeilte sich, dem eben angekommenen Ägypter im Rang eines Gesandten »fünfzig Brotlaibe, einen Krug Wein, und das Hauptstück eines Ochsen« zu schicken. Wenamon, der, wie der Bericht deutlich macht, eine außerordentlich hohe Meinung von seiner eigenen Bedeutung hatte, nahm die Gaben in liebenswürdiger Gespreiztheit als etwas ihm mehr oder weniger Zustehendes an. Es war dies das letzte Mal, daß das Glück ihm lächeln sollte; seine nächsten Worte bereits enthüllen ein entsetzliches Mißgeschick. Im Stil eines Geschäftsmannes berichtet er: »Ein Mann von meinem Schiff hat sich auf und davon gemacht und dabei gestohlen: ein Gefäß mit Gold im Gewicht von fünf Deben (etwa 0,5 kg), vier Gefäße mit Silber im Gewicht von zwanzig Deben, einen Sack Silber – elf Deben. Summe seines Diebstahls: Fünf Deben Gold, einunddreißig Deben Silber (etwa 3,3 kg).« Das ganze Geld, das der arme Mann mitgenommen hatte, war bis zum letzten Pfennig fort, sowohl sein Reisegeld als auch das Geld zur Bezahlung des Holzes.

So ziemlich das einzige, was Wenamon in dieser Lage tun konnte, tat er: »Am Morgen stand ich auf und ging zu dem Herrscher [der Tjeker] und sagte: ›Ich bin in Deinem Hafen beraubt worden; und da Du der Fürst dieses Landes bist, solltest Du eine Untersuchung in die Wege leiten, um nach meinem Silber suchen zu lassen.‹« Beder war nicht ein Mann, den man durch eine solche Forderung beeindrucken konnte, gleichzeitig war er anständig genug, Hilfe anzubieten. »Es ist mir gleichgültig, eine wie wichtige Persönlichkeit Du bist«, antwortete er. »Ich lehne es jedenfalls ab, die Beschwerde anzuerkennen, die Du soeben vorgebracht hast. Wenn es ein Dieb dieses Landes gewesen wäre, der Dein Schiff bestieg und Dein Silber stahl, hätte ich es Dir aus meinem Schatz bezahlt, bis man Deinen Dieb gefunden hätte – wer immer es ist. Nun ist aber der Dieb, der Dich beraubte – einer von den Deinen. Er gehört zu Deinem Schiff. Verbringe ein paar Tage hier als mein Besucher, so daß ich nach ihm fahnden lassen kann.«

Nach neun Tagen des Wartens wurde Wenamon ungeduldig. Da an dieser Stelle der Papyros beschädigt ist, können wir nur aus Satzbruchstücken erraten, was sich ereignete. Wenamon verließ die Stadt Dor, setzte seine Reise fort und löste irgendwo zwischen Tyros und Byblos sein verzweifeltes Problem durch ein verzweifeltes Mittel: er führte auf eigne Faust einen Raub durch. Er überfiel einige reisende Tjeker und nahm ihnen dreißig Deben Silber ab. Der Papyrus ist an dieser Stelle noch immer verstümmelt, aber die Fortsetzung zeigt, daß etwas Derartiges passiert sein muß. Er hatte keine Skrupel, sein Geld war in einem Tjeker-Hafen gestohlen worden, und dies war Tjeker-Geld. »Ich nehme Euer Silber«, sagte er seinen Opfern, »und es wird bei mir bleiben, bis Ihr meines oder den Dieb, der es gestohlen hat, findet. Ich nehme es, obwohl nicht Ihr mich bestohlen habt.«

Wenn Wenamon dachte, daß sein Ungemach nun vorüber sei, befand er sich im Irrtum. Sobald er seinen Anker im Hafen von Byblos warf, wo er das Holz kaufen wollte, kam der Hafenmeister mit einer kurzen aber unmißverständlichen Botschaft von Zakar-Baal, dem herrschenden Fürsten des Landes: »Verlasse meinen Hafen!« Die sinnvollste Erklärung dieses unerwarteten Befehls ist es anzunehmen, daß die Tjeker eine Raub-Fahndungs-Mitteilung nach Byblos vorausgeschickt hatten; und da sie Nachbarn waren und außerdem den Ruf von gefährlichen Seeräubern hatten, war Zakar-Baal nicht darauf erpicht, sich mit ihnen anzulegen. Doch ein Mann vom Schlag Wenamons, der gerade eine verzweifelte Lage durch einen geglückten Raubüberfall gelöst hatte, ließ sich dadurch nicht entmutigen. Er hielt sich neunundzwanzig Tage lang in Hafennähe auf, obgleich der Hafenmeister ihm pflichtgemäß jeden Morgen aufs neue die gleiche Botschaft überbrachte. Interessanterweise ging Zakar-Baal nicht über diese Maßnahme hinaus. Sein Gebiet grenzte zwar an das Land von sehr empfindlichen Nachbarn, die zu reizen gefährlich war.

Andrerseits wollte er sich aber einen gewinnbringenden Verkauf nicht entgehen lassen, wenn dies möglich war. So entsprach er zwar dem Wunsch Beders und erließ diesen Befehl, tat aber nichts, um ihn durchzusetzen.

Schließlich gewährte Zakar-Baal dem hartnäckigen Gesandten Amons eine Audienz. Wenamon sah sich einem zähen Verhandlungspartner gegenüber. Da das gestohlene Geld die Kosten für das Holz bei weitem nicht deckte, veranlaßte Zakar-Baal ihn, in Ägypten eine Warenladung zu bestellen, die der Kostendifferenz entsprach. Es dauerte volle acht Monate, bis die Ladung eintraf und das Holz geschnitten, transportiert und verladen war. Schließlich war alles geregelt, und Wenamon erhielt Genehmigung, mit seiner kostbaren Ladung heimzufahren. Am gleichen Morgen segelten, als seien sie von den Göttern der Vergeltung gesandt worden, elf Tjeker-Kriegsschiffe in den Hafen ein und verlangten seine Bestrafung wegen der dreißig Deben Silber, die er vor einem Jahr geraubt hatte. Als dies geschah, so erzählt uns Wenamon, setzte er sich an den Strand und weinte.

Zakar-Baal war zur Stelle. Er war ein Fürst, der wußte was korrekt war. Er hatte gegenüber Wenamon eine Verpflichtung – aber gleichzeitig auch keine Lust, es mit den Tjekern zu verderben. Seine Lösung war ein höchst origineller Kompromiß. »Ich kann einen Boten Amons nicht auf meinem Territorium verhaften«, sagte er den Tjekern, »aber laßt mich ihn fortschicken, dann fahrt Ihr ihm nach, um ihn festzunehmen.« Mit anderen Worten, Wenamon sollte mit einem gewissen Vorsprung vor seinen Feinden die Anker lichten, sollte sozusagen eine sportliche Chance erhalten. Er hatte zweifellos seine eignen Gedanken darüber, wie sportlich die Chance eines für den Transport von Bauholz gecharterten Schiffs gegenüber einem erstklassigen Schiffsverband von Seeräubern war.

Das nächste Stück der Erzählung ist jammervoll dürftig. »Er gab mir das Geleit an Bord meines Schiffes«, schreibt Wenamon, »und schickte mich fort. Der Wind trieb mich zum Land Alaschia.« Das heißt nach Zypern oder an die ihm gegenüberliegende kleinasiatische Küste. Dieser Wind, der ihn fast entgegengesetzt zu der Richtung trieb, die er fahren wollte, muß einer der Südost-

RETTUNG IN ALASCHIA

Stürme gewesen sein, die häufig an der syrischen Küste auftreten. Wenamon hielt dies für ein weiteres Mißgeschick, aber tatsächlich ist es wohl seine Rettung gewesen: die Tjeker mühten sich offenbar nicht, Jagd auf ihn zu machen, entweder, weil ihre Schiffe für die offene See zu leicht waren oder in der Annahme, er würde in dem Sturm untergehen.

Als das Schiff, fraglos ziemlich mitgenommen, endlich an Land anlegen konnte, wurde es von einer Anzahl von Eingeborenen geentert, die Wenamon wegführten, um ihn zu töten. Ihre Dörfer hatten wahrscheinlich durch Seeräuberüberfälle sehr zu leiden, und sie sahen wohl jetzt eine Möglichkeit, sich zu rächen. An dieser Stelle wendete sich jedoch Wenamons Glück wieder zum Guten. Er erreichte, daß man ihn zum Palast der Königin brachte, und traf diese, als sie gerade dabei war, aus einem ihrer Häuser in ein anderes zu treten. »Ich grüßte sie. Ich fragte die Leute ihrer Umgebung: ›Ist jemand unter Euch, der ägyptisch versteht?‹ Jemand antwortete: ›Ich verstehe es.‹ Ich sagte zu ihm: ›Sage Deiner Herrin…‹« Die Ansprache ist unbedeutend und eher so wie er sie sich später in Theben ausdachte, und wohl kaum das, was ein durchnäßter, erschöpfter und verängstigter Seefahrer in einer solchen Lage tatsächlich sagt. Wichtig ist daran nur, daß die Königin zuhörte. »Sie ließ Leute rufen, und als sie vor ihr standen«, schreibt Wenamon, »sagte sie zu mir: ›Verbringe die Nacht…‹« Hier bricht der Papyrus leider ab. Es sind dies die letzten Worte, die wir von diesem außerordentlichen Autor des 12. Jahrhunderts v. Chr. haben. Wir wissen nicht – und werden wahrscheinlich niemals wissen, wenn nicht durch ein weiteres Wunder der Rest des Dokuments entdeckt wird – wie er nach Hause fand und ob das Zedernholz richtig ankam. Wir wissen nur, daß er heimkehrte, denn andernfalls wäre dieser Bericht nie geschrieben und gefunden worden.

Die Anfänge: 1200–500 v. Chr.

Irgendwann um das Jahr 1200 v. Chr. fand in der Welt des östlichen Mittelmeers ein tiefgehender Wandel statt. Horden von Eindringlingen ungewisser Herkunft, die ›Seevölker‹, wie die Geschichtsschreiber sie nennen, zogen langsam, aber unaufhaltsam über sie dahin und ließen Trümmer zurück. Als der Staub ihrer Zerstörungen sich setzte, war die Bronzezeit zu Ende und die Eisenzeit begann. Ein neues Ensemble hatte begonnen, die Hauptrollen auf der Bühne der Alten Geschichte zu spielen.

Den Ägyptern gelang es, die Angreifer unmittelbar vor der Türschwelle des Landes, der Nilmündung, zurückzuschlagen, doch erschöpfte diese Anstrengung zusammen mit anderen Faktoren den letzten Rest ihrer Kraft. Sie glitten ab in den Dämmerzustand eines nach rückwärts blickenden Daseins, das Leben von der Vergangenheit zehrt; ihr Land wurde bald zur Haupttouristenattraktion des Altertums. In Kleinasien zertrümmerten die Neuankömmlinge die Macht der Hethiter. Syrien und Palästina, bislang mehr oder weniger in eine ägyptische und eine hethitische Interessensphäre aufgeteilt, waren jetzt freier. Verhältnismäßig kleinen Völkern, den Kanaanitern, Israeliten und Phöniziern, kam dies zugute, um sich Geltung zu verschaffen. In Mesopotamien brachte das Ende der Unruhen die Assyrer an die Spitze, die bald das größte Imperium schaffen sollten, das man im Nahen Osten bis dahin gekannt hatte. Der Wandel jedoch, der auf die Dauer den Gang der Geschichte am meisten beeinflußte, fand auf der griechischen Halbinsel statt.

MYKENER UND PHÖNIZIER

Sie lag, da die Angreifer vom Norden kamen, unmittelbar auf ihrem Weg. Als diese sie überrannten, stießen sie auf die noch in voller Blüte stehende Kultur von Mykenae. Diese späthelladischen Griechen der Bronzezeit unterhielten einen weitverzweigten Verwaltungsapparat und beherrschten seit etwa 1500 v. Chr. den Handel im östlichen Mittelmeer. Ihre Könige wohnten in großen Burgen und ließen sich in großartigen Kuppelgräbern bestatten. Die Invasoren vernichteten diese Kultur so gründlich, daß Griechenland danach drei oder vier Jahrhunderte eines ›dunklen‹ Zeitalters erlebte. Als der Vorhang sich schließlich hob, traten die Vorfahren jenes außerordentlich begabten Volkes ins Blickfeld, das wir aus der Geschichte kennen.

Im Anfang führte dieses neue Griechengeschlecht ein armseliges, primitives Leben, das völlig anders war, als dasjenige ihrer mächtigen Vorgänger, der reichen und höchst kultivierten Mykener. Die Nachfolger der großen Könige jener Zeit waren auf den Status von örtlichen Anführern abgesunken, die nur wenig mehr Macht besaßen als der Adel, der sie umgab; die einst eindrucksvollen Städte mit ihren Königspalästen waren zu einfachen Dörfern geworden, wo Adlige und Bauern gleicherweise in ihren Landhäusern lebten. Billigere und haltbarere Waffen und Geräte aus Eisen treten an die Stelle der bronzenen. Dies ist das Zeitalter, das in den Epen Homers, besonders in der ›Odyssee‹ geschildert wird. Auch wenn Homer sich vornimmt, von Agamemnon und Nestor und anderen reichen und großen Herren der Vor-Invasions-Tage zu singen, auch wenn er viele Charakteristika der mykenischen Lebensform, wie Streitwagen, kostspielige Rüstungen, kostbare Geschenke aus Gold und Silber, nennt, so spiegelt das Grundgefüge im großen und ganzen eine Zeit, die seinem eignen Jahrhundert, das heißt dem Ende des achten oder dem Beginn des siebenten, nicht allzu fernsteht.

In dieser Welt ist das Reisen mit dem Schiff noch immer das schnellste Mittel, größere Entfernungen zurückzulegen. Aber die großen Seemächte des vorangegangenen Jahrtausends – die Minoer, Mykener und Ägypter – sind nun alle durch ein neues Volk von Händlern, die Phönizier, abgelöst worden. Von etwa 1100 v. Chr. an besaßen sie etwa vierhundert Jahre lang das Han-

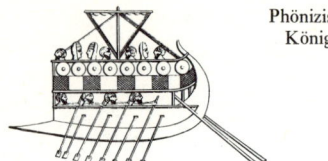

Phönizische Galeere der Kriegsflotte
Königs Sanherib (705-681 v. Chr.)
(Detail eines Reliefs)

delsmonopol im Mittelmeer, bis die Griechen genügend Erfahrung in der Seefahrt gesammelt hatten, um sie mit Erfolg herauszufordern. König Salomo (etwa 965-922 v. Chr.) bediente sich phönizischer Seefahrer, um zu Geschäften mit Indien zu kommen, und eröffnete damit aufs neue Handelswege, die tausend Jahre zuvor bereits bestanden hatten. Wenig mehr als ein Jahrhundert später gründeten phönizische Seefahrer, die immer weiter nach Westen vordrangen, Karthago, fuhren schließlich durch die Meerenge von Gibraltar in den Atlantischen Ozean und ließen sich auch bei Cadiz nieder. Um 600 v. Chr. hatten sie Afrika umschifft. In den Hafen fuhren sie ein

»... die seeberühmten Phoiniker,

Gauner, und brachten unendlichen Kram im schwärzlichen Schiffe.«

So beginnt der Schweinehirt des Odysseus seinen Bericht, wie er Sklave wurde. Er war damals noch ein Kind, Sohn des örtlichen Königs. Die Ankömmlinge, entschlossen, sowohl rechtmäßige wie unrechtmäßige Geschäfte zu machen, lockten ihn aufs Schiff, führten ihn davon und verkauften ihn an Laertes, den Vater des Odysseus.

In Homers Dichtung ist viel die Rede von Reisen über See und zu Land, aber nur von den komfortablen Reisen der Könige und Fürsten. Die Phäaken, Bewohner einer märchenhaften Inselstadt, bringen Odysseus in einem feudalen Fünfzigruderer heim nach Ithaka und lassen ihn sich zum Schlafen auf dem Hinterdeck ausstrecken, wo er den Platz mit den Schiffsoffizieren teilt. Wenn Odysseus' Sohn Telemach sich auf den Weg macht, um herauszufinden, was aus seinem Vater geworden ist, befiehlt er einen Zwanzigruderer; bei der Ausfahrt teilt er das Hinterdeck mit Athena, auf der Rückfahrt mit einem Asyl suchenden Prinzen, mit dem er sich angefreundet hat.

Zu Land reisen die Helden Homers in Reisewagen. Telemach reist im Wagen von Pylos nach Sparta, die Tochter Helenas die weite Strecke von Sparta bis nach Phthia, der Geburtsstadt Achills in Thessalien. In den dunklen Jahrhunderten war der ehemalige Streitwagen bei den Griechen fast aus dem Gebrauch gekommen, man benutzte ihn nur noch beim Wagenrennen (Abb. 20, 24). Die geschilderten Reisen sind also Anachronismen, Erinnerungen an die mykenische Zeit, als, wie schon erwähnt, Adlige und ihre Damen in diesen Fahrzeugen durch das Land fuhren. Sie klingen auch legendär, denn die erste Unternehmung hätte zwei Tage ununterbrochenen Fahrens durch Gebirgsland erfordert, die zweite noch sehr viel mehr Zeit; selbst die Mykener besaßen keine Fahrstraßen zwischen den genannten Orten, und es gab sie weder während der ›dunklen‹ noch der auf sie folgenden Jahrhunderte.

Transporte wurden hauptsächlich mit Tragtieren, insbesondere Mauleseln ausgeführt. Wo es die Bodenbeschaffenheit erlaubte, wurden Fahrzeuge benützt; so fuhr Priamus das Lösegeld für Hektors Leiche in einem »von Mauleseln gezogenen, schönrädrigen, neugefertigten« Wagen über die Ebene zwischen Troja und dem Griechenlager, und auf der idyllischen Phäakeninsel Scheria brachte Nausikaa die Familienwäsche im »schönrädrigen Mauleselwagen« zum Flußufer. Homer erwähnt nur vierrädrige Wagen, doch der zweirädrige Wagen war sicherlich bekannt.

Die Unterkunftsmöglichkeiten der griechischen Helden waren nicht weniger luxuriös als ihre Art zu reisen. Sie wohnten als Gäste in den Häusern ihrer Standesgenossen, bekamen gut zu essen und zu trinken und fuhren reich mit Geschenken beladen weiter. Telemach fuhr nach einem Aufenthalt bei Menelaos und

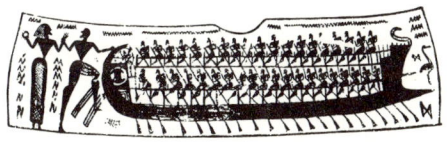

Griechischer Fünfzigruderer, wie ihn Homer beschreibt
(nach einem geometrischen Vasenbild 2. Hälfte des 8. Jahrhunderts v. Chr.)

Helena in Sparta mit einer silbernen Schale und einem eigens von Helenas weißen, zarten Händen gewebten Gewand wieder davon. Seine Gastgeber waren selbst einmal Gäste des Königs und der Königin von Theben in Ägypten gewesen; bei ihrer Abreise schenkte der König Menelaos zwei silberne Badewannen, zwei Dreifüße und zehn Talente Gold; die ägyptische Königin gab Helena eine goldene Spindel und einen runden silbernen Korb mit goldenem Rand für die Wolle. Doch alles hatte seinen Preis: erwiderte der Gastgeber den Besuch, so erwartete er gleichartige Gastlichkeit und Geschenke von gleichem Wert. Die Gold- und Silbersachen, über die Homer so selbstverständlich spricht, sind wiederum Anachronismen, luxuriöse Kostbarkeiten, deren sich nur die längst dahingegangenen Mykener erfreut hatten. In die wirklichen Zustände seiner Zeit erhalten wir einen Einblick, wenn er beschreibt, wo die Leute sich schlafen legten. Ein Fürst der ›dunklen‹ Jahrhunderte bewohnte ein einfaches Landhaus, das gerade seiner Familie Raum bot; wenn es Nacht wurde, begaben er und seine Frau sich zu ihrem Schlafgemach, während Gäste, gleich welchen Ranges, sich in der offenen Vorhalle an der Vorderseite des Gebäudes niederlegten.

Zutritt zu dem Hause eines angesehenen Mannes schloß mehr ein als Unterkunft und Nahrung – es bedeutete, daß dem Besucher der starke Arm seines Gastgebers zur Verfügung stand, um ihn gegen das instinktive Mißtrauen einer kleinen Gemeinschaft und ihre Furcht vor Fremden zu schützen. Außerdem war in diesem Zeitalter, das keine zentrale Gewalt oder Behörde kannte, sein einziger Schutz der Respekt der Menschen vor der Religion, ihre Bereitschaft, die Gesetze des Himmels zu achten, die klar und unmißverständlich Gastfreundschaft zur Pflicht machten.

»Fremder, nicht ist es mein Brauch, selbst wenn ein Geringerer käme,
Fremdlinge zu mißachten. Von Zeus gesendet sind alle,
Fremde und Arme ...«

Homer war sich wohl bewußt, daß nicht jedermann dem Gebot der Götter in erfreulicher Weise gehorchte. Er zeigt die Kehrseite der Medaille bei den Widrigkeiten, die Odysseus mit den Kyklopen erlebte, die sich nicht kümmern »um Zeus, der die Aigis erschüttert«, noch um »die seligen Götter« und unerwartete Gäste als willkommene Mahlzeit betrachten.

Homer singt selten vom einfachen Volk. Nur in seinem Bericht über des Odysseus Verwandlung, als er sich in einen Bettler verkleidete, gibt es die Andeutung, wie es einem namenlosen Reisenden ergehen konnte. Zuerst begegnete er in diesem Gewand seinem Schweinehirten, der als gottesfürchtiger Mann die Gesetze achtete. In seinem eigenen Haus erging es ihm nicht so gut. Eine von Penelopes Dienerinnen höhnt, als er darauf bestand, im Hauptsaal zu bleiben und sich um die Beleuchtung zu kümmern:

> »Elender Fremdling, mir scheint du bist ein toller Verrückter.
> Willst du nicht endlich gehn und bei der Esse des Schmiedes
> Oder im Volkshaus schlafen? ...«

Wenn niemand den Fremden zu sich nahm, konnte dieser bestenfalls hoffen, sich unter dem Dach eines öffentlichen Säulengangs zu betten oder – dann schon noch besser – in der Ortsschmiede, wo die Glut in der Esse die Nachtkühle fernhielt.

Ähnliche Verhältnisse herrschten damals auch in den Ländern des Nahen Ostens, wie wir aus den frühen Büchern des Alten Testaments erfahren, die, grob gesehen, etwa zeitgleich waren mit Homer. Die beiden Engel, die unerkannt nach Sodom gesandt worden waren, um die Bevölkerung auf die Probe zu stellen, hätten die Nacht auf dem Platz der Stadt zubringen müssen, wenn Lot nicht darauf bestanden hätte, daß sie zu ihm nach Hause kommen. Lot, der kein Einheimischer war, wußte, was sich gehört. Als die Einwohner, »Übeltäter und große Sünder vor dem Herren, von der Anwesenheit der Fremden Wind bekamen, umlagerten sie das Haus zuhauf, und nur göttliches Eingreifen verhinderte Gewalttätigkeiten.« Ein Kapitel im ›Buch der Richter‹ bezieht sich auf ein ähnliches Ereignis. Ein Levite, der eine Konkubine aus ihrer Heimatstadt zurück in sein Haus holte, kam bei Einbruch der Nacht nach Gibea, das von Mitgliedern des Stammes Benjamin bewohnt war. Da ihm niemand Quartier anbot, kampierte er auf dem Platz der Stadt, bis ein alter Mann – wie im Falle Lots kein Einheimischer – vorbeikam und ihn mit zu sich nahm. Während des Abendessens versammelte sich ein wilder Haufen um das Haus und bedrohte ihn; er konnte die Leute nur dadurch loswerden, daß er das Kebsweib ihrem Mutwillen auslieferte. Wie in dem Kapitel zu Beginn festgestellt, ereignete sich dies, »als es keinen König in Israel gab«, das heißt als dem Land, ebenso wie dem Griechenland Homers, eine starke Zentralgewalt fehlte. Damals war der Verkehr zu gering, um den Unterhalt von Herbergen zu rechtfertigen. Reisende mußten auf private Gastlichkeit bauen und ihrem Glück vertrauen.

Männer gingen zu Fuß und allein, wie Jakob, als er Laban seinen Besuch abstattete. Die Wohlhabenden führten, besonders wenn sie mit Frauen reisten, Diener und Esel mit. Der Levite mit dem Kebsweib, deren Mißgeschick im ›Buch der Richter‹ erzählt wird, hatte die ausreichenden Mittel dazu. Das gilt auch für die Frau aus Sunem, der von dem Propheten Elias geholfen worden war. Auch Könige und Fürsten ritten zur damaligen Zeit auf Mauleseln im ›Damensitz‹, da ja auch die Männer ›Röcke‹, bzw. hemd- oder kaftanähnliche Kleider trugen (Abb. 57). Die zweirädrigen Kampfwagen dienten im Nahen Osten ausschließlich dem Krieg und der Jagd; von ihnen wird niemals in Verbindung mit Reisen gesprochen, obwohl es stellenweise Straßen gab, auf denen man sie hätte benutzen können. Als zum Beispiel die Philister die erbeutete Bundeslade zurückgaben, beförderten sie sie von Ekron auf einem Wagen, von »zwei jungen, säugenden Kühen« gezogen. »Und die Kühe gingen geradewegs auf Beth-Semes zu auf einer Straße ...«

Während David und Salomon in Palästina ein kleines, kurzlebiges Königreich schufen, waren im Nordosten die Assyrer dabei, am mittleren Lauf des Tigris die Fundamente eines riesigen Reiches zu legen. Es bestand fast dreihundert Jahre, von 900 bis 612 v. Chr. Dann aber verbündeten sich die Meder des Kyaxares mit dem wiedererstarkten Babylon, um die assyrische Hauptstadt Ninive so gründlich zu zerstören, daß die Griechen Xenophons rund zweihundert Jahre später an den Ruinen vorbeimarschierten, ohne gewahr zu werden, was sie da sahen.

Das Reich der Assyrer gelangte durch Sinn für Disziplin und Begabung für Organisation zu seiner Größe. Die Assyrer waren die Römer ihres Zeitalters. Sie schufen eine Militärmacht, die den größten Teil des Nahen Ostens eroberte und in der Hand behielt, und eine Bürokratie, die die Eroberungen mit rücksichtsloser Tüchtigkeit verwaltete. Um ihren Truppen zu ermöglichen, Verschiebungen nach jeder Richtung schnell durchzuführen und um blitzschnelle Verbindungen zwischen der Hauptstadt und den umgebenden Territorien zu erleichtern, legten die Herrscher Assyriens ein Netz von Straßen an. »Ich nahm meine Streitwagen und meine Krieger«, sagt Tiglat-pileser I. in einer Beschreibung des Feldzuges, den er im Jahre 1115 v. Chr. tief in das felsige Gelände Kurdistans unternahm, »und bahnte mit bronzenen Pickeln über die steilen Berge und über ... mühselige Pfade einen Weg und machte daraus für meine Wagen und meine Soldaten eine passierbare Straße« (Abb. 16, 19). Assyrische Militärstraßen mußten nicht nur geeignet sein für die assyrischen Streitwagen, zudem für besonders schwere Fahrzeuge mit achtspeichigen Rädern und vier Mann Besatzung, sondern auch für die assyrischen Sturmböcke, die wie primitive Tanks aussahen und ein Gewicht hatten, daß sie manchmal sogar mit drei Räderpaaren versehen werden mußten.

Die Hauptstrecken waren sorgfältig in Stand gehalten, hatten Straßenmarkierungen und Entfernungsbezeichnungen, und alle 10 km etwa gab es Wachtposten, die nicht nur Schutz, sondern auch die Möglichkeit boten, durch Feuersignale mit der nächsten Wache in Verbindung zu treten. Längs der Straßen durch die Wüste gab es in geeigneten Abständen Ziehbrunnen und kleine Forts. Wie in früheren Jahrhunderten bestand die Straßendecke nur aus gestampftem Lehm. Pflasterung war den Zufahrten zu Tempeln oder Heiligtümern vorbehalten, auf denen an Festtagen die Prozessionsfahrzeuge fahren mußten. Auf diesen Straßenabschnitten entwickeln die assyrischen Straßenbauer eine Technik, die sich fast mit derjenigen der Römer vergleichen läßt. Als Fundamentierung hat eine Prozessionsstraße in Babylon um 600 v. Chr. eine Lage von in Erdpech verlegten Ziegeln und darüber als Decke schwere Kalksteinplatten, jede etwa 105 cm im Quadrat, deren Fugen mit Erdpech geschlossen waren. Derartige Unternehmen waren selbst für die Budgets von Assyrien und Babylon zu kostspielig, um in größerem Umfang durchgeführt zu werden.

Gleiches galt für feste Brücken aus Stein. Sie wurden nur gebaut, wenn sie absolut unentbehrlich waren, wie die über den Euphrat bei Babylon, eine Brücke, die höchstwahrscheinlich in der Zeit Nebukadnezars (605-562 v. Chr.) erstellt worden ist. Ihre Spannweite hat Herodot bewundert. Sieben Pfeiler stehen noch heute bzw. ihre Backsteinkerne, die ursprünglich mit Steinquadern umkleidet waren. Herodot beschreibt, wie die Ingenieure den Flußlauf verlegten, um bauen zu können. Da Zementsorten, die im Wasser fest werden, vor der römischen Zeit nicht bekannt waren, erwies sich dies als einzige Arbeitsmethode. Den Zwischenraum zwischen den Pfeilern überbrückten Holzplanken, die man entfernen konnte, so daß eine Art Ziehbrücke entstand. Herodot behauptet, daß die Holzplanken jede Nacht abgenommen worden seien, um die Leute auf beiden Seiten daran zu hindern, einander zu bestehlen.

Die Straßen Assyriens wurden regelmäßig, sowohl von den Boten des Königs, als auch von der Armee benützt, denn der König unterhielt eine leistungsfähige Regierungspost. Diese besaß ein Netz von »Beamten für die Weiterleitung der königlichen Post«, die an Schlüsselpunkten stationiert waren, Postbeamte, die die Routen der Kuriere und der Postsachen zu überwachen hatten. Die Schriftdokumente, die in Assyrien ausgegraben wurden, enthalten eine Anzahl von Listen mit Ortsnamen entlang einer bestimmten Strecke und den Entfernungen zwischen ihnen. Die Listen waren wahrscheinlich in erster Linie für den militärischen Gebrauch bestimmt, können aber auch Kurieren ausgehändigt worden sein. Es sind dies die Vorläufer der *itineraria* der Römer (Abb. 44), Reiseführer in primitivster Form.

In den Jahren, als der Stern der Assyrer noch im Steigen begriffen war, lernten die Menschen endlich auch, wie man Pferde richtig reitet. Das Pferd begann, wie wir gesehen haben, seine Laufbahn als Zugtier, wobei es zunächst nur anstelle von Eseln oder Maultieren zum Ziehen gewöhnlicher Karren und Wagen verwendet wurde, dann aber wegen seiner Schnelligkeit eine eigene Rolle als Zugtier für die am höchsten geschätzte Form, den Streitwagen, bekam. Diese ›Beförderung‹ fand etwa um 1600 v. Chr. statt, die nächste zum Reittier um mehr als ein halbes Jahrtausend später. Flüchtlinge konnten schon einmal im Notfall auf ein verfügbares Pferd springen, Diener reiten verlaufene Tiere zum Stall zurück. Gelegentlich auch machen sich Pferdediebe auf ihrer Beute davon, wie Odysseus und Diomedes, die den Trojanern die berühmten Stuten des Rhesos unter den Augen wegstehlen, doch waren dies Ausnahmefälle. Ein ägyptisches Relief zeigt Amenophis III. (1403-1365 v. Chr.) auf seinem Wagen – und es sind seine Gefangenen, die zu ihrer Schmach rittlings auf den Pferden sitzen.

Kurz vor dem Beginn des 1. Jahrtausends tauchen dann zum ersten Mal Darstellungen auf von Kriegern zu Pferd. Die Reitkunst entwickelte sich höchstwahrscheinlich bei den Nomaden der Steppe, in Südrußland, Kleinasien und im Iran, und kam von dort in die umliegenden Gebiete. Man war von ihr angetan, verhielt sich aber reserviert; der Streitwagen blieb noch für viele Jahre das bevorzugte Kriegsinstrument, wie wir aus dem biblischen Bericht über den Kampf der Philister und Israeliten oder aus den Reliefs ersehen, die die assyrische Armee im Kampf zeigen. Gegen 875 v. Chr. hatten die Assyrer eine ausreichende Atempause, um eine Reiterei aufzubauen, doch nach wie vor behielten sie ihre Streitwagen bei. Spätere Armeen setzten die Reiterei in steigendem Maße ein, bis sich dann im 5. Jahrhundert v. Chr. der Streitwagen für den militärischen Gebrauch im Westen völlig überlebt hatte. Im Nahen Osten dagegen hielt er sich erheblich länger.

Von Anfang an kamen Reiter – und das blieb so während der längsten Zeit des Altertums – mit einem Minimum an Geschirr und Sattelzeug aus (Abb. 58, 59). Sie lenkten ihre Pferde mit einfachster Trensenzäumung und ritten entweder unmittelbar auf dem Pferderücken oder auf einer Decke oder einem einfachen Polster. Sporen erscheinen nicht vor dem 5. Jahrhundert v. Chr., Steigbügel und Hufbeschlag erst über tausend Jahre später (Abb. 60).

Als Zugtiere wurden Pferde fast ausschließlich in Kriegen eingesetzt; weniger eng begrenzt war ihre Verwendung als Reittiere. Teuer in Anschaffung und Haltung, waren sie eigentlich nur etwas für Angehörige der Reiterei, für Regierungskuriere oder für reiche Leute, die Freude am Pferdesport fanden. Die Reisenden des Altertums zogen es vor, sich auf den Esel zu setzen oder in einem Wagen zu fahren, der von Mauleseln gezogen wird, beide Tierarten waren wesentlich anspruchsloser als das Pferd (Abb. 23, 25, 31).

Die Meder hatten im Jahre 612 v.Chr. mit der Zerstörung von Ninive, der Hauptstadt Assyriens, die Bühne der nahöstlichen Geschichte auf aufsehenerregende Weise betreten. Ein halbes Jahrhundert später vereinigte Kyros II., der Große, von Persien (559-530 v.Chr.) Meder und Perser und schuf so ein noch eindrucksvolleres Reich, als es das der Assyrer gewesen war. Dareios I., der Große (521-486 v.Chr.) konsolidierte die Eroberungen des Kyros und vervollkommnete die lose, aber wirksame Regierungsmaschinerie, die die Perser in die Lage versetzte, erfolgreich über ein Sammelsurium unterworfener Länder zu herrschen, die sich vom Iran bis nach Ägypten erstreckten.

Eines der Geheimnisse ihres Erfolgs waren schnelle und sichere Verbindungen zwischen der Hauptstadt und den entferntesten Provinzstädten. Um das zu erreichen, übernahmen die Perser das Postsystem und das Straßennetz, das die Assyrer bereits aufgebaut hatten, und erweiterten und verfeinerten beide. Ihre sogenannte ›Königsstraße‹, die in erster Linie für Regierungskuriere instand gehalten wurde, aber von jedermann benutzt werden konnte, verlief von Sardes, nahe der Ostküste des Mittelmeeres, etwa 2500 km bis nach Susa, der nicht weit vom Persischen Golf entfernt gelegenen persischen Hauptstadt. Es gab Rasthäuser und Gasthöfe für Personen, die zum königlichen Hof gehörten, oder andere Würdenträger in festgelegten Abständen von etwa 16 bis 24 km, je nach der Geländebeschaffenheit, Forts an strategischen Punkten und Fähren zum Übersetzen über Gewässer. Gewöhnliche Reisende konnten auf dieser Straße am Tag einen Durchschnitt von etwa 30 km erreichen und so die ganze Strecke in drei Monaten bewältigen. Der persische Kurierdienst, in günstig disponierte Etappen eingeteilt, schaffte es wahrscheinlich in einem Fünftel dieser Zeit. Die Reittiere wurden vom König gestellt, die Reiter bildeten eine Eliteeinheit, und der Verwaltungschef dieses Dienstes war einer der höchsten Würdenträger

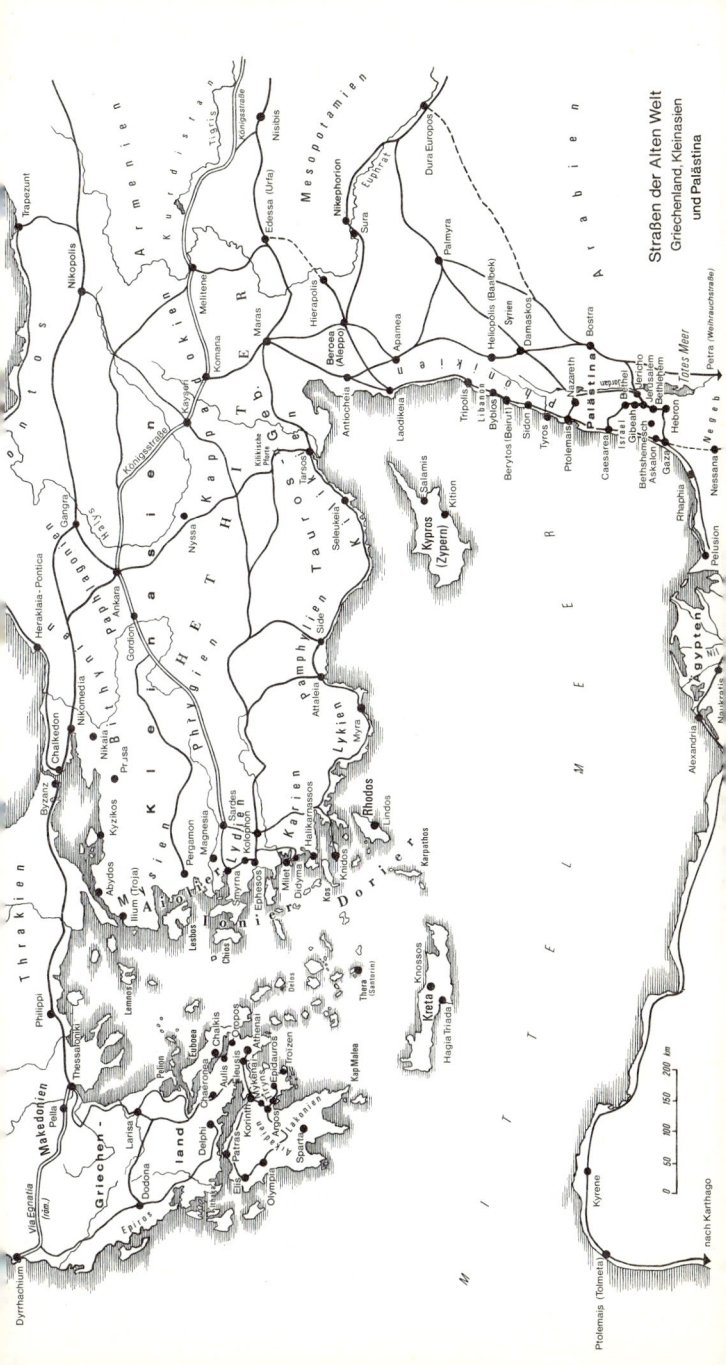

der Regierung. Obwohl Herodot keinen der Männer in Tätigkeit sah, also auf Hörensagen angewiesen war, beeindruckte ihn die Sache sehr: »Es gibt nichts Schnelleres unter den sterblichen Wesen als diese persischen Boten, so klug haben die Perser ihren Botendienst eingerichtet. Es heißt, es stehen für jeden Tag des ganzen Weges besondere Pferde und Leute bereit. Von Tagereise zu Tagereise findet sich ein neues Pferd und ein neuer Bote; sie lassen sich weder durch Schnee, noch durch Regen, weder durch Tageshitze, noch durch die Nacht abhalten, die vorgeschriebene Wegstrecke aufs schnellste zurückzulegen. Der erste Eilbote übergibt die Nachricht dem zweiten, der zweite dem dritten. So geht sie von Hand zu Hand, ähnlich wie die Fackeln bei dem Feste, das die Hellenen dem Hephaistos feiern. Diese reitende Post heißt bei den Persern Angareion.«

Die Straßen, auf denen die Kuriere dahineilten, waren so gebaut, daß sie ebensogut für Räderfahrzeuge wie für Pferde und Packtiere brauchbar waren. Sie waren in der Tat sogar für ein von den Persern besonders geschätztes Fahrzeug geeignet, das die Griechen ›Harmamaxa‹ (Reisewagen) nannten. Es war ein luxuriöser, vierrädriger geschlossener Wagen, der die Eleganz und Schnelligkeit der zweirädrigen Streitwagen mit dem Fassungsvermögen eines großen Reisewagens verband. Die vornehmen Perser verwendeten die Harmamaxa unter anderem dazu, ihre Harems von einem Ort zu einem anderen zu transportieren. Die Harmamaxa hatte ein Dach und konnte an den Seiten mit Vorhängen geschlossen werden, so daß die Insassen gegen die Blicke von Neugierigen abgeschirmt waren. Aristophanes hat in einer Komödie die athenischen Diplomaten verspottet, die versuchten, ihre hohen Gehälter mit großen Reden über die Härten zu rechtfertigen, denen sie auf Reisen ausgesetzt seien. Einer von ihnen, den man nach Persien schickte, klagt: »Nun, zuerst hatten wir die Ebenen zu überwinden. Wir waren völlig erschöpft. Dann setzten wir, behaglich und vor der Sonne geschützt, in einer Harmamaxa liegend, die Reise fort. Es war eine schreckliche Zeit.«

Die Harmamaxa, die alle anderen bei weitem übertraf, war in zweijähriger Arbeit eigens gefertigt worden, um Alexanders

Leiche von Babylon, wo er gestorben war, zu seinem Grab nach Alexandria zu bringen. Sie hatte die Form eines griechischen Säulentempels, war mit einem Dach aus goldenen Schuppen bedeckt, aufs reichste verziert und hatte – was unter antiken Fahrzeugen einzigartig war – eine Art Stoßdämpfer. Nicht weniger als vierundsechzig Maultiere waren nötig, um sie zu ziehen. Zweifellos muß die Straße von Mesopotamien nach Ägypten in jener Zeit erstklassig gewesen sein.

Der bemerkenswerteste Beitrag zum Thema Reisen, den die verkehrsbewußten Perser leisteten, findet sich in jenen Gebieten, in denen es überhaupt keine Straßen gab. Sie haben wohl nicht die wüstendurchquerenden Kamelkarawanen als erste ins Leben gerufen, doch sie waren es, die sie zum Hauptträger des Nahost-Handels machten.

Wenn man der Verwendung des Kamels nachgehen will, muß man sorgfältig zwischen dem zweihöckrigen oder baktrischen Kamel und dem einhöckrigen Dromedar unterscheiden. Das Kamel ist wollig, deshalb kälteren Temperaturen gewachsen, erklettert Berge mit Leichtigkeit und dient ausschließlich als Lasttier. Das Dromedar liebt heißes Klima, ist in Bergen unbrauchbar und dient ebenso zum Reiten und zum Kampf wie zum Transport. Die beiden Arten entwickelten sich in unterschiedlichen Regionen und gingen in der Geschichte verschiedene Wege.

Das zweihöckrige Kamel stammt aus Zentralasien, war spätestens um 2000 v. Chr. domestiziert und damals nicht westlicher als bis Persien hin anzutreffen. Von dort aus drang es dann weiter nach Kleinasien und Mesopotamien vor. Die Assyrer, stets führend, wenn es um Transportfragen ging, scheinen es um die Wende zum 1. Jahrtausend v. Chr. nach Mesopotamien gebracht zu haben (Abb. 55).

Die Geschichte des einhöckrigen Dromedars ist verwickelter, kommt fast einem Puzzle-Spiel gleich. Es wurde wahrscheinlich zuerst in Arabien gezähmt und gezüchtet. Figürchen von Dromedaren aus der Zeit um 3000 v. Chr. (und früher) sind in Ägypten gefunden worden, es war dort also seit langem bekannt, doch als Lasttier scheint es hier erst zu Beginn des 5. Jahrhunderts eine Rolle gespielt zu haben.

Die Israeliten müssen das Dromedar schon in den Tagen der Patriarchen, also etwa um 1800 v.Chr., gekannt haben, denn es wird in der Genesis erwähnt; da sie es aber als ›unrein‹ ansahen, achteten sie es offenbar gering. Die Babylonier kannten es mindestens seit dem 14. Jahrhundert v.Chr., aber ihr normales Packtier blieb zu allen Zeiten der Esel. Eine Erklärung für dieses Nebeneinander könnte vielleicht im folgenden Tatbestand liegen: Unter den reinen Wüstenvölkern, die an der Peripherie der zivilisierten Welt lebten, hatte man bereits gegen 3000 v.Chr. am Dromedar Gefallen gefunden. Es wurde dort anscheinend zum Transport, Reiten und Kampf verwendet, war damals wie heute geschätzt wegen seiner Milch, Wolle, dem Fell, ja selbst seinem Mist. Dies würde begreiflich machen, warum Ägypter, Israeliten, Babylonier und alle anderen, die mit diesen Völkern in Beziehung standen, das Dromedar zwar kannten, aber da sie nicht unter Wüstenbedingungen lebten, offenbar keinen zwingenden Grund sahen, es zu übernehmen. Schließlich wurde das Dromedar von den Assyrern im 9. Jahrhundert v.Chr. (oder früher) in Mesopotamien eingeführt. Nach mehreren Feldzügen gegen Kamelreiter-Völker hatte die assyrische Armee seinen Wert erkannt und es für besondere Zwecke in seine Streitkräfte übernommen.

Das Dromedar war so zu einem Militäradjunkten befördert worden. Aber noch immer hatte es nicht den Rang eines allgemein gebräuchlichen Lasttiers. Zu diesem wurde es erst, als die Perser ihr großes Reich und damit eine noch nie dagewesene politische Lage schufen. Zum ersten Mal in der Geschichte war der gesamte Nahe Osten von Indien bis Ägypten und zum Balkan in der Hand eines einzigen wohlorganisierten und mächtigen Staates, in dem sich der Handel ohne Zollgrenzen vollziehen konnte. Zuvor mußte der Transport von Mesopotamien nach Ägypten einen großen Bogen nach Westen schlagen, um die Durchquerung der Syrischen Wüste zu vermeiden. Nunmehr, da eine Regierung vorhanden war, stark genug, um Wegelagerer in der Wüste unter Kontrolle zu halten, war plötzlich eine Durchquerung auch der Wüstengebiete möglich. Die Perser hatten schon von den Assyrern gelernt, Dromedare für den Transport zu verwenden, ihr besonderer Wert in der Wüste war evident und erprobt; die lange Geschichte der Kamel-Karawane konnte beginnen.

Das Jahr 500 v. Chr. – um eine bequeme runde Zahl zu nennen – bezeichnet den Zeitpunkt, als der Nahe Osten, bisher Mittelpunkt der Geschichte des Altertums, den Vorrang an den Westen, an die Griechen und Römer abtrat.

Damals waren die Grundzüge des Reisens im Altertum bereits festgelegt. Zur See bot das Segeln mit Handelsschiffen die Verbindung zu den größeren Häfen des östlichen Mittelmeeres. Zu Lande waren die wichtigsten Zentren durch Straßen miteinander verbunden, von denen die besten mit Brücken, Fähren, Straßenzeichen, Raststellen und Wachstationen aufwarten konnten. Die Technik des Pflasterns war zwar entwickelt, wurde aber noch selten angewendet. Reisende konnten zwischen dem Wagen, dem Fuhrwerk, zwischen Eseln, Pferden oder Kamelen wählen. An den Hauptstraßen gab es Rasthäuser, in den Städten Herbergen und Tavernen. Wir beginnen zudem, unter den regelmäßigen Benutzern der See- und Landrouten – den Regierungsbeamten und den Handelsreisenden – den Reisenden um des Reisens willen, den Touristen zu entdecken.

Die Horizonte weiten sich

Im Jahre 500 v. Chr. erhob sich die Großmacht Persien unter Dareios I., dem Großen wie ein Koloß über der Alten Welt. Er hatte die ehemals großen Staaten des Nahen Ostens, Lydien, Assyrien, Babylonien und Ägypten in ein weitgespanntes Reich zusammengeschweißt. Weit griff der lange Arm seiner Macht in die Ferne und kontrollierte sogar die griechischen Städte an der Westküste Kleinasiens. Nur noch in Griechenland selbst lagen einige Stadtstaaten von Taschenformat außerhalb seines Griffs. Als einer von ihnen, Athen, ihn herauszufordern wagte, beschloß er, auch diese Staaten in die persische Umarmung zu nehmen. Das Ergebnis waren die berühmten beiden Kriege, die in den Jahren 490 und 480-479 v. Chr. geführt wurden und in denen die Griechen zu ihrer eigenen und zu Persiens Verwunderung ihren riesigen Gegner besiegten und damit in den Vordergrund der antiken Geschichte traten.

Persien hatte ein riesenhaftes Reich aufgebaut und unterhalten. Für die Griechen war solche Größe ein Greuel. Sie zogen es vor, so wie sie es schon Jahrhunderte lang getan hatten, in überschaubaren Städten zu leben, die gleichzeitig unabhängige Staaten waren, und von denen jede, so klein sie auch war, eigene Verfassung, Gerichtsbarkeit, Militärwesen, Münzprägung und andere Rechte der Autonomie besaß. Es hat im Altertum niemals einen einheitlichen Staat gegeben, der sich ›Griechenland‹ nannte. Es gab die Stadtstaaten Athen, Sparta, Korinth, Theben und so weiter. Dies waren die größten; die anderen waren von unterschiedlicher Größe, bis hinab zu einfachen Dörfern. Als Athen den Höhepunkt seiner Macht erreicht hatte, in der 2. Hälfte des 5. Jahrhunderts, baute es etwas auf, das wir als ›Griechisches Reich‹ bezeichnen könnten, doch war dies keineswegs ein durchorganisierter Staat wie Persien; es war ein Bund selbständiger Stadtstaaten, die an Athen Tribut entrichteten und sich seiner Außenpolitik fügten.

Die Welt, in der die Griechen zu Hause waren, erstreckte sich von den östlichen Gestaden des Schwarzen Meeres bis nach Marseille im Westen. Die Griechen hätten ihr Kolonisationsgebiet noch weiter ausgedehnt, wären nicht die Phönizier gewesen. Genauer gesagt Karthago, jene phönizische Kolonie an der Küste Tunesiens, die schließlich mächtiger wurde als ihr Heimatland. Die harten Handelsherren von Karthago hatten frühzeitig beide Küsten des westlichen Mittelmeers unter ihre Kontrolle gebracht und wünschten keine Konkurrenten. Im Jahr 535 v. Chr. und während der folgenden Jahrzehnte schlugen die Griechen, die Marseille gegründet hatten, mehrere verzweifelte Seeschlachten mit Karthago, aber sie erreichten nicht mehr, als daß sie dort bleiben konnten, wo sie schon waren. Die Karthager beherrschten vollkommen das Mittelmeer zwischen den Küsten Spaniens und Marokkos einschließlich der Balearen und Sardinien, und sie konnten jederzeit die Meerenge von Gibraltar sperren.

Östlich von Marseille dagegen war das Meer frei und wurde

Rekonstruktion eines griechischen Handelsschiffes, um 500 v. Chr.
(nach Henry Hodges)

von einer großen Anzahl von karthagischen, phönizischen, ägyptischen und vor allem griechischen Frachtern befahren. Schiffe hatten ihre ständigen Routen zwischen Marseille und den Häfen in Sizilien und Süditalien; von dort gab es eine beliebige Zahl von Schiffsverbindungen nach Griechenland und Kleinasien. Von Athen oder Korinth in Griechenland erstreckten sich Handelswege in südlicher Richtung nach der Levante und Ägypten, in östlicher nach Kleinasien, in nördlicher nach dem Hellespont, dem Bosporus und sogar darüber hinaus ins Schwarze Meer, seiner Südküste entlang bis zu seinem Ostende, seiner Nordküste entlang bis zur Krim. Reisende, die noch weiter nach Osten vordringen wollten, konnten dies auf den schönen Straßen, die die Perser nach Mesopotamien und nach Persien instand hielten. Reisende, die von Griechenland nach Ägypten segelten, konnten die Reise nilaufwärts bis zum ersten Katarakt fortsetzen.

Homer hatte das Mittelmeer nur zum Teil gekannt, westlich nicht weiter als bis Sizilien, östlich nicht weiter als bis zum Hellespont; für die jenseits davon liegenden Gebiete war er auf Erzählungen über Lotosesser, Kyklopen und andere Wunderwesen angewiesen. Im 5. Jahrhundert v. Chr. kannten gebildete oder vielgereiste Griechen das ganze Mittelmeer und das Schwarze Meer und hatten eine einigermaßen zutreffende Vorstellung von deren Größe und Küstenlinien. Dank den Informationen, die man erhalten konnte, bevor die Karthager Fremde fernhielten, wußten sie, daß das Tor im Westen die Enge von Gibraltar war und daß jenseits ein riesiger Ozean sich ausdehnte; sie hatten sogar von den Britischen Inseln gehört. Ihre Kenntnis drang jedoch nicht weit in das Landesinnere vor; das Hinterland war für sie ebenso wie schon für Homer weitgehend *terra incognita*. Sie hatten unklare Ideen darüber, wo das Volk, das sie Kelten nannten, lebte, und dachten, die Donau entspringe in den Pyrenäen. Gegen Nordosten standen ihnen einige solide Fakten über die skythischen Stämme von Südrußland und die von ihnen bewohnten Gebiete zur Verfügung, und sie waren sich im klaren, daß das Kaspische Meer ein Binnensee war, aber von hier ab hörten ihre Kenntnisse auf. Über Rußland nördlich der Schwarzmeerküste wiederholt Herodot Gerüchte – wenn er es auch mit seinem gesunden Menschenverstand ablehnt, sie zu glauben – über Menschen mit Ziegenbeinen, Menschen, die sechs Monate des Jahres schlafen, über Greifen und dergleichen. Noch weiter nördlich, so berichtet er, lebten Kannibalen und Leute, die an Werwölfe glaubten, und jenseits von ihnen gebe es eine Schneewüste.

Reisen durch das Perserreich hatte die Griechen mit Asien nach Osten hin bis zum Industal (Westpakistan) bekannt gemacht. Als Dareios dieses Tal im Jahre 515 v. Chr. eroberte, sandte er eine Expedition mit Schiffen den Indus abwärts zum Indischen Ozean; von dort segelten seine Leute an der Küste entlang nach Westen bis zum Ostende des Persischen Golfs. Hier wandten sie sich nach Süden und fuhren entlang der arabischen Küste in das Rote Meer ein und beendeten ihre Reise irgendwo in der Nähe von Suez. Berichte über diese Leistung erweiterten auch die Kenntnis der griechischen Geographen um diesen Teil der Welt, aber nur in dürftigem Umfang. Herodot zum Beispiel weiß etwas über die Haine von Weihrauchbäumen in Arabien, meint aber, daß die Zimtrinde ebenfalls von dort komme. Er weiß nicht, daß die Zimtpflanze (Cassia) ihren Ursprung in Indien und noch weiter östlich davon hat, und daß Arabien nur der Mittler im Zimthandel war. Herodot fügt dann noch sensationelle Einzelheiten über fliegende Schlangen hinzu, die die Weihrauchbäume bewachen, über fledermausartige Tiere in den Sumpfgebieten, wo, wie man glaubte, die Zimtpflanze wächst, schließlich noch darüber, wie man die Zimtrinde den Vögeln abnimmt, die Zweige davon forttragen, um ihre Nester damit zu bauen. Er weiß von der ungeheuren polyglotten Bevölkerung Indiens, von Bambus, von den primitiven Drawiden, aber er erzählt auch Geschichten von indischen Kannibalenstämmen, die die Kranken und Alten essen, und von indischen Ameisen, die größer seien als Füchse und nach Gold grüben. Von dem, was östlich von Indien lag, wußte er nichts; er meinte, dort sei nur eine unendliche, ungastliche Wüste. Das heißt, China lag völlig jenseits seines Gesichtskreises. Die Kenntnis der Griechen von Asien umfaßte also im 5. Jahrhundert auch Arabien und die Länder im Osten bis zum Industal.

Was Afrika betrifft, so waren sie nicht viel über Homer hinausgekommen. Herodot gibt einige Einzelheiten über die Wüste des Sudan, spekuliert aber fruchtlos darüber, wo der Nil entspringt; und ihm, ebenso wie allen vor ihm, galten die Äthiopier noch immer als eine Rasse von Übermenschen. Die Griechen wußten, daß Afrika ringsum von Wasser umgeben ist. Wenn wir einer Geschichte glauben können, die Herodot in Ägypten aufgeschnappt hat, ist es den Phöniziern tatsächlich gelungen, den Kontinent irgendwann gegen 600 v. Chr. zu umfahren. Hier folgt, was er berichtet, jedoch mit den heutigen geographischen Bezeichnungen:

»Afrika offenbart sich als von Wasser umflossen bis auf die Stelle, wo es mit Asien zusammenstößt; das hat Necho, der Ägypterkönig, als erster unter denen, von denen wir wissen, bewiesen. Nachdem er mit der Arbeit am Kanaldurchstich aufgehört hatte, der vom Nil zum Roten Meer führt, schickte er phönizische Männer auf Schiffen aus und gab ihnen den Auftrag, auf dem Rückweg durch die Säulen des Herakles ins Mittelmeer einzufahren und so nach Ägypten zurückzukommen. Die Phönizier brachen nun vom Roten Meer aus auf und kamen auf ihrer Fahrt in den Indischen Ozean; so oft es Herbst wurde, gingen sie an Land und bestellten Felder, an welcher Stelle von Afrika sie auf ihrer Fahrt jeweils waren, und warteten die Erntezeit ab. Wenn sie das Getreide geschnitten hatten, segelten sie weiter, so daß sie, nachdem zwei Jahre verflossen waren, im dritten Jahr die Säulen des Herakles umfuhren und nach Ägypten zurückkehrten. Und sie berichteten Dinge, die ich nicht glauben kann – andere glauben sie – daß sie, als sie Afrika umfuhren, die Sonne zu ihrer Rechten hatten.«

Hunderte von Seiten sind über diesen wortkargen Abschnitt geschrieben worden, wobei man den Wahrheitsgehalt der Geschichte erörterte, bezweifelte, ob eine so enorme Leistung tatsächlich vollbracht worden sei. Über einen Punkt sind sich die meisten einig, eine Reise, wie Herodot sie beschreibt, war durchführbar. Es gibt keinen Grund, warum nicht eine Mannschaft von Phöniziern sie in der Zeitspanne und in der Art und Weise wie er sagt, hätte durchführen können. Selbst wenn die Skeptiker recht haben und Nechos Schiffe nicht die ganze Fahrt um Afrika machten, so muß doch irgendeine Art von Expedition auf die Reise geschickt worden sein, und, nach den von Herodot geschilderten Einzelheiten über die Ernten unterwegs, dazu noch eine sorgfältig geplante. Mehr noch, sie muß bis jenseits des Wendekreises und bis zu einem Punkt vorgedrungen sein, an dem die Leute in der Lage waren festzustellen, daß sie die Sonne zur Rechten hatten, das heißt im Norden, während sie auf Südwest- und Westkurs fuhren. Gerade das Argument, mit dem Herodot seinen Zweifel begründet, ist das überzeugendste für die Wahrheit des von ihm wiedergegebenen Berichts.

Etwa anderthalb Jahrhunderte später gab es einen zweiten Versuch, Afrika zu umschiffen, diesmal in der umgekehrten Richtung, von Westen nach Osten, und es besteht kein Zweifel, daß er mißlang. Der Anführer berichtete, daß er »an der fernsten Stelle, die er erreichte, an kleinen Menschen vorbeifuhr, die eine aus Palm(blättern) gemachte Kleidung verwendeten« und, daß sie dann zu einer Stelle kamen, an der »das Schiff nicht mehr hätte voranfahren können, sondern steckengeblieben sei.« Es klingt so, als sei es ihm gelungen, bis jenseits der Sahara nach Senegal oder sogar nach Guinea zu fahren, wo er vielleicht Buschmänner sah, die damals weiter im Norden wohnten als heutzutage, und daß er dann in Windstille und in die Gegenströmungen des Golfs von Guinea oder in eine sonstige Verbindung von widrigen Winden und Gegenströmungen hineingeriet. Tatsächlich machen Wind und Strömungen die Umsegelung Afrikas von Ost nach West, wie sie Nechos Expedition unternahm, wesentlich leichter; obwohl eine Anzahl antiker Seefahrer den Kontinent auch in entgegengesetzter Richtung zu umsegeln versuchte, waren sie doch alle erfolglos. Vasco da Gama, ganz am Ende des 15. Jahrhunderts, war der erste, dem das gelang.

Diese beiden Unternehmungen waren Entdeckungsreisen kleinen Umfangs, die wahrscheinlich unternommen wurden, um Wege für neue Handelsrouten zu erkunden. Etwa 500 v. Chr. oder wenige Jahrzehnte später durchfuhr eine großartige Expedition die Meerenge von Gibraltar mit dem Plan, an der Westküste Afrikas Kolonien einzurichten. Es ist die einzige Entdeckungsreise des Altertums, über die wir einen Bericht aus erster

Hand haben. Es sind dies die genauen Angaben, die der Anführer, Hanno von Karthago, gemacht hat. Er ließ seinen Bericht auf eine Bronzetafel setzen und stellte diese in seiner Heimatstadt auf, und viele Jahre später machte ein wißbegieriger Grieche eine Abschrift davon, die auf uns gekommen ist.

»Die Karthager beauftragten Hanno, an den Säulen des Herakles vorbeizufahren und Städte der Libyphönizier [Phönizier, die in Afrika wohnen] zu gründen. Er setzte Segel mit sechzig Fünfzigruderern und einer großen Zahl Menschen, Männer und Frauen, insgesamt dreißigtausend, Proviant und sonstiger Ausrüstung.« So beginnt Hannos Bericht, ein Dokument von weniger als 650 Wörtern, das im Lauf der Jahrhunderte mehrere hunderttausend Erklärungen, Kommentare und wissenschaftliche Erörterungen angeregt hat.

Hanno hatte zu Beginn gute Fahrt, seine erste Strecke führte durch die Meerenge von Gibraltar und südwestlich längs der Küste von Marokko, wo er mehrfach ankerte, um die vorgesehenen Kolonisten an Land zu setzen. An der Mündung des Flusses Draa schloß er Freundschaft mit einem dortigen Nomadenstamm, wahrscheinlich Beduinen, und da diesen die weiter südlich gelegene Küste bekannt war, nahm er einige von ihnen als Führer und Dolmetscher mit. Bald danach erreichte die Expedition einen breiten Fluß mit zwei Mündungen, der »tief und breit und von Krokodilen und Flußpferden verseucht« war. Der erste Fluß an der Küste, auf den die Beschreibung passen würde, ist der Senegal, ein wenig nördlich vom Kap Verde. Dann kamen sie zu einem großen Meerbusen und danach, als sie an einem hohen Berg vorbeigefahren waren, zu einem zweiten Meerbusen mit einer Insel darin, wo sie Männer und Frauen »mit haarigen Körpern« sahen und es ihnen gelang, drei Weibchen zu fangen. Die Führer nannten sie Gorillas, doch hätten Hannos Leute die Tiere, die wir mit diesem Namen bezeichnen, schwerlich lebendig fangen können, auch nicht Weibchen; Schimpansen oder Paviane sind wahrscheinlicher. An diesem Ort waren sie mit ihrem Proviant am Ende und kehrten um.

Wie weit kam Hanno? Die konservativen Wissenschaftler, die wahrscheinlich recht haben, meinen, daß er nicht über Sierra

SCHIFFE

1 Sumerisches Lastboot, wie es heute noch in Mesopotamien in Gebrauch ist. Ende 4. Jahrtausend v. Chr.

2 Sumerisches Boot mit Bootsmann und Reisendem, drittes Viertel des 3. Jahrtausends v. Chr.

3 Phönizisch-assyrische Schiffe beim Holztransport, 8. Jahrhundert v. Chr.

4
Ägypter beim Bau von Papyrusbooten.
Um 2600 v. Chr.

5 Ägyptisches Ruderboot aus Holz,
das die Form der Papyrusboote
übernimmt.
Um 2650 v. Chr.

6
Ägyptisches
Segelboot mit
viereckigem Segel u
einfachem Steuerru
wie es Jahrtausende
hindurch auf dem N
verwendet wurde,
um 2000 v. Chr.

7
Ägyptisches Hochseeschiff, das die Form
der einfachen Nilsegelboote weiter entwickelt.
Hinten je drei Steuerruder an beiden Seiten,
vorne der Steinanker. Um 2550 v. Chr.

8 Zwei griechische Kriegsschiffe mit gesetzten Segeln, um 525 v. Chr.

9 Ankunft eines griechischen Langbootes in Kreta, um 570 v. Chr.

10 Großes, vielleicht phönizisches Frachtschiff mit gehisstem Segel
aus Sidon, wahrscheinlich 1. Jahrhundert n. Chr.

11 Heimkehr eines großen römischen Frachtschiffes
in den Hafen von Ostia, frühes 3. Jahrhundert n. Chr.
Der Kapitän bringt auf dem Achterdeck ein Dankopfer dar. Hinter dem
Schiff der Leuchtturm, vor dem Schiff, an dessen Bug
mit dem Ladebaum bereits ausgeladen wird, der Gott des Meeres, Neptun.
Das Segel trägt die Wahrzeichen Roms, die säugende Wölfin.
Rechts Entladen eines Schiffes mit gerafften Segeln,
darüber eine Elefanten-Quadriga

12 Beladen eines römischen Flußschiffes mit Getreide im Hafen von Ostia. Zweite Hälfte 3. Jahrhundert n. Chr.

13 Römisches Weinschiff im Treidelzug, 1. Jahrhundert n. Chr.

14 Römischer Flußhafen an der Donau mit Frachtschiffen und Speicherhäusern, Anfang 2. Jahrhundert n. Chr.

Leone hinauskam, daß er noch vor dem Gebiet der Windstille und vor der glühenden Hitze des Golfs von Guinea haltmachte. Der erste Meerbusen würde dann Bissagos Bai in Portugiesisch Guinea, der Berg Kukulima, zugegebenermaßen etwas zu niedrig, um mit dem Wort ›hoch‹ ausgezeichnet zu werden, der zweite Meerbusen Sherbro Sound in Sierra Leone sein. Andere Forscher lassen ihn bis hinunter nach Kamerun oder sogar bis nach Gabun fahren, identifizieren den Fluß mit dem Niger und den Berg mit dem Kamerun, dem höchsten Berg in Westafrika. Mit Hinblick auf die Geschichte des Reisens ist diese Diskussion nur von akademischem Wert. Obwohl die Reise eine der großen Entdeckerleistungen der Alten Welt ist, war sie von nur geringer Wirkung: sie brachte Westafrika nicht in die Einflußsphäre der antiken Kultur, sie brachte nicht einmal geographische Kenntnisse von Dauer. Claudius Ptolemäus, der im 2. Jahrhundert n. Chr. das abschließende geographische Bild der Alten Welt entwarf, zeigt gerade die Küste, die die Karthager kolonisierten, in einem falschen Winkel, indem er sie von der Meerenge von Gibraltar aus in südöstlicher, anstatt in südwestlicher Richtung verlaufen läßt. Die Wahrheit darüber sollte auch hier wieder erst in den Tagen Heinrichs des Seefahrers bekanntwerden.

Handel und Reisen in den Zeiten der Griechen (500-300 v. Chr.)

Als sich der Schwerpunkt der Alten Welt von Persien und dem Nahen Osten westwärts nach Griechenland verlagerte, wurde das Mittelmeer zum Hauptverkehrsweg für Handel und Verkehr. Griechen und Römer wußten das zu nutzen. Die meisten griechischen Stadtstaaten findet man längs seiner Küsten. Platon meinte, sie drängten sich an seine Gestade »wie Frösche an einem Teich«. Sicher, es gab auch bedeutende griechische Binnenstaaten, doch alle, die es zu Reichtum brachten, hatten Seehäfen wie zum Beispiel Athen, Korinth, Syrakus oder Milet. Das war auch nur zu natürlich: Wenn etwa ein griechischer Händler jeden Sommer zwei- oder dreitausend Ölkrüge, von denen jeder etwa 22,5 Liter faßte und alles in allem gute 45 kg wog, zu einem Hunderte von Kilometern entfernten Markt beförderte, konnte er sie allesamt in ein mittelgroßes Schiff verladen lassen. Er hätte dagegen eine endlose Karawane von Eseln oder Karrenzügen benötigt, um sie über Land zu transportieren. Bis zur Erfindung der Eisenbahn war der Wasserweg der einzig brauchbare für Lasten und der bequemste für weite Reisen.

So konnte man denn überall griechische Kaufleute antreffen, die das Mittelmeer in seiner Länge und Breite durchkreuzten. Man sah sie in südrussischen Häfen um Kornpreise feilschen, weil Athen Lebensmittel brauchte; sah sie an den Kaianlagen des Piräus beim Verladen von Olivenöl für griechische Siedler an der Schwarzmeerküste; sah sie in Beirut, um das Zedernholz des Libanon zu kaufen; sah sie in Milet an der kleinasiatischen Küste um feine Wollstoffe handeln, die in den Läden von Athen und Syrakus das Doppelte bis Dreifache des Einkaufspreises brachten. Ihre Schiffe hatten eine durchschnittliche Länge von 30 Metern und eine Ladekapazität von rund 100 Tonnen. Es gab natürlich viel größere – bis zu 500 Tonnen Laderaum, und auch viel kleinere – für die Küstenschiffahrt. Die Schiffskörper hatten behäbige, wohlgerundete Formen, und die Takelage bestand nicht aus vielen sich hochtürmenden Segeln, sondern aus einem einzigen breiten Quersegel. Die Schiffe waren auf Fassungsvermögen und Sicherheit, nicht um der Geschwindigkeit willen gebaut. Nahe dem Heck befand sich im allgemeinen ein kleines Deckhaus, aufgeteilt in einige Kabinen. Sie dienten dem Kapitän und dem Schiffseigentümer oder dem Kaufmann, der das Schiff gechartert hatte, zur Unterkunft. Eine Kabine war damals nicht viel mehr als ein Verschlag, der ein paar Quadratfuß Raum für eine Schlafstelle bot, aber sie schützte den Benutzer wenigstens vor Regen, Kälte und glühender Sonne. Die Schiffsmannschaft und andere Passagiere schliefen an Deck. Auf einem Küstenfahrzeug, zu klein für ein Deckhaus, reiste auch der Kaufmann mit allen anderen an Deck. Er brachte sein eignes Essen mit aufs Schiff, und seine Diener mußten warten, bis sie mit dem Kochen in der Kombüse an der Reihe waren. Was das Trinken anlangt, so ging es ihm gut, wenn er vorgesorgt und einige Amphoren seines bevorzugten Weines im feuchten, kühlen Sand, der als Ballast in der Tiefe des Laderaums mitgeführt wurde, sorgfältig hatte verstauen lassen. Sobald sein Schiff in einen Hafen eingelaufen war, eilte er zum Poseidontempel, meist in Hafennähe, und brachte ein Dankopfer für die glückliche Ankunft dar.

Gesetzt den Fall, man hatte Glück mit dem Wetter, dann konnte die Schiffsreise ein erfreuliches Erlebnis sein. Hatte der Reisende einmal Lebensmittel, Getränke und seine sonstige Habe besorgt und untergebracht, gab es für ihn nichts mehr, worum er sich hätte kümmern müssen; das Schiff war seine Herberge, Wind oder Ruder leisteten die Arbeit.

Reisen zu Lande dagegen waren in diesem Zeitalter anstrengend. Gewöhnlich ging man zu Fuß. Leute mit leichtem Gepäck nahmen nur einen oder zwei Sklaven als Diener und zugleich als Träger mit. Kleider, Decken und Proviant waren in Säcken verstaut. Höherer Reisekomfort verlangte eine stattlichere Zahl von Personal sowie Lasttiere. Dies waren, mit wenigen Ausnahmen, Esel oder Maultiere; Pferde dienten fast ausschließlich, wie schon bemerkt, zum Wettkampf, zur Jagd oder für das Kriegshandwerk. Auf den Rücken der Tiere legte man Schaf- oder Ziegenfelle, um das Wundscheuern zu verhindern, darauf ein hölzernes Packgestell, das oft mit Tragkörben ausgestattet war. Wer es sich leisten konnte, nahm sich manchmal auch Esel oder Maultiere zum Reiten. In den Augen der Griechen waren Sänften oder Tragsessel etwas Verächtliches, hatten den Beigeschmack von Großtuerei, und man benützte sie nur im Krankheitsfall oder für Frauen. Demosthenes, zum Beispiel, gab einmal Anlaß zu Ärgernis und Kopfschütteln, weil er sich in einer Sänfte von Athen nach dem Piräus bringen ließ.

Wo die Straßen es erlaubten, konnte man auch Fahrzeuge benutzen, insbesondere, wenn Frauen an der Reisegesellschaft teilnahmen. Am gebräuchlichsten war ein kleiner offener Karren mit leichtem Wagenkasten aus Latten oder Weidengeflecht. Er nahm höchstens vier Personen auf und wurde von zwei Maultieren oder Eseln gezogen (Abb. 23). Für lange Reisen gab es Wagen mit dem gewölbten Planendach (Abb. 31). Vor dem 5. Jahrhundert v. Chr. war das Speichenrad durchaus nicht überall verbreitet. Man hatte noch ein anderes Rad von eigentümlicher Bauart in Gebrauch. Es war zusammengesetzt aus einem auf der Linie des Raddurchmessers in den Felgenkranz eingespannten massiven Balkenstück, welches das Rad mit der Wagenachse verband, und aus zwei leichteren kurzen Querriegeln, die den speichenartigen Balken rechtwinklig überschnitten und ihn mit der Felge verstrebten (Abb. 23). Dieser Radtyp ist zwar deutlich ein etwas schnittigerer Nachfahre der massiven, aus einem Stück gefertigten Rundscheibe, war aber noch nicht so leicht und stabil wie das Speichenrad und bot nur den Vorteil, daß man ihn müheloser, wahrscheinlich ohne die Kenntnis und Kunst eines professionellen Wagners, herstellen konnte. Man findet ihn, wie zu erwarten, auch an vielen Orten außerhalb Griechenlands: in Makedonien, auf Zypern, bei den Etruskern. Im 5. Jahrhundert v. Chr.

wurde er schließlich von dem stabileren wie auch leichteren Speichenrad verdrängt.

War ein robustes Fahrzeug vonnöten, so entschied man sich für schwere, oft sogar vierrädrige, von Ochsen gezogenen Karren, wobei die Griechen dem zweirädrigen Wagen gern den Vorzug gaben. Genaugenommen bezeichnet das griechische Wort *apene* einen leichten Reisewagen und *hamaxa* den schweren Karren oder Wagen. Doch die Griechen drückten sich, wie auch wir, nicht immer sehr genau aus, und die Bezeichnungen sind daher oft untereinander austauschbar verwendet worden.

Wollte jemand im 5. oder 4. Jahrhundert v. Chr. in Griechenland eine Reise unternehmen, so überlegte er es sich zweimal, bevor er sich für ein Fahrzeug – ob leicht oder schwer – entschied, da man keineswegs überall geeignete Straßen hatte. In einem Land, das in kleine, leidenschaftlich auf ihre Unabhängigkeit bedachte Staaten aufgesplittert war, konnte man kein einheitliches Straßennetz erwarten. Darüber hinaus hatten nur wenige die finanziellen Mittel für einen sachgerechten Straßenbau, und sei es auch nur innerhalb der eigenen Grenzen. In Athen zum Beispiel scheinen die für Straßen und deren Ausbesserung anfallenden Kosten durch gelegentliche Sonderbesteuerungen der Reichen gedeckt worden zu sein. Zudem ist Griechenland so steinig und gebirgig, daß die Kosten für den Bau guter Straßen für jeden Staat zu hoch gewesen wären. Pausanias, der Verfasser des Reisebuchs im 2. Jahrhundert n. Chr., war im ganzen Land herumgekommen und schreibt, daß die Hauptstraße nach Delphi da, wo sie sich ihrem Ziel nähert, selbst Fußgängern Schwierigkeiten bot. Eine andere, von ihm benutzte Straße, die jenseits von Sikyon in die Berge führte, war »wegen ihrer Enge für Fahrzeuge unbenutzbar«; bei vielen anderen Bergstraßen muß es ebenso gewesen sein. Es gab, wie er uns berichtet, auf der Peloponnes einen Paß namens ›Leiter‹, weil Reisende zum Teil auf in den Fels gehauenen Stufen zu gehen hatten. Eine Straße, die von Korinth über Mykene nach Argos führte, hieß die ›Stock-Straße‹, vermutlich, weil sie so beschwerlich war, daß man die Stütze eines Wanderstabes nicht entbehren mochte. Die einzige Verbindungsstraße von Korinth nach Megara (und damit nach

Athen) war berüchtigt wegen der zum Saronischen Golf steil abfallenden Felsen, an denen sie sich auf halber Höhe entlangschlängelte. Hier lebte nach dem Mythos der Theseussage der Unhold Skiron, der alle Reisenden, die vorbeikamen, beraubte, sich von ihnen die Füße waschen ließ, und sie, während sie es taten, mit einem Fußtritt in den Abgrund schleuderte.

»Auf 10 km Länge verlief sie auf einer schmalen, verwitterten Felskante etwa in halber Höhe eines beinahe senkrecht abstürzenden Felsenhangs... der Pfad war so schmal, daß nur ein einzelnes trittsicheres Tier den Weg leidlich ungefährdet hinter sich bringen konnte. Bei stürmischem oder böigem Wetter war es gefährlich; ein einmaliges Ausrutschen oder Stolpern konnte tödlich sein.« So beschreibt noch im 19. Jahrhundert ein Reisender diese Wegstrecke, und zweieinhalb Jahrtausende früher kann es kaum anders gewesen sein. Zu einem Zeitpunkt allerdings, als Kaiser Hadrian (117-138 n. Chr.) ihr seine Beachtung schenkte, entstand dank der römischen Techniken aus dem Saumpfad eine gute Fahrstraße, ».... so hergerichtet, daß sie, auch wenn sich Wagen begegnen, noch breit genug und geeignet ist«, wie Pausanias bezeugt. Doch sie war nur instand zu halten, solange Geld in der Staatskasse Roms war.

Um Straßen allerdings, die zu heiligen Stätten, besonders zu den Orten mit den großen Festspielen führten, waren die Griechen sehr besorgt. Wo nur eben möglich, legten sie sie breit genug für den Wagenverkehr an. Zum Beispiel konnten Reisende von der Peloponnes nach Delphi auf dem größten Teil der Strecke Karren oder Wagen benutzen, die so groß waren, daß eine ganze Familie darin schlafen konnte. In einigen Fällen sparten Straßenbauer Geld und Zeit, indem sie ›Geleise-Straßen‹ anlegten, im Prinzip eine Art früher Vorgriff der Straßenbahn-Geleise, eine Methode, die später auch von den Römern gelegentlich übernommen wurde (Abb. 40). Statt der Mühe, die gesamte Straßenbreite zu ebnen, beschränkten sie sich darauf, ein Geleisepaar auszuhauen – jede Kerbe 7,5 bis 10 cm tief, 20 bis 23 cm breit und mit einer Spurweite von etwa 140 bis 150 cm. Die Vertiefungen wurden sorgfältig geglättet; die Wagen, die mehr oder weniger alle die gleiche Spurweite gehabt haben müssen, fuhren in ihnen wie ein Zug auf dem Schienenstrang. Nur auf die vertieften Auskehlungen kam es an, die Oberfläche zwischen oder neben ihnen wurde grob bearbeitet. Waren sie in den Fels geschnitten, was in Griechenland oft der Fall war, so war eine solche Straße praktisch gegen Abnutzung und Wetter gefeit. Es gab Geleise-Straßen von Athen zu dem Heiligtum der Demeter bei Eleusis (immerhin eine Strecke von vier Wegstunden zu Fuß); von Sparta zu der heiligen Stadt Amyklai (etwa 5 km lang); Abschnitte auf der Heiligen Straße von Elis nach Olympia und von Athen nach Delphi. Auch stark befahrene Nutzstraßen erhielten Geleise, wie die Straße zwischen Athen und den Marmorbrüchen am Pentelikon, auf der sich ein ständiger Strom rumpelnder Ochsenkarren oder Schlitten mit schwerlastigen Ladungen bewegte. Sie war bis zu 5 m Breite mit Steinplatten gepflastert und mit zwei Geleisepaaren ausgestattet, um einen Verkehr in beiden Richtungen zu ermöglichen. Auf der Geleise-Straße, die in die Hügel nördlich Athens führte, war an bestimmter Stelle absichtlich ein vorspringender Fels stehengelassen worden, so daß die eingeschnittenen Geleise sich dagegen totlaufen. Diese absolut sichere Barriere mag mit einer dortigen Kontrollstelle für Wegegeld in Zusammenhang gestanden haben.

Normale, aber stark befahrene Landstraßen, wie zum Beispiel die Straßen zwischen Athen und Delphi oder Sparta und Olympia, erhielten hie und da doppelte Breite. Einspurige Straßen besaßen in Abständen Ausweichstellen. Dennoch gab es zweifellos so manches Wegstück, auf dem man beim Zusammentreffen zweier Wagen beträchtlich weit zurückstoßen mußte. Eine der berühmtesten Mordgeschichten der Literatur spielte sich auf einer solchen einspurigen Strecke ab. Die Oidipussage erzählt, wie der Sohn seinen Vater Laïos tötete, als die beiden, ohne einander zu kennen, auf »der Straße in der Schlucht« zusammentrafen, einem felsigen Abschnitt zwischen Delphi und Theben. Der Vater kam von Theben und fuhr, wie es einem König des Heroenzeitalters zukam, in einem der erwähnten, von Pferden gezogenen leichten zweirädrigen Wagen. Oidipus kam zu Fuß von Delphi. Was sich dann ereignete, wird am besten mit den Worten erzählt, die Sophokles dem Oidipus in den Mund legt:

»Als meines Wegs ich gehend nah' der Kreuzung war,
begegneten ein Herold mir sowie ein Mann
im Fohlenwagen stehend, wie Du ihn beschreibst;
der Wagenlenker, aber auch der Alte selbst
versuchten mit Gewalt zu drängen mich vom Weg.
Dem Wagenführer, der die Straße mir versperrt',
versetz im Zorn ich einen Schlag; der Alte drauf,
der's sah, passt auf, wie ich vorbei am Wagen geh'
und gibt mir mit dem Doppelstachel einen Hieb
aufs Haupt. So billig kam er nicht davon, vielmehr
rollt' er getroffen von dem Stab in meiner Hand
aus seinem Wagen rücklings stürzend stracks zur Erd'.
Ich tötete sie alle.«

Oidipus war aufgebraust wegen einer Behandlung, die er für erniedrigend und unverschämt hielt, doch der Vater mag ganz einfach auf seinem Wegerecht bestanden haben – nicht etwa aus königlichem Dünkel, sondern weil die Räder seines Wagens in der Rillenführung nicht ausweichen konnten.

Was die Reiseannehmlichkeiten betrifft, so boten die griechischen Straßen nicht viel. Schattenspendende Bäume am Straßenrand waren selten. Der Reisende trug entweder einen Sonnenschirm, einen Hut, oder er war der sengenden Sonne ausgesetzt. Es gab keine Wegweiser, doch Hermes, der Bote der Götter, der aus naheliegendem Grund zugleich auch der Schutzgott der Straßen war (Abb. 46), hatte am Wegrand von Kreuzungen oder auch von Landesgrenzen seine Kultstätten. Sie waren in ihrer ältesten Gestalt einfach Steinhaufen. Alle Vorbeikommenden warfen als Geste der Verehrung einen weiteren Stein darauf. Im Lauf der Zeit nahmen diese *hermeia* ausgeprägtere Gestalt an. Mancherorts machten die zusammengehäuften Feldsteine einem Aufbau aus behauenen Steinen Platz. Der griechische Geograph Strabo läßt sich gegen Ende des 1. Jahrhunderts v. Chr. über einige auffallende Beispiele aus, die er in Ägypten sah. Es seien Steinblöcke von nicht weniger als zwei, manchmal sogar von vier Metern im Durchmesser. Andernorts waren es längliche Steinpfeiler, deren oberes Ende sich zu einem Hermes-Kopf ausformte. Vorbeikommende opferten nun, indem sie die *Herme* mit einer Öl-Spende benetzten. Der griechische Schriftsteller Theophrastos (um 370-287 v.Chr.), den die Verschiedenheit menschlicher Charaktere beschäftigte, beschreibt den abergläubischen Menschen als einen, der »wenn er an fettigglänzenden Stelen an den Wegkreuzungen vorbeikommt, aus seiner Flasche Öl darübergießt, auf die Knie fällt, sein Gebet verrichtet und erst dann weitergeht.«

Die antike Beschreibung einer Reisestrecke durch Böotien, die in Athen ihren Anfang nimmt, gibt uns eine Vorstellung davon, was es bedeutete, auf griechischen Straßen zu reisen. Obwohl sie gegen Ende des 2. oder im Anfang des 1. Jahrhunderts v.Chr. verfaßt worden ist, können sich die Verhältnisse zweihundert Jahre früher kaum sehr viel anders dargestellt haben. Den ersten, etwa 48 km langen Abschnitt bis Oropos nennt der Autor »gerade einen Tagesmarsch für einen guten Fußgänger«. Ein großer Teil des Weges führte bergauf, aber die »vielen Gasthäuser, die Erholung und eine Menge von den für das Leben notwendigen Dingen bieten, läßt den Reisenden keine Müdigkeit empfinden«. Am zweiten Tag ging man auf der Straße weiter, durch Olivenhaine und Wald, »völlig frei von der Furcht vor Raubüberfällen« und kam bis Tanagra. Wir werden darüber unterrichtet, daß Tanagra »die sicherste Stadt in ganz Böotien für Fremde zum Verweilen« war; beide Aussagen sollten wohl *cum grano salis* verstanden werden. Dann kam man nach Plataiai auf einer »ziemlich desolaten, steinigen ... aber nicht zu abschüssigen Straße«; sie folgte den Hängen des Kithairon, jenes abschreckenden Bergstocks, in dem der kleine Oidipus ausgesetzt worden war. Von Plataiai aus war das Gehen leicht, da man auf dem Weg nach Theben in die Ebene kam, während die Straße von da nach Anthedon durch Felder führte und so gut war, daß Fahrzeuge auf ihr verkehren konnten.

Ob jemand zu Lande oder auf dem Meer reiste, er mußte sich darüber klar sein, welche Gefahren er auf sich nahm. Das Reisen war in jenen Zeiten mit vielen Risiken verbunden. Denen, die den Seeweg wählten, konnte es immer passieren, daß sie von Piraten gefangengenommen wurden, wenn, wie gewöhnlich, ein Krieg im Gange war. Die Flotte der Athener, die beste, die es im 5. und 4. Jahrhundert v.Chr. gab, bot damals einigen Schutz, doch verbesserte das die Verhältnisse nur geringfügig. In einem der Prozesse des Demosthenes zum Beispiel ging es um einen Geschäftsmann, der von einem Kriegsschiff aufgegriffen worden war; sechsundzwanzig Minen, d.h. rund 30000 DM waren nötig, um ihn freizukaufen. Ein anderer Rechtsfall befaßt sich mit dem Eigentum eines Kaufmanns, der im Kampf mit Piraten durch einen Pfeilschuß getötet worden war. Bei den Komödiendichtern jener Zeit waren Stücke besonders beliebt, in denen ein Mädchen schon als kleines Kind von Piraten geraubt und in die Sklaverei verkauft wird; in dieser traurigen Lage verharrt sie dann, bis ein glückliches Zusammenwirken von Umständen ihr im letzten Akt endlich die Freiheit zurückschenkt. Theophrastos sagt in seiner Schilderung eines Feiglings, »es ist einer, der sich, sobald er auf dem Schiff ist, einbildet, daß jede Landzunge, jede Klippe ein Piratenboot sei«. Zweifellos waren die Piraten für den Menschen, der sich einen Schiffsplatz gesichert hatte, die Hauptsorge.

Unsere spärlichen Informationsquellen berichten nicht oft von Wegelagerern, doch müssen sie eine ebensolche Geißel gewesen sein. Wieviel Polizei ein Stadtstaat auch unterhielt, sie war nur dazu da, innerhalb der Stadtmauern für Ordnung zu sorgen; das offene Land galt in jeder Hinsicht als Niemandsland. Die einzige Zuflucht, die den Reisenden blieb, war, sich zu Gruppen zusammenzutun oder viele Sklaven mitzunehmen; diese waren Leibwächter und Diener zugleich. Der Satiriker Lukian läßt in einem seiner erdachten Gespräche mehrere Geister sich in der Unterwelt darüber unterhalten, wie sie dort hinuntergekommen sind; einer berichtet von einem reichen Athener, der:

> »von Räubern beim Kithairon ermordet wurde, als er, glaube ich, auf dem Weg nach Eleusis war. Er stöhnte, hielt seine Wunde mit beiden Händen und ... machte sich Selbstvorwürfe, weil er unbesonnen gewesen sei. Er habe den Kithairon überquert, das durch die Kriege menschenleer gewordene Land bei Eleutherai durchwandert und dabei nur zwei Sklaven mitgenommen, obwohl er fünf Becher und vier Schalen aus purem Gold bei sich hatte.«

Die Folge war, daß jeder, der zu einer Reise aufbrach, nur ein Minimum an Geld und Wertsachen mitnahm. Doch daraus entstand ein anderes Problem: was sollte man mit den zurückgelassenen Dingen machen? Es gab zwar keine Banksafes im heutigen Sinne, aber es gab angemessenen Ersatz. So dienten Tempel, in denen stets Raum für Weihgeschenke an die Gottheit vorgesehen war, oft als öffentliche Schatzkammern. Dort waren die Staatsgelder, und unter gewissen Umständen auch Gegenstände oder Kapital von Privatpersonen deponiert. Auch Handelsherren waren bereit, Wertsachen zur Aufbewahrung anzunehmen. Eine Demosthenesrede beispielsweise nimmt Bezug auf die Peinlichkeit, die entstand, weil ein Angestellter irrtümlich einem Kunden zwei wertvolle Schalen aushändigte, die von jemand anderem hinterlegt worden waren.

Bargeld zu haben, war der größte Sorgenpunkt, denn da das Kreditwesen noch nicht hinreichend entwickelt war, mußte man es in Münze mit sich führen. Ein Geschäftsmann konnte wahrscheinlich sein Reisebudget begrenzen und darauf rechnen, die Kasse bei dem Geschäftspartner wieder aufzufüllen. Auch ein Aristokrat traf wahrscheinlich für Reisen Abmachungen auf Gegenseitigkeit mit Freunden und Verwandten. Aber auch er mußte etwas Geld einstecken, während die gewöhnlichen Sterblichen, etwa wenn sie sich zu einem der großen Feste begaben, ausreichend vorsorgen mußten, um alle anfallenden Kosten bestreiten zu können. Griechische Banditen konnten also ziemlich sicher sein, daß sich ihr Überfall lohnte, da wohl jeder Reisende, über den sie herfielen, eine Geldbörse bei sich tragen würde.

Und es gab noch eine andere Schwierigkeit punkto Geld: Welches Geld sollte es sein? Da die griechischen Stadtstaaten darauf bestanden, ihre eigne Münzprägung zu haben, war der Geldwechsler für Reisende damals noch wichtiger als heutigentags. Man konnte ihn in jeder Geschäftsstadt an seinem Tischchen sitzen sehen, entweder drunten beim Hafen oder auf dem Marktplatz oder vor einem verkehrstechnisch günstig gelegenen Tempel.

Das griechische Wort für den Geldwechsler, *trapezites*, bedeutet ja wörtlich: der ›Tisch-Mann‹. Er wog die ihm angebotenen Münzen aus. Um sicherzugehen, daß sie einwandfrei waren, befühlte, beroch er sie, ließ die ihm verdächtig erscheinenden aufklingen und prüfte auch noch das Metall, indem er sie auf einem Probierstein rieb (einem besonderen, schwarzen Jaspisstein, der nur in einigen Flußbetten Lydiens gefunden wurde). Im Westen und im eigentlichen Griechenland bestanden die Münzen meistens aus Silber; weiter gegen Osten war Gold üblich, aber auch Elektron, eine in der Natur vorkommende Mischung aus Silber und Gold. Während der Blütezeit Athens, im 5. und 4. Jahrhundert v. Chr., wurden die Athener Münzen zu einer Art internationaler Währung, und für jeden, der reisen wollte, war es nützlich, einen Vorrat der ›Eulen‹, der charakteristischen, mit einer glotzäugigen Darstellung von Athenas heiligem Vogel versehenen Silbermünzen, zur Hand zu haben. Leute, die sich ostwärts wandten, waren besser versorgt mit den Elektron-Stateren von Kyzikos, dem Geld eines blühenden Stadtstaates am Marmarameer, oder mit den goldnen persischen Dareiken, die, wie der Name sagt, unter Dareios dem Großen geprägt worden waren. Diese drei Geldsorten (Abb. 61) wurden überall angenommen, was für den Reisenden nicht nur angenehm, sondern auch billiger war, da die Gebühren der Geldwechsler damals nicht bei einem leicht zu verschmerzenden Bruchteil der Wechselsumme lagen wie heutzutage, sondern bei halsabschneiderischen fünf bis sechs Prozent.

Ein Problem blieb dem griechischen Reisenden gottlob erspart: die qualvolle Entscheidung über die mitzunehmende Kleidung. Die Vasen jener Zeit tragen oft Bilder mit Szenen aus dem täglichen Leben, und man sieht, daß die Kleidung damals verhältnismäßig einfach war. Das Gewand des Mannes war der *chiton*, ein gerade geschnittenes, locker sitzendes, ärmelloses Hemd aus Leinen oder Wolle, das meist bis zu den Knien, aber auch bis zu den Knöcheln reichen konnte (Abb. 65) und um die Taille mit einem Gürtel, der *zone*, zusammengehalten wurde.

Auf Reisen trugen die Männer den Chiton gern zweifach über den Gürtel geschlagen; sie zogen ihn hoch, so daß die Beine nicht behindert waren und der Gewandsaum freiblieb von Staub und Schmutz (Abb. 51, 58). Herodot gibt an einer Stelle die Länge eines Weges an, die der »wohlgegürtete Wanderer«, der *euzonos*, dafür benötigt und denkt dabei an jemanden, der sich in genannter Weise vorbereitet hat auf richtiges Ausschreiten, nicht aufs

Trödeln. Als Umhang nahm er die *chlamys*, ein rechteckiges Wolltuch, das wie ein kurzes Cape getragen werden konnte. An den Füßen hatte er Sandalen, mit bis zu den Waden geschnürten Riemen (Abb. 51), während man in der Stadt mit kurzen Sandalen auskam (Abb. 49); er trug weder Socken noch Strümpfe, die in den Tagen des Altertums so gut wie unbekannt waren. Dagegen gab es aber schon eine Art von ›Zugstiefeln‹ (Abb. 47, 48) und Schnürschuhe, ganz ähnlich den heutigen (Abb. 50). Der Kopf war mit dem *petasos*, einem flachen breitkrempigen Hut mit Kinnriemen bedeckt. War es ihm zu heiß, ließ er ihn einfach in den Nacken hinabgleiten, während er bei kaltem Wetter den Riemen so fest anziehen konnte, daß der Hutrand sich nach unten über die Ohren legte. – Er mußte auch sein eignes Bettzeug mitnehmen – ein Reiseutensil, das übrigens noch bis zum vorigen Jahrhundert unentbehrlich war. Zu seinem Gepäck gehörte zudem die *chlaina* oder das *himation*, ein großes, längliches Wolltuch, das nachts als Decke, an kalten oder stürmischen Tagen doppelt gelegt als Mantel diente. – Die Frau trug, wie er, den Chiton und als Kopfbedeckung eine schicke Abwandlung des breitkrempigen Hutes; manchmal auch bediente sie sich eines Sonnenschirms. Sie nahm nie die Chlamys, den kurzen Überwurf, sondern nur das große längliche Wolltuch, das Himation, das sie als Mantel umlegte. Was man nicht am Leibe hatte, war in Säcken verpackt und der Obhut der Sklaven anvertraut. Nur Verbannte, Flüchtlinge, Geächtete reisten allein; der Durchschnittsbürger nahm ausnahmslos mindestens einen Sklaven zur Begleitung mit.

Die Menschen, die bereit waren, die Beschwerlichkeiten und Gefahren auf sich zu nehmen, die das Reisen in jenen Tagen mit sich brachte, lassen sich in mehrere, deutlich voneinander geschiedene Kategorien einteilen.

Kaufleute, die jahrein, jahraus unterwegs waren, bildeten zweifellos die größte Gruppe zu Wasser und zu Land. Doch auf bestimmten Straßen und Seerouten und zu bestimmten Zeiten im Jahr, gingen sie einfach unter in den Menschenmassen, die sich damals in Bewegung setzten – in der Menge, die zur Teilnahme an den panhellenischen religiösen Festspielen drängte. Wir lesen in Herodots ›Historien‹ von schier unglaublichen Teilnehmerzahlen bei den ägyptischen Festen; bei den griechischen werden sie nicht kleiner gewesen sein.

Der Gedanke, gemeinsame religiöse Feiern abzuhalten, tauchte in Griechenland schon früh auf. Gruppen aus benachbarten Stadtstaaten taten sich zusammen, um an dem dafür geeigneten Ort gemeinsam der verehrten Gottheit zu opfern. Aus nicht ganz klaren Gründen wuchs bald vier von diesen Zusammenkünften überregionale Bedeutung zu; das heißt, Griechen aus allen Landstrichen nahmen an ihnen teil. Es waren dies die Olympischen, die Pythischen, die Isthmischen und die Nemeïschen Spiele. Jedes Fest mit seinen genau festgelegten Riten für Opfer und Gebet war einem bestimmten Gott geweiht. Von ›Spielen‹ sprach man, weil athletische und musische Wettkämpfe stattfanden; denn auch das Messen der Kräfte und des Könnens wurde als religiöser Dienst begriffen. So bot sich während der Festtage in einzigartiger Verbindung ein ganzer Fächer von Attraktionen, die Touristen zu allen Zeiten und von allen Orten angezogen haben. Hinzu kam das Gefühl, Teil eines großen Ereignisses zu sein und dabei etwas Besonderes zu erleben: etwa die frohe, festliche Stimmung, ausgelöst durch erhebende religiöse Eindrücke; ein erlesenes Gepränge; die Aufregung und Spannung, den Wettkämpfen zwischen bestqualifizierten Konkurrenten beizuwohnen – und, um dies alles zu überhöhen, das Bewußtsein, an erhabenem Ort zwischen berühmten Bauten und Bildwerken einherzuwandeln. Man stelle sich vor, die heutigen Olympischen Spiele fänden an Ostern in Rom statt, mit Gottesdiensten in St. Peter und alle Teilnehmer wären Katholiken und sprächen eine Sprache. Dann läßt sich etwa ahnen, warum jedermann, ob arm oder reich, von nah oder fern, ob Grieche oder Nicht-Grieche, keine noch so große Anstrengung scheute, um nur dabei sein zu können.

Das älteste und bedeutendste der vier großen Feste waren die Olympischen Spiele. Sie wurden alle vier Jahre zu Ehren von Zeus in Olympia, einem lieblichen Ort am Ufer des Alpheios im Nordwesten der Peloponnes abgehalten. Olympia lag weder zentral, noch war es leicht erreichbar. Die Jahreszeit – der glühende, trockne Sommer – muß für Teilnehmer und Zuschauer hart gewesen sein, doch Verdruß und Unbehagen, die regnerisches Wetter mit sich bringt, blieben ihnen wenigstens erspart. Die Stadtstaaten lagen fast ununterbrochen im Krieg miteinander, doch dieser Umstand hat keines der Festspiele zu Fall gebracht. Sie genossen, wie auch die drei anderen panhellenischen Feste, die Vorrechte des ›Heiligen Friedens‹. Nach dem ersten Vollmond, der auf den 22. Juni folgte, sandten die Eleer Boten aus, die den Beginn dieses ›Gottesfriedens‹ verkündeten. Die Eleer, deren Hauptstadt Elis im Nordwesten, nicht weit von Olympia lag, über das sie auch die Vorherrschaft ausübten, sahen ihre wichtigste und vornehmste Aufgabe in der Vorbereitung der Festspiele. Der ausgerufene ›Gottesfriede‹ hatte zur Folge, daß mindestens während eines Monats unter gar keinen Umständen Krieg geführt werden durfte. Selbst erbitterte Feinde, bislang noch in den Kampf auf Leben und Tod verstrickt, legten die Waffen nieder. Wer es nicht tat, unterlag schweren Geldbußen, zwei Minen (200 Drachmen) für jeden Kämpfer des den Frieden brechenden Heeres. Als Sparta einmal während der Spiele von 420 v. Chr. mit 1000 Mann zu einem Angriff schritt, belegte Elis es mit einer Buße von 2000 Minen, was etwa einer Million Dollar entsprechen würde. Da die Festspiele nur fünf Tage dauerten, hatten die Besucher ausreichend Zeit, um anzureisen, sich an den Darbietungen zu erfreuen und in Frieden wieder heimzukehren.

Wir wissen es nicht genau, doch es müssen mehr als zehntausend Zuschauer zusammengetroffen sein. An der Spitze der sozialen Pyramide standen die auf amtliche Kosten von jedem Staat entsandten Vertreter, wohlhabende, gediegene Bürger, sorgfältig und ihrer Würde angemessen gekleidet, die sich bei allen Veranstaltungen offiziell zu zeigen hatten. – Die Reichen waren gut vertreten, stellten sich ebenbürtig, wenn nicht gar herausfordernd dar in dieser ›show‹, doch offiziell hielten sie sich im Hintergrund. – Eine eigene Gruppe bildeten die Wettkämpfer mit ihrer Begleitung – und diese konnte, beispielsweise bei dem Lenker eines Viergespanns im Wagenrennen mit Dienern, Pferdeburschen, Stalljungen und dergleichen recht ansehnlich sein. Der Athener Alkibiades, ein Meister der ›public relations‹, hat einmal sieben Viergespanne ins Rennen geschickt – und fand sogar noch Gönner, die die Kosten trugen: Ephesos stellte ein großartiges Zelt für seine Unterkunft; Chios lieferte Futter für die achtundzwanzig Pferde; Lesbos sorgte für Lebensmittel und Wein, wobei anzumerken ist, daß Alkibiades kein knauseriger Gastgeber war; und Kyzikos stiftete ihm sogar die Opfertiere. – Dann gab es das Heer der Zuschauer. Und schließlich waren die vielen Existenzen da, die eine große Menschenmenge unweigerlich hinter sich herzieht, um an nötigen wie unnötigen Bedürfnissen zu verdienen: Verkäufer von Lebensmitteln und Getränken, Fremdenführer, Kuppler, Dirnen und die Gauner von Andenkenhändlern. Und dann die Wasserversorgung – wieviele Menschen mögen da herumgegangen sein mit Krügen oder Wassereseln! Erst ein halbes Jahrtausend später, im 2. Jahrhundert n. Chr., entstand durch die Menschenfreundlichkeit eines Millionärs und die technischen Möglichkeiten der Römer eine Wasserleitung, die dem Festspielort fließendes Wasser zuführte.

Bei den Olympischen Festspielen des Altertums lag das Hauptgewicht auf den athletischen Wettkämpfen. Die ersten Veranstaltungen – sie gehen in früheste Tage zurück (776 v. Chr.) – waren die Laufwettbewerbe: der Stadionlauf auf einer Laufbahnlänge von etwa 192 m; der Doppellauf über zwei Stadionlängen, etwa unserem 400 Meter-Lauf vergleichbar; und der Langlauf über 24 Stadionlängen, das sind etwa 4615 m – eine heiße und erschöpfende Strecke. Andere Wettkampfarten waren das ›Pentathlon‹, ein Fünfkampf mit Konkurrenzen im Weitsprung, Diskuswurf, Lauf, Speerwurf und Ringkampf; das ›Pankration‹ (Faust-Ringkampf), ein roher Sport, bei dem mit bloßen Fäusten geboxt wurde; das Pferderennen und die Wagenrennen (Abb. 20, 22, 24).

Vor und nach den Wettkämpfen ergingen sich die Zuschauer im Heiligtum und bestaunten den mächtigen Zeustempel, der die über zwölf Meter hohe Statue des Gottes beherbergte. Sie galt schon unmittelbar, nachdem Phidias sie geschaffen hatte, als hochberühmtes Kunstwerk, das später im Hellenismus den ›Sieben Weltwundern‹ zugerechnet wurde. Man konnte den Rundgang auch unterbrechen, um zuzuhören, wie die besten zeitgenössischen Dichter aus ihren Werken vorlasen oder wie berühmte Redner sich zu den brennenden Tagesfragen äußerten. Oder man besah sich die Werke der Bildhauer und Maler. Diese Anziehungspunkte am Rande müssen, ähnlich den athletischen Wettkämpfen, von alles beherrschendem Interesse gewesen sein und vermochten sogar, den Besucher von dem ständigen Gedränge, den fehlenden Erleichterungen, vor allem von der Hitze abzulenken. Ganze Tage verbrachten die Menschen auf den Stadionwällen, zusammengezwängt wie Sardinen, barhäuptig (Hüte trug man im allgemeinen nur während der Reise) und ohne Schutz, falls ein sommerlicher Regenguß niederprasseln sollte.

»Werdet ihr nicht von der Hitze gedörrt, vom Regen durchnäßt? Habt ihr nicht eine nur ungenügende Waschgelegenheit?«, fragt Epiktet (um 50-138 n. Chr.). Besonders in späterer Zeit muß manches als recht unerträglich empfunden worden sein. So wird auch die Geschichte von einem Herrn erzählt, der seinen widerspenstigen Sklaven einfach durch die Drohung, er werde ihn mit zu den Olympischen Spielen nehmen, wieder zur Vernunft brachte.

Die Pythischen Spiele in Delphi waren Apollon geweiht. Auch hier gab es sportliche Wettkämpfe, doch lag das Schwergewicht auf Gesang und Tanz. Schließlich war Apoll ja der Führer der Musen. Die Darbietungen glichen mehr den Musik-Festspielen unserer Tage. Es gab Wettbewerbe für den Chortanz, eine Gattung, in der Sprache, Vers, Rhythmus, Musik und Tanz zu einer Einheit kommen mußten; Wettbewerbe für Gesang oder Rezitation von epischen und lyrischen Werken in der Verbindung mit Lyra- oder Kithara-Musik. Wettbewerbe für Kithara-Solostücke und für den epischen und dramatischen Vortrag ohne Musik traten erst später hinzu. Zu den frühesten Wettbewerben jedoch gehörte am Ort des Apollonkultes der ›Pythische Nomos‹. Es war ein Sologesang zur Kithara, der – nahe dem mythischen Schauplatz – den Kampf des Gottes mit einem Drachen schilderte und in fünfteiliger Gliederung ablief: Prüfung des Kampfplatzes, Herausforderung, Kampf, Wendung zum Sieg Apollons, Triumphtanz. – Die Pythischen Spiele waren genau das, was ein musikalischer Mensch sich wünscht: eine einzigartige Gelegenheit, die besten Musiker und Sänger der Welt bei dem Versuch zu hören, sich gegenseitig zu übertreffen. – Auch an die Anhänger der bildenden Künste war mit Ausstellungen von Malern und Bildhauern gedacht. – Die Pythischen Spiele fanden im Frühjahr eines jeden vierten Jahres statt und waren so gelegt, daß sie nicht mit den Olympischen Spielen kollidierten.

Bei Korinth, nahe dem Isthmos zwischen dem festländischen Griechenland und der Peloponnes, wurden die Isthmischen Spiele gefeiert. Sie waren Poseidon geweiht und fanden alle zwei Jahre statt, jeweils im zweiten Jahr zur Sommerzeit und im vierten, dem Jahr der Olympischen Spiele, im Frühling. Das Interesse galt den athletischen Agonen, obwohl bald auch die musischen hinzu kamen. Die Isthmien waren weniger bedeutend als die Olympischen Spiele, zogen aber beinahe ebensoviele Menschen an, da Korinth mit Häfen beiderseits des Isthmos von Osten und von Westen her gleich gut erreichbar war.

Das vierte der panhellenischen Feste waren die Nemeïschen Spiele zu Ehren des Zeus. Man feierte sie im Hochsommer jedes ersten und dritten Jahres zwischen den Olympischen Spielen bei Nemea in der Argolis. Es waren Sport- und Reiterspiele. Später traten musische Wettbewerbe hinzu.

Der ›Gottesfriede‹ verhalf den panhellenischen Festen zu guten Besucherzahlen. Lokalen Spielen war dieser Vorteil nicht beschieden. Dennoch boten manche so Einmaliges, daß auch dort die Besucher von weit herbeiströmten – trotz der Gefahren während des Reisens.

Dies galt sicherlich für die Großen Dionysien in Athen. Es gab dort keine sportlichen Wettkämpfe. Dafür entwickelte sich aus den Kultspielen zu Ehren des Dionysos mit der Zeit ein Wettstreit, dem die Welt die Kunst des Theaters verdankt. Als Teil der Festriten, mit denen man den Gott ehrte, entstand das Drama und wurde schließlich zum bedeutendsten Element dieser Festspiele. Wie dies vonstatten ging, läßt sich nicht genau sagen, liegt noch im dunkeln, obwohl viel darüber geforscht und nachgedacht worden ist. Man weiß nur von einem Mann namens Thespis, der 534 v. Chr. bei den Großen Dionysien erstmals als Schauspieler ein von ihm selbst verfaßtes Stück vortrug. Man sieht darin die Geburt des Dramas. – Die neue Kunst kam in erstaunlich kurzer

Zeit zur Blüte. Fünfunddreißig Jahre später, 499 v. Chr., war das Erstlingswerk des Aischylos zu sehen. Im Jahre 458 v. Chr. hatte er seinen dreizehnten Sieg im Wettstreit bei den Dionysien errungen, diesmal mit der ›Orestie‹, einer Trilogie, die uns als die einzige, inhaltlich verbundene erhalten geblieben ist. Während des Goldenen Zeitalters des griechischen Theaters, das heißt in der zweiten Hälfte des 5. Jahrhunderts v. Chr., waren drei Tage des Festes dem Schauspiel vorbehalten. An den Vormittagen brachten die Tragödiendichter Stücke, die von ihnen für diese Gelegenheit geschaffen worden waren, auf die Bühne. Der Nachmittag war dem Wettstreit der Komödiendichter vorbehalten.

Unter den Zuschauern saßen sehr viele von auswärts. Wieviele, wissen wir nicht; aber dieses Faktum kam einem athenischen Demagogen höchst gelegen, um Aristophanes – den Stückeschreiber, dem nichts heilig war – gerichtlich belangen zu lassen, weil er die Regierung ›vor Ausländern‹ kritisiert hatte. Die Gäste waren von überall herbeigekommen, hatten im Vorfrühling unverzagt die rauhe See oder die verschlammten Straßen in Kauf genommen, da die Möglichkeit, das jüngste der Meisterwerke eines Euripides, eines Sophokles oder Aristophanes kennenzulernen, jedes Risiko, jede Unbequemlichkeit für sie aufwog. – In späterer Zeit brachten dann gut eingespielte Wanderbühnen die Athener Aufführungen zu den Theatern im Lande.

Das Dionysos-Theater in Athen lag unter freiem Himmel, lehnte sich im Halbrund an den ansteigenden Südhang des Akropolisfelsens und faßte etwa 14000 Menschen. Ebensoviele mochten inoffiziell auf den Böschungen darüber und zu beiden Seiten Platz gefunden haben. Alle griechischen Theater waren groß, manche weit größer als in Athen. Man kann sie den vielen Sportstadien unserer Zeit gleichsetzen. Doch damals begeisterte man sich für das Schauspiel – und dies in einem Ausmaß, daß das großzügig angelegte Zuschauerrund oft nicht ausreichte. Die Aufführungen, ob in Athen oder auf dem Lande, waren in erster Linie für die Einheimischen veranstaltet; Auswärtige mußten daher sehen, wie sie zu einem Platz kamen. In Athen war der beste Platz, der Mittelsitz in der vordersten Reihe, dem Dionysospriester vorbehalten, der Sitz daneben dem Herold, dessen Aufgabe es war, die Ankündigungen zu verlautbaren. Auf die übrigen Plätze der vordersten Reihe und ähnlich gute in den folgenden verteilte sich die Priesterschaft, die Staatsbeamten, offizielle Gäste wie zum Beispiel Mitglieder ausländischer Gesandtschaften und verdiente öffentliche Wohltäter, ob Bürger oder Nicht-Bürger. Außerdem waren Teile der Sitzreihen-Sektoren für bestimmte Gruppen reserviert: ein Block für die Jugend, je ein Block vielleicht für die zehn ›Phylen‹-Abteilungen, wir würden wohl sagen Gemeinden –, in die die Bevölkerung aufgegliedert war. Die Eintrittskarten, münzartige Metallstücke, gaben nur den Sektor und die Bankreihe, nicht einzelne Sitze an. Daher hatten die Platzanweiser manchen Streit zu schlichten, wenn sich Leute ohne Eintrittsmarken in bereits vollbesetzte Reihen hineinzwängen wollten. Theophrastos schildert uns als Beispiel derartiger Unverfrorenheit einen Mann, der eine ganze Sitzreihe für Freunde von auswärts kauft, dann selbst ohne eigene Eintrittsmarke mithineingeht und es am nächsten Tage fertigbringt, auch noch seine Kinder und ihren Lehrer einzuschmuggeln. – Ein Bürger Athens, der zu arm war, sich einen Theaterplatz zu leisten, bekam ihn aus den Mitteln eines staatlichen Sonderfonds für Zuschauer. Fremde, die kein offizielles Amt zu einem Theaterplatz berechtigte, konnten entweder durch die Methoden des ›Unverfrorenen‹ dazu kommen – oder sie suchten sich ein Plätzchen an den Hängen außerhalb des Zuschauerrunds.

Um einmal von Zahlen zu sprechen: Keine andere Kategorie von Reisenden erreichte auch nur entfernt die Mengen, die zu den großen Festspielen strömten. Doch diese Scharen von Reisenden waren nur zu bestimmten Zeiten und in bestimmten Jahren unterwegs. – Eine wesentliche Gruppe, die man tagaus, tagein auf den Straßen antreffen konnte, waren die Kranken und Gebrechlichen, die zu den Heiligtümern der Heilgötter, insbesondere denen des Asklepios, strebten (Abb. 74). Diese Stätten lagen im allgemeinen in einer Umgebung, die man sehr bedachtsam wegen ihrer reinen Luft, des guten Wassers und der Naturschönheiten gewählt hatte. Oftmals stieß man dort auch noch auf Mineralquellen. Die Patienten erwartete dort nicht nur gute Pflege, sondern auch Gelegenheit zum Ausruhen und zur Zerstreuung. Schon früh hatten die Griechen erkannt, wie wesentlich dies für die Behandlung der Kranken war.

Das Heiligtum in Epidauros zum Beispiel, das ursprünglich dem Apollon, seit dem 6. Jahrhundert v. Chr. dem Asklepios geweiht war und sich bei den Griechen höchster Schätzung erfreute, lag eingebettet in ein weites, friedliches Tal. Umschlossen von den Bauten des Heiligen Bezirks lag der Asklepiostempel mit der berühmten Gold-Elfenbein-Statue des Gottes. Es gab noch einen Artemistempel, daneben die Tholos, einen architektonisch besonders reich geschmückten Rundbau; es gab schattenspendende Säulenhallen zum Einherwandeln, ein Stadion für Athleten- und Reiterspiele und ein Theater, das mit seinen 17000 Sitzplätzen das zweitgrößte in Griechenland war. Es hat die Jahrhunderte überdauert und gehört zum Eindrucksvollsten, das man heute in Griechenland sehen kann.

Nördlich vom Asklepiostempel lag eine langgestreckte Halle. Patienten, die geopfert, sich durch rituelle Waschungen, religiöse Übungen und Prüfungen eingehend vorbereitet und eingestimmt hatten, legten sich hier zum Schlafe nieder. Im Schlafe vollzog sich die Heilung! Alle Besucher, die es wollten – und deshalb waren wohl die meisten gekommen – verbrachten die Nacht in dieser Halle in der Hoffnung, daß Asklepios ihnen im Traum erschiene und sie beraten würde, welche Behandlung ihnen helfe, oder daß er sie gar auf wunderbare Weise heilen würde. Anscheinend war es der Priesterschaft nicht ungelegen, wenn göttliche Hilfe die Genesungsmittel, die ihnen zu Gebote standen, ergänzte. – In der Halle für den Heilschlaf standen Stelen mit Inschriften, die sehr eindrucksvoll vom Wirken des Gottes Zeugnis ablegten. »Auf ihnen«, schreibt Pausanias, der Epidauros im 2. Jahrhundert n. Chr. besuchte, »sind die Namen von Männern und Frauen verzeichnet, die von Asklepios geheilt wurden, und dazu die Krankheit, an der jeder litt, und wie er geheilt wurde.« Die Archäologen haben bei den Grabungen solche Heilungs-Stelen gefunden. Es folgt hier in einigen Beispielen, was auf ihnen festgehalten ist:

»Ein Mann, der ein bösartiges Geschwür am Zeh hatte, wurde von Dienern herausgetragen und in einen Sessel gesetzt. Nachdem er eingeschlafen war, kam eine Schlange aus dem Tempel, heilte den Zeh mit ihrer Zunge und glitt, nachdem sie das getan hatte, wieder dorthin zurück. Als er aufwachte, war er gesund und erklärte, er habe einen Traum gehabt: ihm sei vorgekommen, als ob ein Jüngling von schöner Gestalt eine Salbe auf seinen Zeh aufgetragen habe.«

»Lyson, ein blinder Knabe von Hermione, wurde von einem der im Heiligtum gehaltenen Hunde geheilt und ging mit gesunden Augen davon.«

»Gorgias von Herakleia wurde in der Schlacht durch einen Pfeil in die Lunge getroffen. Achtzehn Monate lang arbeitete die Wunde so heftig, daß sich siebenundsechzig Schalen mit Eiter füllten. Er schlief im Heiligtum, und ihm träumte, der Gott habe die Pfeilspitze aus seiner Lunge entfernt. Als es Tag wurde, ging er gesund, die Pfeilspitze in der Hand, von dannen.«

Es gab auch noch eine andere Art, in der Genesene ihrer Dankbarkeit Ausdruck verliehen: die Ausgräber haben Hunderte von Votivgaben ans Licht gebracht. Es sind Tonmodelle, meist ein wenig gröbliche, von Füßen, Händen, Beinen, Ohren, Augen, inneren Organen, die man dem Asklepios weihte, da er den betroffenen Teil des Körpers von Wunden geheilt oder von Leiden befreit hatte.

Außer der Halle für den Heilschlaf, die den Patienten vorbehalten war, die nach den rituellen Läuterungen der göttlichen Behandlung entgegensahen, gab es auch einen großen Gasthof, in dem kranke und gesunde Besucher sich beliebig lange einquartieren konnten. Die großzügige Anlage bestand aus vier quadratischen Baukomplexen, die so miteinander verbunden waren, daß ein großes Quadrat von 78,5 auf 78,5 Meter entstand. Jeder der vier Komplexe war nach einem, wie wir noch sehen werden, für griechische Gasthäuser typischen Schema errichtet: vier Gebäude-Flügel umschlossen einen viereckigen Innenhof, zu dem sich in Epidauros je 20 Zimmer des unteren und des oberen Geschosses öffneten. Das waren insgesamt 160 Zimmer, keineswegs kleine, sie maßen etwa 4,7 Meter im Quadrat. Die Eckzimmer waren sogar fast doppelt so groß.

Eine andere Art der Heiligtümer, die Besuchermengen anzogen, waren die großen Orakelstätten. Die berühmtesten waren das Zeus-Orakel von Dodona in Nordwestgriechenland und das Apollon-Orakel in Delphi, in Kleinasien das Apollon-Orakel in Didyma in der Nähe von Milet. Diese Stätten bemühten sich vor allem, für die in der Welt Verantwortlichen den Willen der Götter zu erkunden. Regierungen, Staatsmänner, Feldherren befragten die Orakel vor bedeutsamen Entschlüssen. Aber ebenso standen sie einem jeden für seine persönlichen Fragen offen. Es gab noch viele kleinere, nicht so namhafte Orakel. Einfache Menschen gingen wahrscheinlich sogar lieber zu der nächstgelegenen Stätte, um sich für ihre privaten Probleme den Ratspruch einzuholen. Die Boioter waren in dieser Hinsicht besonders gut dran; Apollon hatte ein halbes Dutzend solcher Stätten in ihrem Land.

Leute, die aus Geschäftsgründen unterwegs waren, Besucher von Festspielen, die Kranken oder Ratsuchenden auf ihrer Reise zu Heiligtümern – sie stellten im 5. und 4. Jahrhundert v. Chr. das Hauptkontingent des Reisepublikums. Eine weitere Gruppe verdient Erwähnung, obschon sie, verglichen mit den anderen, unendlich klein gewesen ist: der schlichte Tourist. »Es kamen auch viele Hellenen nach Ägypten, die einen, wie zu erwarten, um Handel zu treiben, andere wollten nur das Land kennenlernen«, schreibt Herodot. Er selbst gehörte zu den Touristen, wenn auch nicht auszuschließen ist, daß er sowohl aus Geschäftsgründen als der Sehenswürdigkeiten wegen reiste. Es ist uns ausdrücklich überliefert, daß Solon, der große Gesetzgeber Athens, nach einer anstrengenden politischen Krise beides auf einer Erholungsreise ins Ausland miteinander verband. Athen selbst wurde von der zweiten Hälfte des 5. Jahrhunderts an zur Touristenattraktion, seit der Parthenon und andere aufsehenerregende neue Bauten die Akropolis krönten. Ein zeitgenössischer Komödiendichter drückt das so aus:

»Wenn Du Athen noch nicht geseh'n, bist Du ein Klotz,
Wenn Du's schon sahst und nichts gemerkt, ein Esel gar!
Wenn Dir's gefällt, und Du läufst fort, sei Schafskopf Du genannt!«

Das Reisen frei von jedem Zwang setzte damals wie heute voraus, daß man Muße und Geld hatte. Menschen, die sich im 5. und

4. Jahrhundert v. Chr. solcher Lebensumstände erfreuten, bildeten nur eine hauchdünne Schicht der griechischen Gesellschaft; sie sollte aber, wie wir sehen werden, in den folgenden Jahrhunderten ständig wachsen.

Was erwartete nun den Menschen unterwegs, wenn er an seinem Ziel angelangt war? Die Antwort muß allgemein bleiben, kann keine Einzelheiten bringen, da die antiken Autoren ihre Reiseerfahrungen nie ausdrücklich geschildert haben. Wir können uns auf gelegentliche Bemerkungen, auf einzelne Zeilen in antiken Komödien stützen und können Bildszenen auf Vasen studieren; diese Bruchstückchen lassen sich hin und wieder einpassen in Informationen aus späteren Jahrhunderten, und schließlich müssen wir die Würze reiner Vermutung dazugeben.

Zunächst einmal machten es sich die Reisenden des Altertums zur Regel, bei Tageslicht einzutreffen. In einer Zeit, die noch keine Leuchttürme kannte, geschweige denn Signaltürme oder nur Leuchtbojen, wollte kein Kapitän bei Dunkelheit in einen Hafen einlaufen. Wanderern oder Reitern war es ebenso zuwider, ihren Weg bei Nacht ohne Markierung, ohne Pflaster und ohne Beleuchtung zu suchen, immer im Ungewissen, wohin sie zum Beispiel sprangen, wenn plötzlich jemand rief »Vorsicht«, und Müll aus einem Fenster geworfen wurde. Straßenlampen gab es noch jahrhundertelang nicht, und Straßenpflasterung war nicht nur selten, sondern da, wo sie vorhanden war, eine Lage holpriger Steine und ungleicher Furchen. Zur Verwirrung trug bei, daß es auch Straßenschilder und Hausnummern, diese äußerst nützlichen Erfindungen, noch nicht gab. In einer Komödie des Plautus kommt eine Person auf die Bühne, sucht nach einer Adresse und murmelt: »Mein Herr sagte, daß er im siebten Haus vom Stadttor aus wohnt«, und berichtet einige Verse später, daß er »im dritten Wirtshaus außerhalb des Stadttors absteigt«. Genauere Angaben konnte man nicht machen. Selbst Straßennamen wurden nur sparsam verwendet. In einer der Komödien des Terenz wird folgende Wegbeschreibung gegeben:

Kennst Du das Haus des reichen Kratinos? – Ja – sobald Du dran vorbei,
Dann nach links eine grade Straße; kommst zum Tempel Dianens Du,

geh' nach rechts. Noch vor dem Stadttor, unmittelbar dort bei dem Teich ist 'ne Mühle; gegenüber seine Werkstatt, dort ist er.

Wenn der Fremde bei Tageslicht eintraf, ersparte er sich also viel Ärgerliches. Zudem konnte er auf Passanten treffen, sie, falls es notwendig war, nach dem Weg fragen, und hatte eine gewisse Aussicht, ihren Weisungen mit Erfolg nachgehen zu können.

In frühester Zeit hatten Reisende, wie wir schon feststellten, oft nur die Möglichkeit, private Gastlichkeit in Anspruch zu nehmen. Sie spielte auch noch lange, nachdem der gesteigerte Reiseverkehr zur Errichtung von Gasthäusern im ganzen Lande geführt hatte, eine bedeutsame Rolle. Dabei mußten die persönlichen Bande nicht sonderlich eng sein. – Es gab Haushaltungen mit der hochherzigen Tradition, alle Bürger der Heimatstadt oder eines anderen Ortes, zu dem man eine besonders enge Beziehung hegte, aufzunehmen, gleichgültig, ob es Bekannte waren oder nicht. Zusammengehörigkeitsgefühl und der Austausch von Neuigkeiten spielten hierbei eine wichtige Rolle. Die Wohnungen der Wohlhabenden enthielten immer mindestens einen *xenon*, das heißt ein Gastzimmer. Dies hatte gewöhnlich einen eignen Eingang, manchmal war es sogar ein Häuschen für sich. Der Gast war am Tag nach der Ankunft zur Tafel seines Gastgebers eingeladen; danach wurden die Speisen zum Xenon gebracht oder der Gast kaufte selbst ein, und sein Diener bereitete die Mahlzeiten. Vor der Abreise tauschten Gast und Gastgeber Geschenke aus.

Wenn einem keine private Unterkunft offenstand, so mußte man notgedrungen in die Herberge gehen, in ein *pandokeion*, das heißt, in ein Haus, wo alle Aufnahme fanden. Im 5. Jahrhundert v. Chr. fand man sie an den größeren Straßen, in den meisten Städten und besonders zahlreich in Häfen und dort, wo viele Menschen zusammenströmten. Die meisten, um es milde auszudrücken, waren wohl wenig anziehend. Die ›Frösche‹ des Aristophanes beginnen mit einer Szene, in der Dionysos den Entschluß faßt, zur Unterwelt zu gehen. Er erkundigt sich bei Herakles, dem Fachmann für den Weg dorthin, da der Heros bekanntlich als eine seiner zwölf Taten den Wachhund des Hades,

Kerberos, aus der Unterwelt heraufgeholt hatte. Sodann bittet Dionysos ihn dringend um eine Liste der ».... Häfen, Bäckerläden, Lustgärten und Bordelle, Städte, Brunnen, Gasthäuser, Nachtquartiere, wo der Wanzen nicht allzuviel ...« – Wie in den frühesten Tagen war das Beherbergungsgewerbe noch immer Sache der Frauen. Das Gasthaus im Hades, wo Dionysos mit seinem Diener Xanthias schließlich absteigt, wird, wie sich herausstellt, von einer Dame geleitet, die nichtzahlenden Gästen übel mitspielt. Wenn es irgendwelche gemütlichen und bequemen Herbergen gegeben hat, so ist uns darüber leider nichts bekannt.

Wir kennen von Gasthäusern nur Fundamente in ländlicher, weiträumiger Umgebung. Sie waren, wie das Gästehaus in Epidauros, mit einem großen quadratischen oder rechteckigen Innenhof versehen, der auf allen vier Seiten von den Flügeln eines meist zweistöckigen Gebäudes umgeben war. Die vier Trakte waren in kleine Räume aufgeteilt, die sich unmittelbar auf den Hof oder auf eine den Hof umgebende Säulenhalle öffneten. Auf der Eingangsseite führte ein Tordurchgang in den Hof, wo der Reisende seinen Wagen oder die Reit- und Packtiere ließ. Sodann wies man ihn in einen der Räume, den er unter Umständen mit vielen anderen teilen mußte, wenn die Nachfrage groß war. Die Möblierung bestand einzig und allein aus Strohbetten, vielleicht mit einem Überzug darauf. Decken hatte man selbst oder benützte seinen Umhang. Die Räume waren sicher dunkel, hatten wenige oder gar keine Fenster. Das hatte den Vorteil, daß es im Sommer, der Hauptreisezeit, kühl blieb. War es kalt, so daß man Heizung brauchte, konnte der Gast den Wirt möglicherweise dazu überreden, eine Holzkohlenpfanne ins Zimmer zu stellen. Es gab keine Toiletten, auch nicht in den herrschaftlichsten Häusern, nur Nachtstühle, die die Diener – hoffentlich rasch – leerten. In Städten, wo Märkte waren, mietete der Reisende nur das Zimmer und ließ sich im übrigen von seinem Diener verpflegen.

In einem Landgasthof machte er mit dem Wirt für jeden einzelnen Posten – für Bett, Getränke und Mahlzeiten – den Preis aus. Unterkünfte mit Vollpension, deren Preise alles einschlossen, waren Ausnahmen und nur anzutreffen, wo Lebensmittel so reichlich vorhanden waren, daß sie praktisch gratis dazugegeben wurden.

Die griechischen Gasthäuser in den Städten dagegen boten kaum mehr als Unterkunft für die Nacht, lagen auch sehr viel beengter als Landherbergen – so etwa wie später in römischer Zeit. Ein Gast, der den Wunsch hatte, sich vom Straßenstaub zu reinigen, ging ein paar Schritte über die Straße zum nächsten öffentlichen Bad, nahm sein Handtuch und das Ölfläschchen mit, um sich hinterher einzureiben, und bekam im Bad das Reinigungsmittel. Gewöhnlich war dies eine Lauge aus Kalk oder Holzasche oder Walkererde, denn Seife in unserem Sinn war in jener Zeit noch unbekannt. Die Kleider legte er im Auskleideraum ab und vergewisserte sich, daß jemand darauf aufpaßte, da der Kleiderdiebstahl praktisch zu einem Beruf geworden war und der Badehausbesitzer keine Verantwortung übernahm. Das Bad selbst war, wie wir auf Darstellungen zeitgenössischer Vasen erkennen können, ein großes Bassin, in das ein Badewärter Wasser über einen goß. Es erscheint auch gelegentlich eine Art Dusche, die der heutigen sehr ähnlich ist, wir können aber nicht sagen, ob sie allgemein in Gebrauch war. Herrenhäuser hatten auch manchmal ein eigenes Bad, eine weitere Annehmlichkeit, die einem zur Verfügung stand, wenn man bei Freunden wohnen konnte.

Da Gasthäuser so wenig boten, in erster Linie auf Durchgangsreisende eingestellt waren, sah sich, wer länger an einem Ort verweilen mußte, nach einer Art ›Pension‹ in einem Privathaus um. In Hafenstädten wie Piräus, Korinth, oder dem antiken Byzanz gab es sie reichlich; aus Byzanz, zum Beispiel, war ein Gerede bekannt, nach welchem die Männer dort soviel Zeit in Tavernen verbrächten, trinkend und faulenzend, daß sie kaum mehr an ihr Heim dächten, im Gegenteil Haus und Hof, einschließlich ihrer Frauen, vermieten würden.

Ein Wort noch zu den Gästehäusern und anderen Einrichtungen für den Fremden nahe den bedeutenden Tempelstätten. Das Heiligtum der Hera bei Plataiai in Böotien beispielsweise rühmte sich eines zweigeschossigen Baus von über 63 Meter im Quadrat mit wahrscheinlich 150 Zimmern. In dem Heiligtum des Hippolyt in Troizen in der östlichen Peloponnes, haben Archäologen die Reste eines Gebäudes auf einer Fläche von 31 × 31 Meter aufgedeckt, angelegt nach dem uns schon bekannten Schema des Gasthauses (S. 98). Es sind dort die Steinsockel für 62 Liegestätten erhalten geblieben, und vor jeder solchen *kline* ein Porosblock für eine Marmorplatte als Eßtischchen. Es muß eine Art Genesungsheim gewesen sein, in dem Patienten nach dem Heilschlaf als Gäste auch noch gepflegt wurden. – Auch aus Kassope, im südwestlichen Epiros, ist ein derartiges Gästehaus bekannt, von gleicher Anlage, gleicher Bestimmung und von etwa gleicher Größe. Im Heraion von Argos steht seit dem 6. Jahrhundert v. Chr. das ›Banketthaus‹, so bezeichnet nach einem der vier Gebäudeflügel (um einen Säulen-Innenhof), der in drei Speiseräume unterteilt war. Jeweils zwölf besonders bevorzugten Besuchern der Wettspiele, die sich auf den steinernen Liegen entlang der Wände ausstreckten, konnte dort das Festmahl serviert werden. – In Olympia stiftete ein reicher Mann, Leonidas aus Naxos, im 3. Viertel des 4. Jahrhunderts v. Chr. ein äußerst stattliches Gästehaus. Das nach ihm benannte ›Leonidaion‹ maß etwa 75 × 81 Meter im Geviert und umschloß ebenfalls einen geräumigen Innenhof. Die Gastzimmer öffneten sich zum inneren Säulenumgang mit seiner dorischen Säulenordnung. Die sechs Staatsgemächer des Westtraktes hatten eine Grundfläche von mehr als 10 × 10 Meter, und die übrigen Zimmer waren etwa halb, andere ein Viertel so groß und immer noch höchst bequem. Eine äußere Ringhalle mit 142 ionischen Säulen verlieh dem Bauwerk einen besonders repräsentativen, festlichen Charakter. Während der Olympischen Spiele wird dieses ›Grand Hotel‹ der Antike, das ja nur einen kleinen Bruchteil der herbeiströmenden Menschen aufnehmen konnte, wohl für den Adel und hochrangige Staatsvertreter gewesen sein. – Das Problem unserer Tage, wo und wie man Besuchermassen zur Nacht unterbringen kann, stellte sich bei dem Andrang zu den panhellenischen Spielen eigentlich nicht. Die Wohlhabenden kamen gewöhnlich mit eigenen Zelten, einem gewissen Hausstand und der Dienerschar, so daß sie weitgehend unabhängig waren. Für die Durchschnittsmenschen mit leichterem Gepäck hielten die örtlichen Verwaltungen zwar Unterkünfte bereit, doch wer keinen Platz mehr fand, legte sich unter irgendein vorhandenes Schutzdach – und das waren die meisten –, man schlief einfach im Freien.

Während der Feste gab es eine Fülle von offiziellen und inoffiziellen Veranstaltungen in unaufhörlicher Folge, so daß sich niemand Gedanken zu machen brauchte, wie er sich beschäftigen sollte. Wer in den Städten, den kleinen oder großen, Zerstreuung suchte, ging in die *kapeleia* oder *potisteria*, in Schänken, die nicht nur Wein, sondern auch Mahlzeiten, Glücksspiele und Tänzerinnen bieten konnten. In den meisten Fällen waren derartige Vergnügungsstätten äußerst bescheiden und dienten den Bedürfnissen einer anspruchslosen Kundschaft. Anspruchsvollere suchten Kurzweil in der *lesche*, einem Versammlungshaus. Eigentlich war es eine sehr frühe Form der heutigen Clubs. Man traf dort Gesprächspartner, debattierte, philosophierte, politisierte, kurz man war unter Menschen, in Gesellschaft. – Die wohlhabenden Bürger unterhielten sich und ihre Gäste zu Hause.

Es gab allerdings Ausnahmen, Lokalitäten von großer Anziehungskraft für alle – wie die Ausgräber von Korinth entdeckten. Korinth war eine der bedeutendsten, lebendigsten Hafenstädte Griechenlands, bis es die Römer im Jahre 146 v. Chr. vollständig zerstörten. Im Laufe der zweiten Hälfte des 4. Jahrhunderts v. Chr. errichteten die Korinther an der Südseite des Marktes einen 165 m langen, eleganten, zweigeschossigen Bau, dem eine ionische Säulenhalle vorgelagert war. Im Erdgeschoß befanden sich 33 Läden, Wand an Wand nebeneinander. Die meisten waren Weinschänken, jede einzelne mit Zugang von der Halle aus. Jede Wirtsstube war etwa 5 mal 5 m groß und hatte nach rückwärts einen Vorratsraum von gleicher Größe. Vom Vorratsraum aus kam man durch die hintere Tür über einen sauber gepflasterten Platz zum Lokus. Darüber hinaus hatte jede Schänke in der Mitte des Hauptraums eine Art Kühlanlage, die beste, mit der man sich im Altertum ausstatten lassen konnte. Sie bestand aus einem Brunnenschacht, der sich unten zu einer Erdleitung öffnete, in die kühles Quellwasser einfloß. Weinkrüge und Lebensmittelbehälter hingen hier an langen Schnüren ins oder überm frischen Wasser. Die Brunnen waren, als man sie ausgrub, voll von Überbleibseln – zerschlagenen Weinkrügen, zerbrochenen Flöten, Astragalen und Trinkbechern. Von den letzteren waren einige noch heil, darunter solche, die für Trankopfer verwendet wurden und auf denen der Name der zu ehrenden Gottheit eingeritzt ist, oder einfach nur: ›Liebe‹, ›Freude‹, ›Gesundheit‹. Auf einem liest man: *pausikraipalos*, »der den Brummschädel heilt«, womit ein damaliger Zecher seiner Erleichterung Ausdruck verlieh. – Das Obergeschoß gliederte sich in viele, zu zwei Zimmern unterteilte Raumeinheiten, die man über Treppen an den beiden Enden des Baus von einem Korridor her betrat. Die Ausstattung war gut durchdacht. Man kam zuerst in ein kleines Vorzimmer, das nach rückwärts nur durch zwei Säulen abgetrennt war. Über zwei flache Stufen schritt man in den leicht erhöhten Hauptraum. Das Vorzimmer, das man nachts leicht durch einen Vorhang abtrennen konnte, war vielleicht für die Dienerschaft.

Für den unerwartet luxuriösen Zuschnitt bei der Errichtung dieser ›Südhalle‹ könnte es im Korinth des 4. Jahrhunderts v. Chr. einen besonderen Anlaß gegeben haben. Die Stadt war vom Jahr 338 v. Chr. an, als Philipp II. von Makedonien Herr über Griechenland wurde, bis zum Tod seines Sohns Alexander d. Gr. im Jahr 323 v. Chr. Sitz des von Philipp II. geschaffenen ›Korinthischen Bundes‹, dem alle griechischen Staaten (außer Sparta) beigetreten waren. Sooft die panhellenischen Versammlungen einberufen wurden, schickte jedes Mitglied seine Abgeordneten dorthin. Es ist sehr wohl denkbar, daß die ›Suiten‹ im Obergeschoß für sie bestimmt waren und die Tavernen darunter der Ort, wo sie speisten und ihre Mußestunden verbrachten.

Wer auf noch mehr Zerstreuung aus war, als sie die hübschen Tavernen anboten, konnte den Abend mit einer Kurtisane verbringen, einer lieblichen, in Musik, Tanz, Konversation und dem Liebesspiel feingebildeten Dame, in Künsten also, die das Herz eines Mannes erfreuen. Hier waren die Preise erklecklich und nur von reichen Geschäftsleuten oder hohen Gesandten aufzubringen. Einige wohlhabende Kaufherren besaßen in den Häfen, die sie regelmäßig anliefen, feste Absteigequartiere, wo Mäd-

PFLICHTEN DES PROXENOS

chen ihrer harrten, die für den exklusiven Genuß ihrer Reize schwindelhafte Summen kassierten. Lukian hat eine amüsante Spottgeschichte geschrieben, in der ein Matrose der athenischen Marine gegen eine Kurtisane wütet, weil sie ihm wegen eines zahnlosen, bereits glatzköpfig werdenden, fünfzigjährigen Kaufmanns den Laufpaß gegeben hatte; das Mädchen entgegnete eiskalt, der neue Liebhaber habe ihr anstelle von Zwiebeln oder Käse oder billigen Schuhen »diese Ohrringe, und einen Teppich, und kürzlich zwei Minen [heute etwa 2500 DM] geschenkt und auch die Wohnungsmiete bezahlt«.

Ein Tourist, der heute im Ausland Schwierigkeiten bekommt – sei es, daß ihm sein Geld ausgeht, sei es, daß er in einen Unfall oder eine Schlägerei verwickelt wird –, kann sich an seinen Konsul wenden. Der Grieche des Altertums hatte seinen *proxenos*. Nun sind Konsul und Proxenos nicht einfach dasselbe, doch gibt es auch vieles, was ihnen gemeinsam ist.

Ein Proxenos war Bürger oder ansässiger Fremder eines Stadtstaates, offiziell dazu ausgewählt, die Interessen eines anderen Stadtstaates wahrzunehmen. Wie leicht einzusehen, mußte er über Wohlstand und Einfluß verfügen. So waren zum Beispiel Angehörige der Familie des Alkibiades während mehrerer Generationen Proxenoi von Sparta in Athen; Demosthenes vertrat Theben; Nikias, der politische Nachfolger des Perikles, war Proxenos für Syrakus. In den hier genannten Fällen waren zufällig nur athenische Bürger für einen fremden Staat tätig. Häufiger jedoch wurde ein ansässiger Ausländer zum Vertreter seiner Heimatstadt ernannt. Erste Pflicht war es, seinen Landsleuten in jeder möglichen Weise beizustehen, besonders natürlich denen, die in offizieller Eigenschaft kamen. So beschloß zum Beispiel die athenische Regierung im Jahre 325 v. Chr., einen gewissen Herakleides aus dem zyprischen Salamis zum Proxenos zu machen. Man erwartete von nun an, daß er jedem Regierungsvertreter, der von Salamis nach Athen entsandt wurde, Gastfreundschaft gewährte, ihm Einlaß zu den Sitzungen der Volksversammlung sicherte, Eintrittsmarken zum Theaterbesuch besorgte. Zugleich konnte er von jedem Bürger aus Salamis, der sich in Athen auf-

11 Ägyptische Fracht- und Reiseschiffe.
Bemaltes Relief im Grab des Gaufürsten Pacheri in Elkab.
Zeit der Königin Hatschepsut, um 1470 v. Chr.
Oben: Verladen von Korn auf vier Lastschiffe zur Ablieferung
als Steuerabgaben an den Königshof in Theben. Abfahrt der
Schiffe mit der Strömung, daher ohne Segel.
Unten links: Ankunft des Reiseschiffes des Gaufürsten aus
dem Norden (wohl aus Theben), daher gesetzte Segel und
Ruderer. Kabine mit zwei Fenstern, auf dem Kabinendach
Wagen für Landstrecken; die dazugehörigen Pferde links vor
der Kabine im Vorderschiff. Ein Lotse lotet die Wassertiefe.
Unten rechts: Abfahrt eines Reiseschiffes nach Norden, daher
gegenläufige Ruderrichtung, Pferde rechts im Vorderschiff,
Reisewagen auf dem Kabinendach, Lotse rechts. Fahrt zur
Ablieferung des Goldes aus den Minen der Ostwüste an den
königlichen Hof in Theben.

hielt, um Hilfe angegangen werden. Er hatte unter Umständen auch über das Lösegeld von Salaminiern zu verhandeln, die in Kriegsgefangenschaft geraten waren. Wenn ein Landsmann in Athen starb, konnten dessen Erben ihn ersuchen, die angefallenen Gelddinge abzuwickeln. Wenn anderseits Athen aus irgendeinem Grund mit Salamis Verbindung aufnehmen wollte, sei es, um eine Freundlichkeit zu erbitten oder um einer heiklen Angelegenheit nachzugehen, fiel die erste Wahl natürlich auf Herakleides. – Ein Proxenos erhielt keine Bezahlung von dem Staat, der ihn ernannte. Es wurden ihm lediglich einige Privilegien eingeräumt, und fraglos eröffnete ihm seine Stellung nützliche Geschäftsverbindungen und Chancen. Doch vorrangig scheint es die mit dem Amt verbundene Ehre gewesen zu sein, die ihm Befriedigung gab. Seine Auszeichnung gipfelte darin, den offiziellen Erlaß, eine Inschrift mit der öffentlichen Anerkennung, für jedermann sichtbar, aufrichten zu lassen – manchmal zweifach, eine in dem Staat, der ihn ernannt, und eine andere in dem, den er vertreten hatte.

So war noch am Ende des 4. Jahrhunderts v. Chr. das Reisen innerhalb und außerhalb Griechenlands weder leicht noch besonders angenehm. Wer den Wasserweg wählte, hing von den Fahrtinteressen der Geschäftsleute ab, mußte, wenn er einmal auf dem Schiff war, mit jeder Art der Unterbringung vorliebnehmen und war Gefahren von Stürmen und der Seeräuberei ausgesetzt. Wer die Landroute wählte, fand im allgemeinen schlechte Straßen und noch schlechtere Gasthöfe vor und mußte vor Wegelagerern auf der Hut sein. Die meisten, die sich auf den Weg machten, hatten daher ein ganz bestimmtes Ziel vor Augen: Es waren Regierungsbeauftragte, Kaufherren, kleine Handlungsreisende, Wanderschauspieler, Kranke, die zu einem Heiligtum des Asklepios zogen, und die Menschenmengen, die den panhellenischen oder anderen weitgerühmten Festspielen zustrebten. Nur wenige reisten trotz aller Gefahren und Unbequemlichkeiten aus Liebe zum Reisen. Einer von ihnen hat sich nicht nur als Geschichtsschreiber, sondern auch als erster Reiseschriftsteller der Welt einen Namen gemacht; wir haben ihn schon öfters zitiert: Herodot aus Halikarnassos.

Der erste Reiseschriftsteller

Im Jahre 490 v. Chr. griff König Dareios von Persien, Herrscher eines Weltreiches, Athen zu Wasser und zu Land an, doch Athen brachte die Invasion praktisch ohne fremde Hilfe zum Scheitern. Um diese, den persischen Stolz tief verletzende Niederlage zu rächen, kehrte Xerxes, der Sohn des Dareios, zehn Jahre später an der Spitze eines gigantischen, aus Land- und Seestreitkräften bestehenden Heeres wieder. Die griechischen Stadtstaaten, das heißt wenigstens ein großer Teil von ihnen, waren dadurch so beunruhigt, daß sie die Kämpfe untereinander aufgaben und gegen den gemeinsamen Feind zusammenstanden. Sie vernichteten die Flotte des Xerxes bei Salamis und sein Heer bei Plataiai südwestlich von Theben. Die beiden überwältigenden Siege machten sie über Nacht zum führenden Volk im östlichen Mittelmeer und markieren den Beginn der steil aufsteigenden Laufbahn Athens zu einer politischen und kulturellen Führungsmacht.

Wir sind über diesen Krieg so wohlinformiert wie über wenige andere und das dank eines Griechen mit durchdringendem Blick, durchdringendem Verstand, eines Mannes, der weit gereist war, und der sich dadurch den Titel ›Vater der Geschichte‹ erwarb. Herodots ›Geschichte der persischen Kriege‹ war etwas gänzlich Neues in der Literatur. Er war gewiß nicht der erste, der Aufzeichnungen über die Vergangenheit machte. Schon mehr als zweitausend Jahre lang hatten Herrscher des Nahen Ostens ihre Denkmäler mit Inschriften versehen, die Berichte ihrer Leistungen enthielten, und die Juden hatten schon lang zuvor die Geschichte ihres wechselvollen Schicksals aufgezeichnet. Doch der eigentliche Zweck aller dieser Schriften war es, Zeugnis für die glorreiche Erfüllung göttlichen Willens abzulegen. Herodot jedoch wandte sein Hauptaugenmerk dem Tun der Menschen zu, er hatte die Vision und das Genie, ein gewaltiges Material zu sammeln und zu einer Erzählung zu verdichten, in der die menschlichen Beweggründe der Handlungen sichtbar wurden, die Griechen und Perser in Widerstreit zueinander brachten und die für die einen mit dem Sieg, für die anderen mit der Niederlage endeten. Um seine Hauptakteure geziemend bei den Lesern einzuführen, beginnt er mit einer weitgespannten Übersicht über das riesige, polyglotte persische Reich und dessen Nachbarn, die in seinem Geschichtswerk eine bedeutsame Rolle spielten. Er verwendet dabei Informationen, die er durch persönliche Beobachtung und Forschung während langer, ausgedehnter Reisen gewonnen und gesammelt hatte. Ihm gebührt daher der Ruhm, sowohl der erste Reiseschriftsteller als auch der erste Geschichtsschreiber der Welt zu sein.

Wir wissen leider wenig über diesen außerordentlichen Mann, der den größten Teil seines Lebens unterwegs war und seine Erfahrungen in so schöpferischer Weise nutzte. Griechische Schriftsteller sind zurückhaltend. Sie nehmen an, daß ihre Leser ein Buch zur Information über seinen Gegenstand, nicht über seinen Verfasser wünschen. Auf den Seiten von Herodots Buch steht kaum ein Wort darüber, was er aß, wo er sich aufhielt, mit wem er zusammenkam, welche persönlichen Erlebnisse er hatte. Es gibt auch nicht viele Mitteilungen darüber, wo er wirklich gereist war. Nur die zufällige Bemerkung, daß er eine bestimmte Schüssel »an einer Stelle zwischen dem Hypanis [dem Bug] und dem Borysthenes [dem Dnjepr]« sah, erlaubt uns den Schluß, daß er in Südrußland gewesen ist. Wir wissen, daß er Ägypten bis zum ersten Katarakt bereist hat, weil er erwähnt, daß er »als Augenzeuge bis nach Elephantine gekommen ist«. Wir schließen, daß er in Babylon war, weil er bei der Beschreibung einer »massiven, zwölf Ellen hohen Goldstatue« hinzufügt. »Ich habe sie nicht gesehen und berichte, was von den Chaldäern darüber gesagt wird«.

HERODOTS JUGEND

Herodot ist in Halikarnassos, einem griechischen Stadtstaat an der Südwestküste Kleinasiens, in den ersten Jahrzehnten des 5. Jahrhunderts v. Chr. geboren. Halikarnassos gehörte damals zum Persischen Reich, ist später durch das Mausoleum berühmt geworden und stellte für die Flotte, die Xerxes zu seinem Angriff auf Griechenland versammelte, einen Schiffsverband. Herodot war wahrscheinlich im Schulalter, als Artemisia I., Königin von Halikarnassos, mit den beschädigten Schiffen von Salamis heimkehrte. Jahre später sollte er sie unsterblich machen. Er erzählt, daß diese Meeres-Amazone ihren Flottenverband persönlich befehligte und für ihren Mut und ihr verschlagenes Handeln vom persischen Großkönig Lob erhielt. Herodot verließ Halikarnassos als junger Mann. Es gibt vage Andeutungen über Differenzen mit dem Nachfolger der Königin Artemisia, so daß vielleicht Verbannung die eigentliche Ursache seines unsteten Wanderlebens war. Fest steht, daß er nie mehr nach Halikarnassos zurückkehrte und den Rest seines Lebens in fremden Ländern verbrachte. Große Teile Griechenlands und des Persischen Reiches waren ihm bekannt. Athen besuchte er mehr als einmal und nahm dort vielleicht sogar für eine gewisse Zeit Wohnung. Als Athen im Jahre 443 v. Chr. die Kolonie Thurii, im Spann des italienischen Stiefels, gründete, schloß er sich entweder den Auswanderern an oder folgte ihnen kurz danach. Er starb dort zwischen 430 und 425 v. Chr.

Herodot kam aus einem guten Haus, hatte eine sorgfältige Erziehung genossen und hatte sicherlich Geld; denn nur ein Mitglied der vornehmen Klasse konnte sich so wie er der Wanderlust hingeben. Seine Interessen entsprachen denjenigen eines gebildeten Intellektuellen, besondere Aufmerksamkeit schenkte er dem Vergleich der Religionen. Der Wunsch, fremde Götter und deren Riten mit den griechischen zu vergleichen und herauszufinden, welche von ihnen höheres Alter für sich in Anspruch nehmen konnten, scheint sogar der Hauptgrund für manche Reise gewesen zu sein. Auf dem Gebiet der physikalischen Geographie ist er ein ernsthafter Forscher. Er stellte, zutreffend, wie wir jetzt wissen, die Theorie auf, daß Ägypten ursprünglich ein Meeresarm gewesen sei. Neben anderen Gründen dafür hatte sein scharfes Auge »Muscheln, die auf den Bergen erscheinen«, das heißt Meeresfossilien entdeckt. Er analysiert die Hypothesen, die bezüglich der jährlichen Nilüberschwemmung existierten, und wir verzeihen ihm, wenn er diejenige als »nicht wahrscheinlich« verwirft, die besagte, diese sei das Ergebnis von schmelzendem Schnee. Einige seiner Zeitgenossen wußten es in diesem Falle besser, aber die Kenntnis davon ging wieder verloren. Erst im 19. Jahrhundert, als Forscher die hochragenden, schneebedeckten Ruwenzori-Gebirge entdeckten, deren Schmelzwasser den Weißen Nil über seine Ufer treten läßt, erkannte man die Richtigkeit dieser frühen Hypothese. Untersuchungen dieser Art kann man in jener Zeit nur von den griechischen Intellektuellen erwarten; stets waren sie bemüht, die Ursachen der Dinge zu entdecken. Überraschend ist es, bei Herodot einen ebenso lebhaften Wissensdurst auf Gebieten zu finden, die normalerweise in die Interessensphäre eines Geschäftsmanns gehören. So interessieren ihn zum Beispiel die verschiedenen Arten des Transports. Er berichtet eingehend über merkwürdige, übergroße runde Transportboote, die er auf dem Euphrat bei Babylon sah, und die man heute noch dort sehen kann; über die eigenartige Weise, wie Nilboote aus kurzen Planken zusammengesetzt werden, eine Bauweise, die heute noch üblich ist, jedenfalls südlich des zweiten Katarakts. Er erwähnt lokale Erzeugnisse wie zum Beispiel den großen Fisch, der an der Dnjeprmündung gefangen wird und »für das Einsalzen geeignet« ist; Leinen besonderer Webart, die in Ägypten hergestellt werden; aus Hanf gewobenes Tuch in Südrußland, dem Leinen so ähnlich, daß niemand, der Hanf nicht kennt, einen Unterschied merkt; Zuckerwerk aus mit Weizenmehl gedicktem Tamariskensirup, Spezialität einer gewissen Stadt in Kleinasien. Er berichtet über eigenartige Geschäftspraktiken, wie zum Beispiel diejenige, die die Karthager bei ihrem Handel mit den Eingeborenen der Westküste Afrikas anwenden:

»Sie legen die Waren nebeneinander an den Strand, besteigen ihre Schiffe und lassen Rauch aufsteigen. Die Eingeborenen sehen den Rauch, gehen zum Meer und legen als Gegenwert für die Waren Gold hin und ziehen sich wieder zurück. Nun gehen die Karthager wieder an Land, und wenn ihnen das Gold dem Wert der Ware zu entsprechen scheint, nehmen sie es und fahren ab; wenn es nicht genug ist, besteigen sie wieder die Schiffe und warten. Die Eingeborenen kommen dann wieder und legen weiteres Gold zu dem, das sie schon hingelegt hatten, bis sie die Karthager befriedigt haben ... Die Karthager rühren das Gold nicht an, bis es dem Wert der Waren entspricht und jene nicht die Waren, bis die Karthager das Gold genommen.«

Herodots Reisegefährten waren überwiegend Händler und geschäftliche Agenten, und so hat er sicher manchen langen Tag auf Deck oder auf dem Eselsrücken im Gespräch über ihre Geschäfte mit ihnen verbracht. Offenbar hat das bei ihm Spuren hinterlassen, oder war er vielleicht auch selbst nicht nur Reisender, sondern auch Geschäftsmann? Das wäre ungewöhnlich für einen Griechen seiner Stellung, aber Herodot war ja wohl auch ein ungewöhnlicher Grieche.

Da er uns so wenig über sich selbst erzählt, können wir seine Reiserouten nicht im einzelnen nachzeichnen. Er machte wohl nicht eine einzelne große Reise, sondern eher mehrere Einzelreisen. Selbstverständlich kannte er ganz Griechenland und die Inseln des Ägäischen Meeres; und er war mindestens einmal in Kyrene in Nordafrika, das von der Ägäis aus leicht zu erreichen ist. Im Westen kannte er Süditalien und Sizilien gut, er erforschte diese Gebiete wahrscheinlich während seines Aufenthalts in Thurii, ist aber nicht weiter nach Westen vorgedrungen. Reisen in fremdartige Länder unternahm er nur im Osten. Eine der Reisen führte ihn von Ephesos an der Westküste Kleinasiens entlang nach Sardes und von da über Teile der persischen Königsstraße. Er fuhr zu Schiff über einen größeren Teil des Schwarzen Meeres einschließlich der Nordküste, was ihm Gelegenheit gab, die griechischen Siedlungen im weiteren Umkreis von Odessa zu besuchen und sich über die Skythen und andere Eingeborenenstämme des Hinterlands, die jenseits der Grenzen der Zivilisation lebten, zu informieren.

Südöstlich von Kleinasien waren die Länder Syrien, Palästina und Ägypten sowie die Stadt Babylon zur Lebenszeit Herodots Teil des Persischen Reiches. Das erleichterte das Reisen, es waren keine Grenzen zu überschreiten, und man konnte, mit antiken Maßstäben gemessen, schnell auf den gut gehaltenen persischen Straßen vorankommen.

Herodot kam in östlicher Richtung bis Babylon. Wie er genau dorthin kam, das kann sich jeder selbst ausdenken. Höchstwahrscheinlich fuhr er mit dem Schiff nach Syrien; vielleicht ging er dort in einem Hafen in der Gegend des heutigen Antakya, das erst 300 v. Chr. gegründet werden sollte, an Land, denn von dort aus ist die Entfernung von der Küste zum Euphrat am kürzesten. Dann schlug er wohl einen Weg in östlicher Richtung ein, bis er den Euphrat erreichte, und folgte sodann dem Karawanenweg längs des Flusses. Die Belohnung für Wochen der Mühsal war der überwältigende Anblick einer riesigen Stadt.

»... sie bildet ein Viereck; jede Seite ist 120 Stadien lang ... der Gesamtumfang also 480 Stadien. Aber Babylon war nicht nur eine recht große, sondern auch die schönste Stadt unter allen, von denen wir wissen, ... sie hat eine Stadtmauer von einer Dicke von fünfzig und einer Höhe von zweihundert königlich persischen Ellen ... Es gibt in der Stadtmauer einhundert Tore, alle aus Bronze, woraus auch die Türpfosten und die Türstürze bestehen ... die Stadt selbst, die voll von drei- und vierstöckigen Häusern ist, wird von geraden Straßen durchzogen, die von anderen, zum Fluß hinabführenden, ebenfalls geraden Straßen geschnitten werden.«

Dieser frühe Religionsforscher war natürlich tief beeindruckt von der himmelragenden Zikkurat, die er dort sah, dem besonderen babylonischen Tempeltyp, der sich in quadratischen Stufen wie ein Stapel von Kinder-Bauklötzen erhebt: »Inmitten des heiligen Bezirks ist ein massiver Turm von einer Seitenlänge von einem Stadion im Geviert, auf diesem Turm steht ein weiterer Turm, auf ihm wieder einer, bis zu acht Türmen.«

Die Ausgrabungen haben uns gezeigt, daß die vier Grundseiten des Turms von Babel 95 m lang waren; man nimmt an, daß der Turm eine Höhe von etwa 90 m hatte. Die Anlage von Babylon muß einem Mann, der an die griechischen Städte bescheidenen Formats mit ihren zweistöckigen Häusern, ihren engen und gewundenen Gäßchen und ihren niedrigen, anmutigen Tempeln gewöhnt war, wie ein Wunder vorgekommen sein. Wir können ihn kaum wegen der übertriebenen Maße – nach dem Ergebnis der Ausgrabungen betrug der Gesamtumfang ca. 18 km – tadeln, die er uns angibt. Er erhielt sie wahrscheinlich von den Fremdenführern, die ihm die Stadt zeigten, und war nicht in der Lage, die ihm genannten Zahlen zu überprüfen. Herodot verwendet persische und griechische Maßeinheiten, sie waren ihm als Griechen und zugleich persischem Staatsbürger geläufig. Wir wissen aber nicht, in welcher Form er jeweils die Maßangaben erhielt und ob ihm beim Umrechnen dabei nicht Fehler unterlaufen sind.

Durch ein Mißgeschick ist ein beträchtlicher Teil von Herodots Bericht über Syrien und Mesopotamien nicht auf uns gekommen. Glücklicherweise besitzen wir aber seinen gesamten Bericht über Ägypten, eine einzigartige, zum überwiegenden Teil auf persönlichen Eindrücken beruhende Darstellung, die einen der größten Einzelabschnitte seines Buchs bildet. Herodot reiste nach Ägypten, um die Sehenswürdigkeiten zu sehen; aber sein Interesse galt keineswegs den Dingen, die heutzutage Reisende dort anziehen, und auch nicht in erster Linie den Dingen, deretwegen Menschen in den nach ihm folgenden Jahrhunderten Ägypten besuchten. Herodot ist nicht im geringsten an ägyptischer Kunst interessiert. »Die Wände sind voll von in den Stein geschnittenen Reliefs«, das ist seine beiläufige Erwähnung über Hunderte von Metern kunstvoll gearbeiteter und kolorierter Reliefs. Auch machte er sich wenig aus ägyptischer Architektur. Als er in einen der Höfe des gigantischen Tempels in Karnak geführt wurde, bemerkte er nur: »Er war groß«. Dann geht er schnell zu seinem Thema über, nämlich der Zahl der dort befindlichen Hohepriester-Statuen und den Berechnungen, die man aufgrund ihrer Gesamtzahl über das Alter Ägyptens anstellen konnte. Die Erkenntnis der Besonderheit und Großartigkeit ägyptischer Kunst und Architektur ist allerdings mehr oder weniger erst eine Entdeckung unserer Tage. Herodot war nur wenig von den großartigen Zeugnissen dieses einst so mächtigen Reiches beeindruckt. Einige von ihnen erregten sein Staunen, es wäre kaum menschlich, wenn sie das nicht bewirkt hätten. Was er bewundert, ist aber mehr die Ingenieurleistung. Für ihn war die Rampe, die gebaut wurde, um die im Steinbruch gebrochenen Blöcke vom Fluß zur Großen Pyramide und dann ihre abschüssigen Seiten hinaufzubringen »ein nicht viel geringeres Werk als die Pyramide«. Seine Beschreibung beschäftigt sich mit den Arbeitsgruppen und wie sie sich ablösten, mit der Größe der Blöcke und wie sie gehoben und an ihren Platz gesetzt wurden, wie die Pyramiden ihre glatte Oberfläche erhielten, wie lange Zeit alles dauerte (zehn Jahre für die Rampe, zwanzig für die Pyramide) und natürlich, was sie gekostet hatte. Hierfür hatte er nur einen vorüberfliegenden Strohhalm, doch er ergriff ihn:

»Es wird durch eine Inschrift in ägyptischer Schrift an der Pyramide erläutert, wieviel für Rettiche, Zwiebeln und Knoblauch für die Arbeiter aufgewendet wurde; ich erinnere mich gut an das, was der Dolmetscher, der mir die Schriftzeichen vorlas, sagte: es seien 1600 Silbertalente ausgegeben worden. Wenn sich das so verhält, wieviel muß dann für die eisernen Werkzeuge, das eigentliche Essen und die Kleidung für die Arbeiter aufgewendet worden sein?!«

Was auch immer das für eine Inschrift war, ein Fremdenführer des 5. Jahrhunderts v. Chr. konnte Hieroglyphen des Alten Reiches sicher nicht besser lesen als diejenigen, die heute die Touristen führen. Entweder prahlte dieser Mann oder er erlaubte sich einen Scherz mit ihm. Herodots Angabe für die Seitenlänge der Großen Pyramide dagegen kommt der Wirklichkeit so nahe – 251 m gegenüber 238,50 m –, daß man annehmen muß, daß er sie selbst abgeschritten hat.

Das einzige ägyptische Bauwerk, das Herodot in gleich eingehender Weise beschreibt, ist das sogenannte Labyrinth. Dies erregte seine Neugier wegen der Irrgarten-ähnlichen Anordnung der Räume. Er berichtet: »Die oberen Räumlichkeiten sahen wir selbst ... sie sind übermenschlich groß; die Portale von einem Gebäudekomplex zum nächsten und die Wanderungen in ständig wechselnder Richtung durch die Höfe erregten ein nicht enden wollendes Staunen bei einem, der aus einem Hof in die Gemächer, von den Gemächern in die Pfeilerhallen, aus den Pfeilerhallen in andere Wohnkomplexe schritt.«

Herodot nahm an, es sei ein von Königen relativ späten Datums, nämlich des 7. Jahrhunderts v. Chr. errichtetes Bauwerk. Wir wissen heute, daß es sich um einen von Amenophis III. im 19. Jahrhundert v. Chr. errichteten Grabbau handelt. Die Ausgrabung hat erwiesen, daß dieser in der Tat einen ungewöhnlich verwickelten und komplizierten Grundriß hat. Der Baukomplex lag in der Nähe des alten Moirissees. Herodot erschien der See noch ein größeres Wunder zu sein als das Labyrinth, weil er annahm, er sei reines Menschenwerk, und seinen Umfang mit rund 640 km bezifferte, einer eindrucksvollen Größe. Zu allen Zeiten wäre das eine gigantische Ingenieurleistung gewesen. Tatsächlich war der See aber viel kleiner; er hatte weniger als die Hälfte der Größe, die Herodot ihm zuschreibt, und was heute davon übrig ist, Birket-el-Karun, hat knappe 120 km Umfang. Dieser künstliche See besteht größtenteils aus einem natürlichen Becken. Doch muß man den Ingenieuren des Pharao das Verdienst einiger eindrucksvoller Verbesserungen zuschreiben. Sie ermöglichten es, diesen See als Ableitungsbecken für überschüssiges Flutwasser des Nils zu benutzen und so den Wasserstand zu regulieren. Herodot sah den See bei Wasserhochstand, vielleicht erschien er ihm deshalb so groß.

Was Herodot mehr als alles andere an Ägypten anzog, war das, was ein Religionsforscher dort finden konnte. In einem der seltenen Fälle, wo er über sich selbst spricht, gestattet er uns einen Einblick in das Ausmaß, in dem dies Interesse seine Reisen bestimmte. Während er in Ägypten war, versuchte er das Alter des von ihm so genannten »ägyptischen Herakles« zu ermitteln; welche Gottheit er genau damit meinte, ist schwer zu sagen. Er kam bei seinen Forschungen zu keinem ganz zufriedenstellenden Ergebnis. »Deshalb«, so schreibt er, »im Wunsch, darüber etwas Sicheres – aus welcher Quelle auch immer es möglich war – zu erfahren, fuhr ich mit dem Schiff nach Tyros in Phönizien, da ich erfuhr, daß dort ein ehrwürdiges Heiligtum des Herakles sei«. Hier muß er Herakles mit dem Melkart der Phönizier, dem Baal der Bibel gleichgesetzt haben. »Bei meinem dortigen Aufenthalt«, so fährt er in seiner Erzählung fort, »kam ich mit den Priestern des Gottes ins Gespräch und fragte, wie lange ihr Heiligtum schon bestehe ... sie sagten, es sei gleichzeitig mit der Besiedlung von Tyros gegründet worden ... in Tyros sah ich noch ein weiteres Heiligtum des Herakles mit dem Beinamen ›von Thasos‹. So fuhr ich auch nach Thasos ... so zeigt also meine Forschung klar, daß Herakles ein alter Gott ist«. Herodots Fragen bezogen sich auf alles, vom Alter des Herakles bis dahin, wie oft am Tag die Priester sich wuschen. Ägypten war damals das klassische Land der Religion und auch des Aberglaubens; Herodot hatte daher dort eine an Erkenntnissen ungemein reiche Zeit. Er nahm Einblick in die Auswahl und die Opferung des dem Ptah heiligen Apisstiers, in die Art, wie der Göttin Isis Stiere geopfert wurden; in die rituelle Haltung gegenüber Schweinen, die für unrein gehalten wurden, infolgedessen durften Schweineherden niemals Einlaß in Tempel erhalten; er erfuhr, welche Speisen für Priester Tabu waren, zum Beispiel Fische und Bohnen; was sich bei ägyptischen Festen ereignete, man trank und sang viel; er lernte etwas über die verschiedenen heiligen Tiere, die möglichen Arten der Einbalsamierung: Luxus, mittlere Kategorie, billig, und über viele andere Dinge. Er setzt ägyptische Götter mit griechischen gleich – Amun mit Zeus, Isis mit Demeter, Osiris mit Dionysos, Bast mit Artemis, Thot mit Hermes und so weiter –, und verwendet viel Zeit darauf nachzuweisen, daß die griechischen Götter von den ägyptischen abstammen. Vom heutigen Standpunkt aus gesehen glatte Zeitverschwendung, da wir wissen, was er nicht wissen konnte, daß die beiden Götterkreise in ihren Ursprüngen nichts miteinander zu tun haben.

Religion, Sitten, physikalische Geographie – diese dürften die wesentlichsten Anstöße für die Reisen Herodots in Ägypten und anderswo gewesen sein, doch war er nicht immer nur aufs Forschen aus. Er verwendete ein gut Teil seiner Zeit dazu, die »Sehenswürdigkeiten zu absolvieren«. In Ägypten begab er sich, wie oben erwähnt, zu den Pyramiden und zum Labyrinth. In Delphi sah er die berühmten Weihgaben des Krösus für das Heiligtum, darunter einen goldenen Krug und einen massiven, 10 Talente (260 kg) schweren goldnen Löwen sowie einen silbernen Mischkrug zum Weinmischen, der angeblich sechshundert Amphoren faßte. Im Heratempel von Samos sah er die beiden hölzernen Porträts des Amasis, die der Pharao selbst gestiftet hatte. In Tegea sah er im Tempel die dort aufgehängten Fußfesseln, die die Spartaner zu verwenden gedachten, als sie gegen Tegea zu Felde zogen, die jedoch, nachdem sie die Schlacht verloren hatten, zu ihrer eigenen Fesselung dienten. In der Umgebung von Sardes besuchte er das monumentale Grab von Alyattes, dem Vater des Krösus. Er besichtigte Schlachtfelder, nicht nur Marathon und Thermopylae, an denen er als Historiker interessiert war, sondern alle, in deren Nähe er auf seinen Reisen kam, wie etwa die Stätte eines entscheidenden Treffens zwischen Ägyptern und Persern. Er stattete dem Nachfahren einer Berühmtheit, dem Enkel eines Spartaners, einen Besuch ab, der durch seinen im Kampf erlittenen Heldentod unsterblichen Ruhm erworben hatte.

Wie die meisten Reisenden des Altertums fuhr Herodot, sooft er konnte, mit dem Schiff. Deshalb berichtete er auch über so viele Häfen und an Flüssen gelegene Städte. Er kam auch zu Schiff nach Ägypten und bemerkt, daß man bereits eine Tagesfahrt außerhalb des Hafens mit dem Senkblei bei elf Faden Tiefe Proben von schlammigem Meeresboden findet. Er hatte das Glück, zwischen August und November, das heißt bei Wasserhochstand des Nils, hinzukommen und deshalb sogar auf dem Wasserweg bis zu den Pyramiden fahren zu können.

Von Memphis, an der Spitze des Nildeltas, fuhr er im Boot nilaufwärts, konnte bei Theben an Land gehen, ließ sich aber unterwegs einige wichtige Stationen entgehen wie zum Beispiel die als Wallfahrtsort so berühmte heilige Stadt Abydos, die er erstaunlicherweise nirgends erwähnt. In Kleinasien, Syrien und Mesopotamien reiste er meistens zu Lande, nicht aus freien Stücken, sondern weil es in diesen Gegenden nur wenige schiffbare Wasserwege gibt. Doch ob er zu Schiff oder auf dem Lande reist, immer bleibt er ein einfacher Reisender, der nicht in offizieller Eigenschaft unterwegs ist und deshalb auch keine Vorzugsbehandlung genießt. In griechischen Städten konnte er fraglos häufig mit privater Unterkunft und mit der Hilfe von Menschen rechnen, denen er empfohlen worden war; anderswo war er ganz auf sich selbst angewiesen. Außerdem gab es das Sprachenproblem. Mit Griechisch kam er von Italien bis zur Westküste Kleinasiens durch. Weiter nach Osten, Südosten und Süden sprach man Persisch oder Aramäisch, die Verkehrssprache des Nahen Ostens, oder Ägyptisch. Wie jeder intelligente Reisende erwarb sich Herodot, während er unterwegs war, eine oberflächliche Kenntnis einiger Worte der fremden Sprachen. Er erwähnt gelegentlich persische Wörter wie zum Beispiel *artab*, das persische Hohlmaß, *parasang*, das persische Maß für Entfernungen; auch ägyptische Worte kommen vor, so hieß der typische Laib Brot *cyllestis*, das typische Hemd *calasiris*, das typische Nilboot *baris*, ein Krokodil war ein *champsa*. Sogar skythische Ausdrücke enthält sein Text: *arima* bedeutet ›ein‹, *spu* ›Auge‹, das Nationalgetränk eines der abgelegenen Stämme war *aschy*; aber er hat sicher viel mehr gekannt, mindestens im Aramäischen und im Ägyptischen, einschließlich der unerläßlichen Frage: »Spricht jemand Griechisch?« Wenn er auf seine Besichtigungen ging, war er ganz auf Führer angewiesen, die Griechisch konnten. Wenn er Tempel besichtigte, führten ihn und sprachen mit ihm Leute, die er als Priester bezeichnet und die wohl der einfachen Geistlichkeit angehörten; hochgestellte ägyptische Priester führten sicher nur selten Fremde etwa durch den großen Tempel von Karnak. Herodots Unterhaltungen müssen mit Hilfe von Führern oder Dolmetschern geführt worden sein. Einige von seinen Fehlern mögen darauf zurückzuführen sein, daß er keine Möglichkeit hatte nachzuprüfen, was diese ihm sagten. Man nehme zum Beispiel seinen Bericht: »Die Ägypter sind die ersten, die gesagt haben, daß die Menschenseele ... dann, wenn der Körper stirbt, in ein eben geboren werdendes Tier eingeht, und wenn sie dann alle Tiere des Landes, des Meeres und die fliegenden Tiere durchlaufen habe, gehe sie wieder in einen Menschenkörper ein«. Dank der ägyptologischen Forschung wissen wir heute, daß Herodots Behauptung nicht stimmt, Seelenwanderung war dem ägyptischen Denken fremd. Noch in den Tagen des Herodot hielten sie ohne zu schwanken an ihrem altüberlieferten Glauben fest, daß alle guten Menschen nach ihrem Tod zu Osiris werden, dem Gott, der, von einem bösen Bruder getötet, in einer anderen Welt ewig weiterlebt. Sehr möglich, daß Herodots Dolmetscher, der bei diesem Thema den Boden unter seinen Füßen zu verlieren drohte, die Frage schon in einer zurechtgestutzten Form stellte. Eine andere Möglichkeit wäre, daß Herodot, der von der Priorität Ägyptens in so vielen Dingen überzeugt war, ihn fragen ließ: »Stimmt es, daß die Seele ... usw. ?«, und daß der Führer willfährig die Antwort gab, die der Fremde offensichtlich hören wollte.

Abgesehen von den Fremdenführern erhielt Herodot einige seiner Informationen wahrscheinlich von der Kategorie von Menschen, mit denen Reisende im allgemeinen in Berührung kommen, wie Gepäckträgern, Kutschern, Kellnern, Zimmermädchen und so weiter, von denen einige ein paar Brocken Griechisch gesprochen haben werden. Eine halb in gebrochenem Griechisch oder gebrochenem Ägyptisch oder in beidem und zur anderen Hälfte in Zeichensprache geführte Unterhaltung kann sehr wohl die Quelle von Herodots Beschreibung des Nilpferds gewesen sein; keiner, der ein solches einmal gesehen hat, könnte es ja wohl hinsichtlich der Größe mit einem Ochsen vergleichen, gar nicht zu reden von der Behauptung, es habe gespaltene Hufe, eine Pferdemähne und einen Pferdeschweif. Sogar sein eignes scharfes Auge konnte ihm einen Streich spielen. Alle Ägypter, schreibt er, essen im Freien. Wahrscheinlich sah er, wenn er zur Essenszeit durch Dorfstraßen ging, eine Familie nach der anderen ihr Essen vor dem Haus kochen, wie sie es noch heute machen; auch nahm der einfache Ägypter das Essen auf dem Boden sitzend ein, wie dies heute noch in vielen Teilen der Welt üblich ist. Wäre er in einem Haus der höheren Gesellschaft zum Essen eingeladen gewesen, hätte er eine andere Erfahrung gemacht; dort speiste man auch an Stühlen vor Tischen sitzend. Ägyptische Frauen, so unterrichtet er uns, tragen nur ein Gewand, zweifellos richtig für Dienerinnen oder Feldarbeiterinnen; aber andere ägyptische Frauen der Zeit trugen zwei, sogar drei. Und doch war er, auch wenn er solchen Irrtümern zum Opfer fiel, keineswegs leichtgläubig. Er berichtet, was man ihm über den wundersamen, Phönix genannten Vogel erzählt hat, fügt aber vorsichtig hinzu, daß er niemals selbst einen solchen gesehen habe. Man zeigte ihm eine Insel, die angeblich deshalb bemerkenswert war, weil sie schwamm. »Ich selbst sah sie weder schwimmen noch sich bewegen«, sagt er dazu. Seine Gewährsleute in Babylon erzählten ihm, daß der Gott in den Tempel kommt, um auf einem Bett zu ruhen. »So sagen sie«, bemerkt er, »mir ist es aber nicht glaubwürdig«. Gewisse Statuen, die man ihm zeigte, hatten keine Hände, und man gab ihm eine historische Erklärung für deren Fehlen. »Das ist Geschwätz, was sie sagen«, bemerkt er, »das sah auch ich, daß sie die Hände wegen ihres Alters verloren haben ...«.

Herodot schrieb nicht nur zur Information, sondern auch zur Unterhaltung. Seine Technik ist die eines erfahrenen Unterhalters, der leicht von einem Gegenstand zum anderen übergeht, um für eine flotte Erzählung mit Abwechslung zu sorgen, wobei er den Gegenstand wechselt, sobald er merkt, daß seine Zuhörer davon genug haben. Genauso schreitet Herodot gemächlich dahin, gleitet mühelos von Geschichte zur Anthropologie, zur Geographie und wieder zurück. Man sehe seinen Bericht über Babylon. Er beginnt mit der Beschreibung der Mauern und Tempel. Dann schreibt er im einzelnen, was zwei hochintelligente Königinnen für die Stadt getan haben: Semiramis schuf Deiche, um die Überschwemmungen zu kontrollieren, und Nikotris leitete angeblich den Euphrat ab und überspannte ihn mit einer Brücke. Dabei fällt ihm ein makabrer Scherz der Nikotris ein: Sie ließ auf ihr Grab eine Inschrift setzen, die besagte, daß jeder nachfolgende König von Babylon, der Geld brauche, ihre Erlaubnis habe, das Grab zu öffnen und sich zu bedienen. Es blieb nicht aus, daß einer ihrer Nachfolger von diesem großzügigen Angebot Gebrauch machte. Er fand jedoch nur eine zweite Inschrift vor, die seine Gier und seine Grabschändung verspottete. Die Tatsache, daß es Nikotris' Sohn war, der auf dem Thron saß, als Kyros der Große seine Perser gegen Babylon führte, ermöglichte es Herodot, nun über diesen Angriff zu berichten. Da er gerade über die Bändigung des Euphrats gesprochen hat, beginnt er mit der Geschichte, wie Kyros unterwegs einen Fluß bestrafte, weil er ein hochgeschätztes Pferd ertränkt hatte. Kyros degradierte ihn zu einem Bach, indem er seine Armee einen Sommer lang Ableitungskanäle graben ließ. Ob nun Herodot diese Geschichte erfunden hat oder nur den Bericht übertrieb, sie dient ihm dazu, den Kyros zu charakterisieren. Wie er dann schließlich zur eigentlichen Sache kommt, bringt er einige Fakten über den Reichtum und die Hilfsquellen von Babylon, schweift aber bald ab und beschreibt »das größte von allen Wundern nach der Stadt selbst«, die merkwürdigen lederüberzogenen, runden Boote, die man benützt, um Menschen und Güter über den Euphrat zu transportieren. Er beschließt seinen Bericht mit einer Beschreibung einiger besonders auffälliger Eigentümlichkeiten der Babylonier. »Sie tragen langes Haar«, schreibt er, »das sie mit Turbanen aufbinden, und salben ihren ganzen Körper mit duftenden Salben; jeder trägt einen handgefertigten Spazierstock.« Bis noch vor kurzem, als die Gesetze Hammurabis noch galten, hatten sie eine einmalige Art, Ehen zustandezubringen. Herodot hält diese Art für außerordentlich vernünftig und bedauert ihr Verschwinden. »Jedes Jahr«, so schreibt er, »pflegte jedes Dorf alle heiratsfähigen Mädchen zusammenzubringen und sie zu versteigern. Die Gelder, die für die Schönheiten gezahlt wurden, bildeten einen Fonds für die Mitgift, die auch den weniger hübschen Mädchen Ehemänner sicherten.« Ein weiteres Verfahren, das seine Billigung findet, ist die Art und Weise der Babylonier, sich Krankheiten gegenüber zu verhalten. »Die Kranken tragen sie zum öffentlichen Platz der Stadt; sie haben nämlich keine Ärzte. Die Leute treten nun zu dem Kranken und beraten ihn über seine Krankheit, sei es, daß einer das gleiche Leiden hatte wie der Kranke oder daß er einen anderen mit dem gleichen Leiden gesehen hatte; die Vorübergehenden geben Rat und ermuntern, indem einer erzählt, was er selbst getan hat, um einer gleichen Krankheit zu entgehen, oder was ein anderer getan hat, den er hat die Krankheit überwinden sehen. Es ist ihnen aber nicht gestattet, schweigend an dem Kranken vorüberzugehen, ohne ihn zu fragen, welche Krankheit er hat.« Ein Brauch, den er heftig mißbilligt, ist die religiöse Verfügung, daß jede Frau mindestens einmal in ihrem Leben zum Tempel der Göttin der Liebe und Fruchtbarkeit gehen und sich jedem beliebigen Fremden, der kommt und sie für sich auswählt, hingeben muß. »Die Hübschen und Großgewachsenen gehen schnell wieder von dannen, die Häßlichen aber warten lange Zeit ... manche von ihnen sogar drei und vier Jahre.«

Oder man lese seinen Bericht über die Skythen. Weil Dareios einst einen Streifzug gegen diese Stämme unternommen hatte, die längs der Nordküste des Schwarzen Meeres und auf der Krim wohnten, bringt Herodot einen Bericht über sie –, die erste in westlicher Literatur vorhandene Beschreibung von Völkern, die jenseits der Grenze der Zivilisation leben. Sie ist dreimal so lang wie der Bericht über Babylon; er hatte das Gebiet selbst besucht und war von allem, was er sah und hörte, so fasziniert, daß er es nicht fertigbrachte, etwas davon auszulassen.

Er beginnt mit der Ursprungsfrage. Obwohl er davon überzeugt ist, daß die Skythen sich in Rußland befinden, weil sie von mächtigen Nachbarstämmen aus Asien dorthin verdrängt wurden, bietet er doch gewissenhaft noch zwei Alternativen: die Ansicht der Skythen selbst und die der griechischen Siedler einer nahegelegenen Kolonie. Die Skythen selbst waren überzeugt, daß sie von den Söhnen des dortigen Gottes abstammten. Die Griechen meinten, sie seien Nachkommen eines Kindes, das Herakles im Vorübergehen auf seiner Heimkehr von einer seiner Taten mit einem einheimischen Fabelwesen, halb Frau, halb Schlange, gezeugt habe. Er nennt dann die Quelle seiner Information, ein Gedicht des Aristeas. Das wiederum erinnert ihn an eine merkwürdige Geschichte über diesen Aristeas. Er starb beim Betreten eines Walker-Ladens, seine Leiche verschwand unversehens; dann erschien er selbst plötzlich sieben Jahre später in seiner Heimatstadt wieder und 240 Jahre danach in einer Stadt in Süditalien. Herodot kommt dann zu seinem Thema, den Skythen, zurück und beschreibt die verschiedenen Stämme, wie diese leben, von Landwirtschaft, Weidewirtschaft oder Jagd, wie hart die Winter sind, was Pferde sehr wenig, Maulesel und Esel jedoch erheblich mitnimmt. An dieser Stelle kann er der Versuchung nicht widerstehen, uns zu erzählen, daß in Elis in Griechenland Maultiere überhaupt nicht gezüchtet werden können. »Von Anfang an war mein Geschichtsbuch auf Abschweifungen hin angelegt«, sagt er dazu.

Jenseits der Skythen, so führt er seinen Bericht weiter, leben die Hyperboräer, »Leute jenseits des Nordwinds«. Niemand weiß etwas über sie, außer den Priestern auf Apollos heiliger Insel

Delos. Deshalb nämlich, weil die Hyperboräer Opfergaben dorthin senden, sorgfältig in Stroh eingehüllte Pakete, die sie ihren nächsten Nachbarn übergeben, die sie wiederum ihren Nachbarn weiterreichen, und so weiter bis nach Delos. Der Tatsachenkern dieser Geschichte scheint der Bernsteinhandel zu sein. Bernstein kam vom fernen Norden und durchlief die Hände mehrerer Völker, bis er ans Mittelmeer kam. Die Hyperboräer bringen Herodots Gedanken auf die verschiedenen Versuche, ihre ferne nordische Heimat geographisch festzulegen, ja sogar die ganze Welt kartenmäßig zu erfassen, und das bringt ihn weiter dazu, von der von uns bereits erwähnten Umschiffung Afrikas und der Erforschung des Indischen Ozeans durch Dareios zu sprechen, sich über die Seltsamkeit auszulassen, eine große Landmasse in drei Kontinente von ganz unterschiedlicher Größe aufzuteilen. Er hielt sie für ungleich, weil er meinte, Europa sei weit größer, als die anderen beiden. Auch macht er sich Gedanken, woher denn die Namen Libyen, wie er Afrika nennt, Europa und Asien stammen. Doch hier gibt er sich einen Ruck, »soviel sei hierüber gesagt«, und kehrt unverdrossen zu den Skythen zurück.

Sie sind für ihre Selbsterhaltung ideal ausgestattet, berichtet er, da niemand sie fassen kann: sie leben in Wagen, ernähren sich von ihrem Vieh und kämpfen vom Pferd aus mit Pfeil und Bogen. Er singt dann das Loblied ihres wasserreichen Landes – wie es jeder Bewohner des trocknen Griechenland getan hätte – mit dessen großen, schiffbaren Strömen. Hinter der Hülle der antiken Namen können wir Donau, Dnjepr, Bug und Don wiedererkennen. Er wendet sich dann seinem Lieblingsthema, der Religion zu. Die oberste Gottheit der Skythen, so unterrichtet er uns, ist weiblich. Ihre Opfermethoden sind gänzlich verschieden von denen der Griechen, die das Fleisch der Opfertiere am Spieß rösten; die Skythen kochen das Fleisch in einem gewaltig großen Kessel. Von ihren Gefangenen wird jeweils der Hundertste ihrem Kriegsgott geopfert. Wenn ein junger Skythe seinen ersten Feind zur Strecke gebracht hat, trinkt er von dessen Blut. In der Schlacht getötete Feinde werden enthauptet und skalpiert, die Skalpe an die Zügel des Pferdes gebunden. Aus Schädeln von besonders verhaßten Feinden werden Trinkschalen gemacht. Das Ansehen eines Kriegers hängt von der Zahl der Skalpe ab, die er vorweisen kann. Wenn ihr König krank wird, ruft er die drei bedeutendsten Wahrsager zu sich, um die Ursache zu ermitteln. Das Ergebnis ist üblicherweise, daß sie jemanden beschuldigen, er habe bei den königlichen Hausgöttern, was ihr feierlichster Eid ist, einen Meineid geleistet. Wenn der Beschuldigte jedoch in der Lage ist, seine Unschuld zu beweisen, werden die Ankläger kurzerhand bei lebendigem Leib verbrannt. Wenn ihr König stirbt, wird ihm eine höchst sorgfältige Bestattung zuteil, mit Ausstellung seiner balsamierten Leiche im ganzen Land, Selbstverstümmelung der Leidtragenden, reichen Grabbeigaben aus Gold und einem Großabschlachten von Pferden und Sklaven, die mit der königlichen Leiche begraben oder ein Jahr später um das Grab aufgepflanzt werden. Nach jedem Begräbnis haben die Skythen ein besonderes Ritual, sich zu reinigen. Zunächst waschen sie ihr Haar; dann unterziehen sie sich einem ›Dampfbad‹, wie Herodot es nennt, was aber nichts anderes als ein ›trip‹ mit Haschisch gewesen zu sein scheint. Sie errichten ein jurtenartiges Zelt, in das sie ein Kohlenbecken mit rotglühenden Steinen bringen, kriechen mit einer Handvoll Hanf hinein, den sie auf die Steine legen, atmen den davon aufsteigenden Dampf ein und haben, wie Herodot sich ausdrückt, »so viel Vergnügen an diesem ›Dampfbad‹, daß sie laut jauchzen«. Skythen wollten nichts mit fremden Sitten zu tun haben. Um dies zu beweisen, berichtet er die traurige Geschichte von ihrem König Skyles, der als Sohn einer griechischen Mutter eine verhängnisvolle Schwäche für griechische Lebensart hatte. Skyles richtete sich in der nächstgelegenen griechischen Stadt einen kompletten Haushalt mit einer Frau ein, zu der er sich heimlich von Zeit zu Zeit begab, um dort einen Monat lang oder noch länger kultiviert *à la grecque* zu leben. Er ging dabei jedoch so weit, das Dionysos-Fest mitzufeiern, was seinen Untertanen hinterbracht wurde. Sie setzten seinen Bruder an seine Stelle, und dieser schlug ihm den Kopf ab.

Herodot spinnt seinen Faden fort und fort, erzählt mit nicht nachlassendem Interesse, nie versagendem Charme und Humor. Ein Mischmasch von allem oder beinah von allem – und doch mit Kunst zu einem Ganzen verwoben, dem ein sorgfältiger Entwurf zugrunde liegt. Um den Geschmack noch zu erhöhen, würzt er seinen Bericht in raffinierter Weise mit pikanten Wundergeschichten von den Ländern, die, wie das Hyperboräerland, jenseits des Gesichtskreises der Geographen lagen. Äthiopien, wo »die Menschen am größten und schönsten sind und am längsten leben«, zählt dabei nicht; denn das war für die Griechen seit den Tagen Homers eine abgespielte, altbekannte Sache. Aber er liefert, um die Vorstellungen seiner Leser vom Wunderland Indien zu befriedigen, eine höchst wunderbare Erzählung über gewisse indische Stämme, die im Hindukusch leben. Sie gewinnen Gold aus Sandhaufen, die von in Erdhöhlen lebenden Ameisen, die größer als Füchse sind, aufgeworfen werden. Dabei müssen diese Inder sehr schnell arbeiten und sich dann auf weiblichen Kamelen davonmachen, nur diese laufen schnell genug, um den Ameisen zu entgehen, und das auch nur bei einem ausreichenden Vorsprung. Dabei erinnert Herodot seine Leser daran, daß er persönlich keine solchen Ameisen gesehen, die ganze Sache nur von den Persern gehört habe. Er erzählt von einer Insel gegenüber der Küste Westafrikas, wo Goldstaub vom Grund eines Sees gefischt wird. Er gibt diese Geschichte als vielleicht nicht wahr weiter – doch könnte sie, so meint er, möglicherweise auch wahr sein. Er berichtet von Eseln mit Hörnern, Menschen mit Hundeköpfen, kopflosen Menschen mit Augen auf der Brust, einäugigen Menschen, ziegenfüßigen Menschen und Menschen, die einen sechsmonatigen Winterschlaf halten. Vermutlich alles reiner Unsinn, versichert er, aber er erzählt es uns, er will es uns nicht vorenthalten.

Ein Reiseschriftsteller vermittelt nicht nur Information; dies ist eine Sache für Leute wie Karl Baedeker, nüchterne Verfasser von Reiseführern. Die Aufgabe eines Reiseschriftstellers dagegen ist es, der vollkommene Begleiter eines Reisenden zu sein: klar, gut unterrichtet, ein anschaulicher Erzähler. In das, was er erzählt, muß er ein gut Teil Außergewöhnliches mit exotischem Anflug einfließen lassen. Er muß alles mit einem immer aufs neue fesselnden Reiz zu erzählen wissen. Herodot hat hierfür nicht nur das Muster, sondern auch einen gültigen Maßstab geschaffen.

REISEN IN RÖMISCHER ZEIT

Eine Welt

Als Herodot die griechischen Stadtstaaten an der Küste Kleinasiens verließ, um weiter ost- und südwärts zu reisen, betrat er eine völlig andersartige Welt. Man sprach dort eine Vielzahl fremder Sprachen, führte ein in der Tradition wurzelndes Leben, das sich seit tausend Jahren von Generation zu Generation nur gering verändert hatte und nur monarchische Herrschaftsformen kannte. Griechen, die sich dort aufhielten, waren, ebenso wie er selbst, nur vorübergehend dort. Wenig mehr als hundert Jahre später zertrümmerte Alexander der Große das Persische Reich und unternahm seinen denkwürdigen Marsch zu den Grenzen Indiens – und fast über Nacht änderte sich alles.

Während seines Marschs nach Osten ließ Alexander Abteilungen seiner Soldaten an einzelnen Stellen zurück, um Städte zu gründen; jede einzelne von diesen wurde sozusagen eine Injektion griechischer Lebensweise in den Körper des alten Ostens. Fieber raffte ihn im Jahre 323 v. Chr. hinweg, noch bevor er Zeit hatte, das zu verwirklichen, was seine Absicht gewesen zu sein scheint, die Verschmelzung von Griechentum und Orient. In den folgenden Jahrzehnten kämpften seine Feldherren wie Hyänen um die Überreste seines Reichs. Als die Kämpfe aufhörten, etwa 270 v. Chr., hatten sie es in drei Stücke zerrissen: Die Familie der Antigoniden war Erbe seines Throns in Makedonien und kontrollierte mehr oder weniger die Stadtstaaten des griechischen Festlands; die Seleukiden herrschten über ein sich weithin erstreckendes Sammelsurium von Teilen von Kleinasien, Syrien,

Palästina und Mesopotamien; die größte Rosine des Kuchens, das reiche Niltal, war in den Händen der Ptolemäer.

Der Traum des großen Eroberers von einer neuen einheitlichen Welt, in der Griechen und Orientalen sich vermischten, war ausgeträumt; seine Nachfolger mögen fähige Männer gewesen sein, aber sie waren keine Leute mit Weitblick und Zukunftsvisionen. Doch der Zuzug von Griechen in diese neuen Gebiete machte schnelle Fortschritte. Die beiden Königshäuser der Seleukiden und Ptolemäer wurden zu Inseln griechischer Herrschaft in einem Meer nichtgriechischer Untertanen. Sie umgaben sich mit einer verläßlichen, aus griechischen Soldaten bestehenden Streitmacht, die auf Dauer im Land angesiedelt wurde. Darüber hinaus bemühten sie sich, griechische Techniker und Verwaltungsbeamte als Personal für ihre Bürokratie anzuwerben, – ja, sie öffneten allen Griechen, die einzuwandern wünschten, wie Kaufleuten, Handwerkern und Landwirten, ihre Tore. »Zieh' nach Osten, junger Mann, zieh' nach Osten«, so lautete, wenn es erlaubt ist, ein Wort von Horace Greeley abzuwandeln, die Devise des 3. Jahrhunderts v. Chr.

So wurde der Nahe Osten seit dem Jahr 300 v. Chr. schrittweise verwandelt. Neben Wohnungen und Kultstätten uralten orientalischen Typs entstanden griechische Tempel, Theater, Säulenhallen und was sonst zu den Einrichtungen eines griechischen Stadtstaates gehörte. Die Einheimischen in ihren Trachten und Turbanen sah man jetzt auf den Straßen neben Griechen in ihrer leichten Tunika; jene gewöhnten sich langsam an den Anblick von nackten griechischen Jünglingen, die in den neugebauten Gymnasien trainierten, an ältere Griechen, die in den neuerbauten Sitzungsgebäuden in lebhaften Debatten ihre Stimme erhoben, an Griechen jeden Alters, die auf den neuerrichteten Marktplätzen, den Agoras, wie Elstern durcheinanderschwatzten.

Dieser hellenisierte Osten wurde ein integrierender Bestandteil der mittelmeerländischen griechischen Welt, das heißt des gesamten östlichen Mittelmeeres. Im fernen Westen beherrschte allerdings noch immer die bedeutende Stadt Karthago die Meere, und keine Griechen oder Angehörige anderer Völker durften die

Grenze ihres Machtbereichs überschreiten. Sie war markiert durch eine Linie, die etwa von Karthago zu den Balearen verlief. Doch östlich von Karthago, das heißt dem heutigen Tunis, war die Welt bis nach Babylon und Alexandria am Indus hellenisiert worden. Herodots Sprachschwierigkeiten gehörten der Vergangenheit an. Mit Griechisch kam man jetzt überall durch und, was das Ganze noch erleichterte, es wurde damals eine einheitliche Sprachform, die Koine, »die gemeinsame Sprache«, entwickelt, die den traditionellen Wirrwarr der griechischen Dialekte ersetzte, beziehungsweise neben ihnen gesprochen wurde. Neue wichtige Häfen entstanden, um mit dem vermehrten Schiffsverkehr fertigzuwerden, zum Beispiel Antiochia, das jahrhundertelang eine bedeutende Rolle spielen sollte; es wurde von den Seleukiden im Jahre 300 v. Chr. gegründet. Alexandria war, wie sein Name zeigt, etwas früher (331 v. Chr.) gegründet worden; die Ptolemäer machten es zu ihrer Hauptstadt und zu dem größten Umschlagplatz der antiken Welt. Von beiden Häfen aus konnte man auf großen seetüchtigen Frachtern Schiffspassagen nach Syrakus und von dort weiter nach Marseille buchen.

Die mittelmeerische Welt, die jetzt wie nie zuvor durch Sprache, Handel und eine gleichartige Lebensform zusammengehalten wurde, entwickelte eine internationale, kosmopolitische Kultur. Als die Ptolemäer in Alexandria ein reichausgestattetes Forschungszentrum, ihr berühmtes Mouseion, und die Bibliothek, einrichteten, da kamen dort literarische Größen, hervorragende Gelehrte und Wissenschaftler von überallher zusammen: Eratosthenes, der Geograph, der den Erdumfang mit erstaunlicher Genauigkeit berechnete und die Ergebnisse der Alexanderzüge und der Reise des Pytheas auswertete, kam von Kyrene; Hipparch, der Astronom, dessen Theorie eines Universums mit der Erde als Mittelpunkt bis zu den Tagen des Kopernikus Bestand hatte, von Nikaia; Theokrit, der einzige erstklassige Dichter, den dieses Zeitalter hervorbrachte, von Syrakus. In der Kunst gab es einen internationalen Stil. Ein Grieche aus bürgerlichen Kreisen, der sich im Fajum, nicht weit von Herodots ›Labyrinth‹, niederlassen wollte, nahm ägyptische Handwerker in Dienst, die die Wände seines Hauses mit Wandmalereien ausschmückten, im gleichen Stil wie sie damals in Athen, Syrakus oder Antiochia modern waren.

Der kühne Unternehmungsgeist, der Griechen bewog, Ruhm und Glück im Osten zu suchen, führte einige von ihnen sogar in noch weitere Ferne und machte sie zu Forschungsreisenden, die die Grenzen der bekannten Welt gewaltig erweiterten.

Die aufregendste Forschungsreise war diejenige, die die Wolken des Geheimnisses dort, wo sie am dichtesten waren, durchstieß, nämlich im Westen und im Norden. Um das Jahr 300 v. Chr. segelte ein gewisser Pytheas von Marseille aus durch die Meerenge von Gibraltar – irgendwie gelang es ihm, durch die Blockade der Karthager zu schlüpfen – und fuhr über den Atlantischen Ozean nach Norden. Wir haben keinen Hinweis über die Beweggründe seiner Fahrt. Vielleicht war es nur wissenschaftliche Neugier, vielleicht aber suchte er hinter das Geheimnis zu kommen, das die karthagischen Kaufleute so sorgfältig hüteten: die Herkunft des Zinns, das sie zum Mittelmeer brachten. Letzten Endes gelang ihm beides: er machte mehrere Sonnenbeobachtungen, die spätere Geographen in die Lage versetzten, einige Breitengrade zu berechnen; er bestimmte die genaue Position des Polarsterns und er untersuchte und berichtete über die Zinngruben in Cornwall. Er besuchte nicht nur England, sondern umschiffte die ganze Insel und legte die Lage von Irland fest. Von den britischen Inseln aus stieß er noch zu einer »Insel Thule« vor, sechs Tage nördlich von England und einen Tag südlich der »gefrorenen« See, das heißt des Eismeeres, wo die Sonne nur zwei bis drei Stunden in der Nacht untergeht. Es hat viele Debatten darüber gegeben, was diese Insel Thule gewesen ist und wo sie lag. Kam Pytheas wirklich bis nach Island? Oder sah er nur einen Teil Norwegens und hielt diesen versehentlich für eine Insel?

Von diesem nördlichsten Vorstoß kehrte er nach Cornwall zurück, überquerte hier den Kanal in Richtung Bretagne und wandte sich dann nach links. Er folgte immer dem Küstenverlauf und nahm sich dabei zum Ziel, die Nordküste Europas zu erforschen. Hier überquerte er eine sehr große Flußmündung und kam zu einer Insel Abalus, gegenüber der Küste, die von dem germanischen Volk der Guttonen bewohnt war, und wo es so viel

Bernstein gab, daß die Einheimischen ihn als Brennmaterial verwendeten. Wiederum gab es viele heftige Debatten. Manche behaupten, daß Pytheas um Dänemark herum in die Ostsee fuhr, wo seit eh und je der Bernstein zu Hause ist, und daß die Insel vielleicht Gotland war. Die meisten jedoch sind der Ansicht, daß er nicht weiter als bis zur Nordsee kam, daß die große Flußmündung das Mündungsgebiet der Elbe und die Insel Abalus Helgoland war, das vielleicht damals eine Funktion als Umschlagplatz des Bernsteinhandels hatte.

Zwei Jahrhunderte später wurde eine weitere bedeutende Forschungsreise genau am anderen Ende der Welt unternommen. Ihr führender Geist war ein gewisser Eudoxos von Kyzikos am Marmarameer. Über seine Beweggründe haben wir nicht den geringsten Zweifel, sowohl er, wie auch sein Schutzpatron, Ptolemäus der VIII., der Dicke, waren nur daran interessiert, in den reichen Handel einzubrechen, der von Indien und Arabien zur griechischen Welt floß. Alle indischen Gewürze und arabischen Weihrauchwaren, die auf dem Wasserweg das Mittelmeer erreichten, kamen in indischen und arabischen Schiffen bis zum Roten Meer; von dort fuhren sie weiter auf arabischen Schiffen. Die Schiffsherren Indiens und Arabiens hatten fest vor, es bei diesen Verhältnissen zu belassen. Eudoxos war gerade in Alexandria, etwa 120 v. Chr., als ein schiffbrüchiger Seemann an den Hof des Königs gebracht wurde, weil niemand seine Sprache verstand. Er war gesundgepflegt worden und erzählte, er sei Inder, einziger Überlebender seiner Schiffsmannschaft. Er erbot sich, das zu beweisen, indem er einem vom König ausgewählten Mann den Schiffsweg zu seiner Heimat zeigte. Es muß ein tamilsprechender Eingeborener aus Südindien gewesen sein, wohin Griechen selten kamen. Wäre er aus dem Norden gewesen, hätte man überall genügend Dolmetscher gehabt, da Alexander das Industal in den griechischen Herrschaftsbereich einbezogen hatte.

Das nordwestliche Indien war in jener Zeit den Griechen recht gut bekannt. Nachdem Alexander seine Eroberungen bis zum Pandschab vorgetrieben hatte, förderten seine Nachfolger dort eine Zeitlang die Existenz kleiner Königtümer. Einige ihrer Expeditionen waren bis nach Bombay im Süden und bis nach Patna im Osten vorgedrungen. Die Griechen hatten nun Kenntnis vom Ganges, vom Himalaya und von der Insel Ceylon. Sie wußten, daß eher Wasser als Wüste, wie Herodot berichtet hatte, Indiens Grenze im Osten bildete. Aber der einzige Weg, auf dem sie dorthin gelangen konnten, war derjenige, den Alexander benutzt hatte, die mühevolle Landroute mit ihrer erschöpfenden Überwindung der Gebirgsbarriere, die Indien gegen Nordwesten begrenzt. Die Araber dagegen kontrollierten die Küstengewässer des Indischen Ozeans und große Teile des Roten Meeres und hielten die Griechen von diesem Teil der Welt so wirksam fern, wie es die Karthager im westlichen Mittelmeer taten. Darüber hinaus wahrten sie und ihre indischen Berufsgenossen das kostbare Geheimnis des indischen Monsuns. Von Mai bis September wehen die Winde stetig aus Südwesten; ein Kapitän kann aus dem Roten Meer ausfahren und von der Südküste Arabiens aus kühn in die offene See hinaussegeln, der brausende Südwest-Monsun, der ständig von Steuerbord, ja beinahe von achtern kommt, wird ihn direkt nach Indien bringen. Zwischen November und März weht der Monsun genau in der entgegengesetzten Richtung, klar und kühl von Nordosten, jetzt kann er seine Rückfahrt ebenso zügig durchführen. Indische und arabische Seeleute sind diesen Seeweg jahrhundertelang hin- und hergefahren und brachten Pfeffer, Kassia, Zimt, Narde und andere indische Gewürze. Sie hatten ein so striktes Monopol aufrechterhalten, daß die Griechen meinten, einige dieser Produkte stammten aus Arabien, obwohl die Araber nur als Zwischenhändler fungierten. Eudoxos unternahm unter der Führung des gesundgepflegten Inders, der sich mit dem Monsun auskannte und ihn unversehrt von arabischen Angriffen über das offene Meer geleitete, zwei Pionierfahrten vom Roten Meer nach Indien und zurück. Doch beide Male wurden die kostbaren Gewürzladungen, die er heimbrachte, von den Beamten des Ptolemäus einfach konfisziert. So beschloß er beim nächsten Mal, Indien nach Umschiffung Afrikas zu erreichen, um so den habsüchtigen Beamten des Königs zu entgehen. Er rüstete eine gut ausgestattete Expedition aus, sogar Tänzerinnen hatte er an Bord, ob für die Harems indischer

Radschas oder für den Zeitvertreib während der langen Tage auf See, können wir nicht sagen. Er erreichte aber nur die atlantische Küste Marokkos, weil eine Meuterei ihn zur Umkehr zwang. Eudoxos blieb also weit hinter dem Punkt zurück, den Hanno erreicht hatte. Ohne sich dadurch entmutigen zu lassen, startete er eine zweite Expedition, doch hat man niemals mehr von ihm gehört.

Bei seiner zweiten Rückkehr von Indien segelte Eudoxos stracks vor dem Nordwest-Monsun, anstatt ihn backstagsweise zu halten, und landete daher ziemlich weit im Süden an der Ostküste Afrikas. Hier trat er nach guter alter Sitte von Forschungsreisenden in freundliche Beziehungen zu den Eingeborenen, indem er ihnen seltene Köstlichkeiten bot, Brot, getrocknete Feigen und Wein, von denen letzterer wohl am wirksamsten war. Auch hier betrat er nur als Grieche Neuland. Der Handel mit Weihrauch und Myrrhen aus Äthiopien und Somaliland war fast so alt wie Ägypten selbst. In den Tagen des Eudoxos lag er, ebenso wie der Handel mit Indien, weitgehend in den Händen der Araber. Die Ptolemäer sandten, mehr zur Unterstützung beim Fang von Elefanten für ihre Armee als zur Eröffnung neuer Handelswege, zahlreiche Expeditionen längs der Ostküste Afrikas, und die Griechen erwarben so schrittweise eine gute Kenntnis der Küste bis Kap Guardafui, dem östlichsten Punkt Afrikas. Eudoxos muß irgendwo südlich dieses Kaps gelandet sein, aber nicht weit genug südlich, um taugliche Informationen über den Verlauf der Küste zu liefern. Noch zwei Jahrhunderte lang zeichneten Kartenzeichner sie mit einem rechtwinkligen Knick nach Westen unmittelbar unter Guardafui.

Was Alexander und seine Nachfolger begonnen hatten, wurde von Rom zu einem folgerichtigen Abschluß gebracht. Im letzten Akt von Shaws ›Cäsar und Kleopatra‹ sagt Apollodorus, ein kultivierter, kunstbeflissener Grieche, zu Cäsar, der gerade dabei ist, von Alexandria aus wieder nach Rom zu reisen, in arrogantem Ton, er bezweifle daß Rom irgendeine Kunst hervorbringen werde. »Was?!«, antwortet Cäsar, »Rom keine Kunst hervorbringen! Ist Frieden nicht eine Kunst? Ist Krieg keine Kunst?«

Disziplin, Organisation, Begabung für Verwaltung – dies waren die römischen Qualitäten *par excellence*, sie brachten Rom aufsehenerregende Triumphe, zunächst im Krieg und dann im Frieden. Römische, von ihren Ländereien abgerufene Bauern wurden schnell Elemente disziplinierter, vorzüglich organisierter Kampfeinheiten. Die berühmten Legionen machten Rom, ein unbekanntes Dorf am Tiber, innerhalb von drei Jahrhunderten, von etwa 500 bis 200 v. Chr., zur Hauptstadt Italiens und nach der Niederwerfung Karthagos zum Zentrum des gesamten westlichen Mittelmeers. Im Lauf von zwei weiteren Jahrhunderten hatte es auch den Osten diesem Herrschaftsbereich hinzugefügt. Als im Jahre 30 v. Chr. Marcus Antonius sich in sein Schwert stürzte und Kleopatra eine Natter an ihre Brust legte, wurde Augustus, der Führer der siegreichen Legionen, einziger Herrscher eines Reichs, das von Spanien bis nach Syrien reichte.

Zum ersten und letzten Mal in der Geschichte war das Mittelmeer politisch und kulturell eine Welt. Zusammen mit der Einigung unter einem einzigen Herrscher kam, nach Jahrhunderten beinahe unaufhörlichen Blutvergießens, die seltene und köstliche Gabe des Friedens, der fast zweihundert Jahre dauerte. Die römischen Kaiser waren durch die Einkünfte und das Menschenreservoir dieses riesigen Reichs in der Lage, eine Schutzwehr von Forts und Garnisonen und an manchen Stellen zusammenhängende Schutzmauern zu errichten, die das Reich gegen die Einfälle fremder Völker absicherten. Eine ständige Flotte mit Einheiten, die an strategischen Punkten rund um das Mittelmeer stationiert waren, wurde geschaffen, und diese tilgte sogar die uralte Plage der Meere, die Seeräuberei, für eine gewiße Zeit aus.

Und so waren die beiden ersten Jahrhunderte der christlichen Zeitrechnung wahrhaft friedliche Tage für einen Reisenden. Er konnte von den Ufern des Euphrat bis zur Grenze zwischen England und Schottland reisen, ohne eine fremde Grenze zu überschreiten, stets innerhalb der Schranken der Gerichtsbarkeit einer Regierung. An Geld mußte er nur eine Börse mit römischen Münzen mit sich führen; sie wurden überall angenommen oder konnten gewechselt werden. Er konnte dank der kaiserlichen Patrouillenboote ohne Furcht vor Seeräubern überall auf dem Meer fahren. Ein wohldurchdachtes Netz von guten Straßen ermöglichte ihm den Zugang zu allen größeren Städten, und die Hauptstrecken waren so gut bewacht, daß er auf ihnen ohne große Sorge vor Wegelagerern wandern, fahren oder reiten konnte. Er brauchte nur zwei Sprachen: mit Griechisch kam er von Mesopotamien bis nach Jugoslawien, mit Latein von Jugoslawien bis nach England. Wo immer er hinkam, stand er unter dem schützenden Schirm einer wohlorganisierten Gerichtsbarkeit. Wenn er römischer Bürger war und Schwierigkeiten bekam, konnte er, wie der hl. Paulus, auf einer gerichtlichen Untersuchung in Rom bestehen. Wenn er Nicht-Bürger war, gestattete Rom, daß er nach dem Gesetz seines Landes verhört wurde, und es gab besondere Gerichte, wo Fälle verhandelt wurden, bei denen verschiedene Gesetze in Anwendung kamen.

Handel und Wandel machten nicht an den Grenzen des Römischen Reiches Halt, sondern überschritten sie in weiten Gebieten, die in den Tagen der Nachfolger Alexanders des Großen noch *terra incognita* gewesen waren. Die bekannte Welt erstreckte sich jetzt im Norden bis nach Schottland, im Westen bis zu den kanarischen Inseln, im Süden bis nach Sansibar und im Osten bis nach Indonesien.

Die Schranken waren nicht durch kühne Forscher erweitert worden; es gab keinen römischen Pytheas oder Eudoxos, die ihr Glück auf noch nicht verzeichneten Meeren oder Pfaden versuchten. In Europa besorgten die römischen Legionen diese Arbeit. Sie schoben Roms Grenze ständig weiter nach Norden vor, und auf ihrem Fuß folgten Schwärme von Händlern, die mit ihren Waren bis tief in die Nachbarländer jenseits der Grenzen hinein Handel trieben und mit wertvollen Informationen über sie zurückkehrten. Im Fernen Osten und in Afrika besorgten die Händler die Arbeit der Mehrung der Kenntnisse ganz allein, indem sie sich unverdrossen zu den Herkunftsländern von Elfenbein, Gewürzen, Seiden und anderen orientalischen Luxusgütern begaben, da hoher Gewinn ihnen winkte. Indem die römische Gesellschaft in zunehmendem Maß wohlhabend wurde, übertraf ihr Bedarf die vorhandenen Vorräte.

Nordeuropa hatte viel von dem Geheimnisvollen verloren, das es umgab, als Pytheas seine Reise dorthin machte. England war

WAGEN

15 Der junge Pharao Tutenchamun kehrt auf einem zweirädrigen Jadgwagen von der Straußenjagd in der Ostwüste von Heliopolis zurück. Zwei seiner Begleiter tragen die beiden erlegten Strauße, 18. Dynastie, um 1350 v. Chr.

16 Der assyrische König Tiglatpileser III. mit Wagenlenker und einem dritten Mann im Kampfwagen, 2. Hälfte 8. Jahrhundert v. Chr.

17 Wagenlenker
in einem leichten Streitwagen
mit geflochtenem Wagenkorb,
wie er vom mykenischen Adel
auch zu Ausflügen benutzt wur‹
Um 1500 v. Chr.

Griechisches Viergespa‹
beim Wagenrenne‹
Mitte des 6. Jahrhunderts v. C‹

18
Zwei minoische Damen
auf einem
von Pferden gezogenen
zweirädrigen Wagen,
um 1400 v. Chr.

21 Ägyptischer hölzerner Streitwagen, 18. Dynastie, um 1350 v. Chr.

19 Assyrer mit Kampfwagen auf dem Vormarsch, nach dem Verlassen eines befestigten Lagers, das in Aufsicht als Kreis mit zwei Ausgängen dargestellt ist, 9. Jahrhundert v. Chr.

22 Griechisches Viergespann beim Wagenrennen, nach der Mitte des 4. Jahrhunderts v. Chr.

23 Griechen bei der Ausfahrt auf einem zweirädrigen Wagen, vor 550 v. Chr.

24 Wagenrennen in Olympia, um 410 v. Chr.

25 Von Eseln gezogener, offener römischer Wagen (reda), Erste Hälfte 2. Jahrhundert n. Chr.

26 Ägyptischer Schreiber
mit Papyrusrolle.
13. Dynastie, um 1770 v. Chr.

27 Mädchen auf einem Balkon,
eine Papyrusrolle lesend.
1. Jahrhundert n. Chr.

28 Athena mit Griffel und
Klapptafel. Um 480 v. Chr.

29 Mädchen mit Griffel und
Wachstäfelchen. 1. Jahrhundert n. Chr.

Kurier (speculator) der römischen Post (cursus publicus). Drittes Jahrhundert n. Chr

31 Von Maultieren gezogener
römischer Reisewagen
(carpentum).
80-81 n.Chr.

Tafeln bestanden aus weichem Material, aus Ton, manchmal aus Blei, häufigsten aus Holz, das mit einer dünnen Wachsschicht überzogen war

32 Römischer Reisewagen aus Virunum (carruca dormitoria), röm. Kaiserzeit

33 Reisewagen aus gallisch-römischer Zeit mit Kutscher

jetzt eine Provinz des Römischen Reiches, und Berichte von Kaufleuten sprachen viel von Schottland und Irland. Römische Truppen hatten in Teilen der heutigen Niederlande operiert. Deutschland, das nur in seinen südlichen und westlichen Teilen erobert und zu einem Teil des Reiches gemacht worden war, war nicht ganz so gut bekannt. Über die Gebiete nördlich von Deutschland wurde die Kenntnis entschieden kümmerlich: von Dänemark meinte man, es sei viel größer als es ist, Skandinavien hielt man für viel kleiner und für eine belanglose Insel. Über die Länder noch weiter im Norden gab es dann die üblichen Märchen – fünf Tage westlich von England gebe es eine Insel, wohin Zeus seinen abgesetzten Vater Kronos verbannt hätte, einige 800 km weiter hinauf, sei ein großer Kontinent, dessen Flüsse so viel Schlamm mit sich führten, daß man dort den Atlantischen Ozean nur schwer durchfahren könne, und dessen Menschen die bekannte Welt für eine Insel hielten, und so weiter. Rußland lag so gut wie ganz außerhalb der Gebiete, die man bereiste. Die Nordküste des Schwarzen Meeres war etwas genauer bekannt, als in den Tagen von Herodot, aber praktisch nichts von ihrem Hinterland. Sogar ein so nüchterner Geograph wie Claudius Ptolemäus versetzte dorthin die Heimat der Amazonen und eines Stammes von »Läuseessern«.

Der erregendste Fortschritt in geographischen Kenntnissen betrifft den Fernen Osten. Jetzt endlich traten die beiden großen Kulturen der Alten Welt, die griechisch-römische und die chinesische, miteinander in Verbindung. Die chinesische Seide, die von Karawanen durch Zentralasien transportiert und dann durch eine Kette von Mittelsleuten weitergeleitet wurde, gelangte in der Zeit nach dem Tod Alexanders bis zum Mittelmeer; hier wurde ihre Überlegenheit gegenüber dem vergleichbarsten Produkt, das die Griechen besaßen, einem Stoff, der von wilden, kleinasiatischen Seidenwürmern gewonnen wurde, schnell erkannt. In der zweiten Hälfte des 2. Jahrhunderts v. Chr. wurden die Chinesen im Handel aktiver und entsandten ihre Karawanen regelmäßig. Diese gingen von Paochi, einem Straßenkreuzungspunkt, aus und bewegten sich innerhalb der Großen Mauer über T'ienshui, Lanchou und Wuwei zum westlichen Ende der

Mauer, tief nach Chinesisch-Turkestan hinein; in den Jahren 118-114 v.Chr. waren es etwa zehn Karawanen jährlich. In Anshi, zwischen der Wüste Gobi und den Nan Shan Bergen verzweigte die Route sich in drei Strecken, um die riesigen Salzsümpfe im Tarim-Becken zu umgehen, wobei zwei den Bogen nach Norden, eine ihn südlich des Beckens nahmen. Die südliche Strecke und eine von den nördlichen kamen in Kaschgar wieder zusammen, spalteten sich dann aber wieder, um sich durch das schwierige Pamir-Gebirge zu winden; hier hatte man etwa die Hälfte der Gesamtstrecke zum Mittelmeer zurückgelegt. Alle drei kamen dann in Merw wieder zusammen, zogen durch die Wüste und erreichten die Wege, die durch Persien und Mesopotamien zum Mittelmeer führten. Niemand machte die ganze Strecke. Irgendwo zwischen Kaschgar und Balch war ein ›Steinturm‹ genannter Ort; hier übergaben die Chinesen ihre Ware örtlichen und indischen Händlern. Letztere brachten ihren Anteil südwärts nach Indien und beförderten ihn auf der letzten Strecke mit dem Schiff; die anderen zogen weiter bis nach Persien, wo sie Syrer und Griechen trafen, die die Verantwortung für den letzten Abschnitt des Transports übernahmen.

Der Westen kam mit den Chinesen auch auf dem Wasserweg in Kontakt, wenn diese Verbindung auch kaum der Rede wert ist. Seitdem Eudoxos das arabische Monopol des Seehandels mit Indien durchbrochen hatte, war dies Land in steigendem Maß in das Netz des griechisch-römischen Handels einbezogen worden. Seit dem Anfang des 1. Jahrhunderts n.Chr. fuhren Verbände seetüchtiger Frachtschiffe mit dem Monsun jährlich dorthin, nicht nur bis zum Industal, sondern längs der ganzen indischen Westküste bis hinab zur Spitze der Halbinsel. Agenten von griechisch-römischen Handelsgesellschaften ließen sich in Indien nieder, indem sie nach altbewährter Weise ihre Wohnungen in kleinen, abgesonderten Stadtteilen für Ausländer nahmen. Sie exportierten verschiedenste indische Erzeugnisse – Zimt, Narde, Baumwolle, vor allem Pfeffer – und auch einige chinesische, wovon das wichtigste natürlich Seide war. Wenn auch ein gewisser Anteil der Seide, wie soeben festgestellt, Indien auf dem Landweg erreichte, so kam der größte Teil doch zur See in indischen oder malaischen Schiffen. Die Chinesen beteiligten sich erst Jahrhunderte später an der Hochseeschiffahrt. Es war unvermeidlich, daß Leute aus dem Westen sich auch dieses Handels bemächtigten. Ende des 2. Jahrhunderts n. Chr. waren ihre Frachter in die Gewässer östlich Indiens vorgestoßen, hatten die Bucht von Bengalen durchquert, um mit Malaya, Sumatra und Java Handel zu treiben. Hier entdeckten sie die Gewürznelken, die auf den Molukken wachsen, als Bereicherung der Liste von Gewürzen, mit denen sie handelten. Was sie aber mehr als alles andere anzog, war der Wunsch, näher an die Quelle der Seide heranzukommen. Ein chinesischer Bericht erwähnt, daß »im neunten Jahr der Yenhsi-Periode, unter der Regierung des Kaisers Huan-tsi (166 n. Chr.) ... der König An-tun von Ta-ts'in eine Gesandtschaft schickte, die an der Grenze von Jih-nan (Annam) Elfenbein, Nashorn-Hörner und Schildkrötenschalen anbot. Seit jener Zeit datiert der Austausch mit diesem Land.« Ta-ts'in ist der chinesische Name für das römische Imperium und An-tun ist Antoninus, der Familienname des Marc Aurel. Der Bericht läßt sich im weiteren über die sehr gewöhnlichen Geschenke aus, die die Gesandtschaft für den Kaiser gebracht hatte; es seien zum Beispiel keine Geschmeide dabeigewesen. Höchstwahrscheinlich handelte es sich hier um gar keine Delegation offizieller Persönlichkeiten, sondern nur um eine Gruppe von mehreren Schiffsherren, die im Kampf mit ihren Konkurrenten einen Versuch machten, ihre Seide direkt von China anstatt auf dem Weg über Mittelsmänner zu kaufen.

Leider war die Verbindung zwischen den beiden großen Kulturen, sei es zu Land oder zur See, immer sehr dürftig. Ladungen chinesischer Waren kamen jahraus, jahrein zum Mittelmeer, Zimtblätter, Kampfer, Jade und anderes so gut wie Seide, und griechisch-römische Statuetten, Geschmeide und Geschirr machten die Fahrt in der entgegengesetzten Richtung, aber ein unmittelbarer Austausch war selten; auf dem Weg gab es Geschäftsleute anderer Länder, insbesondere Indiens, das nicht nur die Seewege beherrschte, sondern auch durch seine Handelsstraßen fest mit der Seidenstraße verbunden war. Diese Mittelsmänner konnten handfeste Informationen weitergeben – sie lieferten die zahlreichen Ortsnamen in Zentralasien und die Namen indonesischer Inseln, die die Geographen heute kennen – aber es waren Geschäftsleute, keine Forscher oder Berichterstatter. Was bis zu einem Mann in den Straßen Roms oder in den Straßen einer chinesischen Stadt drang, das waren nichts als mit Phantasie ausgeschmückte Gerüchte. Die Römer dachten, die Chinesen seien alle höchst rechtschaffen; die Chinesen dachten, die Leute im Westen seien alle höchst ehrenhaft. Kan Ying, der im Jahr 97 n. Chr. als Gesandter nach Mesopotamien geschickt wurde, beschreibt die Leute, denen er begegnete als »ehrenhaft in ihren Geschäften und ohne doppelte Preise« – es ist dies wahrscheinlich das erste und letzte Mal, daß dies über Handelsleute des Nahen Ostens gesagt worden ist. Kan Ying, die Gesandtschaft des Antun, – wir können die Gelegenheiten, bei denen Leute aus dem Westen und Chinesen sich von Angesicht zu Angesicht begegneten, an den Fingern einer Hand abzählen.

Die Kenntnis der Ostküste Afrikas ging jetzt ein gutes Stück über Kap Guardafui hinaus. Händler mit billigen Stoffen und kleinen Schmucksachen zum Tausch gegen Schildkrötenschalen, Elfenbein und Weihrauch fuhren regelmäßig bis hinunter nach Sansibar, und einer von ihnen scheint bis nach Kap Delgado, elf Grad südlich des Äquators gekommen zu sein. Kartenzeichner zeichneten die Küste folglich nicht mehr mit einem plötzlichen Knick nach Westen, sondern ließen sie gerade nach Süden verlaufen und in einer ungeheuren *terra incognita* enden. Es gab sogar neue Informationen über das Innere des Landes, wenn auch nicht sehr viele. Jäger oder Händler hatten Kenntnis von den Regenfällen im äthiopischen Hochland erhalten, dort den Tana-See entdeckt und so die Geographen in die Lage versetzt, daraus den richtigen Schluß zu ziehen, daß hier die Quelle des Blauen Nils war. Kaiser Nero schickte eine militärische Expedition in den Sudan, die bis zu der großen Masse schwimmender Vegetation hinaufkam, die den Nil etwa neun Grad nördlich des Äquators blockiert; erst im Jahr 1839 ist man wieder bis hierher gelangt. Ein Händler, den der Wind die Küste Afrikas hinab bis nach Sansibar getrieben hatte, sah selbst, oder was wahrscheinlicher ist, hörte Eingeborene ein mächtiges Gebirgsmassiv von ungeheurer Höhe beschreiben, dessen Schmelzwasser zwei Seen bildeten, von denen der Nil ausgehe. Damit war man der Wahrheit über die Quelle des Weißen Nil so nahegekommen wie niemand bis in die Mitte des 19. Jahrhunderts. Andere Händler brachten aus Afrika Geschichten mit über »Stämme ohne Nasen, mit gleichmäßiger Abplattung des ganzen Gesichts, andere ohne Oberlippen, andere ohne Zungen. Andere von ihnen haben keinen richtigen Mund und keine Nase und atmen durch eine einzige Öffnung und saugen mit Haferhalmen Getränke und Haferkörner ... als Nahrung ein«. Geschichten, die offenbar durch die Beschreibung bestimmter Negergesichtsformen inspiriert wurden, doch ist der wahre Kern fast vollständig unter phantastischen Übertreibungen begraben worden.

Für einen Menschen des Mittelmeers in den ersten beiden Jahrhunderten nach Christus war die Welt also größer geworden, als sie es jemals zuvor gewesen war. Dasselbe gilt für das Volumen von Handel und Wandel. Auf Straßen und Seewegen drängten sich jetzt so viele Kaufleute, wie man sie in griechischer Zeit niemals gesehen hatte: Armeen, Beamte, Kuriere mit Regierungspost und einfache Touristen, angefangen von den wenigen, die überall hinreisten, um die großen Sehenswürdigkeiten zu sehen, bis zu den Tausenden, die jährlich nahegelegene Strände oder die Berge aufsuchten, um der Hitze der Städte zu entrinnen. Über diese Reisenden erfahren wir viel und auf vielfältige Weise, angefangen von den spärlichen Resten der von ihnen aufgesuchten Gasthäuser, die Archäologen ausgegraben haben, bis hin zu den erhabenen Schilderungen der Orte, die sie besuchten, durch römische Dichter. So kennen wir sie weitaus besser, als ihre griechischen Vorgänger, und können bis in Einzelheiten über sie berichten, die Gründe, weshalb sie auf Reisen gingen, die Art und Weise, wie sie reisten, wo sie die Nächte zubrachten, was sie besichtigten und wie man es ihnen zeigte.

Verschiedene Reisende

»Ich ließ fünf Schiffe bauen, belud sie mit Wein – und damals war er Goldes wert – und sandte sie nach Rom. ... alle erlitten Schiffbruch! Tatsache, kein Märchen. An einem einzigen Tag hat Neptun mir dreißig Millionen verschlungen. ... Ich ließ andere Schiffe bauen, größere, bessere und glücklichere ... belud sie wieder mit Wein, mit Pökelfleisch, Bohnen, Parfümerien und mit Sklaven. ... Bei dieser einen Fahrt verdiente ich runde zehn Millionen.«

Wir sind im 1. Jahrhundert n. Chr., es spricht der berühmte Trimalchio, die Hauptperson im Roman des Petronius ›Satyricon‹, der ehemalige Sklave, der vielfacher Millionär wurde. Die Figur war dem Leben abgeschaut, den Tausenden nachgebildet, die im blühenden Import- und Exportgeschäft ihr Glück machten. Ein gewisser Flavius Zeuxis hat in einer Inschrift an seinem Grab in Hierapolis in Kleinasien erklärt, daß er »als Kaufmann Kap Malea (südliche Peloponnes) zweiundsiebzigmal auf seinen Fahrten nach Italien umschifft hat«. Er machte sehr wahrscheinlich durchschnittlich zwei Reisen pro Sommer. Irenäus, ein Geschäftsmann von Alexandrien, schreibt seinem Bruder in Ägypten aus Rom, irgendwann im 2. oder 3. Jahrhundert n. Chr.: »Es geht mir gut. Ich schreibe dies, um Dich wissen zu lassen, daß ich am 6. Epeiph (30. Juni) gelandet bin und daß wir unsere Ladung am 18. des gleichen Monats gelöscht haben. Ich begab mich (vom Hafen an der Tibermündung) am 25. desselben Monats (19. Juli) nach Rom ... wir erwarten tagtäglich unsere Papiere zum Auslaufen; bis zum heutigen Tag ist noch keines der Kornschiffe abgefertigt worden. Grüße Deine Frau und Deine Lieben von mir.«

Es gab genügend Schiffe in der Flotte, um jährlich 150000 Tonnen ägyptischen Weizen zu transportieren. Im 1. Jahrhundert n. Chr., bevor der Hafen Roms ausgebaut worden war, pflegten sie in Puteoli, dem heutigen Pozzuoli, anzulegen, dem Hafen unmittelbar westlich von Neapel (vgl. Farbtafel IV). »Wenn sie eintreffen«, schreibt ein Zeitgenosse, »nimmt das ganze Volk von Puteoli Aufstellung auf den Molen und erkennt die Schiffe von Alexandria, auch wenn viele Schiffe da sind, an der Art ihrer Segel«. Weizen aus Ägypten, Olivenöl aus Spanien, Wein aus Frankreich, sorgfältig gemeißelte Marmorsarkophage aus Athen – diese und noch unzählige weitere Erzeugnisse wurden von einer Handelsflotte, die größer war als irgendeine, die Europa bis zum 18. Jahrhundert kannte, über das Mittelmeer transportiert. Einzelne Handelsrouten gingen, wie schon erwähnt, weit über den Bereich des Mittelmeers hinaus. Die Handelsinteressen der Schiffsherren von Alexandria reichten die Ostküste Afrikas hinab bis nach Sansibar und über das Meer bis nach Indien. Der Handel war so aktiv, daß Städte wie Tarsus, Tralles, Tiberias u.a. in den größeren Handelszentren Geschäftsräume, sogenannte *stationes*, unterhielten, um ihre Bürger, die aus geschäftlichen Gründen oder auf Besuch dort waren, zu unterstützen. Die eben genannten Städte hatten solche mitten auf dem Forum von Rom. Die

Handelsschiff der römischen Kaiserzeit

Stationes waren gleichzeitig Konsulate, ihre Leiter hatten ähnliche Funktionen, wie die Proxenoi der griechischen Stadtstaaten Jahrhunderte zuvor. So sorgte eine riesige Zahl von Kaufleuten, Schiffsbesitzern, Bankiers, Käufern und deren verschiedenartige Agenten dafür, daß die Häfen und die Seerouten des Römischen Reiches ausgebaut und unterhalten werden konnten.

Anders war die Situation auf den Straßen, der Landtransport war, wie bereits bemerkt, demgegenüber wesentlich teurer, vor allem, wenn es sich um Mengentransport handelte. Straßen waren in erster Linie für die Geschäfte der Regierung angelegt worden, und die Diener des Staates blieben auch ihre hauptsächlichen und regelmäßigen Benützer: Kuriere der öffentlichen Post, Steuereinzieher, Bezirksrichter, Bezirksbeamte, Statthalter von Provinzen, manchmal die Kaiser selbst. Wenn ein Statthalter sich auf den Weg machte, bildete sein Stab und seine Dienerschaft schon ein ansehnliches Gefolge, wenn ein Kaiser reiste, war es schon fast eine Heerschar. Das Heer selbst aber konnte die Straßen manchmal gänzlich verstopfen. Eine einzige Legion von sechstausend Mann mit einer großen Zahl von Lasttieren und Fahrzeugen konnte, wobei sich die gesamte Einheit in dem gemächlichen Tempo der Zugtiere vorwärts bewegte, jeden anderen Verkehr an irgendeiner Stelle für viele Stunden zum Stillstand bringen; war es eine Armee, dann konnte der Stillstand Tage dauern. Für einen Kaufmannszug zweifellos eine üble Sache, besser hatten es da die Einzelreisenden, die es ja auch noch gab.

Da waren zunächst diejenigen, die aus Gesundheitsgründen reisten. »Im Fall von Tuberkulose ist«, schrieb Celsus, die medizinische Autorität Roms im 1. Jahrhundert n. Chr., »sofern der Patient genügend Kraft hat, eine lange Seereise und ein Luftwechsel angezeigt ... für diesen Zweck ist eine Reise von Italien nach Alexandria hervorragend geeignet«. Reisen, wie diese wurden noch bis ins 20. Jahrhundert unternommen, doch stets nur von einer kleinen, begüterten Schicht. Die große Mehrzahl derer, die sich ihrer Gesundheit wegen auf den Weg machten, besuchten Kurorte, Heiligtümer des Asklepios.

Von diesen haben wir bereits gesprochen. Die ältesten wurden im 6. und 5. Jahrhundert v. Chr in Griechenland eingerichtet, im 4. konnte man sie überall in diesem Land, auf den meisten Inseln des östlichen Mittelmeers und in den griechischen Städten der kleinasiatischen Küste sowie Süditaliens finden. Asklepios, den die Römer Aesculap nannten, war eine der ersten fremden Gottheiten, die in Rom zugelassen waren. Er wurde dort schon im Jahre 291 v. Chr von den Griechen übernommen.

In der römischen Kaiserzeit ragten drei dieser Heiligtümer aus der Fülle der übrigen hervor. Eines davon war dasjenige von Epidauros, das früh großes Ansehen erlangte und dieses lange behielt. Das zweite war das Heiligtum von Kos, Heimat des Hippokrates und seiner medizinischen Schule. Das dritte befand sich in Pergamon und kam in der Mitte des 2. Jahrhunderts n. Chr. zu höchstem Ruhm, als Galen, der bekannteste Arzt jener Zeit, dort viele Jahre, mit Unterbrechungen, praktizierte. Diese Heiligtümer waren im Laufe der Zeit sehr wohlhabend geworden. In Pergamon zum Beispiel war zur Zeit seiner höchsten Blüte das Zentrum der Anlage ein gewaltiger, rechteckiger Platz von 90 × 110 Meter, den man durch ein monumentales Tor betrat. Auf drei Seiten desselben standen Säulenhallen, um die Patienten gegen Sonne und Regen zu schützen, wenn sie dort ihre gemächlichen Spaziergänge machten oder saßen und sich ausruhten. In einer Ecke dieses Platzes befand sich eine Bibliothek, in einer anderen ein Theater mit 3500 Sitzen, in einer dritten ein eindrucksvoller Rundbau von 44 m Durchmesser für medizinische Badekuren. Auf dem Platz selbst standen der Tempel des Asklepios und mehrere Gebäude, die der Heilung dienten, Trinkbrunnen, Inkubations- und Ruheräume.

Die Prozedur war die gleiche, wie sie immer gewesen war. Der Patient betrat das Heiligtum, nahm ein rituelles Bad, um sich zu reinigen, trat in den Tempel des Asklepios ein, betete, machte sich ein Strohbett zurecht und legte sich darauf nieder, um die Nacht dort zu verbringen. In seinen Träumen erhielt er die Hilfe, die er suchte. Einige Heiligtümer hatten einen besonderen Bezirk für den Heilschlaf, aber in anderen, wie zum Beispiel in Pergamon, legten sich die Leute irgendwo im Tempel oder auch in anderen Gebäuden innerhalb des heiligen Bezirks zum Schlaf nieder. In einigen denkwürdigen Fällen war die Kur ein Wunder, der Patient wachte am folgenden Morgen gesund und munter auf. Häufiger erhielt er eine Anweisung, die üblicherweise in leicht verständlicher, gelegentlich aber auch in rätselhafter Sprache abgefaßt war. Selten war an ihr etwas Fremdartiges. Am häufigsten wurden gewisse heilende Bäder, körperliche Übungen oder das Einnehmen bestimmter Nahrungsmittel oder Arzneien empfohlen.

Die Kuren hatten, aus welchem Grund auch immer, offenbar doch zu einem recht hohen Prozentsatz Erfolg, denn andernfalls hätten diese Heiligtümer sich nicht jahrhundertelang so großer Beliebtheit erfreut. Hier folgt als Beispiel ein Zeugnis, das ein dankbarer Grieche ausgestellt hat, der irgendwann im 1. oder frühen 2. Jahrhundert n. Chr. ein solches Heiligtum besuchte, in das sich Asklepios mit dem ägyptischen Heilgott Imhotep in Memphis teilte:

»Es war Nacht, wo jedes Lebewesen außer denjenigen, die Schmerzen empfanden, sich zur Ruhe gelegt hatte, das göttliche Wesen jedoch tatkräftiger erschien; mich schüttelte heftiges Fieber, infolge der Atembeklemmung und des Hustens verstärkte sich der Schmerz auf der Seite, und ich warf mich hin und her; als mein Kopf durch die Schmerzen schwer geworden war, wurde ich müde und schlief ein. Meine Mutter ... die über meine Leiden größten Kummer empfand, verweilte bei mir, ohne sich einen Augenblick Schlaf zu gönnen; dann sah sie plötzlich – es war kein Traum, und sie schlief auch nicht, denn ihre Augen waren unentwegt geöffnet, sahen allerdings nicht scharf – eine göttliche Erscheinung. Diese mit Furcht gemischte Empfindung von etwas Göttlichem hinderte sie daran, entweder den Gott oder seine Gehilfen wahrzunehmen. Nur das sah sie, daß einer, größer gewachsen als Menschen, gekleidet in schimmerndes Linnen, in der linken Hand ein Buch trug; der musterte mich nur zwei-, dreimal vom Kopf bis zu den Füßen und wurde unsichtbar. Als ihre Gedanken wieder klar wurden, versuchte sie, noch immer in Furcht befangen, mich zu wecken. Als sie fand, daß ich fieberfrei und in Schweiß gebadet war, da verehrte sie anbetend die Erscheinung des Gottes, trocknete mich ab und machte mich dadurch munter. Wie sie dann, als ich mit ihr plauderte, mir die Wundertat des

Gottes verkünden wollte, erzählte ich ihr alles, denn was sie mit ihren Augen gesehen hatte, das hatte auch ich im Traum gesehen. Und als der Gott mir nach der Befreiung von den Schmerzen der Seite noch eine weitere schmerzstillende Heilung gegeben hatte, da verkündete ich in aller Öffentlichkeit seine Wohltaten.«

Nicht nur die ungebildeten Armen strömten zusammen, um Asklepios' Hilfe zu finden und wurden geheilt – oder glaubten jedenfalls, daß sie geheilt wären –, seine Patienten rekrutierten sich aus dem gesamten Spektrum der Gesellschaft. Der Verfasser unseres Zitates war, wie wir seinem Stil entnehmen können, ein Mann von bemerkenswerter Bildung. Aristides, von dem wir späterhin viel zu sagen haben werden, ein Mann aus bester Familie und von bester Bildung, der größte öffentliche Redner seiner Zeit, war der Auffassung, daß er sein Leben der Heilung durch Asklepios verdanke. Er wurde etwa um das Jahr 142 n. Chr. krank und war während seiner restlichen Lebenszeit immer wieder in Heiligtümern von Heilgottheiten, insbesondere im Asklepieion von Pergamon. Beim Beginn seiner Krankheit, die eine Art Leiden der Atmungsorgane gewesen zu sein scheint, verbrachte er dort zwei volle Jahre mit Gebet, Opfer, Teilnahme an den Zeremonien und, natürlich, mit Heilungs-Träumen. Einige der Anweisungen, die er erhielt, waren fraglos reiner Unsinn: Einmal wurde er, geschwächt, wie er war, angewiesen, im tiefsten Winter ein Seebad zu nehmen; ein andermal, als er hohes Fieber hatte, bekam er Weisung, in eiskaltem Wasser zu baden; noch ein anderes Mal wurde er mitten im heißesten Sommer auf einen ›Spaziergang‹ – hin und zurück – zu einem 80 km entfernten Ort geschickt; es war dies glücklicherweise zu einem Zeitpunkt, als es ihm recht gut ging. Keine dieser ›Kuren‹ hat ihm, wie er zugibt, auch nur im geringsten gut getan. Aber der Gott drängte ihn auch, weiter als Redner tätig zu sein – und dies war entscheidend. Er war übrigens im Heiligtum von einer Gruppe gleichgesinnter Patienten umgeben, gebildeten und gelehrten Leuten, die dort ebenfalls zur Kur weilten, wie vor dem Ersten Weltkrieg viele vornehme Leute aus Europa sich in den Sanatorien der Schweiz aufhielten. Wie dort die Anweisungen der Ärzte Gesetz waren und man sich gegenseitig ermunterte, so auch hier.

Kur, Anregung und Geselligkeit stellten seinen Lebensmut immer wieder her, so daß er das Heiligtum gebessert verlassen konnte, nicht vollständig gesund zwar, das war er nie, aber doch in der Lage, seine außerordentlich erfolgreiche Laufbahn fortzusetzen und am Leben zu bleiben, bis er sechzig Jahre alt war.

Aristides pendelte ständig zwischen seinem Landgut bei Kyzikos oder seinen Häusern in Smyrna und Pergamon hin und her. Man konnte jährlich viele Tausende wie ihn auf den Landstraßen sehen, Leute, die sich von einem Krankenbett erhoben, um sich zu dem nächstgelegenen Heiligtum des Heilgottes zu begeben. Dieser Menschenstrom floß unvermindert jahrhundertelang bis weit ins 4. Jahrhundert n. Chr., als Asklepios – und damit teilte er das Schicksal seiner Verwandten – dem Christentum unterlag.

Die Verordnungen des Asklepios waren etwas für die ernstlich Kranken. Für die lediglich Kränkelnden, besonders die Hypochonder, die es liebten, ihre Gesundheitspflege mit ein wenig Vergnügen zu würzen, gab es die *aquae*, die Mineralquellen. Diese wurden in den Tagen des Römischen Imperiums ebenso eifrig besucht, wie die europäischen Badekurorte im 19. und 20. Jahrhundert; in vielen Fällen ist der eine ja tatsächlich nur der Nachfolger des anderen. *Aquae Calidae* hat man damals zum Beispiel Vichy, *Aquae Sextiae* Aix-en-Provence, *Aquae Sulis* Bath, *Aquae Mattiacae* Wiesbaden genannt. Italien war besonders gut mit Mineralquellen versehen. Von Rom aus bequem zu erreichen waren die Quellen von Vicarello am Braccianer See. In den Ruinen fand man vier Silbergefäße in der Form von römischen Meilensteinen, auf denen die Route von Cadiz nach Rom verzeichnet ist; es waren Opfergaben an die Quellgottheit von dankbaren Spaniern, die gelegentlich eines Besuchs in Rom die Gelegenheit, die Quelle auszuprobieren, genutzt hatten. Über 1500 Münzen wurden auch auf dem Grund der Quelle gefunden, auch andernorts sind in heißen Quellen Unmengen von Münzen aufgetaucht. Reisende des Altertums hatten den Glauben, daß man durch das Hineinwerfen von Münzen in einen Brunnen etwas bewirken könne; eine Vorstellung, die bei der Fontana Trevi in Rom bis heute lebendig blieb. Sizilien hatte Badekurorte in Segesta, Selinus und Himera – sogar einen auf der kleinen Insel Lipari, der dazu noch wohlbekannt war. »Viele von den Sizilianern«, schrieb Diodoros, ein Zeitgenosse Caesars und des Augustus, »die von eigentümlichen Krankheiten geplagt werden, nehmen dorthin ihre Zuflucht und werden, wenn sie die Bäder nehmen, wider Erwarten gesund«. Die Bucht von Neapel, eine von der Natur wegen ihrer Schönheit und ihres Klimas für Ferien geradezu geschaffene Region, ist von heißen Quellen gesäumt. An der ganzen Küste entlang schossen infolgedessen Badeorte empor, die die elegantesten waren im Römischen Reich.

Für Probleme aller Art, nicht nur solche der Gesundheit, gab es die Orakel. Wie bereits ausgeführt, hatten sie schon bei den Griechen eine bedeutende Rolle gespielt, aber in diesem Zeitalter, das durch einen unglaublich weitverbreiteten Aberglauben gekennzeichnet ist, machten sie ein Geschäft wie nie zuvor. Wahrsagerinnen gab es an jeder Straßenecke, und die Wahrsagerei erfreute sich in allen Schichten der Bevölkerung größten Ansehens (Abb. 66). Apollo war der das Schicksal voraussagende Gott *par excellence*, und seine großen Orakelstätten in Delphi in Griechenland, auf Delos im Ägäischen Meer sowie im Klaros und Didyma in Kleinasien beantworteten jährlich Fragen unzähliger Menschen. Dann gab es das Orakel des Trophonius bei Lebadeia in Griechenland, wo man, um seine Frage zu stellen, eine Art Brunnenschacht hinuntersteigen und durch eine Öffnung in seinem Grund in eine kuppelförmige Höhle eintreten mußte. Es gab ferner den Tempel der Fortuna in Praeneste in den Bergen im Osten von Rom, wo die Antwort auf eine Frage in Form eines Täfelchens gegeben wurde, das von einem Kind auf gut Glück gezogen wurde und das eine rätselhafte Schriftzeile enthielt. Ein vergleichbares, von einem anderen ähnlichen Orakel stammendes Beispiel eines solchen Spruchs lautete: »Es ist ein schön aussehendes Pferd, aber Du kannst es nicht reiten«. Es gab das Orakel des Herakles in Griechenland, wo man vier Würfel mit verschiedenen Zeichen werfen mußte; die Lage der auf ihnen befindlichen Zeichen, in passender Weise gedeutet, ergab die Antwort. Alle diese genannten und noch eine Unzahl von weiteren Orakeln hatten wenigstens die Entschuldigung ihres Alters, da sie zum größten Teil in grauer Vorzeit eingerichtet worden waren. Der Hang zur Wahrsagerei und der Aberglaube des Zeitalters begünstigten indessen sogar nagelneue. So gründete ein begabter Betrüger namens Alexander an der Südküste des Schwarzen Meeres ein Orakel, bei dem eine ›sprechende Schlange‹ die Fragen der Einfaltspinsel beantwortete. Das neue Wahrsagerzentrum war so erfolgreich, daß »der Ruhm des Orakels bis nach Italien drang und auch auf die Stadt der Römer einstürmte. Da gab es keinen, besonders von den Einflußreichsten und Angesehensten in der Stadt, der sich nicht schon vor den anderen beeilte, selbst zu gehen oder jemanden zu schicken. Der erste und hervorragendste unter ihnen war Rutilianus ... Als er von dem Orakel hörte, fehlte nicht viel, und er hätte das ihm anvertraute Amt hingeworfen und wäre nach Abonuteichos auf und davon gegangen. Er schickte statt dessen einen Boten nach dem anderen; ... er machte die meisten der Leute am kaiserlichen Hof verrückt, die sich sofort auch selbst beeilten, etwas über ihre eignen Angelegenheiten zu erfahren.« Lukian, der diese treffende Geschichte berichtete oder erfunden hat, war von Beruf Satiriker und hatte natürlich eine überaus voreingenommene Ansicht über diese Dinge. Aber auch wenn wir ihm hinsichtlich seiner Übertreibungen einen weiten Spielraum zugestehen, so muß doch Alexander die Zahl der Reisenden auf den Seewegen von Rom nach Abonuteichos am Schwarzen Meer fühlbar vermehrt haben.

Die traditionellen überregionalen griechischen Spiele, wie die Olympischen Spiele zu Ehren des Zeus oder die Pythischen Spiele für Apoll, erfreuten sich auch bei den Römern großer Beliebtheit und existierten beinahe so lange wie das Imperium Romanum. Im 1. und 2. Jahrhundert n. Chr. zogen sie Nutzen aus dem Frieden und Wohlstand des Zeitalters. Sie standen wie eh und je in Blüte und zogen aus der Ferne nicht nur Zuschauer, sondern ebenso auch andere Leute an. Bei den Isthmischen Spielen für Poseidon bei Korinth zum Beispiel »konnte man rund um den Tempel des Poseidon viele unselige Sophisten hören, die schrien und sich gegenseitig beschimpften, und ... viele Schriftsteller, die stumpfsinnige Werke vorlasen, viele Dichter, die ihre Gedichte mit Musik vortrugen, und andere, die ihnen Lob spendeten, viele Gaukler, die ihre Kunststücke zeigten, viele Zeichendeuter, die Wunderzeichen erklärten, unzählige Redekünstler, die Rechtsfälle verdrehten, und nicht wenige Hausierer, die verhökerten, was jeder von ihnen hatte.«

Die überregionalen Spiele der Griechen waren lediglich die ältesten und bekanntesten; es gab zweitklassige Abarten von ihnen, die überall im Imperium abgehalten wurden. Cicero erwähnt in einem Brief seine Absicht, einen Umweg über Antium zu machen, weil seine Tochter begierig war, die dortigen Spiele zu sehen. Nero trat als Musiker zum ersten Mal auf öffentlicher Bühne bei den Spielen in Neapel auf. Es war eine Probe für die Auftritte, die er bei den großen Spielen in Griechenland vorhatte. Dann gab es solche Ereignisse wie das Fest in Sparta zu Ehren der Göttin Artemis, wo der Höhepunkt die Prüfung der mannbar werdenden spartanischen Knaben durch Auspeitschen war. Diese Initiationszeremonie, die sich aus den frühesten Tagen der Stadt herleitete, fand schon seit mehr als einem Jahrtausend statt, und in den Zeiten der römischen Herrschaft zog das sadistische Vergnügen daran natürlicherweise Zuschauer von vielen Orten an. Cicero berichtet, daß er es im 1. Jahrhundert v. Chr. gesehen hat, Plutarch im 2. n. Chr. Beide erwähnen, daß Knaben unter den Hieben gestorben seien. Libanius sah diese Pubertätsriten noch im 4. nachchristlichen Jahrhundert.

Aber die Ereignisse, die in diesem Zeitalter die allergrößten Menschenmassen anzogen, waren die luxuriösen Schauspiele, die die Kaiser in Rom veranstalteten. Im 2. Jahrhundert n. Chr. waren 130 Tage des Jahres Festtage mit verschwenderischen öffentlichen Unterhaltungen, darunter Wagenrennen, Boxen, Theateraufführungen und dergleichen. Zur Feier großer Anlässe gab es blutige Gladiatorenspiele, die von einzelnen Gebildeten zwar verurteilt wurden, sich allgemein jedoch großer Beliebtheit erfreuten. Augustus führt in einem Dokument, das alles erwähnt, was er während seiner Regierungszeit für das Land getan hat, die Gelegenheiten an, bei denen er das Publikum auf eigene Kosten unterhalten hat:

»Dreimal habe ich Gladiatorenspiele in meinem Namen und fünfmal im Namen meiner Söhne oder Enkel gestiftet; bei diesen

Gelegenheiten kämpften etwa 10 000 Mann. Zweimal bot ich dem Volk ein Schauspiel von Athleten, die von überall herbeigeholt worden waren, in meinem Namen, ein drittes im Namen meines Enkels. Viermal hielt ich Festspiele in meinem Namen, dreiundzwanzigmal abwechselnd im Namen anderer Staatsbeamter ... Ich stiftete Jagden afrikanischer Tiere in meinem oder im Namen meiner Söhne und Enkel im Circus oder auf dem Forum oder in Amphitheatern für das Volk sechsundzwanzigmal, wobei rund dreitausendfünfhundert Tiere getötet worden sind.«

Als das Kolosseum 79 n. Chr. vollendet war, weihte Titus es mit hundert Tage währenden Spielen ein. Trajan feierte bestimmte militärische Siege im Jahre 107 n. Chr. damit, daß er im Zeitraum von vier Monaten zehntausend Gladiatoren in den Kampfring schickte. Dies alles war natürlich ein Teil der kaiserlichen Politik des ›panem et circenses‹ und ein Geschenk an die Bevölkerung von Rom. Doch wohl kein außerhalb Roms wohnender Kenner und Liebhaber der Arena, der die Reisekosten aufbringen konnte, ließ sich Gelegenheiten wie diese entgehen, um sich an den erregendsten Schauspielen, die das Zeitalter zu bieten hatte, sattzusehen. So viele Tote waren eine Reise wert.

Ferien

»Wir wollen«, schrieb Cicero im April des Jahres 59 v. Chr. an einen Freund, »am Palilienfest auf meinem Gut in Formiae sein ... am ersten Mai wollen wir von dort aufbrechen, um am 3. Mai in Antium zu sein. Die Spiele werden vom 4. bis 6. Mai in Antium abgehalten. Die möchte Tullia [Ciceros Tochter] sehen. Von dort denke ich zum Gut bei Tusculum, dann nach Arpinum und zum 1. Juni nach Rom zu gehen.« Nicht nur Cicero, sondern auch alle seine Nachbarn machten derartige Pläne. Denn der Beginn des Frühlings war das Signal, das zum Aufbruch der oberen Gesellschaftsschicht Roms zu ihrer alljährlichen *peregrinatio* – wie es genannt wurde –, dem Verlassen Roms, um die verschiedenen ländlichen Villen aufzusuchen, gegeben wurde.

Cicero erwähnt die Namen von drei Orten, bei denen er Villen besaß. Während seines Lebens brachte er es auf nicht weniger als sechs, um nicht von den Unterkünften zu sprechen, die er an den Straßen unterhielt, um dort auf seinen Reisen von einer Villa zur anderen zu übernachten. Die Villa bei Formiae, einem Seebadeort zwei Drittel des Wegs von Rom nach Neapel, war eine seiner frühesten Erwerbungen. Sie war zufällig auch der Ort seines Todes; seine Diener trugen ihn in großer Eile in einer Sänfte davon, als die Häscher des Marcus Antonius diese einholten und ihn ermordeten. Vor 60 v. Chr. hatte Cicero seine erste Villa an der Bucht von Neapel gekauft, wo alle, die gesellschaftlichen Ehrgeiz hatten, eine solche besitzen mußten. Es erwies sich, daß sie etwas zu abseits lag, und so erwarb er eine zweite, etwas westlicher gelegene bei Cumae. Hier hatte er die richtige elegante Nachbarschaft. Er war sehr froh, daß er dorthin gezogen war, denn eines der Probleme, die ihn sein ganzes Leben lang beschäftigten, war die zwischen Herablassung und Anerkennung wechselnde Art und Weise, mit der seine aristokratischen Kollegen und Nachbarn ihn behandelten. Für sie war er ein *homo novus*, ein ›neuer Mann‹, jemand, dessen Stellung in der Politik und der Gesellschaft auf seinen Fähigkeiten und nicht auf seiner hohen Abkunft beruhte. Im Jahr 45 v. Chr., nur wenige Jahre vor seinem Tod, vermachte ihm ein Freund eine dritte Villa etwa auf der Mitte des Weges zwischen Cumae und Neapel, die von Vorteil war für die Abwicklung von Geschäften in Puteoli, einem geschäftigen Hafen und Handelszentrum, dabei gleichzeitig Sommerferienort. Die beiden anderen, die in seinem Brief erwähnt wurden, lagen im Landesinnern. Bei Tusculum in den kühlen Albaner Bergen südöstlich von Rom hatte er einen eleganten, angenehmen Zufluchtsort, und in Arpinum, der Stadt in den Bergen, in der er geboren war, bewirtschaftete er den Familienbesitz.

Ciceros Verlangen nach land- und küstennahen Besitztümern war keineswegs außergewöhnlich. Die gesamte elegante Welt von Rom unterhielt diese beiden Arten von Besitzungen: Villen an der Küste für die kühlen, angenehmen Frühlingstage und Landhäuser in den Bergen für die Sommerszeit, wenn die Mittelmeersonne die Küste unerträglich machte – und mehrere von den beiden Kategorien zur Vermeidung von Monotonie, damit man nicht immer zum gleichen Ort fahren mußte. Nicht nur Millionäre konnten sich damals ein so sybaritisches Ferienmachen leisten; Cicero war zum Beispiel nach damaligen Maßstäben nicht mehr als ein mäßig wohlhabender Mann.

Und so waren die Berge bei Rom und die Küste bis hinunter nach Neapel und noch darüber hinaus von zahllosen Villen übersät (Abb. 73). Die weitaus am meisten begünstigte Gegend war die so herrlich schöne Küstenstrecke von Cumae und Kap Misenum im Westen bis zur Halbinsel von Sorrent im Osten, die die Meeresbucht von Neapel umfaßt. Hier drängten sich die kostbar ausgestatteten Häuser so dicht aneinander, ihre Terrassen und

LUXUSVILLEN

Landestege reichten so weit ins Wasser hinein, daß Horaz sich veranlaßt sah zu bemerken, die Fische fühlten sich schon beengt. Die römische Aristokratie hatte in diesem Gebiet im 2. Jahrhundert v. Chr. zu bauen begonnen, und es hatte nie seine Beliebtheit verloren. Unter denen, die ebenso wie Cicero hier ihre Ferien verbrachten, waren die größten Namen der römischen Republik: Ciceros einziger Rivale in der Redekunst, Hortensius, der berühmte Lebemann Lucullus, Caesar, Pompeius, Marcus Antonius. Ihre Anlagen waren aufwendig, einige von ihnen waren regelrechte Paläste. Der Stiefvater von Augustus hatte einen Besitz, der so groß war, daß er nicht nur Caesar, sondern auch dessen Gefolge von zweitausend Personen beherbergen konnte. Die aufwendigste von allen war die Villa, die sich Lucullus bei Neapel erbaut hatte; er hatte außer dieser noch eine andere etwas weniger große, etwa 20 km westlich von Kap Misenum. Sein Hauptbesitztum bei Neapel war geradezu ein Schulbeispiel für Luxus. Es besaß einen Tunnel, der tief durch die nahegelegenen Berge getrieben worden war, nur um Wasser für die Fischteiche herbeizuführen. »Xerxes in Toga«, redete ein Besucher, nachdem man ihm die Anlage gezeigt hatte, seinen Gastgeber an.

Als das römische Kaisertum etabliert war, zogen auch die Kaiser und ihre Verwandten hierher. Augustus hatte mindestens vier Residenzen in dieser Gegend. Tiberius verbrachte den größten Teil seiner letzten zehn Lebensjahre in seiner Villa auf Capri. Nero hielt sich in der Nacht, als er seine Mutter zu ertränken versuchte, in seiner Villa bei Baiae auf; er ließ sie schließlich im Schlafzimmer ihrer eigenen Villa bei Bauli, nur wenige Kilometer davon entfernt, ermorden. Als Nachbarn hatten die Kaiser eine neue Klasse von Villenbesitzern, die durch den blühenden Wohlstand der frühen Kaiserzeit entstanden war, die Neureichen. Vidius Pollio, der als Sohn eines ehemaligen Sklaven geboren wurde und aus ärmlichen Verhältnissen zu Reichtum kam, baute sich eine Villa auf einer Höhe zwischen Neapel und Puteoli, die er ›Pausilypon‹ (Sans souci) nannte. Der Name war so apart, daß der ganze Hügel später nach dieser Villa genannt wurde: ›Posillipo‹, wie er auch heute noch heißt. Es waren Leute wie Pollio, die das Vorbild für Petronius' Trimalchio waren; der *arbiter elegantiae* des Kaisers Nero wählte bezeichnenderweise als Schauplatz für das ungeheure Gastmahl der Hauptfigur seines Romans eine Luxusvilla in der Nähe Neapels.

Einige hatten gern eine Villa so unmittelbar am Ufer des Meeres, daß sie eine Angelleine direkt vom Schlafzimmer auswerfen konnten, andere eine, die auf einer Felsenklippe hoch über dem Meer lag. An den Abhängen, wo viel Platz war, waren die Villen aufs Geratewohl hingestreut; längs der Küste, wo das Bauland teuer war, standen sie, damals ebenso wie heute, in Tuchfühlung nebeneinander. In jedem Fall bestimmte die Aussicht auf das Meer, *vista sul mare*, wie man heute sagt, Platzwahl und Anlage. Die bevorzugte Bauweise für beide war das Portico-Haus, ein Haus, das im wesentlichen aus einer langen Säulenhalle bestand, von der man einen Blick aufs Meer hatte und auf die sich eine Reihe nebeneinander liegender Räume öffnete; jeder Raum hatte somit Seeblick. Eine große Villa konnte vier oder fünf Stockwerke solcher Säulenhallen haben, die sich am Hang übereinander hinzogen.

Die Zimmer waren nie sehr groß, und die Fenster waren klein; ihr Zweck war mehr, den grellen Sonnenschein abzuhalten, als ihn hereinzulassen. Die Wände waren bemalt, zuerst mit einfachem, ornamentalem Dekor, später, etwa von dem Jahr 90 oder 80 v. Chr. an, mit zunehmend ausgearbeiteter und phantastischer Verzierung, die Architekturumrahmungen mit Bildern mythologischer Szenen, Genrebildern, Landschaften und Seestücken verband. Draußen standen genau ausgerichtete Reihen von Platanen, Myrten, Buchsbaum und dergleichen. Die verschwenderischsten Villen konnten sich rühmen, *piscinae*, das heißt Fischteiche zu besitzen, in denen besondere Fischsorten, bevorzugt Muränen *(murenae)*, eine Art Seeaal, der von den römischen Feinschmeckern besonders geschätzt wurde, gezüchtet wurden. Dies war das Statussymbol jener Zeit, wie heute der temperierte *swimming pool*; nur Multimillionäre waren, um Ciceros Wort dafür zu verwenden, *piscinarii*, Mitglieder der Klasse der Fischteich-Besitzer. Der Parvenu Vidius Pollio fütterte seine Aale, so erzählte man, mit Menschenfleisch.

Die Villenbesitzer verbrachten einen großen Teil ihrer Zeit

damit, sich gegenseitig in aller Muße Besuche abzustatten, die dann üblicherweise ihren Abschluß in einem festlichen Abendessen fanden. Für bevorzugte Gäste boten die Besitzer von Fischteichen Aale eigener Zucht. Ein anderes Luxusgericht waren Austern aus dem Lucriner See, einer Salzwasserlagune im westlichen Teil der Bucht von Neapel. Sie wurden hier in einer noch heute an gewissen Orten üblichen Weise gezüchtet. Man befestigt die jungen Austern an Stricken, die von horizontalen hölzernen Rahmen ins Wasser hängen, oder an Faschinen. Während des Krieges, den Augustus auf Leben und Tod gegen den Sohn des Pompejus führte, war diese Lagune in einen Flottenstützpunkt umgewandelt worden. Als der Friede kam, ließ Augustus den Stützpunkt nach Kap Misenum verlegen; es ist nicht unmöglich, daß die Austernzüchter ihn mit Unterstützung ihrer einflußreichen Kunden dazu brachten, dies zu tun.

Die Besuche wechselten ab mit Ausflügen in Sänften entlang der Küste oder mit Fahrten auf dem See oder rund um die Bucht in Ruder-Jachten. »Wenn sie [eine elegante Gesellschaft] in ihren bemalten Booten vom Averner See nach Puteoli gefahren sind, dann bedeutet das für sie ein Unternehmen wie die Gewinnung des Goldnen Vlieses, besonders wenn sie es bei heißfeuchtem Wetter wagen. Sobald sich – auch wenn sie sich mit goldnen Fächern unablässig Luft zufächeln – Mücken auf ihre seidenen Gewänder setzen oder durch ein Loch in den Baldachinen über

Eingravierte Zeichnung auf einer Andenken-Glasflasche aus Baiae oder Puteoli, gefunden in Populonia an der Nordwestküste Italiens. Auf der linken Seite Baiae mit einem künstlichen Teich (stagnum), daneben ein Palast (palatium) mit Austernbänken (ostraria) und einem weiteren Teich. Rechts der Pier (ripa) von Puteoli, auf Bögen gebaut, zwischen denen Wasser fließt; links ein Gebäude, in der Mitte zwei Säulen mit Figuren, rechts ein Bogentor mit Quadriga.

ihnen ein Strählchen Sonne eindringt, klagen sie darüber, daß sie nicht bei den Eskimos geboren sind.«

Die in Seide gekleideten Leute aus den Villen waren aber nur die oberste Schicht der Feriengäste, die man während der Saison rund um die Neapler Bucht finden konnte. Besonders während der ersten beiden Jahrhunderte nach Christus, die Zeiten des Wohlstands waren, konnten Menschen aus allen Lebensbereichen die Hitze der Stadt mit einem Zimmer in einer Pension in Baiae, Puteoli oder Neapel tauschen. Es war kein Problem, amüsanten Zeitvertreib zu finden. An der gesamten Küste der Bucht gibt es heiße Quellen, so daß die dortigen Städte nicht nur See-, sondern auch Heilbäder waren, wie dies heute noch in Ischia der Fall ist. Der Feriengast konnte seine Tage zwischen dem Heilbad und dem Seebad aufteilen oder konnte, wenn er den Wunsch dazu hatte, ein kleines Boot mieten und aufs Wasser hinausfahren. Puteoli hatte zwei Amphitheater, es muß also dort für die Sportbegeisterten eine gute Auswahl von Gladiatorenspielen gegeben haben. Man konnte auch die Fischteiche in der Kaiservilla besuchen, die für das Publikum geöffnet waren, konnte die Austernbänke besuchen, konnte in dem Wald oder dem schattigen Park von Baiae herumschlendern, konnte eine Spazierfahrt hinunter zum Landesteg von Puteoli machen, um Schiffe einfahren zu sehen, in den örtlichen Restaurants am Ufer zu Abend essen, Souvenir-Einkäufe tätigen oder sich nur den schlichten Freuden des mittelmeerischen *dolce far niente* hingeben.

Keiner von allen Ferienorten längs dieser Küste war berühmter

Andenken-Glasflasche aus Baiae mit eingravierter Zeichnung: ein Leuchtturm (faros), ein von Nero angelegter künstlicher Teich (stagnum Neronis), Austernbänke, ein weiterer künstlicher Teich und ein Park (silva)

als Baiae, das etwa 16 km westlich von Neapel, nur 2 km jenseits des Lucriner Sees gelegen war. Es verfügte über heiße Quellen, war der erste Sommererholungsort der Römer und blieb stets der beliebteste. Strabo, der gegen das Ende des 1. Jahrhunderts v. Chr. schrieb, berichtet, daß hier »eine weitere Stadt, nicht kleiner als Puteoli, entstanden ist, indem ein Palast nach dem anderen gebaut wurde«. Baiae zog Vergnügungssüchtige jeder Art an und erwarb sich ein Ansehen nicht nur wegen reiner, sondern auch wegen unreiner Freuden. Während die noch auf Anstand und Sitte bedachten Angehörigen der Gesellschaft am Tage badeten und mit ihren Familien gesittet auf dem See herumfuhren, nahmen die Lebemänner in den Nächten zweifelhafte Frauen auf ihre Jachten, gingen nackt baden und »füllten die Seen mit dem Klang ihrer Gesänge«. »Unverheiratete Mädchen gehören jedermann, alte Männer benehmen sich wie Jungen und viele Jungen wie junge Mädchen«, ließ Varro, Ciceros gelehrter Zeitgenosse, sich vernehmen. »Wozu muß ich Betrunkene am Strand herumirren und Leute mit lautem Gesang auf den Seen herumfahren sehen?«, schreibt der Moralphilosoph Seneca ein Jahrhundert später. »Glaubst Du«, schreibt er weiter, »Cato habe sich eine Wohnung ausgewählt, um nächtliches Gezänk von singendem Volk zu hören?« Cicero beschreibt in einer seiner Reden ein liederliches Weib, spricht von ihren Ausschweifungen, Liebesaffären, Ehebrüchen, von »ihrem Baiae« – allein dieser Name sprach Bände. Er prangert ihre Schamlosigkeit an, ihre Gewohnheit, mit ihr völlig fremden Männern nicht nur in Rom, nicht nur in den Gärten ihrer eignen Villa, sondern auch in Baiae, wo es jedermann sieht, zum Abendessen auszugehen. Der satirische Dichter Martial schrieb im 1. Jahrhundert n. Chr. ein boshaftes kleines Gedicht über ein gewisses Ehepaar:

> Sie, die den alten Sabinern nichts nachgab, die keusche Laevina
> und die trister noch war als ihr finstrer Gemahl,
> Wenn sie nur im Lucriner – ein andermal im Averner
> See zu erfreu'n sich vermocht' oder in Baiaes Quell'n,
> Lichterloh ist sie entflammt,
> dem Jüngling folgt sie, der Mann bleibt
> Kam sie ganz Penelope, geht sie wie Helena fort.

Obwohl der zugeknöpfte Augustus oft in der Nachbarschaft seine Ferien verbrachte, zeigte er sich doch niemals in Baiae und hatte keine gute Meinung von denen, die es taten.

Die nicht abreißende Kette von Villen führte von Baiae an Puteoli und Neapel vorbei nach Pompeji und Stabiae und weiter hinaus bis zur Halbinsel von Sorrent. Jede von den Städten, die sich hier entwickelten, hatte einen eigenen unverwechselbaren Charakter. Baiae war Badekurort und Seebad in einem, der Treffpunkt aller Vergnügungssüchtigen. Putoli war sehr viel gesetzter, weil dieser Erholungsort in unmittelbarer Verbindung mit einem der bedeutendsten Handelshäfen Italiens stand; während Feriengäste am Strand scherzten, machten Kaufleute und Reeder harte Geschäfte, und die Lader schwitzten auf dem Hafengelände. Neapel sprach die Intellektuellen an. Es war, wie die meisten großen Städte Süditaliens, von Griechen gegründet worden, und selbst in den Tagen der Kaiserzeit, nach Jahrhunderten römischer Herrschaft, herrschte eine griechische Atmosphäre: Man hörte überall auf den Straßen Griechisch, griechische Einrichtungen und griechische Lebensweise lebten weiter, und die Römer, die auf Besuch waren, legten ihre Toga ab, um in Pallium oder Chlamys spazierenzugehen. Die traditionellen griechischen Wettkämpfe für Dichter und Musiker wurden noch immer in Neapel abgehalten und zogen Massen von kulturell interessierten Menschen an. Hier gab, wie schon erwähnt, Nero sein Debut als Musiker. Dieses besondere Ambiente bewog viele gebildete Menschen, Ausländer und Römer, hier ihren dauernden Wohnsitz zu nehmen, und förderte das Wachstum einer blühenden literarischen Kolonie. Lehrer fanden die Stadt gut geeignet für die Einrichtung von Akademien, alte Leute dafür, hier die letzten Jahre ihres Alters zu verbringen.

Jahrein, jahraus und durch alle Wechselfälle hindurch stand die Bucht von Neapel auch in späteren Jahrhunderten für Feriengäste zur Verfügung. Als Romulus Augustulus, der letzte weströmische Kaiser, im Jahre 476 n.Chr. von der Hauptstadt verbannt wurde, schickte man ihn hierher, wo er seine Tage in einer der Villen des Lucullus beschließen sollte; sie war mehr als fünfhundert Jahre nach dem Tod ihres Erbauers noch immer vor-

Andenken-Glasflasche aus Puteoli, gefunden bei Lissabon. Die eingravierte Zeichnung zeigt auf der linken Seite zwei Amphitheater, die mit Arkaden (jani) geschmückte Promenade (solarium), ein Theater (theatrum), davor ein Tempel mit der Figur einer Gottheit sowie Bäder (thermae). Rechts der Pier mit einem Gebäude, zwei Säulen mit Figuren und ein Bogentor mit Quadriga

handen. Obwohl der Ausbruch des Vesuv, der Pompeji zerstörte, die an seinen Hängen liegenden Besitztümer vernichtete, obwohl die schweren Krisen, die das Kaiserreich während des 3. Jahrhunderts n. Chr. erschütterten, die Reihen der Villen lichteten, ging das Leben weitgehend in derselben Weise weiter, die wohlhabende Schicht machte weiterhin ihre gesitteten Runden auf dem See oder führte ihre *dolce vita* in Baiae. Noch im Jahr 391 n. Chr., schrieb der römische Aristokrat Symmachus, der nicht weniger als sechs Villen in der Gegend besaß, an einen Freund: »... ich verbrachte einige wenige Tage an dieser Küste, hielt mich aber mit Genüssen zurück und verweilte nur wegen des guten Klimas und der Frische der Wasser ... Jetzt ziehen wir aufgrund von gegenseitigen Einladungen entweder nach Bauli oder zur Villa des Nicomachus [des Schwiegersohns des Symmachus bei Puteoli]. Ein Strom von schnell hintereinander eintreffenden Freunden besucht mich. Ich habe keine Sorge, Du könntest glauben, daß ich mich in einer so lieblichen Gegend und bei einer solchen Fülle guter Dinge gehen lasse. Dem ist nicht so, ich führe ein einem Konsul gemäßes Leben, und auch auf dem Lucriner See bleibe ich seriös. Kein Singen auf den Schiffen, keine Schwelgerei bei den Gastmälern, kein Besuch von Bädern, kein ungehöriges Schwimmen der jungen Leute ...«

Plus ça change, plus c'est la même chose.

In dem zuvor zitierten Brief des Cicero, in dem er angibt, welche Ortsveränderungen er im Frühjahr vorhat, war die erste, der

Tradition folgend, die an die Küste im April. Die nächste war nach Tusculum, zu seiner Villa in den Bergen bei Rom. Auch dies war eine Tradition. Die kulturell Interessierten mochten sich den ganzen Sommer lang in Neapel aufhalten, das ordinäre Volk in den Seebädern, nicht so die Hautevolee. Mit dem Einsetzen der starken Hitze im Mai ließen sie ihre luxuriösen Villen in den Händen ihres Personals zurück und begaben sich in die Kühle der Berge.

Die Albaner und Sabiner Berge im Osten und Südosten Roms sind hoch genug, um Erquickung von der sommerlichen Hitze zu gewähren, und nahe genug bei der Hauptstadt gelegen, um es einem Senator zu ermöglichen, die beklemmende Kurie zu verlassen und sich einen oder zwei Tage mit einem Minimum an Reise zu erholen. Folglich waren sie vom ersten vorchristlichen Jahrhundert an mit Landsitzen übersät. Allein in der Nähe von Tusculum gab es vier, die verschiedenen Kaisern gehörten, zehnmal so viele gehörten Privatleuten. Der Schauplatz von Ciceros ›Gesprächen in Tusculum‹ ist die elegante Villa, die er dort besaß. Er verschwendete Zeit, Energie und Geld nicht nur für ihren Bau, sondern auch, um genau die passenden Kunstwerke zu ihrer Ausschmückung beizuschaffen. Bei den Villen in den Bergen kam es auf Ruhe, Kühle und Schatten an. Die Besitzer legten ihre Schlafzimmer gern in das Innere des Hauses, manchmal waren diese vollkommen vom natürlichen Licht abgeschnitten; die tonnengewölbten Korridore, durch die sie hin und wieder schlenderten, waren oft zur Hälfte in das natürliche Gelände versenkt, und die Gärten und Höfe besaßen Brunnen, so daß das Rauschen und Klatschen der Wasser ständig zu hören war. Üblicherweise gehörte ein privates, vollständig mit einem kalten und einem heißen Raum sowie mit einem Schwimmbecken ausgestattetes Bad dazu, wobei manche Schwimmbecken sogar geheizt waren.

Die größte Villenanlage dieser Art war der phantastische Komplex, den Kaiser Hadrian bei Tibur, unterhalb des heutigen Tivoli anlegen ließ. Er dehnte sich auf einem Gelände von etwa 180 Morgen Land aus, enthielt zwei Theater, drei Badeanlagen, Bibliotheken, endlose Säulenhallen – geschmückt mit Mosaiken und Wandgemälden, Hunderten von Statuen, meist Kopien berühmter griechischer Bildwerke und Kunstschätzen jeglicher Art aus allen Ländern des Reiches. Die ganze Anlage war von unzähligen unterirdischen Gängen unterfangen, so daß die Armee der hartarbeitenden Sklaven, die für die nötigen Dienste sorgten, diskret außerhalb des Gesichtskreises blieb.

Obwohl alle diese Besitztümer mitten auf dem Lande lagen, waren es zuerst und vor allem reine Wohnsitze. Der Anbau landwirtschaftlicher Erzeugnisse war absolut zweitrangig, und so mancher Besitzer mußte in der Stadt Eßvorräte einkaufen, bevor er sich zum Aufenthalt in seine Villa begeben konnte. Martial beschreibt einen von ihnen, wie er auf der Via Appia in seinem Wagen dahinfährt, der unter der Ladung von Kohl, Lauch, Salat, Runkelrüben, Geflügel, Hasen und Ferkeln ächzt:

»Will Bassus stadtwärts? Nein, er geht aufs Land.«

In den ersten beiden Jahrhunderten der Kaiserzeit hatte sogar der Mittelstand seine Landhäuser. Das Landhaus in den Sabinerbergen, das Maecenas Horaz schenkte und wohin dieser sich bei jeder möglichen Gelegenheit zurückzog, muß ein verhältnismäßig bescheidener Besitz gewesen sein. Martial, der seine Karriere in einem Dachstübchen im dritten Stock begann, erwarb schließlich ein Landhäuschen auf ein paar Morgen Land in der Nähe von Nomentum, etwa 21 km in der Luftlinie von dem Ort entfernt, wo man den Besitz von Horaz inzwischen festgestellt hat. Martial hat ein Epigramm über einen armen römischen Anwalt geschrieben, den die Bauern, deren Rechtsgeschäfte er besorgte, in landwirtschaftlichen Erzeugnissen bezahlten, so daß er ein gesichertes Einkommen hatte. Doch der Stadt müde, kaufte er sich einen ländlichen Besitz, – und die Dinge verkehrten sich in ihr Gegenteil.

Nahe bei Gräbern hast Du ein Äckerchen neulich erworben
   Baufällig Häuschen darauf, Stützen hat nötig das Dach!
Lässest im Stich die Prozesse in Rom, Deine Pfründe, Pannychus,
   Kleinen, doch sich'ren Gewinn fleißigen Richterberufs.
Botest bisher Getreide und Hirse, auch Graupen und Bohnen
   rechtskundig selbst zum Verkauf – jetzt Bauer, kaufst Du sie Dir.

Die Fahrten all dieser Villenbesitzer mit ihrer Dienerschaft, ihren Vorräten und Familien muß im Frühling, wenn sie sich in der Richtung der Meeresküste und aufs Land, und wieder im Herbst, wenn sie zurück in die Städte fluteten, lange Züge von Karren, Wagen und Sänften auf die Straße gebracht haben. Rings um Rom, wo der Wohlstand in besonderer Dichte zu finden war, muß der Verkehr entsprechend lebhaft gewesen sein und zunächst die südwärts zu den Seebädern führende Via Appia, später die Via Tiburtina, Via Praenestina und Via Tusculana, die nach Tibur und Praeneste in den Sabiner- und nach Tusculum in den Albaner-Bergen führten, gefüllt haben.

Wir stellten schon fest, daß es im Zeitalter der griechischen Stadtstaaten fünf grundlegende Motive gab, um eine Reise zu unternehmen. Die Römer hatten, wie wir gesehen haben, ein weiteres: Ferien. Sie waren der Anlaß einer alljährlichen Reise von der Stadt zur Küste oder in die Berge und zurück.

Viel bedeutsamer war jedoch der römische Beitrag zur Ausdehnung und zum Volumen des Reisens. Während der ersten drei Jahrhunderte nach Christus, als das Mittelmeer politisch und kulturell eine Welt geworden war, brachten die gleichen Anlässe unvergleichlich viel größere Menschenmengen auf Schiffe und Straßen, und diese reisten nun in allen Richtungen viel weiter als früher. Geschäftsleute und Beamte waren unterwegs zwischen England und Indien, die Asklepios-Heiligtümer hatten ein internationales Publikum, die Festspiele zogen Zuschauer von überallher an, und es gab weitaus mehr Menschen, die sich den Zeitvertreib einer Bildungsreise erlaubten. Dieses Thema, wie man im weiteren sehen wird, verlangt eine eigene Behandlung.

Seefahrten

Als Plinius der Ältere in der zweiten Hälfte des 1. Jahrhunderts n. Chr. bei der Abfassung seiner Enzyklopädie zu dem Gegenstand ›Flachs‹ kam, wurde er geradezu dichterisch: »Was gibt es für ein größeres Wunder, als daß es eine Pflanze gibt, die Ägypten Italien so nahe rückt, daß Galerius von der Meerenge von Messina in knapp sieben Tagen nach Alexandrien gelangte ..., daß eine Pflanze Gades, früher in unerreichbarer Entfernung, bis auf sieben Tage Seefahrt an Ostia heranbringt und das diesseitige Spanien auf vier Tage ...« In der Antike verwendete man Leinensegel aus Flachs, und Plinius spricht von den Rekordfahrten der Schiffskapitäne seiner Tage. Baumwolle, eine Importware aus Indien, verwendete man hauptsächlich für feine Gewänder. Spanien von Italien aus auf dem Landweg zu erreichen, hätte einen Monat erfordert, Alexandrien beinahe zwei. Aber selbst wenn die Länge der Reise zu Lande oder zur See gleich gewesen wäre, war es unvergleichlich weniger anstrengend, sich's auf einem Schiffsdeck bequem zu machen, als zu marschieren, auf einem Maulesel zu reiten oder in einem von Mauleseln gezogenen Wagen zu fahren. Anderseits mußte man die Frage der Gefahr gegenüber der Bequemlichkeit abwägen. Roms tüchtige Verwaltung hatte, wenigstens in den beiden ersten Jahrhunderten nach Christus, die Meere von Seeräubern reingefegt und die meisten Straßenräuber von den großen Hauptstraßen verjagt. Aber die Gefahren der Stürme auf dem Meer waren deshalb nicht gebannt; gleichgültig, wie sorgfältig ein Schiffskapitän die richtige Jahreszeit und die Winde für eine Fahrt wählte, das Unerwartete konnte sich immer ereignen. Menschen auf der Straße mochten sich im Schneckentempo voranschleppen oder durchgerüttelt werden, die Angst vor einem möglichen Schiffbruch war ihnen wenigstens erspart. Und die Römer, überhaupt unerfahren in der Seefahrt, wurden besonders nervös, wenn es um eine Seereise ging. Immer wieder sprechen ihre Schriftsteller furchtsam von der nur fingerdicken Planke, die einen Seemann vom Tod im Meer trennt, und die Abschiedsgedichte an Freunde, die eine Seereise unternehmen, lesen sich manchmal wie Elegien auf ihren sicheren Tod.

Noch einen anderen Faktor mußte man bei der Wahl der Land- oder Seeroute im Auge behalten: Schiffspassagen gab es nicht zu jeder Jahreszeit. Im Altertum war die Zeit der Schiffsreisen im großen und ganzen auf die Monate Mai bis Oktober beschränkt, teils wegen der heftigen Winterstürme, mehr aber noch wegen der verstärkten Wolkenbildung zwischen Herbst und Frühjahr. In den Tagen vor der Erfindung des Kompasses richteten die Seeleute tagsüber ihren Kurs nach Markierungspunkten oder nach der Sonne, nachts nach den Sternen; sie rechneten mit gutem Wetter, und das Glück war nur in den Sommermonaten auf ihrer Seite. Seefahrten hörten zwischen Oktober und Mai zwar nicht völlig auf, waren dann aber immer eine Ausnahme – etwa zwecks dringlicher Transporte von Truppen oder zur Behebung eines Versorgungsnotstands – und konnten bei der Planung von Reisen nur eine geringe Rolle spielen.

Rom, Antiochia, Caesarea, Alexandria, Karthago, Cadiz, Cartagena, Tarragona, Narbonne, Marseille, Arles waren die Haupt-Stapelplätze rings um das Mittelmeer. Seerouten führten von einem zum anderen, während die Küstenschiffahrt die einzelnen von ihnen mit den nahegelegenen kleineren Häfen verband. Rom, Hauptstadt und zentral gelegen, war notwendigerweise der mit Schiffslinien in allen Richtungen am besten bediente Stapelplatz.

Für Reisende, die sich von irgendeinem Ort im westlichen Reichsteil nach dem östlichen Mittelmeer begeben wollten, war Rom weitaus der beste Ausgangspunkt. Wollte man Ägypten erreichen, gab es die schon erwähnten schnellen Verbindungen mit den Schiffen der Getreideflotte Alexandria-Rom. War Griechenland das Ziel, hatte man mindestens zwei brauchbare Möglichkeiten. Eine Route, ausschließlich zur See, ging von Rom oder Neapel aus durch die Straße von Messina und um die Peloponnes herum nach Korinth und Athen. Wer auch ein Stück Reise auf dem Land in Kauf nahm, fuhr auf der Straße nach Brindisi, wo er ein Schiff bestieg, das ihn über die Adria und durch den Golf von Korinth zum Hafen von Korinth westlich des Isthmus brachte; wer nach Athen weiterreisen wollte, ging über den Isthmus zum Hafen an dessen Ostseite und fuhr dann wieder mit dem Schiff. Von Athen oder Korinth kam man leicht mit dem Schiff über das Ägäische Meer nach Ephesos oder Smyrna, den Haupthäfen Kleinasiens, und von diesen beiden aus konnte man in Küstenschiffen nach Norden oder Süden fahren. Wer von Rom nach Kleinasien zu reisen wünschte, ohne Griechenland zu berühren, konnte direkte Fahrten nach Rhodos oder den kleinasiatischen Häfen bekommen.

Die Reisezeit hing von den Winden und dem Schiffstyp ab, das heißt, ob es sich um ein seetüchtiges Schiff handelte, das das offene Meer befahren konnte, oder um ein kleineres, das sich in Küstennähe halten mußte. Höhere Regierungsbeamte reisten gelegentlich auf Kriegsschiffen, die ihnen von der römischen Flotte zur Verfügung gestellt wurden; da diese kaum mehr als übergroße Rennboote waren, hielten sie sich gezwungenermaßen in Küstennähe und gingen nachts in einem Hafen vor Anker. Als Cicero im Jahre 51 v. Chr. von Athen nach Ephesos fuhr, auf dem Weg nach dem südlichen Teil Kleinasiens, wo er sein Amt als Gouverneur antrat, reiste er mit einer leichten Flotteneinheit, die Teil einer Flottille war. Die Schiffe setzten am 6. Juli Segel, fuhren quer durch die ägäische Inselwelt, hielten sich auf Keos, Gyaros, Syros, Delos und Samos auf und kamen schließlich am 22. Juli, also mehr als zwei Wochen nach der Abfahrt, am Bestimmungsort an. Seine Rückkehr nach Athen, wiederum auf einer derartigen Flotteneinheit, dauerte ebenfalls zwei Wochen. Die Gesamtstrecke des Seewegs betrug nicht mehr als etwa zweihundert Seemeilen, die selbst ein langsames Segelschiff in drei oder vier Tagen bewältigt hätte. Zum Ersatz konnte Cicero aber jeden Abend an Land essen und nachts in einem festen Bett schlafen.

Was die Geschwindigkeit und manchmal sogar die Richtung einer Seereise wesentlich bestimmte, waren die sommerlichen Passatwinde des Mittelmeers, die etesischen, das heißt die ›jährlichen‹ Winde, wie man sie im Altertum nannte. Sie wehen stets aus nördlicher Richtung. So hatte eine Reise von Rom nach Alexandria alle Aussicht, eine Traumreise zu werden. Mit einem vorherrschenden Wind von der Heckseite konnte der Reisende im allgemeinen mit einer schnellen und bequemen Fahrt von zehn Tagen bis zu drei Wochen rechnen. Bei der Rückfahrt mußte er dafür büßen, denn diese konnte zwei Monate oder länger dauern. Die gleichen Winde, nun auf der ganzen Strecke Gegenwinde, zwangen die Schiffe zu einem weitläufigen Kurs über die Südküste Kleinasiens, über Kreta, Malta und Sizilien, wobei sie den größten Teil der Strecke mit den von vorn kommenden Winden kämpfen mußten. Bei der Reise von Rom nach Korinth oder zurück mußte man ebensosehr auf ungünstige Winde gefaßt sein, wie man günstige erwarten konnte; sie nahm infolgedessen eine bis zwei Wochen in Anspruch. Als Plinius der Jüngere, Neffe des Enzyklopäden, Rom verließ, um seinen Posten als Gouverneur der Provinz Bithynien an der Nordküste Kleinasiens anzutreten, segelte er direkt von Rom nach Ephesos, war aber dann gezwungen, wenigstens einen Teil der Strecke von dort aus auf dem Land zu bewältigen, weil die etesischen Winde die gesamte Reise von Ephesos nordwärts zum Hellespont auf dem Wasserwege unmöglich machten.

Die antiken Schiffe hatten niemals ganze Stockwerke von Rahsegeln wie Schiffe der Neuzeit. Ihre Fortbewegung wurde in erster Linie durch ein großes quadratisches Hauptsegel gewährleistet (Abb. 11). In der römischen Kaiserzeit hat man darüber ein dreieckiges Toppsegel hinzugefügt; dies diente dazu, bei leichtem Wind oder Windstille Luftströmungen in höheren Schichten auszunützen. Vorn war ein kleines quadratisches Segel (Abb. 10), sehr ähnlich dem Bugspriet-Segel des 18. Jahrhunderts; es hatte auch den gleichen Zweck, nämlich beim Manövrieren des Schiffs zu helfen. Nur die allergrößten Schiffe hatten noch einen Besan von bescheidenem Format. Dies war keine Takelung, um Geschwindigkeiten zu erzielen, besonders nicht bei den geräumigen, dickbauchigen Lastschiffen, die Griechen und Römer bevorzugten. Selbst vor einem günstigen Wind aus der richtigen Richtung machten ihre Schiffe nicht mehr als sechs Knoten. Eine Reise von Gibraltar nach Rom oder Karthago dauerte also niemals weniger als eine Woche. Nach Narbonne brauchte man von Rom mindestens drei, nach Korinth fünf, nach Rhodos sieben, nach Alexandria zehn Tage. Von Byzanz nach Rhodos dauerte eine Fahrt mindestens fünf, nach Alexandria neun Tage. Dies waren, wohlgemerkt, optimale Reisezeiten; eine Rückfahrt in der Richtung Südost nach Nordwest, das heißt gegen die herrschenden Nordwinde, konnte zweimal so lange oder noch länger dauern.

Im Altertum gab es keine Passagierschiffe. Reisende machten es so, wie sie es bis zum Paketboot im 19. Jahrhundert tun mußten: Sie gingen zu den Kaianlagen und fragten solange, bis sie ein Schiff fanden, das in der von ihnen gewünschten Richtung fuhr. Libanius schreibt bei der Schilderung seiner Reisen etwa im Jahr 340 n. Chr.: »In Konstantinopel ging ich hinab zum großen Hafen und erkundigte mich rundum nach Schiffen nach Athen.« Als Paulus von Caesarea in Palästina nach Rom geschickt wurde, um dort vor Gericht gestellt zu werden, bestieg er ein Schiff, das zur Südküste Kleinasiens und zufällig ein Stück in seiner Richtung fuhr; bei seiner Ankunft im Hafen von Myra in Lykien hatte er das Glück, einen Frachter der Alexandria-Rom-Route im Hafen zu finden, und sicherte sich darauf einen Platz. In Rom gab es eine bequemere Informationsmöglichkeit, die viel lästiges Herumlaufen in den Hafenanlagen ersparte. Der Hafen lag an der Tibermündung. In der nahen Stadt Ostia waren alle Schiffahrtsbüros um einen Platz konzentriert; viele davon gehörten Reedern verschiedener Seehäfen, so aus Narbonne, Karthago, Carales auf Sardinien und so weiter. Wer eine Passage buchen wollte, mußte sich nur in den Büros jener Städte erkundigen, die auf seiner Route lagen.

Da die Schiffe vorab für Frachten da waren und Passagiere

nur gelegentlich mitnahmen, boten sie diesen weder Essen noch andere Dienste. Die Schiffsmannschaften waren ausschließlich für die Arbeiten an Bord da; Stewards gab es keine. Wie in früheren Zeiten gingen die Reisenden mit ihrem eigenen Dienerpersonal, das für ihre persönlichen Bedürfnisse zu sorgen hatte, und mit genügend Lebensmittel- und Weinvorräten an Bord, die bis zum nächsten Hafen reichen mußten; dort war Gelegenheit, die Vorräte wieder aufzufüllen.

Nach der Wahl des Schiffs trug der Reisende Sorge, die Passage beim *magister navis*, dem ›Schiffsmeister‹ zu buchen, der für die geschäftliche Seite einer Reise, die Wartung des Schiffs und dergleichen verantwortlich war; bei kleinen Schiffen konnte das auch der Eigentümer selbst sein, bei großen war es meist der Stellvertreter des Eigentümers oder des Befrachters. Die technische Seite einer Schiffsreise lag in der Hand des Kapitäns, des *gubernator* oder *kybernetes*, wie er lateinisch und griechisch genannt wurde. Selten war bei einer Buchung auch eine Kabine dabei, da Kabinenraum sehr teuer war. Der *magister* und der *gubernator* hatten meist ihre Kabine, überdies gab es auf den großen, seetüchtigen Frachtern noch welche für hohe Würdenträger oder sehr Reiche; die überwiegende Mehrzahl der Reisenden aber kaufte sich einfach eine Deckpassage. Sie schliefen unter offenem Himmel oder unter einem kleinen zeltartigen Schutzdach, das die Diener jeden Abend aufspannten und morgens wieder abbauten. Die meisten Schiffe, sogar kleine, besaßen eine wohlausgestattete Kombüse mit einem Kochherd. Wahrscheinlich hatte die Mannschaft darauf den ersten Anspruch, doch zweifellos stand sie zu festgesetzten Stunden auch den Dienern der Reisenden zur Verfügung.

War die Passage gesichert, mußte sich der Reisende einen Ausreise-Erlaubnisschein besorgen – wenigstens in einigen Häfen; wir wissen nicht genau, ob solche Pässe überall erforderlich waren. Sie waren sicher vorgeschrieben für Leute, die Ägypten verließen, aber Ägypten stand auch wegen seiner vitalen Bedeutung als Quelle für Lebensmittel und Einkäufe in vieler Hinsicht unter strengeren Vorschriften als die anderen Provinzen des Imperiums. Wenn man beispielsweise aus Alexandria ausreisen wollte, mußte man sich an den Gouverneur wenden. War dieser geneigt, sein Einverständnis zu geben, dann bevollmächtigte er einen Hafenbeamten, einen Erlaubnisschein auszustellen. Dies war mit Kosten verbunden, die offenbar je nach dem Gewerbe des Antragstellers sehr unterschiedlich bemessen wurden. Eine Preisliste vom Jahre 90 n. Chr. für Pässe zum Verlassen Ägyptens von einem Hafen am Roten Meer ist glücklicherweise erhalten geblieben und zeigt erstaunliche Preisunterschiede. Der Kapitän eines Handelsschiffs zahlte 8 Drachmen, manche von seinen Dienstgraden 10, seine Seeleute und der Schiffszimmermann 5. Ein gelernter Arbeiter zahlte dasselbe wie der Kapitän. Die Regierung scheint es für ratsam gehalten zu haben, Frauen vom Verlassen des Landes möglichst abzuhalten, denn verheiratete Frauen von Armeeangehörigen mußten 20, Prostituierte nicht weniger als 108 Drachmen bezahlen.

Wenn der Tag der Abreise näherrückte, machte der Reisende sich daran, seine Koffer *(viduli, manticae)* zu packen. Wie manche Reisende noch im letzten Jahrhundert nahm er außer seiner Kleidung eine Unzahl von Dingen mit, die er zum Kochen, Essen, Baden und Schlafen brauchte, angefangen von Töpfen und Pfannen bis zu Matratze und Bettzeug. Dazu mußte er auf dem Schiff Platz für seine Vorräte finden, die bei bestimmten Reisen – etwa bei der Fahrt über offenes Meer von Rom nach Alexandria, bei der man mindestens zehn Tage unterwegs war – umfangreich genug waren. Er zog dann mit all seinem Gepäck und seinen Dienern zu einem Gasthaus in Kainähe oder in das Haus eines Freundes, der in Hafennähe wohnte. Hier wartete er mit gespitzten Ohren, um die Ankündigung des Herolds nicht zu überhören, der die bevorstehende Abfahrt seines Schiffs bekannt gab.

Schiffe fuhren nie nach einem festen Fahrplan ab. Einmal warteten sie darauf, daß der Wind aus der gewünschten Richtung wehte. Zum anderen waren die Omina zu beachten. Die römische Kaiserzeit war, wie schon erwähnt, im allgemeinen abergläubisch, und Seeleute sind außerdem noch ein besonders abergläubisches Volk. An vielen Tagen im Jahr waren dem religiösen Kalender zufolge Geschäfte jeder Art verboten, und hierzu gehörte auch die Abfahrt eines Schiffs. Dann gab es Tage wie unseren Freitag und den Dreizehnten, die als unheilvoll galten; so verließ beispielsweise kein römischer Kapitän am 24. August, 5. Oktober oder 8. November einen Hafen, und generell galt auch das Monatsende als eine ungünstige Zeit, um auf See zu sein.

Bei günstigen Winden und einem Datum, gegen das nichts einzuwenden war, opferten die dafür Zuständigen vor Antritt der Fahrt meist ein Schaf oder einen Stier. Poseidon bevorzugte Stiere. Waren die Omina bei dem Opfer schlecht, mußte die Fahrt aufgeschoben werden. Wenn Wind und Datum richtig und auch das Opfer nach Wunsch ausgefallen war, gab es für den Aberglauben aber noch immer eine ganze Serie von Vorzeichen, die hinderlich sein konnten: Niesen beim Besteigen des Schiffs zum Beispiel, war ausgesprochen ungünstig; wenn man jedoch beim Opfer nach rechts geniest hatte, war das wiederum gut; eine in der Takelage sitzende, krächzende Krähe oder Elster war schlecht; der Anblick eines an der Küste gestrandeten Schiffs war schlecht; die Äußerung bestimmter Wörter oder Ausdrücke war schlecht. Eine Abfahrt konnte auch durch Träume aufgehalten werden, wenn ein Reisender oder die Schiffsoffiziere sie ernst nahmen, wie es damals viele taten. Einem antiken Buch über dieses Thema zufolge waren Träume von trüben Gewässern, einem Schlüssel oder einem Anker ein unmißverständliches Veto gegen eine Schiffsreise. Ziegen sagten große Wogen oder Sturm voraus – und gewaltige Wogen, wenn die Ziegen schwarz waren. Wildschweine bedeuteten heftige Stürme, ebenso Stiere, die sogar Schiffbruch voraussagten, wenn sie mit ihren Hörnern etwas durchbohrten. Eulen und andere Nachtvögel bedeuteten Sturm oder Angriff von Seeräubern, Möwen und andere Meeresvögel Gefahr, aber nicht Tod. Ein Traum, in dem man sein eigenes Gesicht im Mond sah, bedeutete Vernichtung, träumte man davon, daß man auf dem Rücken flog oder über Wasser wanderte, waren das gute Vorzeichen. Im allgemeinen scheinen ermutigende Träume gegenüber den anderen weitaus in der Minderzahl gewesen zu sein.

Omina beschränkten sich aber nicht nur auf die Abfahrt eines Schiffs, unterwegs waren sie ebenso wirksam. So bedeuteten beispielsweise die eben genannten Träume dasselbe, ob man sie im Hotel vor dem Besteigen des Schiffs oder im Schlaf an Deck des Schiffs hatte. Wenn Vögel sich während der Seefahrt in der Takelage niederließen, war das ein gutes Zeichen; es bedeutete, daß Land in der Nähe war – ein Kapitän, der seine Orientierung verloren hatte, fand sich oft wieder zurecht, indem er dem Flug eines Vogels folgte. Solange das Wetter gut war, durften Haare und Nägel nicht geschnitten werden; wurde es schlecht, konnten abgeschnittene Nägel und Haarlocken als Besänftigungsopfer in die Wellen geworfen werden. Schimpfworte waren nicht gestattet; es war sogar ein böses Omen, wenn sie nur in einem Brief standen, der an Bord in die Hände seines Empfängers kam. Tanzen war tabu. Wenn jemand während einer Seereise verstarb, wurde seine Leiche ohne Verzug ins Meer geworfen, weil Tod an Bord eines Schiffs das schlimmste Omen war, das es gab.

Die Reisenden unterhielten sich, so gut sie konnten. Sie leisteten einander Gesellschaft, und große Schiffe, wie sie etwa auf der Strecke Rom–Alexandria fuhren, konnten ja beträchtliche Mengen von ihnen unterbringen. Josephus machte einmal eine Überfahrt nach Rom auf einem Schiff, das 600 Menschen an Bord hatte. Bedeutende Persönlichkeiten erhielten einen Stuhl auf dem Heck, wo sie mit dem Kapitän plaudern konnten – was etwa dem Kapitäns-Diner bei den modernen transatlantischen Linienschiffen entspricht. Lektüre als Zeitvertreib gab es nur für diejenigen, die sich Bücher leisten konnten; und Bücher, damals handgeschrieben, kosteten viel Geld; Reisende zogen die Pergament-Kodizes, die in ihrer Gestalt einem modernen Buch glichen, den Rollen vor, die nicht nur mehr Platz beanspruchten, da sie nur einseitig beschrieben, sondern auch unbequemer waren, da sie beim Lesen ständig mit beiden Händen gehalten werden mußten. Man kann fast sicher sein, daß Glücksspiele mitgeholfen haben, so manche lange Stunde an Deck zu verkürzen. Natürlich konnte man immer die Tätigkeiten auf dem Schiff beobachten: den Steuermann, der nicht, wie heute, nur ein Rad drehte, welches das Steuerruder am Heck bewegt, sondern der das Schiff durch Stoßen und Ziehen von Riegelbalken steuerte, die mit den gewaltigen beiderseitigen Steuerrudern in Verbindung standen (Abb. 10, 11), ein Apparat, der kaum weniger leistungsfähig war als ein Heckruder; die Seeleute, wie sie die Leinen des gewaltigen Großsegels oder des dreieckigen Toppsegels oder des kleinen Vorsegels dem Wind entsprechend fester zogen oder lockerten; die Matrosen im Laderaum, die das Schlagwasser durch eine von einer Tretmühle betriebene Pumpe entfernten; die Matrosen auf dem Hinterdeck, die das achteraus vertäute Boot einholten, um dem darin wachehaltenden einsamen Seemann etwas zu essen zu geben; den Schiffszimmermann auf dem Vorderdeck (Abb. 11), der Ersatzruder, Flaschenzüge, Pflöcke zum Festmachen und noch vieles andere herstellte; kurz gesagt, all die verschiedenartigen Arbeiten, die tagein, tagaus auf Segelschiffen vor sich gehen, gleichgültig, welchem Zeitalter diese angehören. Es gab jedoch kein Beschäftigungsproblem, wenn das Schiff in Seenot geriet. Dann wurde jedermann an Bord, Passagiere und Mannschaft, eingesetzt. Als ein Sturm das Schiff überraschte, auf dem der hl. Paulus fuhr, halfen er und andere Passagiere, das Takelwerk über Bord zu werfen. Bei hoher Windstärke mußte die Rahe, eine riesige Spiere, die fast so lang sein konnte wie das Schiff selbst, auf das Deck niedergelassen und entweder gehörig festgemacht oder ins Meer geworfen werden, eine Arbeit, zu der jeder verfügbare Arm gebraucht wurde. Später, als die Gefahr noch größer wurde, legten Paulus und die anderen sich ins Zeug, um die Kornladung über Bord zu kippen. Vermochte man ein Schiff nicht vor dem Untergang zu retten, war der Tod gewiß, denn antike Schiffe besaßen keine Rettungsboote; das einzige vorhandene Boot konnte bestenfalls ein Dutzend Menschen aufnehmen und war zur Verwendung in den Häfen vorgesehen, nicht zur Lebensrettung.

Wenn das Schiff in seinen Bestimmungshafen einlief, brachte der Kapitän auf dem Achterdeck ein Dankopfer dar (Abb. 11). Ein Hafenschlepper – ein schweres Fischerboot, bemannt mit rauhen Ruderern, die mit übermäßig großen Rudern hantieren mußten – kam heran, holte eine Leine über, nahm das Schiff ins Schlepptau, brachte es, Bug voraus, zu einem Dock, und hier wurde es an einem Steinring am Kai sicher vertäut. Das Fallreep wurde herabgelassen, Lader stürmten in Scharen an Bord, um mit dem Entladen zu beginnen, und die Passagiere kletterten mit einem Seufzer der Erleichterung zum festen Land hinunter, erleichtert unter anderem von der Spannung, die sich in dem Augenblick eingestellt hatte, als der Hafen in Sicht gekommen war: Denn von da an war es von entscheidender Bedeutung, daß niemand ein Wort äußerte oder eine Handlung beging, die ein böses Omen sein konnte.

Bequemlichkeit und Geschwindigkeit einer Seereise hingen vom Schiff ab – und unter den antiken Schiffen gab es ebenso wie unter den modernen alle Typen von fürstlichen Überseefrachtern zu schlichten Küstenfahrzeugen.

Als der jüdische Thronfolger Agrippa Rom verlassen wollte, um zu Schiff nach Palästina zu fahren, riet ihm Kaiser Caligula, »nicht von Brindisi aus die Fahrt nach Syrien zu unternehmen, die lang und ermüdend ist, sondern die etesischen Winde abzuwarten und dann die direkte Strecke über Alexandria zu wählen«. »Die dortigen Frachter«, so sagte er, »sind schnelle Segler, ihre Steuerleute haben große Erfahrung und lenken ihre Schiffe wie Rennpferde, indem sie den geraden Kurs, ohne abzuschweifen, einhalten.« Caligula sprach von den mächtigen Schiffen, die die Strecke zwischen Alexandria und Rom befuhren und ägyptisches Getreide zur Hauptstadt brachten. Durch einen glücklichen Umstand wissen wir, wie sie aussahen. Etwa Mitte des 2. Jahrhunderts n. Chr. geriet eines von ihnen in eine außergewöhnliche Schlechtwetterperiode, kam von seinem Kurs ab und legte in Piräus, dem Hafen Athens, an. Die Ankunft eines Schiffes der berühmten Getreideflotte in einem damals kommerziell völlig uninteressanten Hafen rief eine Sensation hervor. Alle Menschen in Athen strömten zum Hafen, um es zu sehen, und zum Glück für uns, auch Lukian. Er wanderte mit seinen Freunden die 8 km von Athen zum Piräus, um sich anzusehen, was all diese Aufregung verursachte. Er war überrascht und schrieb: »Was für ein Schiff! Der Schiffszimmermann gab seine Länge mit hundertundzwanzig Ellen, seine Breite mit mehr als dreißig und seine Höhe zwischen dem Verdeck und dem Boden des Laderaums mit neunundzwanzig Ellen an. Und dann, wie riesig der Mast, was für eine gewaltige Rahe trägt er, was für Taue halten ihn, wie erhebt sich sanft gebogen das Heck mit dem darüber aufragenden, vergoldeten Heckzierat, und wie ragt gegenüber gleichermaßen der sich nach vorn streckende, beiderseits mit einem Bild der namengebenden Göttin Isis geschmückte Bug heraus; und auch der übrige Schmuck, die Bilder, das feuerfarbige Obersegel, dazu die Anker, die Ankertaue, die Ankerwinden und die Kabinen unter dem Achterdeck – alles schien mir bewundernswert. Und die Menge der Matrosen könnte man mit einer ganzen Heerschar vergleichen. Es wurde auch gesagt, es führe so viel Getreide, daß es für jedermann in Attika ein ganzes Jahr lang reiche. Und das alles brachte ein kleines, schon altes Männchen, das mit einer kleinen Stange diese riesigen Steuerruder bewegte, sicher ans Ziel; es wurde mir gezeigt, ein Männchen mit beginnender Glatze, kräftig, sein Name war, glaube ich, Heron.«

Fünfundfünfzig Meter lang, mindestens 14 Meter breit mit einem 13 Meter hohen Laderaum – das war tatsächlich ein mächtiges Schiff, wahrscheinlich imstande, über tausend Tonnen Getreide zu laden, mithin dreimal mehr als ein vor 1820 zwischen Europa und Amerika Handel treibender Kaufmann in einem Schiff es konnte. Und wahrscheinlich auch geräumig genug, um überdies bis zu tausend Passagiere, wenn auch gedrängt, aufzunehmen. »Wir waren insgesamt zweihundertsechsundsiebzig Seelen auf dem Schiff«, schreibt der hl. Lukas von dem Schiff, das auf der gleichen Route eingesetzt war und das er mit dem hl. Paulus in Myra bestieg; und diese Fahrt fand außerhalb der Saison statt.

Die von Lukian beschriebene ›Isis‹ vertrat den größten damaligen Schiffstyp, war eine der Königinnen der römischen Handelsmarine, eines der größten und schönsten Schiffe, auf denen ein Reisender eine Passage buchen konnte. So ist es nicht erstaunlich, daß Kaiser Vespasian sie den Galeeren der Kriegsmarine vorzog, die ihm zur Verfügung standen. Am anderen Ende der Größenskala gab es die bescheidenen Küstenfahrzeuge. Dank einer Beschreibung des Synesius haben wir eine Vorstellung davon, welche Art Schiffe dies waren. Dieser aristokratische griechische Intellektuelle, der zum Christentum bekehrt und schließlich Bischof von Ptolemais wurde, bestieg im Jahr 404 n.Chr. ein solches Küstenschiff, um von Alexandria längs der ägyptischen und lybischen Küste nach Kyrene zu reisen, und schrieb über seine Erlebnisse einen lebendigen, im Plauderton gehaltenen Brief an seinen Bruder in Alexandria. Obgleich wir seinen Bericht nicht in vollem Umfang als bare Münze nehmen dürfen – Synesius ist ebenso daran interessiert, seinen Leser zu unterhalten wie ihn zu informieren –, liefert er uns doch ein amüsantes, anschauliches Bild davon, wie es bei einer Fahrt auf einem dieser einfachen Fahrzeuge zuging:

»Unser Reeder wurde durch eine Schuldenlast erdrückt. Die Mannschaft bestand aus zwölf, mit dem Kapitän dreizehn Leuten. Über die Hälfte, auch der Kapitän, waren Juden, eine Rasse von Leuten mit ausgefallenen Ansichten; sie sind der Überzeugung, daß Frömmigkeit darin besteht, dafür zu sorgen, daß sie möglichst viele Griechen umbringen. Die Übrigen waren einfache Jungen vom Land, die noch bis vor einem Jahr kein Ruder berührt hatten. Allen gemeinsam war, daß sie Körperdefekte hatten. Daher machten sie, solange wir nicht in Gefahr waren, ihre Witze darüber und nannten einander mit ihren Gebrechen anstatt mit ihren richtigen Namen: Krüppel, Bruchmatrose, Ein-Arm, Schieler, ein jeder hatte seinen Spitznamen. Das amüsierte uns einigermaßen. Aber in der Not gab es darüber nichts zu lachen; wir hatten vielmehr Grund, über diese Gebrechen zu stöhnen, weil mehr als fünfzig Passagiere an Bord waren, davon etwa ein Drittel Frauen, meist junge und hübsche. Sei nicht neidisch; ein guter, starker Vorhang, ein Stück von einem kürzlich gerissenen Segel, trennte uns, in den Augen von anständigen, maßvollen Männern eine wahre Mauer der Semiramis. Und auch Priap selber wäre als Passagier auf Herrn Amaranthus' Schiff anständig und maßvoll gewesen. Keinen Augenblick ließ dieser uns die Todesgefahr, in der wir schwebten, vergessen.

Anfangs, nach Umschiffung des Kaps in Deiner Nähe, wo der Poseidon-Tempel steht, beschloß er, mit vollen Segeln nach

Taposiris zu steuern und es mit der Skylla aufzunehmen, von der in den Büchern die Rede ist und vor der wir solche Angst haben. Als wir dessen gewahr wurden, um Haaresbreite vor einem Unheil, konnten wir ihn mit einem lauten Schrei gerade noch davon abhalten, einen Kampf mit den Felsenklippen aufzunehmen. Dann steuerte er das Fahrzeug so, als habe er seinen Sinn geändert, fuhr in das offene Meer hinaus, kämpfte eine Zeitlang, so gut er konnte, gegen den Seegang, hatte später aber die Hilfe einer günstigen Brise von Süden.«

Hätte Synesius etwas von Schiffahrt verstanden, dann hätte er gemerkt, was vor sich ging. Der Kapitän war zuerst auf landwärts gerichteten Kurs gegangen und hatte diesen Kurs, soweit er irgend konnte, weiter verfolgt, wie das ein guter Steuermann tut. Er wendete dann das Schiff, doch nicht, weil er seinen Sinn willkürlich geändert hatte, sondern weil ihm bei Gegenkurs der von der Küste wehende Wind weiterhalf, wie ja selbst Synesius bemerkte. Als er diesen Kurs fortsetzte, ließ er die Küste immer weiter hinter sich, und Synesius, der der Mannschaft mißtraute und immer nervöser wurde, beklagte sich bitterlich. Amaranthus erklärte geduldig den Sachverhalt, aber Synesius wurde nur halb überzeugt. Gegen Abend begann der Wind stärker zu werden, und um Mitternacht waren sie mitten in einem Sturm:

»Die Männer stöhnten, die Frauen schrien, jedermann rief Gott an, weinte laut und rief die Namen seiner Lieben. Nur Amaranthus war guter Dinge im Gedanken daran, daß es ihm erspart werden könnte, seine Gläubiger zufriedenzustellen... Ich bemerkte, daß alle Soldaten – eine größere Gruppe der Passagiere bestand aus Mitgliedern einer arabischen Kavallerie-Einheit – ihre Schwerter gezogen hatten. Ich fragte, warum, und erfuhr, daß sie es vorzögen, lieber ihre Seele auf Deck in die Luft zu verhauchen, als sie in das Meer hinauszugurgeln. Rechte Nachfahren Homers, dachte ich, und gab ihnen recht. Dann rief jemand aus, alle, die Gold bei sich hätten, sollten es um ihren Hals hängen. Die Gold oder irgendetwas anderes von Goldeswert hatten, taten es. Die Frauen legten nicht nur selbst ihre Geschmeide an, sondern verteilten sie auch an andere, die keins hatten. Es ist dies eine uralte Sitte, die folgenden Grund hat:

Man muß die Leiche eines im Meer Ertrunkenen mit Geld versehen, um die Kosten der Bestattung zu bezahlen, so daß einer, der sie findet, sich ohne Nachteil darum kümmern kann ...

Das Schiff schoß unter vollen Segeln dahin, weil wir sie nicht einziehen konnten. Immer wieder wollten wir die Leinen ergreifen, gaben es aber auf, weil sie in den Pflöcken festgeklemmt waren. Heimlich begann uns außerdem die Angst zu plagen, selbst wenn wir der tobenden See entrönnen, könnten wir uns mitten in der Nacht in dieser hilflosen Lage dem Lande nähern. Der Tag brach an, bevor es dazu kam, und wir erblickten die Sonne – nie zuvor mit größerer Freude. Als es langsam heiß wurde, ließ der Sturm nach, bald waren die Taue nicht mehr naß, und wir konnten wieder mit ihnen hantieren und die Segel bedienen. Das Sturmsegel zu setzen war unmöglich, weil es im Pfandhaus war. Wir rafften die Segel wie die Falten einer Tunika und fanden uns vier Stunden später an einem völlig verlassenen Ort ausgeschifft; fünfzehn Meilen im Umkreis gab es weder eine Stadt noch ein Bauernhaus. Das Schiff wurde an der offenen Reede hin- und hergeworfen (es gab an der Stelle keinen Hafen), gehalten von nur einem Anker – der zweite Anker war verkauft worden, und Herr Amaranthus besaß keinen dritten. Als wir den geliebten Erdboden wieder berührten, umarmten wir ihn wie eine leibhaftige Mutter.«

Römische Straßen

Das Straßennetz, das Rom in den von ihm verwalteten Gebieten anlegte, war nicht nur eine großartige Leistung, sondern auch eine von tiefer Bedeutung. Es ermöglichte seinen Herrschern, das dauerhafteste Imperium der europäischen Geschichte zu errichten und zu erhalten; es zeichnete die Verkehrslinien vor, auf denen Händler, Priester und Soldaten die Keime der Veränderung in die westliche Kultur trugen; es bestimmte die geographische Lage vieler großer europäischer Städte der Zukunft. Nur ein reicher und mächtiger Staat, dessen Autorität weit und breit unbestritten anerkannt wurde, konnte diese Aufgabe erfüllen, konnte so viele tausend Meilen Landstraßen bauen, sie in mehr oder weniger gutem Zustand halten, sie mit den notwendigen Einrichtungen ausstatten und ihnen den erforderlichen Polizeischutz geben. Als das Römische Reich in viele unabhängige Staaten auseinanderfiel, brach auch sein großes Straßensystem zusammen, und da im Mittelalter keine Nation über die erforderliche Organisation oder die Mittel zur Instandhaltung verfügte, verfielen die Straßen allmählich vollends. Spanische, französische und englische Kutschen mühten sich holpernd und steckenbleibend über Strecken, die anderthalb Jahrtausende früher von den römischen *redae* und *carrucae* auf glatten, allen Wettern standhaltenden Pflasterstraßen spielend zurückgelegt worden waren.

Die Römer lernten die Kunst des Straßenbaus von ausgezeichneten Lehrmeistern: den Etruskern. Dies geheimnisvolle Volk, das sich im 9. Jahrhundert v. Chr. in der heutigen Toskana ansiedelte und dort ein halbes Jahrtausend lang eine blühende Kultur hervorbrachte, hat bedeutende Zeugnisse seiner Begabung im Ingenieurwesen, besonders im hydraulischen Bereich, hinterlassen. Sie lehrten die Römer, wie man Abzugskanäle, Wasserleitungen und Brücken, sowie – was unser Thema betrifft – richtig dränierte Straßen baut. Die Etrusker brachten es aber nicht über gut nivellierte, dränierte und mit einer abgeglätteten Erdoberfläche versehene Straßen hinaus. Die Römer gingen einen Schritt weiter, indem sie Pflaster hinzufügten. Man kannte es längst, denn im Nahen Osten war es schon Jahrhunderte zuvor auf kurzen Strecken an besonderen Stellen verwendet worden. Rom pflasterte nun Meile für Meile seiner Hauptstraßen.

Die erste der großen römischen Durchgangsstraßen war die Via Appia, die *regina viarum*, ›Königin der Straßen‹, begonnen im Jahr 312 v. Chr. unter Appius Claudius, dem für öffentliche Arbeiten in jenem Jahr zuständigen Beamten. Sie führte nach Capua und wurde später nach Brindisi fortgesetzt, dem Tor für Reisen nach dem Osten. Ein Jahrhundert später waren zwei zum nördlichen Ende der Halbinsel führende Durchgangsstraßen hergestellt: Die Via Flaminia, genannt nach Caius Flaminius, dem Beamten für öffentliche Arbeiten im Jahr 220 v. Chr. und begonnen im selben Jahr, lief von Rom nach Fano an der Küste der Adria und war so ingeniös über die Höhen des Apennin geführt, daß Schnee nur sehr selten im Jahr die Pässe sperrte; einige Jahrzehnte später fügte Konsul Marcus Aemilius Lepidus die Via Aemilia hinzu, die die Flaminia bis nach Piacenza fortführte; sie wurde schließlich noch bis nach Mailand fortgesetzt. Die zweite Straße, die Via Aurelia, die 144 v. Chr. oder sogar schon früher begonnen wurde, nahm den Verkehr von Rom längs der Westküste der Halbinsel auf und erreichte nach mehrfachen Verlängerungen Genua.

So war Ende des 2. Jahrhunderts v. Chr. die italienische Halbinsel mit einer Reihe von erstklassigen Hauptverkehrsstraßen ausgestattet, die sie in ihrer gesamten Länge durchzogen. Da Rom Gebiete außerhalb Italiens hinzuerwarb, galt es, sie weiter-

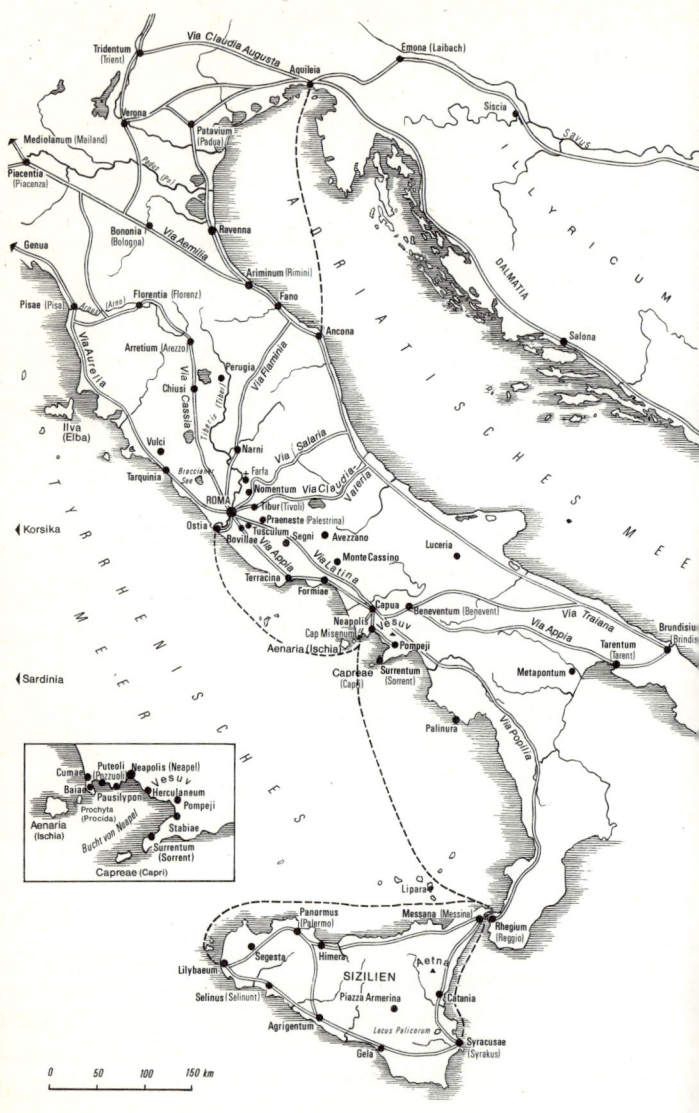

Römische Straßen in Italien

zuführen, um den ununterbrochenen Fluß von Soldaten und Nachrichten von der Hauptstadt zu allen Orten innerhalb der römischen Herrschaftssphäre zu ermöglichen. Diese glänzenden Hauptstraßen waren ja – und man tut gut, sich daran zu erinnern, obwohl sie auch von zahlreichen Händlern und Reisenden benutzt wurden – in allererster Linie von der Armee für die Armee hergestellt worden.

Zunächst nahm der Osten die Aufmerksamkeit der Straßenbauer in Anspruch. Gegenüber von Brindisi, dem Endpunkt der Via Appia, lag jenseits der Adria die Stadt Durazzo. Von hier aus begann man kurz nach 148 v. Chr. mit dem Bau der Via Egnatia quer durch Makedonien nach Saloniki, wo sie auf die Straßen traf, die zu den griechischen Stadtstaaten führten. Später wurde sie bis nach Byzantium fortgesetzt, dem heutigen Istanbul. Von hier aus mußten die römischen Straßeningenieure sich nicht so sehr um den Bau neuer als um die Verbesserung und Festigung der alten Straßen kümmern, die Assyrer, Perser und Griechen schon lange zuvor angelegt hatten. Im 1. Jahrhundert n. Chr. konnte der Reisende, der auf der Via Egnatia bis Byzantium gefahren und dann mit der Fähre über den Bosporos übergesetzt war, in Kleinasien und durch Syrien hindurch bis nach Alexandria mit guten Straßen rechnen.

Im Westen konnte man zwar den von den gallischen Stämmen benützten Pfaden folgen, doch war viel Arbeit zu leisten, um sie auf den römischen Stand zu bringen. Von Genua aus wurde die Küstenstraße ständig weitergebaut, bis sie schließlich den Verkehr über Marseille, Narbonne und Tarragona bis nach Cadiz an der atlantischen Küste Spaniens leitete. Mehr als ein Dutzend Straßen überquerten die Alpen: über den Mont-Genèvre-Paß, den Großen und Kleinen St. Bernhard, den Splügen- und Julier-Paß nach Frankreich und der Schweiz und von Aquileia aus über einige niedere Pässe in das Donautal. Aus uns unbekannten Gründen ließen Roms Straßeningenieure mehrere heute bevorzugte Paßstrecken unbeachtet: es gab bis spät im 2. Jahrhundert n. Chr. keine Fahrstraße über den Brenner und während des ganzen Altertums keine über den Mont Cenis, den Simplon oder den St. Gotthard.

Hauptstraßen des Römischen Reiches

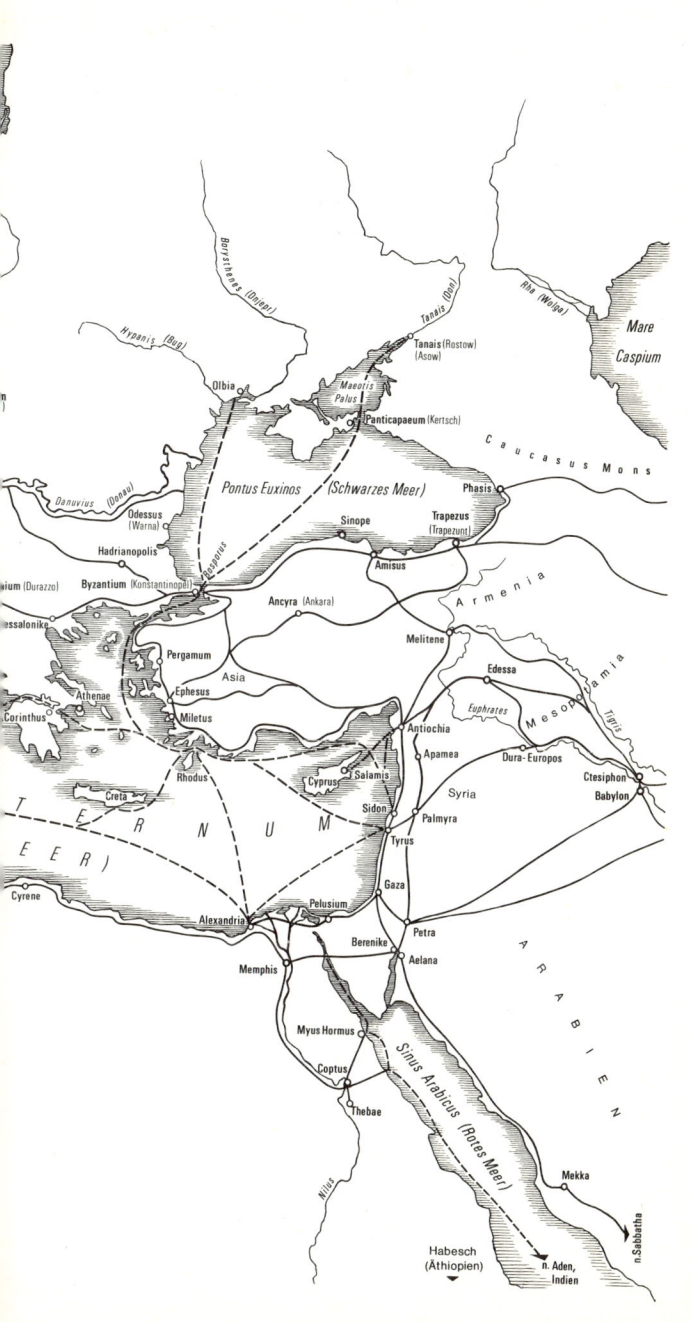

In Nordafrika lief ein langes Straßenband von Alexandria bis nach Algerien.

So war im 1. Jahrhundert das Mittelmeer seinen verschiedenen Küsten entlang von einer beinahe durchgehenden Ringstraße umschlossen. Stichstraßen und Zweigstraßen führten von da aus tief nach Europa und Asien, etwas weniger tief nach Afrika hinein. In jeder der römischen Provinzen wurden im Laufe der Zeit zwei oder drei Städte zu Knotenpunkten des Straßennetzes. Viele davon haben auch weiterhin als Straßen- und dann als Eisenbahnmittelpunkte gedient, und längs ihrer Ausfallstraßen wird noch oft unter dem Asphalt oder dem Schienenstrang römisches Pflaster gefunden. In Spanien waren es Saragossa, Cordoba und Merida, wovon nur Merida seine Rolle verloren hat und heute lediglich ein Ort von archäologischem Interesse ist. In Frankreich handelte es sich um Lyon und Reims, beide noch immer bedeutende Straßen- und Schienenknotenpunkte. In England ist London, in Italien sind Rom, Mailand und Aquileia zu nennen; letzteres wurde nach dem Fall Roms durch seine aufsteigende Nachbarstadt Venedig überflügelt. In Kleinasien wählte Rom unter den vielen dort blühenden griechischen Städten Pergamon, Ephesos und Apamea als Zentren für sein Straßennetz und in Nordafrika Karthago in Tunesien und Tebessa und Constantine in Algerien. Der spätere kulturelle Niedergang sowohl in Kleinasien als auch in Afrika hat die meisten zu Geisterstädten oder zurückgebliebenen Dörfern werden lassen.

»Gerade und ebenmäßig wurden sie durch die Lande gezogen, teilweise mit behauenem Stein gepflastert, teilweise mit Füllungen von festgestampftem Sand abgeglichen. Und indem Geländesenkungen ausgefüllt und die durch Wildbäche oder Schluchten unterbrochenen Stellen durch Brücken verbunden wurden und beiderseits eine gleiche und ausgeglichene Höhe bekamen, bot das Werk überall einen ebenmäßigen und schönen Anblick«, schrieb Plutarch über das Bauprogramm, das C. Gracchus zwischen 123 und 121 v. Chr. ausführte. Plutarchs Sprache ist geschwollen, aber er übertreibt nicht; er schildert die wichtigsten Straßen, und sie wurden im großen und ganzen auch so gebaut, wie er berichtet. Die Gütemarke einer römischen Straße ist ihr gerader Verlauf. Über flaches Gelände läuft sie wie ein abgeschossener Pfeil, und selbst dort, wo das Gelände nicht vollkommen eben ist, kann sie sich über zwanzig oder dreißig Meilen mit einer Abweichung von nur einer halben Meile hinziehen. Noch heute erkennt man am schnurgeraden Verlauf einer langen Strecke häufig, daß man sich auf einer ehemaligen römischen Durchgangsstraße befindet.

Roms Hauptanliegen war, durchgehende Straßenzüge zu haben, die zu allen Jahrszeiten und bei jedem Wetter benutzbar waren. Das heißt, sie mußten auf fester Unterlage verlegt, den Bedürfnissen entsprechend dräniert und da, wo es viel Verkehr gab, mit einem dauerhaften Pflaster belegt sein. Für die römischen Ingenieure, die nur über begrenzte Arbeitskräfte verfügten, war das eine gewaltige Aufgabe. Die Arbeit auf den Hauptverkehrsstrecken wurde von der Armee verrichtet, die aber oft keine Truppen für den zeitraubenden Straßenbau abgeben konnte. Die Arbeit wurde mit den einfachsten Geräten wie Spitzhacke, Hammer, Breithacke und Spaten bewältigt. Störende Felsbildungen mußten mühselig weggeschlagen, Geländeerhebungen mit dem Spaten beseitigt, Steinsplitter und Erde in Körben fortgetragen werden, denn der so außerordentlich nützliche Schubkarren war zwar schon lange bei den Chinesen in Gebrauch, erreichte Europa aber nicht vor dem Mittelalter. Die von den römischen Straßenbauern mit diesen einfachen Mitteln hervorgebrachten Leistungen sind eindrucksvoll. An der Küste bei Terracina gibt es eine Stelle, wo ein gewaltiges, 38 m hohes Felsstück von einer Klippe abgeschlagen wurde, um die Via Appia zwischen Klippe und Meer entlang leiten zu können; wir kennen die Höhe, weil die Werkleute Zahlen in den Fels meißelten, um festzustellen, wieviel Fuß sie abgearbeitet hatten, und die Straße verlief auf der Höhe der Marke CXXVI. Die moderne Straße, die auf der Via Flaminia verläuft, führt noch immer durch einen Tunnel von 38 Meter Länge, der im Jahr 77 n. Chr. gebaut wurde, und es gibt weitere, noch heute vorhandene, allerdings nicht mehr verwendete Tunnels, die bis rund 950 m lang sind. Die Römer unternahmen solche Arbeiten aber nur dann, wenn sie ganz unvermeidlich waren. Sie nützten im allgemeinen das Terrain lieber aus, als ihm etwas abzuringen, und machten das mit großem Geschick.

Wenn sie Straßen über Ebenen verlegten wie beispielsweise in der Poebene, legten sie sie gradenwegs hindurch, manchmal leicht über das Geländeniveau herausgehoben. Dies erleichterte nicht nur die Dränage, sondern ermöglichte in Gegenden, in denen mit Schneefällen zu rechnen war, die Straße sogar nach heftigem Schneefall noch zu erkennen. In welligem oder hügeligem Gelände führten sie die Straßen mit Vorliebe an den Talrändern entlang, anstatt sie in der Talsohle verlaufen zu lassen, obwohl dabei Kurven entstanden und die Strecke verlängert wurde. Manchmal findet man eine moderne Straße, die unmittelbar in der Talsohle angelegt ist, während ihre römische Vorgängerin hoch darüber, den Ausbuchtungen und Windungen der Abhänge folgend, verläuft. Die Römer wollten dadurch vermeiden, eine Straße auf sumpfigem oder auch nur feuchtem Grund zu verlegen, gleichzeitig wollten sie damit dem Problem der Frühjahrsüberschwemmungen aus dem Wege gehen. Überdies war es leichter, Flußläufe in ihren Anfängen, wo man sie noch durchwaten kann, zu überqueren statt dort, wo sie bereits ihre volle Breite erreicht haben und überbrückt werden müßten. Wir müssen uns hier nochmals daran erinnern, daß diese Straßen in erster Linie für die Armee angelegt wurden, daß zu dem eben erwähnten Vorteil hinzukam, daß eine am Abhang einer Straßenseite marschierende Truppe vor einem feindlichen Angriff besser geschützt war. Für die römischen Straßenplaner waren die zusätzlichen Kurven ein kleiner Preis für diese Vorteile.

Hatten die Ingenieure den Verlauf einer Straße bestimmt, dann vermaßen sie die Trasse, was allerdings ihre primitiven Instrumente vielfach überforderte. Straßen wurden abschnittweise gebaut, und die einzelnen Abschnitte treffen häufig wegen ungenauer Vermessung oder ungenauer Ermittlung der Steigungswinkel nicht richtig aufeinander oder haben unterschiedliches Niveau. Danach war eine sorgfältige Untersuchung des Geländes und des Bodens notwendig, um zu ermitteln, welche Straßenbettung zu verwenden war.

Wir lesen in Handbüchern, daß die Römer beim Bau ihrer größeren Straßen 75 bis 110 cm Erdreich aushuben, um eine Bettung aus drei Lagen zu machen, von denen eine zementiert wurde. Wir erhalten auch den Eindruck, daß Straßen in ihrer ganzen oder beinahe ganzen Länge in dieser Weise gebaut wurden. Nichts könnte jedoch unrichtiger sein. Der Irrtum geht auf eine Reihe von falschen Schlüssen zurück, die ein französischer Gelehrter im frühen 17. Jahrhundert zog, und die seitdem ungeprüft von einem Verfasser nach dem anderen wiederholt worden sind. In den letzten Jahrzehnten haben Gelehrte die Überreste römischer Straßen in vielen westeuropäischen Ländern, besonders in Italien und Frankreich, untersucht und dabei zwei auffallende Eigentümlichkeiten festgestellt. Die erste ist, daß die Römer beim Straßenbau niemals Zement verwendeten, die zweite, daß sie sich nicht nur einer einzigen Bettungsweise bedienten, sondern diese jeweils von Bodenbeschaffenheit und Gelände abhängig machten.

Eine Hauptstraße mußte eine jedem Wetter standhaltende Decke haben. Wo geringer Verkehr war, wie in den Provinzen, ließen die Ingenieure es bei einer Decke von grobem Sand bewenden; wir werden in Kürze mehr darüber zu sagen haben. Wo der Verkehr lebhaft war, wie etwa auf der Via Appia oder Via Flaminia oder einer anderen der großen, von Rom ausgehenden Straßen, da bauten sie eine erstklassige Straße, eine *via silice strata*, eine mit Silex gepflasterte Straße, das heißt mit polygonalen Pflastersteinen aus widerstandsfähigem, vulkanischem Gestein wie Basalt (Silex), Granit oder Porphyr (Abb. 37). Die Steine waren massiv, hatten rund 50 cm Durchmesser bei 20 cm Dicke, waren manchmal aber auch größer und so kunstreich wie bei einem Zusammensetzspiel aneinandergefügt, so daß sie eine vollkommen glatte Oberfläche ergaben. Da vulkanischer Stein so gebrochen werden kann, daß es polygonale Stücke ergibt, gab es eine einfache Methode, ein gutgefugtes System von Pflastersteinen zu schaffen, indem man nämlich die Steine auf der Straße genau so zusammensetzte, wie sie aus dem Steinbruch gekommen waren; vermutlich wurden aneinanderpassende Stücke im Steinbruch markiert und in einer Ladung verschickt. Schwierig hingegen war es, eine Bettung herzustellen, die keinen Stein absacken und dadurch Vertiefungen entstehen ließ. Nicht nur, daß derartige Vertiefungen die Fahrzeuge hin- und herrüttelten, auch Regenwasser sammelte sich darin, sickerte durch und unterwusch die Straße. Ein römischer Dichter, der die Herstellung einer Straße im weichen, sandigen Gelände westlich von Neapel beobachtete, drückte es so aus:

> Und der obersten Decke den Grund zu geben,
> daß der Boden nicht weicht, die Bettung tückisch,
> noch bedenklich das Lager des Pflasters werde.

Manchmal führte eine Straße über so festen Grund, daß für eine Bettung keine Notwendigkeit bestand; was die Arbeitsgruppen zu tun hatten, war lediglich, den Straßenzug auszugleichen und die Pflastersteine unmittelbar auf den Grund zu legen. Es gibt ein vorzüglich erhaltenes Stück der Straße von Antiochia nach Chalkis in Syrien, das in dieser Weise hergestellt ist (Abb. 38). Wo der Grund nicht so fest war, gruben die Arbeiter tiefer, bis sie auf eine tragfähige Schicht stießen. Im Graben verlegten sie die Bettung durch mehr oder weniger von Natur gerundete, in Ton oder Tonerde gesetzte Steine; die Stärke der Bettung hing ganz davon ab, wie tief der Graben ausgehoben werden mußte. Wenn eine über das Geländeniveau herausgehobene Straße zu bauen war, was oft geschah, wurde die Bettung aufgebaut, bis sie die gewünschte Höhe erreichte. Peinlich genau achteten die römischen Ingenieure darauf, daß als Bindematerial verwendete Erde oder Ton von einer anderen Stelle als von dem Erdaushub dieser Straße stammen mußte. Durch Terrassenmauern aus Feldsteinen oder, wo eine dekorative Wirkung erzielt werden sollte, aus Werksteinen verhinderte man, daß die Ränder der Straßendämme weggewaschen wurden.

Zuweilen konnten es die Straßenvermesser nicht vermeiden, die Straßen durch Morast oder sandiges Gelände zu führen, und in solchen Fällen brauchten die Straßenarbeiter lange Zeit, um die rechte Bettung herzustellen. Dabei war es üblich, einen tiefen Graben zu ziehen und einfach Felsbrocken hineinzuwerfen, bis der wuchtige Steinuntergrund eine sichere Bettung ermöglichte. Wo es auf diese Weise nicht ging, rammte man hölzerne Pfähle ein, ließ Zimmerleute dazwischen ein Lattenwerk herstellen und verlegte dann auf dem hölzernen Rost eine Straße aus grobem Sand.

War die Bettung fertiggestellt, machten die Steinmetzen sich daran, die Pflastersteine zu verlegen. Dies geschah so, daß die Straße nach der Mitte zu eine Wölbung erhielt, so daß das Regenwasser nach den Seiten abfließen konnte. Bei Straßen, die an Abhängen entlangliefen, ließ man die gesamte Oberfläche zur Talseite abfallen. Schließlich wurde – mindestens bei den Hauptstraßen – ein erhabener steinerner Rand beiderseits angebracht und außerhalb des Rands ein etwa 65 cm breiter, ungepflasterter Pfad für Fußgänger und Lasttiere. In Abständen waren zu seiten der Straße hohe Steine aufgestellt, um dem Reisenden das Besteigen seines Pferdes zu erleichtern – höchst willkommen in einer Zeit, als es noch keine Steigbügel gab – oder in einen Wagen mit hohen Rädern einzusteigen. Und alle Landstraßen, ob mit oder ohne Randsteine und Seitenpfade, besaßen Gräben auf einer oder auf beiden Seiten zum Abzug des Regenwassers.

Nicht nur die Bettung, auch die Straßendecke wechselte je nach Bodenbeschaffenheit und Gelände. In Nordafrika waren selbst bedeutendere Straßen einfach im Sand markierte Pisten. In gebirgigen oder sonst steinigen Gebieten wurden Straßen oft angelegt, indem man eine gleichmäßige Oberfläche von entsprechender Breite aus dem Fels schlug; künstliche Radspuren, wie sie die Griechen und Etrusker Jahrhunderte früher verwendet hatten, sind an bestimmten Stellen angebracht worden, um es den Wagen zu ermöglichen, ohne Rutschgefahr voranzukommen (Abb. 40). Manchmal hing die besondere Art der Straße mehr mit Zufall als mit Konstruktion zusammen. Wir finden zum Beispiel da und dort einen Straßenabschnitt von bester Qualität, auf den ein langes ungepflastertes Stück von mittelmäßiger handwerklicher Güte folgt; es sieht ganz danach aus, als ob erfahrene Armeeingenieure den ersten Abschnitt hergestellt und dann örtlichen Kräften die restliche Arbeit überlassen hätten, weil sie aus irgendeinem Grund abberufen wurden.

Die Breite der Straßen war unterschiedlich. Die Via Appia, Roms erstes Straßenbauprojekt großen Stils, ist stellenweise

III Siedlung an einem Fluß mit Hafen und einem Ruderschiff, darüber Hochland mit Hirschen, die ein Löwe verfolgt. Detail aus einem Wandfries im Raum 5 des Westhauses auf Thera (Santorin), spätminoisch, um 1500 v. Chr.

Athen, Archäologisches Nationalmuseum

zehn römische Fuß (etwa 3 m) breit, das heißt, eine bequeme Zweibahnstraße, auf der Wagen leicht aneinander vorbeifahren konnten. An anderen Stellen mißt sie acht Fuß, das bei den Römern gestattete Minimum für eine Zweibahnstraße. Zwischen wichtigen Punkten gab man den großen Straßen manchmal drei Bahnen mit einer Gesamtbreite von vierzehn bis achtzehn Fuß. Die meisten nach Rom hineinführenden Straßen wurden unmittelbar vor den Stadttoren dreißig oder noch mehr Fuß breit. Diese Zahlen gelten alle für die eigentliche Fahrbahn; Bordsteine und Fußwege maßen nochmals mindestens fünf Fuß.

In gebirgigem Gelände, wo der Straßenbau nur äußerst langsam voranging und ein verhältnismäßig geringer Verkehr herrschte, genügte Minimalbreite. Die Straßen wurden bei engen Pässen manchmal auf die Breite einer einzelnen Bahn, etwa sechs Fuß, gebracht mit gelegentlichen Ausweichstellen für den Gegenverkehr. An Stellen, wo man weder Fels abschlagen noch einen Tunnel herstellen konnte, konstruierten die Straßenbauer hölzerne Gerüste an den Felswänden, so daß eine hölzerne Straße entstand – eine ziemlich gefährliche Lösung, die ständige Überwachung und Instandhaltung erforderte. Die Steigungen wurden sorgfältig abgestimmt, waren aber nach unseren Maßstäben ziemlich steil, gingen sie doch bis zu 15 Prozent. Beim Malojapass zwischen Italien und der Schweiz beispielsweise verläuft die moderne Straße in zweiundzwanzig Kurven, um eine Steigung zu bewältigen, die die antike Straße in drei Kurven nahm.

Wie wir schon hörten, führten die Römer ihre Straßen hoch über den Talgründen entlang, um Flüsse dort zu überqueren, wo sie noch durchwatet werden konnten – und sie scheuten sich nicht, Furten zu benutzen. Gelegentlich ließen sie sich sogar dazu herbei, ein Flußbett mit flachen Steinen zu pflastern. Nur wo sie gezwungen waren, bauten sie Brücken, in abgelegenen Gebieten solche aus Holz (Abb. 39), bei den großen Hauptstraßen in dauerhafter Steinbauweise oder aus steinverkleidetem Gußmauerwerk, in Form eines Bogens oder einer Reihe von Bögen, die auf massiven Pfeilern ruhen (Abb. 41). Die Via Flaminia überquerte bei Narni einen Fluß mit einer Brücke, deren mittlerer Bogen eine Höhe von etwa 20 m und eine Spannweite von etwa 32 m hatte

(Abb. 42). Eine zur Zeit des Kaisers Trajan gebaute Brücke dient jetzt noch dem Verkehr über den Tagus bei Cáceres in Westspanien; ihre sechs Bögen erheben sich zu einer Höhe von etwa 40 Meter über dem normalen Wasserstand. Römische Ingenieure entwarfen ihre Brücken außerdem mit langen Zufahrtsrampen, um eine möglichst horizontale Zufahrt zu schaffen.

Hauptstraßen, die in dicht besiedelten und wirtschaftlich lebendigen Gebieten begannen, büßten im Hinterland schrittweise ihre Annehmlichkeiten, wie Fußwege, Bordsteine und schließlich auch die elegante Decke der polygonalen Pflastersteine, ein. Sie waren nur noch bei der Anfahrt zu einer Stadt, bei Kreuzungen oder anderen wichtigen Stellen gepflastert; der Rest war nicht mehr eine *via silice strata* sondern eine *via glarea strata*, ›eine mit grobem Sand gedeckte Straße‹. Nur die Bettung war noch immer in der sorgfältigen römischen Weise hergestellt; der oberste Teil der Bettung, abgeglättet und mit einer Wölbung zum Abfluß des Regenwassers versehen, bildete die Straßendecke, und Gräben am Straßenrand leiteten das Wasser weiter. Straßen zweiter Kategorie waren allesamt in dieser oder in noch primitiverer Weise angelegt, bis hin zur *via terrena*, der einfachen Piste.

Die Maßnahmen der Regierung zur Verwaltung des Straßensystems liefen darauf hinaus, Italien auf Kosten der Provinzen zu bevorzugen. In Italien hatte jede Straße ihren eigenen *curator*, der die Aufgabe hatte, sie instand zu halten und für ihren angemessenen Polizeischutz zu sorgen. In den Provinzen hatte der Gouverneur die Verantwortung für die Straßen neben allen seinen übrigen Pflichten; er gab seine Aufträge an die Gemeinden weiter: Sie mußten die von der Armee gebauten Straßen instand halten und gegebenenfalls zusätzlich benötigte Straßen aus dem Nichts stampfen. Wie gut oder wie schnell solche Aufträge ausgeführt wurden, war eine andere Frage; die Gemeinden waren oft durch Steuern und andere öffentliche Aufgaben so schwer belastet, daß sie nicht viel für Straßen tun konnten.

Die letzte Tätigkeit beim Straßenbau war, *miliaria* ›Meilensteine‹, aufzustellen, und zwar jede römische Meile (1000 Fünf-Fuß-Schritte) einen Meilenstein (Abb. 45). In Italien stand auf jedem Meilenstein der Abstand von Rom oder von der Stadt, wo die Straße begann. In den Provinzen gaben sie auch manchmal die Entfernung zwischen Städten an. Gelegentlich gaben sie noch weitere Informationen, etwa die Entfernung von den Endpunkten der Straße in beiden Richtungen oder von drei oder vier wichtigen Punkten. In Rom stand an einem Ende des Forums das *miliarium aureum*, der ›goldene Meilenstein‹, der in Buchstaben aus Gold die Straßen-Meilen von Rom zu den wichtigsten Städten des Imperiums angab. Auch Straßenausgangspunkte in den Provinzen hatten solche Steine. Für einen Reisenden, der sich zu Fuß oder in einem langsamen Gefährt voranbewegte und wissen wollte, wie lange er noch auf ein Essen, ein Bett oder einen Wechsel seiner Zugtiere warten mußte, waren Meilensteine ein wahrer Segen. Manche Siedlungen erhielten gar ihren Namen vom nächsten Meilenstein, und einige haben ihn bis heute bewahrt. An der Straße von Marseille nach Aix, vier römische Meilen außerhalb von Marseille, kommt man zu einem Dorf in einem Kreis namens Cars oder Carts, sicherlich eine Ableitung von *quartum*; in der Zeit des römischen Altertums war damit gemeint *ad quartum lapidem*, ›Beim vierten Stein‹. Drei römische Meilen weiter, also sieben Meilen von Marseille, ist das Dorf Septèmes, von *septimum* ›siebenter‹ abgeleitet; in neun Meilen Entfernung gab es im Mittelalter eine *villa de nono*; und bei vierzehn Meilen liegt das Städtchen Milles, genannt wahrscheinlich nach dem dort einst vorhandenen *miliarium*.

An den Straßen standen außer den Meilensteinen auch religiöse Denkmäler, vor allem solche zu Ehren von Merkur oder seinem griechischen Gegenstück Hermes, dem Beschützer der Reisenden. Es konnten ausgebaute Heiligtümer, einfache Statuen, schließlich bloße Steinhaufen, ›Merkur-Haufen‹, sein. Auch sie symbolisierten die Gottheit, und die Vorüberfahrenden folgten dem uralten Brauch, ihre Ehrerbietung dadurch zu erweisen, daß sie einen Stein auf den Haufen warfen.

Die Römer waren übrigens nicht die einzigen erfahrenen Straßenbauer des Altertums. Auf der anderen Seite des Erdballs herrschten die mächtigen Herren der Han-Dynastie von China (ca. 200

v. Chr. bis 200 n. Chr.) über ein ebenfalls ausgedehntes Reich, das auch sie durch ein umfassendes System von Straßen zusammenhielten. Ihre Ingenieure legten, nicht anders als die römischen, die Straßenzüge so gerade wie möglich, durchschnitten dabei Wälder, bauten Brücken über Flüsse und übertrafen ihre römischen Kollegen noch, wenn es darum ging, Straßen in den gewaltigen Gebirgen Chinas auszuhauen oder sie auf Holzgestellen in schwindelerregenden Höhen verlaufen zu lassen. Sie legten noch breitere Straßen an, als Rom; bei Hauptstraßen wird von fünfzig Fuß, Platz für neun Wagen nebeneinander, gesprochen. Wir können die Zahl nicht nachprüfen, weil die Chinesen niemals Pflaster verwendeten – eine Straßendecke aus grobem Sand genügte für ihre Bedürfnisse – und folglich kaum eine Spur ihrer antiken Straßen erhalten geblieben ist. Wir können uns nur an zeitgenössische Beschreibungen halten, und diese entsprechen wohl nicht immer der reinen Wahrheit.

In Europa verlief der Verkehr noch im Mittelalter, wo immer möglich, auf den Straßen, die Rom gebaut hatte. Aber mittlerweile war das Kummet erfunden worden und dadurch konnten weitaus schwerere Lasten befördert werden. So mußten die Straßen Gewichte aushalten, für die sie nicht gedacht waren, und ihre Decken wurden im Laufe der Zeit ruiniert. Die neuen Straßen, die angelegt wurden, bekamen eine Decke aus einem bunten Durcheinander von Steinen, zusammengehalten nur durch den Lehm, den die Fahrzeuge mitbrachten und festfuhren. In einer Hinsicht übertrafen die mittelalterlichen Straßenbauer allerdings die römischen: Vielleicht dank ihrer Erfahrung im Bau gotischer Kathedralen konstruierten sie schönere Brücken – allerdings mit Zufahrten, die sehr steil waren.

Die Renaissance brachte verbesserte Vermessungsgeräte; im 17. Jahrhundert wurden Erddämme eingeführt anstelle der in Erde verlegten Steine, wie es römische Praxis gewesen war; doch der römische Straßenbau wurde tatsächlich nicht vor dem Beginn des 19. Jahrhunderts übertroffen, als sich J. L. McAdams revolutionäre Methode durchsetzte, eine minimale Straßenbettung und Straßendecke durch eine Lage von kleinbehauenen, etwa gleichgroßen Steinen zu erzielen.

Unterwegs auf der Straße

Eine Reise auf dem Land war zeitraubender und ermüdender als eine Seereise, aber sie hatte, wie wir sahen, ihre Vorzüge. Einmal konnten hier Stürme kaum zu einer Sache von Leben oder Tod werden, zum anderen spielte die Jahreszeit hier keine so große Rolle. Es gab also keinen Hinderungsgrund, jederzeit eine Reise auf einer der großen Straßen anzutreten, die rund um das Mittelmeer liefen. Selbst in gebirgigen Gebieten war das Reisen lediglich in den Wintermonaten eingeschränkt; nur Perioden heftiger Schneefälle konnten manchmal zu völliger Unterbrechung führen.

Eine Landreise mochte wohl auch mehr Gepäck erfordern als eine Seereise. Zusätzlich zu dem unvermeidlichen Küchen- und Eßgeschirr, Handtüchern, Bettzeug und dergleichen brauchte der Reisende wahrscheinlich mehr Kleidung zum Wechseln sowie spezielle Kleidung, die den Straßenverhältnissen entsprach: schwere Schuhe oder Sandalen, wie sie schon die Griechen und Etrusker verwendet hatten (Abb. 46–50), Hut mit breiter Krempe und eine Auswahl von Umhängen: einen kurzen, leichten für mildes Wetter wie die griechische *chlamys* oder die römische *lacerna*, einen anderen für Regentage, die römische *paenula* aus Wolle und Leder, die bis zu den Knien reichte und mit einer Kapuze ausgestattet war, und noch einen dritten für kalte Tage, den *birrus*, ein langer wollener Umhang mit Kapuze (Abb. 52), sehr ähnlich dem arabischen Burnus. Geld und Wertsachen wurden in einer Börse am Gürtel oder in einem kleinen Beutel *(crumena, ballantion)* an einer Schnur um den Hals getragen. Reisende, die jederzeit über die genaue Uhrzeit informiert sein wollten, konnten sich mit einer Taschen-Sonnenuhr bewaffnen, einem kleinen, runden Gerät aus Bronze, die gefundenen Exemplare haben Durchmesser zwischen 3,5 und 6 cm; manche konnten im ganzen römischen Imperium, andere nur in begrenzten Gebieten verwendet werden. Frauen trugen auf Reisen mehr oder minder die gleiche Kleidung wie Männer, nur waren die Umhänge länger, sie reichten bis zu den Knöcheln. Hatten sie Geschmeide bei sich, ließen sie sie nicht sehen. »Bring' Deinen Goldschmuck mit, aber trage ihn nicht!« warnt ein Soldat in einem Brief seine Frau, die ihn besuchen will.

Wir besitzen, durch einen glücklichen Zufall in Ägypten entdeckt, die Rechnungsbücher eines hohen römischen Beamten namens Theophanes, die er während einer Reise von Oberägypten nach Antiochia irgendwann zwischen 317 und 323 n. Chr. führte. Theophanes hatte praktisch auf der Reise einen Miniaturhaushalt bei sich. Das Inventar seiner Kleidung enthält drei Arten von Tuniken (leichte, gewöhnliche, Ärmeltuniken), leichte und schwere Umhänge, verschiedene Mäntel und Kapuzen, eine Regenhülle, leichte Filzschuhe und schwere Sandalen, viel Unterwäsche zum Wechseln und mehrere Reithosen. Das Küchengerät umfaßte Kochgerät, Geschirr und Besteck, Servietten; auch Öllampen zum Aufstellen und zum Hängen. Zum Waschen und Baden hatte er Olivenöl, Alaun und Natron (eine in Ägypten reichlich vorhandene natürliche Verbindung von Natriumkarbonat und Natriumbikarbonat), Myrrhen als Parfum nach dem Waschen und eine Menge Wasch-Kleidung, Handtücher, Gesichtstücher und Badetücher. Zum Schlafen nahm er Matratzen, Leintücher, Wolldecken, Kissen, Teppiche und eine Auswahl von Polstern mit.

Da ein Reisender, wo immer er konnte, bei Freunden oder Verwandten Quartier nahm, gab es in seinem Gepäck unvermeidlicherweise auch Mitbringsel oder Dinge, um die sie gebeten hatten. »Wenn Du kommst«, schreibt der schon erwähnte Soldat seiner Frau, »bringe zehn Schaf-Felle, sechs Krüge Oliven, vier Krüge Honig, meinen Schild – den neuen – und meinen Helm.

Bringe auch meine Lanzen. Und bringe die Ausstattung für mein Zelt.« Zum Glück war es für die bedauernswerte Dame eine Fahrt nilabwärts, die man bequem mit dem Schiff machen konnte. Wenn ein Reisender nach Gebieten unterwegs war, wo es nur wenige und kümmerlich ausgestattete Gasthäuser gab, mußte er in seinem Gepäck auch noch zu allem anderen Lebensmittel und Getränke unterbringen. Als Theophanes beispielsweise mit seiner Gesellschaft die Wüste zwischen Palästina und Ägypten durchqueren wollte, nahm er Vorräte an Brot, Eiern und Wein ins Gepäck; der Wein allein machte 150 Liter und mehr aus. Mehr Gepäck bedeutete unvermeidlich mehr Diener, um es zu beaufsichtigen, zu packen und auszupacken; Theophanes hatte so viele, daß die Kosten für sie fast ein Drittel seiner täglichen Ausgaben ausmachten.

In Italien oder auf den Hauptstraßen, die die größeren Verkehrszentren miteinander verbanden, waren die Straßen so gut, daß man sein Gepäck auf Karren oder Wagen ebenso wie auf Lasttieren befördern konnte, zu denen im Nahen Osten neben den unvermeidlichen Eseln und Maultieren auch die Kamele gehörten. Reiste man nicht auf Hauptstraßen, dann benutzte man gewöhnlich Lasttiere oder Träger, wobei man in bergigem oder dichtem Wald-Gelände Trägern vor den Tieren den Vorzug gab.

Je näher der Zeitpunkt der Abreise rückte, desto angstvoller dachte der Abergläubische über seine Träume nach. Auch eine Reise zu Land, nicht anders als eine Seereise, hing von richtigen Vorzeichen ab. Ein Traum, in dem Wachteln vorkamen, deutete darauf, daß man betrogen werden oder unterwegs Wegelagerer treffen würde, Eulen bedeuteten Sturm oder Wegelagerer, Wildschweine ebenfalls Sturm. Eine Gazelle weissagte eine leichte oder schwierige Reise, je nachdem, wie sie aussah. Esel deuteten auf eine sichere, aber langsame Reise. Girlanden von Narzissen oder Sümpfe waren schlechte, blauer Himmel oder Sterne gute Zeichen. Gewisse Gottheiten wie Hermes oder Aphrodite waren Vorzeichen für eine gute, andere wie die Dioskuren oder Dionysos für eine schlechte Reise. Ein Traum, in dem Statuen der Götter sich zu bewegen schienen, war günstig.

Schienen die Träume verheißend oder war der Reisende nicht geneigt, solche Dinge ernst zu nehmen, dann mußte er zunächst dafür sorgen, daß er mit seinem Gepäck von seinem Haus oder seinem Gasthaus zu einem günstig gelegenen Stadttor gelangte. Da in vielen Städten der Verkehr von Räderfahrzeugen innerhalb der Stadtmauern während des Tages nicht erlaubt war, war es oft unvermeidlich, daß man mit einer ganzen Schar von Dienern, gemieteten Trägern oder Lasttieren, alle beladen mit Reisegepäck, dorthin ziehen mußte. Wer Geld hatte, konnte Sänften oder Tragsessel für sich und seine Mitreisenden mieten.

Befand der Reisende sich einmal am Stadttor, dann hatte er mehrere Möglichkeiten weiterzukommen. War er allein, so mochte er es vorziehen, zunächst zu Fuß seines Weges zu ziehen – wenn er arm war, hatte er ohnehin keine Alternative. Längs einiger der allerbesten römischen Straßen gab es Pflaster auch für Fußgänger. Unterwegs ergab sich vielleicht die Möglichkeit, auf einem schwerfälligen *plaustrum*, einem Bauernwagen, mitgenommen zu werden. Diese Fahrzeuge wurden von einem Paar Ochsen im Schneckentempo gezogen und kündigten ihr Kommen schon von fern durch das gequälte Knarren ihrer Räder an; die einzigen vorhandenen Schmiermittel, Rückstände ausgepreßter Oliven oder Tierfett, waren zu teuer, um allzu freizügig verwendet zu werden. Für Leute, die sich einen Mietwagen leisten konnten, gab es bequem bei den Stadttoren gelegene Stallungen, die eine große Auswahl anboten. Paare oder Einzelpersonen mit wenig Gepäck konnten sich eine *birota*, einen zweirädrigen Reisewagen (Abb. 64), nehmen, vielleicht auch ein *essedum*, ein großes und kunstvolles und deshalb von Herrschern und hochstehenden Persönlichkeiten bevorzugtes Gefährt, oder aber einen *covinnus* oder ein *cisium*, die beide leichter und einfacher und deshalb auch viel häufiger auf den Straßen zu sehen waren. Alle diese Fahrzeuge wurden selten von einem einzelnen, sondern meist von einem Paar Pferde oder schnelltrabender Maultiere gezogen, aus Gründen, die später erklärt werden sollen. Sie hatten Platz für zwei bis drei Passagiere. Eine größere Gesellschaft oder jemand, der eine Route auf zweitklassigen Straßen befuhr, mietete eine *reda*, einen kräftigen offenen Wagen auf vier Rädern, den ein oder zwei Maultierpaare zogen (Abb. 25). Der *covinnus* war so leicht und bequem zu handhaben, daß er von einem Reisenden gelenkt werden konnte; mit anderen zwei- oder vierrädrigen Wagen mußte man nicht nur einen Fuhrmann *(mulio)*, sondern dazu noch einen Mann am Zügel *(cursor)* mieten, der die Tiere in raschem Schritt führte (Vgl. Abb. 64, 33). Bequemer und geeigneter für die Reise einer ganzen Familie war die *carruca*, der römische Nachfahr des uralten gedeckten Wagens mit einem bogenförmigen Baldachin aus Leder oder Tuch (Abb. 32); es gab auch solche, die fürs Schlafen eingerichtet waren *(carruca dormitoria)*. Reiche Leute, insbesondere Hofdamen, benützten häufig das *carpentum*. Das war ein schwerer zweirädriger Luxuswagen mit einem von ornamentalen Säulen getragenen Dach (Abb. 31); die Seiten konnten durch oft heiter dekorierte, oft aus teuren Stoffen wie Seide bestehende Vorhänge geschlossen werden. Der Unterschied zwischen der einfachen *reda* und einem eleganten *carpentum* bestand nur in der äußeren Erscheinung, in ihrem Prestigewert; als Fahrzeuge hatten sie dieselbe Qualität. Beide hatten Räder aus Holz ohne Federung mit eisernen Reifen, die Insassen reisten in ihnen ziemlich unbequem, da sie jede Unebenheit der Straße spürten. Wenn man diese Unbequemlichkeit zu meiden wünschte, nahm man sich eine Sänfte *(lectica)* anstatt eines Fahrzeugs; es herrschte kein Vorurteil mehr dagegen wie noch bei den Griechen, und sie konnten ebenfalls an den Stadttoren gemietet werden. Die Reisesänften bestanden aus einer Liegestatt mit einem Baldachin und Vorhängen; der Reisende streckte sich nach Belieben auf dem Lager aus, das sechs oder acht kräftige Sklaven auf ihren Schultern trugen. Bei langen Reisen konnten die Sklaven durch zwei Maulesel ersetzt werden, deren Geschirr für das Tragen der Sänfte hergerichtet war; einer von ihnen ging vorn, der andere hinten. Eine von Trägern beförderte Sänfte ermöglichte jedenfalls das schmerzloseste Reisen, aber auch das langsamste.

Herrscher und Angehörige der Oberschicht begaben sich im größten Stil, den man sich vorstellen kann, auf eine Reise über Land. Um sich die Schande oder die Unbequemlichkeit zu ersparen, in Gasthäusern abzusteigen, es sei denn in solchen, die in der Lage waren, eine königliche Gesellschaft unterzubringen, packten sie einen regelrechten Haushalt ein: Zelte und Nachtstühle so gut wie die üblichen Kochgeräte, Bettzeug und Eßgeschirr; und wenn das Geschirr kostbar und zerbrechlich war, mußten Sklaven es stückweise in der Hand tragen. Ein Heer von Gefolgsleuten war unerläßlich. Horaz macht sich über einen römischen Edelmann lustig, der für die kurze Strecke von Rom zu seiner Villa in Tibur nicht weniger als fünf Sklaven brauchte, obwohl er so geizig war, daß sie sich lediglich um Weinkrug und Nachtstuhl zu kümmern hatten, die einzigen Dinge, die er nicht missen wollte. Das Gefolge eines Mannes, der großzügig mit seinem Geld umging, schloß außer den üblichen Dienerinnen, Dienern, Köchen, Küchenjungen und so fort manchmal auch Mohren und Numidier in auffälligen Trachten ein, die vorauszulaufen und dafür zu sorgen hatten, daß kein Verkehr die Straße versperrte, oder auch affektierte Pagen mit Masken vor dem Gesicht, die die zarte Haut vor Sonne oder Kälte schützten. Zueinander passende Gespanne von Mauleseln oder Pferden mit Decken aus Brokat- oder Purpurstoffen und mit vergoldeten Geschirren zogen die prunkvollen Fahrzeuge mit goldnem und silbernem Statuenschmuck und seidenen Polstern. Kaiser Claudius, der das Würfelspiel liebte, hatte einen als Spielzimmer eingerichteten Reisewagen; Commodus besaß einen mit drehbaren Sitzen, die er so stellen konnte, daß er bei kaltem Wetter Sonne bekam, bei Hitze eine kühle Brise; und in anderen Wagen führte er ein Gerät mit, das die zurückgelegten Meilen notierte. Der Ältere Plinius, ein unermüdlicher Schriftsteller, hielt in seinem Wagen immer einen Platz für seinen Stenographen bereit.

Manche Reisende ritten auf einem Maultier oder einem langsamen kleinen Pferd, und ihre Diener trotteten hinterher. Nur wenige ritten schnelle Reitpferde, weil Pferde, wie schon in früheren Zeiten, in erster Linie von der Kavallerie, von Jägern oder von Depeschenreitern verwendet wurden. Der Grund hierfür war nicht nur in den Kosten zu suchen; Pferde insbesondere auf größeren Strecken zu reiten, war im Altertum eine mühselige Sache: Steigbügel waren unbekannt – dieser so wesentliche Teil des Pferdegeschirrs kam erst im 9. Jahrhundert n. Chr. in Europa in Gebrauch – Sättel denkbar primitiv und oft nur aus einem Stück Tuch bestehend. Im Gegensatz zu China ist es tatsächlich so, wie wir bereits früher ausführten: Die Menschen des Altertums haben die Möglichkeiten des Pferdes als Reit- oder Zugtier nie ganz erfaßt (Abb. 58, 60). Sie minderten seine Verwendbarkeit als Reittier dadurch, daß sie nicht nur ohne Steigbügel und ohne einen regelrechten Sattel ritten, sondern ihm auch keine Hufeisen gaben. Sie hatten statt dessen gewisse sandalenartige Vorrichtungen aus Metall, Leder oder Stroh, in die die Hufe bei Bedarf gesteckt wurden, auch bei Mauleseln und Kamelen. Doch war das offenbar nur ein zeitweiser Notbehelf bei besonderen Umständen, zum Beispiel um einen wunden Huf zu schützen oder ihm bei schlüpfrigem Grund einen besseren Halt zu geben. Das ständig mit Nägeln befestigte Hufeisen wurde erst seit dem 8. Jahrhundert n. Chr. allgemein eingeführt. Wenn das Pferd als Zugtier benutzt wurde, so ging man im Altertum nicht davon ab, ein Geschirr zu verwenden – eigentlich für Ochsen erfunden –, indem man ein Pferdepaar beiderseits einer Deichsel mittels eines Brustbands an ein Joch anschirrte. Das Brustband pflegte unglücklicherweise stets aufwärts zu rutschen und auf die Luftröhre zu drücken; je stärker der Zug, desto stärker der Würgeffekt (Abb. 33). Das gepolsterte Pferde-Kumt, das den Druck auf die Schultern anstatt an den Hals verlegte, kam erst im Mittelalter auf. Vom Beginn des 2. Jahrhunderts n. Chr. an gibt es Beispiele von Wagen mit Deichseln, die auch von einzelnen Pferden gezogen werden konnten, doch scheint man von dieser Möglichkeit, die nicht nur billiger, sondern auch, insbesondere auf engen, ländlichen Straßen, praktischer war, nur begrenzten Gebrauch gemacht zu haben.

Der Reisende, der sein Fahrzeug, sein Reit- oder Tragtier gewählt und sein Gepäck aufgeladen hatte und nun unterwegs war, mußte sich als nächstes mit der Frage seines Nachtquartiers, und, wenn er mit gemietetem Fahrzeug reiste, noch mit der anderen Frage befassen, wo er Tiere und Gerätschaften wechseln konnte. Seine Wahl wurde oft durch das Netz von Gasthäusern und Unterkünften bestimmt, die dem *cursus publicus*, dem Postdienst der Regierung, gehörten.

Roms *cursus publicus* war von Augustus geschaffen worden, doch war das schwerlich eine nur von ihm stammende Idee; diese Einrichtung ist für jede Regierung, die über ausgedehnte Gebiete herrscht, ein wesentliches Werkzeug. Die ersten Beispiele, die wir kennen, gehen ins 3. Jahrtausend v. Chr. zurück, als die Stadtstaaten des Zweistromlandes zum ersten Mal begannen, Miniatur-Imperien zu schaffen. Fünf Jahrhunderte vor Augustus hatten die Perser einen hochentwickelten Postdienst, den Herodot bewunderte; am anderen Ende Asiens hatte genau zur selben Zeit die Tschou-Dynastie in China ein ebenso leistungsfähiges System aufgebaut. Und im 3. Jahrhundert v. Chr. benutzten die Han-Dynastie in China und die hochzentralisierte Verwaltung der Ptolemäer in Ägypten ein Postsystem, das dem modernen bereits recht nahekam. Die Boten waren alle beritten. In China waren die Poststationen etwa 18 km voneinander entfernt, mit zwei oder mehr Zwischenstationen. In Ägypten lagen sie weiter auseinander, in Abständen von sechs Reitstunden oder rund 48 km. Etliche Register eines dieser ägyptischen Postämter sind von Archäologen ausgegraben worden, so haben wir eine ganz gute Vorstellung von ihrer Arbeitsweise. Dank der geographischen Eigenart Ägyptens mußte die Post nur in südlicher und nördlicher Richtung, längs der besiedelten Uferzone des Nil, befördert werden. Die Ämter lieferten mindestens viermal täglich Post aus, jeweils zweimal von Süden oder Norden. Für Pakete und andere schwerere Güter gab es einen Hilfsdienst mit Kamelen.

Als Augustus 30 v. Chr. Ägypten eroberte und dem Römischen Reich einverleibte, stand dies System ihm als Modell bereit. Er war jedoch weder an Schnelligkeit noch an regelmäßiger Zustellung interessiert. Er brauchte eine Einrichtung, die, wenn es nötig war, Depeschen beförderte und es ihm ermöglichte, nicht nur die angekommene Post zu lesen, sondern auch die Boten zu befragen. So schuf er einen Postdienst, bei dem es keine Relaisstationen gab: jeder Kurier absolvierte allein die ganze Strecke, und zwar, da die Zeitfrage nicht wesentlich war, eher im Wagen als zu Pferd. Mit fortschreitender Entwicklung des Systems wurden die Kuriere mehr und mehr aus der Armee rekrutiert, bevorzugt aus einer *speculatores* (Kundschafter), genannten Eliteeinheit; anstatt die Situation eines Feindes auszukundschaften wie bisher, kundschafteten sie die Lage eines Hauptquartiers aus, wohin sie Depeschen zu bringen hatten. Es gibt den Grabstein eines *speculator* mit einem Relief (Abb. 30), das den Verstorbenen bei der Erfüllung seiner dienstlichen Pflichten darstellt. Wir sehen eine *reda*, die von drei Pferden, zwei Jochpferden und einem Beipferd, gezogen wird. Auf dem Bock thront der Kutscher, der mit der Peitsche das Gespann in munterem Trab hält. Auf einer Bank dahinter sitzt der Kurier in einem Reisemantel mit Kapuze und hält etwas, das wie eine Reitpeitsche aussieht. Hinter ihm ist, rückwärts gewandt, sein Diener auf den Gepäckstücken zu sehen, der eine Lanze mit einer charakteristischen Spitze in seiner Linken hält, ein Dienstkennzeichen, das zeigt, daß sein Herr dem Stab des örtlichen Gouverneurs zugeteilt war.

In Ägypten dürften die Römer den Postdienst der Ptolemäer beibehalten haben, da er auf einem dort so gut durchführbaren System beruhte. Aber sonst funktionierte das Postwesen überall so, wie Augustus es geplant hatte, mit Postzustellungen nach Bedarf, oder besser gesagt: nach des Kaisers Bedarf, da offiziell nur Leute mit Depeschen von ihm oder für ihn Anspruch auf die Privilegien des *cursus publicus* hatten. Jeder von ihnen mußte ein vom Kaiser oder dem von ihm bevollmächtigten Vertreter unterzeichnetes *diploma*, wie man eine solche Postermächtigung nannte, besitzen; auch Provinz-Gouverneure konnten sie ausstellen, doch nur in begrenzter, vom Kaiser bestimmter Zahl. Ein *diploma*, das gestattete, unter Ausnützung der von der Regierung unterhaltenen Einrichtungen zu reisen, war ein hochgeschätztes Dokument. Hin und wieder gelangte es in unwürdige Hände. Als Kaiser Otho im Jahre 69 n. Chr. Thron und Leben verlor, was zur Folge hatte, daß die von ihm unterzeichneten Ermächtigungen wertlos wurden, vertuschten interessierte Leute die Wahrheit und verbreiteten eine Siegesnachricht, damit die kostbaren Dokumente noch Gültigkeit behielten.

Zu Beginn des 3. Jahrhunderts n. Chr. änderte Septimius Severus das System radikal; er schuf, zu dem bisherigen, den *cursus clabularis* – einen Transportdienst mit der Aufgabe, Proviant für die Armee zu beschaffen. Die Organisation wurde sehr rasch größer und komplizierter. Alle Einrichtungen wurden intensiver benützt, deshalb mußte das Verwaltungspersonal vermehrt, der Umfang und auch die Zahl der Poststationen vergrößert, große Wagen und schwere Zugtiere mußten dem bisherigen Park von leichten Wagen und schnellen Gespannen beigegeben werden. Es gab jetzt zwei Formen des *diploma*, nämlich die Teilermächtigung *(evectio)*, nur für Transport, und die volle Ermächtigung *(tractoria)* für Transport und Unterhalt.

Wir kennen den Betrieb des *cursus* am besten in der voll entwickelten Form, die er in der zweiten Hälfte des 4. Jahrhunderts erreicht hatte, als er bereits lange als Transport- und Depeschendienst in Gebrauch gewesen war. Längs der Routen gab es in strategisch bedingten Abständen mehr oder weniger gut ausgestattete Rasthäuser, *mansiones* oder *stationes* genannt, wobei der erste Ausdruck ursprünglich Häusern mit den Einrichtungen zur Versorgung einer kaiserlichen Reisegesellschaft galt, der zweite den von der Straßenpolizei unterhaltenen Dienstgebäuden; doch waren die Unterschiede zwischen beiden damals schon nicht mehr vorhanden. Auf den Strecken zwischen den *mansiones* oder *stationes* gab es dann sehr einfache Gasthäuser, *mutationes*, wie sie manchmal genannt wurden, die ein Minimum an Bedürfnissen befriedigen konnten; es gab dort einen Imbiß, ein Bett und, wie der Name andeutet, Wechsel von Tieren oder Fahrzeug. Die Entfernung von einer *mansio* zur nächsten hing vom Gelände und der Dichte der Besiedlung ab, aber im allgemeinen war man bemüht, sie in einem Abstand von 40 bis 55 km zu halten, das heißt entsprechend der Länge einer durchschnittlichen Tagesreise. In dichtbesiedelten Bezirken lagen sie im allgemeinen näher beieinander. Zwischen zwei *mansiones* konnten ein oder zwei Gasthäuser vorhanden sein, auch dies je nach dem Gelände. Ein Reisender beispielsweise, der sich von Aquileia am nördlichen Ende der Adria aus auf den Weg machte, um über die Alpen nach Jugoslawien zu gelangen – die Hauptstrecke von Norditalien nach dem Osten – kam nach 18 km zu einem einfachen Gasthaus, nach weiteren 20 km zu einem zweiten, und dann, nochmals nach 20 km, erreichte er ein Rasthaus. Folgenden Tags stieg er 20 km zur Höhe des Passes empor, wo er ein Gasthaus fand, und dann 16 km auf der anderen Seite abwärts zu einem Rasthaus.

Die Rasthäuser wiesen beträchtliche Unterschiede in Größe und Qualität auf, von den sogenannten *praetoria* mit Einrichtungen für die Aufnahme einer königlichen Reisegesellschaft bis hinab zu bescheidenen Häusern, die nur einen Grad besser als Gasthäuser waren. Ein voll ausgestattetes Rasthaus bot praktisch alles, was ein Reisender brauchte: Mahlzeiten und Schlafzimmer, Kleiderwechsel für Kutscher und Postkuriere, Wechsel der Zugtiere (große Stationen hatten bis zu vierzig Pferde oder Maulesel im Stall), Wagen, Kutscher, Pferdeburschen *(stratores)*, Begleitpersonal, um Fahrzeuge und Gespanne zu den vorigen Stationen zurückzubringen *(hippocomi)*, Träger *(bastagarii, catabolenses)*, Veterinäre *(mulomedici)*, um erkrankte Tiere zu behandeln, Wagenbauer *(carpentarii)*, um beschädigte Wagen zu reparieren.

Die Rast- und Gasthäuser des *cursus publicus* waren nicht speziell für diesen Zweck gebaut worden und standen auch nicht nur den in offizieller Mission Reisenden zur Verfügung, auch wenn diese strikte Priorität genossen. Der Postdienst wurde, ungeachtet der Tatsache, daß er ganz und gar zum Besten der Zentralregierung betrieben wurde, weitgehend von den Gemeinden längs der Poststrecke aufrecht erhalten. Die Herrscher wählten vorhandene Rasthäuser der erforderlichen Qualität aus und verleibten sie dem System ein, wobei sie zur Bedingung machten, jeden Träger eines *diploma*, der dort vorsprach, kostenfrei aufzunehmen. Nur in abgelegenen Gegenden, auf Bergpässen oder wo Straßen durch menschenleere Gebiete führten, mußten sie Neubauten errichten lassen. Solche Unterkünfte brachten, um auf ihre Kosten zu kommen, sämtliche Reisende unter, private so gut wie offizielle. Fahrzeuge, Zugtiere, Kutscher und Stallknechte wurden, wenn es irgendwie möglich war, von den Ortsansässigen requiriert. Im Laufe der Zeit wurde die Aufrechterhaltung des Postdiensts für diese eine ärgerliche Last, da dessen Anforderungen ständig stiegen, nicht nur die berechtigten, sondern auch die skrupelloser Beamter, die willkürlich Pferde und Fahrzeuge beschlagnahmten oder in ungenierter Weise Reisende, die nicht dazu berechtigt waren, in den Rasthäusern unterbrachten. Die Herrscher versuchten hin und wieder, etwas in der Sache zu tun. Severus beispielsweise übernahm einen guten Teil der Kosten zu Lasten der Staatskasse; in der Zeit von Konstantin hingegen wurden alle Ausgaben wieder auf die örtliche Bevölkerung abgewälzt. Ein Kaiser nach dem anderen erließ strenge Gesetze, um Mißbräuche abzustellen und die Posteinrichtung auf hohem Stand zu halten. Es gab Vorschriften bezüglich der Zahl von Wagen und Tieren, die beansprucht werden durften, über die Größe der Wagen, das Höchstgewicht, die Zahl der Kutscher, über die Routen, das Gewicht von Sätteln und Satteltaschen, selbst über die Größe und Art der Peitschen. Eine Vorschrift setzte fest, daß »keiner einen Kutscher, Wagenbauer oder Veterinär bei der öffentlichen Post bezahlen soll, weil ... sie soviel Lebensunterhalt und Kleidung erhalten, wie für ausreichend gehalten wird«. In anderen Worten, es war nicht gestattet, Trinkgelder zu geben. Nur selten sind solche Vorschriften erfolgreich gewesen, und alles deutet darauf hin, daß weder sie noch viele der übrigen wohlgemeinten Statuten in angemessener Weise durchgesetzt werden konnten.

Wer vom *cursus publicus* Gebrauch machte, mußte genau wissen, wo die verschiedenen dazugehörigen Rast- und Gasthäuser gelegen waren. Es gab Listen, *itineraria* genannt, die die Haltestationen auf bestimmten Strecken und die Entfernungen von einer zur anderen verzeichneten. Es gab auch spezielle Landkarten, die zeigten, wo sie lagen und was sie bieten konnten. Glücklicherweise ist eine mittelalterliche Kopie einer dieser Karten erhalten, die sogenannte Tabula Peutingeriana (Abb. 44). Sie ist auf ein nur 34 Zentimeter breites, aber etwa 7 Meter langes Stück Pergament gezeichnet und zeigt eine so verzerrte Karte des Römischen Reichs, als sähe man diese in einem Trick-Spiegel. Das war Absicht: Der Kartenzeichner wollte eine zur schnellen Orientierung geeignete, schematische Darstellung des römischen Straßensystems geben. Er gab darauf recht genau die gleichen Informationen, wie wir sie auf modernen Auto-Karten finden:

Linien zur Kennzeichnung von Straßen; Städtenamen, Namen von Ortschaften und Haltestationen; Entfernungsangaben in römischen Meilen. Außerdem befinden sich interessanterweise neben vielen Namen kleine farbige Bildsymbole. Sie haben den gleichen Zweck wie die überraschend ähnlichen Symbole im Guide Michelin oder anderen modernen Reiseführern, nämlich auf einen Blick die Art der Unterkunftsmöglichkeit erkennen zu lassen. Das schematische Bild eines von vier Seiten umschlossenen Gebäudes mit einem zentralen Hof bedeutet ein städtisches oder ländliches Rasthaus mit allem Komfort. Ist lediglich die Fassade eines Gebäudes mit doppeltem Spitzdach aufgezeichnet, handelt es sich um eine weniger anspruchsvolle ländliche Raststätte. Eine Doppelkuppel anstelle der Spitzen weist darauf hin, daß hier viel Wasser zur Verfügung steht. Eine kastenartige Hütte mit einer Spitze deutet auf ein sehr bescheidenes Rasthaus. Namen mit keinem Symbol daneben zeigen wahrscheinlich die einfachste Form eines Gasthauses an, wo wenig mehr als Wasser, Unterkunft, eine einfache Mahlzeit und ein frisches Paar Zugtiere geboten werden konnten. Ein Reisender, der beispielsweise von Rom aus die Via Aurelia wählte, die der Westküste entlang nordwärts verlief, konnte aus der Karte ersehen, daß die erste passende Haltestelle Alsium sein würde, achtzehn Meilen von der Hauptstadt entfernt, mit einem Minimum an Einrichtungen, daß es von dort zehn Meilen nach Pyrgi waren, wo man wiederum nur mit dem Notwendigsten versorgt würde, ebenso sechs Meilen weiter in Punicum, das aber nahe bei Aquae Apollinares mit erstklassigen Einrichtungen liegt, nach weiteren neun Meilen in Castrum Novum eine ländliche Raststätte, vier Meilen später in Aquae Tauri wiederum ein Komfort-Haus, und so weiter.

Regierungskuriere hasteten von einer Haltestelle zur nächsten mit einem Reisedurchschnitt von fünf Meilen in der Stunde, somit mit einer Tagesleistung von etwa fünfzig Meilen. Eine Depesche von Rom erreichte Brindisi in etwa sieben, Byzanz in fünfundzwanzig, Antiochia in vierzig, Alexandria in fünfundfünfzig Tagen. In Notfällen konnten die Kuriere, indem sie Tag und Nacht fuhren, ihre Geschwindigkeit verdreifachen. Als die Legionen bei Mainz im Jahr 69 n. Chr. meuterten, erreichte die

Nachricht davon Rom in acht oder neun Tagen; der Bote reiste mit einem Tagesdurchschnitt von mehr als 150 Meilen.

Ein Reisender mit einem Regierungsauftrag, dem ja alle die genannten Einrichtungen des *cursus publicus* zur Verfügung standen, hatte kaum mit Schwierigkeiten bei seiner Fahrt zu rechnen. Private Reisende waren offiziell von der Benutzung des *cursus publicus* ausgeschlossen; aber Ausnahmen waren, so wie die menschliche Natur nun einmal ist, unvermeidlich. »Herr«, schreibt Plinius, Gouverneur einer Provinz im nördlichen Kleinasien in den Jahren 109-111 n.Chr. an Kaiser Trajan, »bis jetzt habe ich niemandem aus Gefälligkeit ein *diploma* ausgestellt ... Ich hätte es aber für hart gehalten, meiner Frau, die auf die Nachricht vom Tod ihres Großvaters zu ihrer Tante fahren wollte, diese Vergünstigung abzuschlagen ...«. Libanius, Sprößling einer der führenden Familien von Antiochia, war verärgert, als er im Jahr 336 n.Chr. mit eigenen Maultieren in Konstantinopel eintraf und entdeckte, daß »der Mann, von dem ich gehofft hatte, er werde mich mit einem Gespann der kaiserlichen Post nach Athen schicken, ... keine Macht mehr besitzt und ... sagte, dies sei das einzige, was er nicht tun könne«. Der Aristokrat Sidonius Apollinaris, der im Jahr 467 n.Chr. von seiner Heimatstadt in Südfrankreich nach Rom reiste, berichtet, sobald er aus den Mauern der Stadt getreten sei, »stand der *cursus publicus* zu meiner Verfügung, als sei er von allerhöchster Autorität herbeigerufen worden«. Diese Fälle hängen mit der altgewohnten Großzügigkeit zusammen, mit der Vorschriften zugunsten hochgestellter Persönlichkeiten übersehen werden; ernster und häufiger waren die Fälle, bei denen politischer Einfluß, Bestechung und sogar offensichtlicher Verkauf von Diplomen im Spiele waren. Die Vorschriften gegen den unrechtmäßigen Gebrauch des *cursus publicus* wurden immer zahlreicher, die Strafen schärfer (der Verkauf eines *diploma* konnte mit dem Tod bestraft werden), aber ob beides Erfolg hatte, ist eine offene Frage.

Der private Reisende, der weder recht- noch unrechtmäßig an den Vergünstigungen des Postdienstes teilhaben konnte, stieg trotzdem bei den Rast- und Gasthäusern ab, die zum offiziellen Postnetz gehörten, weil sie in vielen Gegenden die einzigen waren, die es gab, in anderen mutmaßlich die besten. Außerdem wandte er sich an sie, falls er nicht mit eigener Kutsche oder mit eigenen Zugtieren reiste, um hier seine Reiseausrüstung zu mieten. Wenn er zu einem Halteplatz kam, nachdem gerade eine offizielle Reisegruppe dagewesen war, die alles mitgenommen hatte, was nicht niet- und nagelfest war, konnte er nichts anderes tun als warten. Jedenfalls kam er langsamer voran als die Kuriere. Bei normalem Gelände ohne wesentliche Höhenunterschiede schaffte er zu Fuß täglich etwa fünfzehn bis zwanzig Meilen, im Fahrzeug fünfundzwanzig bis dreißig. Vierzig, selbst fünfundvierzig waren möglich, doch bedeutete das eine erschöpfend lange, harte Tagesreise. Die Haltestellen an den Straßen waren angelegt, um solche Tagesleistungen zu ermöglichen. So führt zum Beispiel ein Itinerarium des 4. Jahrhunderts, das für Pilger von Bordeaux geschrieben wurde, die nach Jerusalem pilgern wollten, auf der zweiundsechzig römische Meilen langen Strecke von Toulouse nach Carcassonne folgendes auf: Neun Meilen zu einer *mutatio* (Gasthaus) in Nonum, dann elf Meilen bis zu einer *mutatio* in Vicesimum, neun Meilen bis zu einer *mansio* (Rasthaus) bei Elusione, neun Meilen bis zu einer *mutatio* bei Sostomagus, zehn Meilen nach Vicus Hebromago (ein Dorf), sechs Meilen bis zu einer *mutatio* bei Cedros, acht Meilen nach Carcassonne. Man nahm also an, daß Fahrzeuge die Strecke in zwei Tagen bewältigen konnten, neunundzwanzig Meilen am ersten mit Übernachtung in Elusione und dreiunddreißig am zweiten. Die *mutationes*, waren durchschnittlich in einem Abstand von acht bis zehn Meilen erbaut. Bei schwierigem Gelände waren die Haltestellen, wie zu erwarten, in kürzeren Abständen angelegt. Zwischen Arles und Mailand beispielsweise, also auf einer Strecke, bei der man die Alpen überschreiten mußte, verminderte sich der Abstand zwischen ihnen auf sechs Meilen.

Um eine Vorstellung davon zu gewinnen, wie man in den Zeiten des römischen Imperiums unterwegs war und wie die täglichen Erfahrungen eines Reisenden aussahen, wollen wir drei sehr verschiedenartige Männer auf sehr verschiedenartigen Reisen begleiten. Der erste ist der römische Verwaltungsbeamte Theophanes, der schon mehrfach erwähnt wurde und der mit dem Regierungs-Postdienst in offiziellem Auftrag von Oberägypten nach Antiochia und zurück reiste. Der zweite ist der griechische Intellektuelle Aristides, ein Privatmann, der auf eigene Faust auf mehr oder weniger ländlichen Straßen in Kleinasien unterwegs war. Der dritte ist der Dichter Horaz, der einen der engsten Mitarbeiter des Augustus auf einer Reise begleitete, noch bevor Augustus den Regierungs-Postdienst ins Leben gerufen hatte.

Am 12. April eines der Jahre zwischen 317 und 323 n. Chr. verließ Theophanes das nahe der Grenze Ägyptens gelegene Pelusium (nicht weit von dem heutigen Port Said). Er war begleitet von mindestens zwei ihm untergebenen Beamten, einem Haushofmeister, einem Sekretär und einem Schwarm von Dienern. Aus einigen erhaltenen Seiten des Abrechnungsbuchs, in dem seine Sekretäre die Stationen und die dort jeweils entstandenen Kosten eingetragen haben, bekommen wir, gleichsam aus der Froschperspektive, einen Einblick in seine Reise. Da nirgends Eintragungen wegen Unterkunft oder Miete von Tieren zu finden sind, ist klar, daß Theophanes und seine Begleitung die Privilegien des offiziellen Postdienstes genossen. Auf der anderen Seite zeigen seine täglichen Auslagen für Essen, daß er keine volle Kurier-Ermächtigung besaß, sondern nur eine, die zu Beförderung und Unterkunft berechtigte.

Für die Hinreise fehlen uns ins einzelne gehende Angaben; wir können nur seinen Reiseweg und die Geschwindigkeit seiner Reise rekonstruieren. Er brauchte vier Tage, um mit seiner Begleitung die Wüste zwischen Ägypten und Palästina zu durchqueren, wobei er nie mehr als sechsundzwanzig Meilen am Tag und einmal sogar nur sechzehn schaffte. Angekommen im Land, wo Milch und Honig fließen, beschleunigten er und seine Begleitung allerdings ihr Tempo erheblich auf einen Durchschnitt von vierzig Meilen am Tag, was sie in sechs Tagen nach Tyrus brachte. Dann wurden sie wieder etwas langsamer und leisteten in den nächsten acht Tagen bis nach Laodikea weniger als dreißig Meilen am Tag. Von hier bis zum Ziel Antiochia waren es noch gute vierundsechzig Meilen, aber wie Pferde, die es zum Stall zieht, erledigten sie diese an einem Tag und kamen am 30. April an. Die Reise hatte insgesamt achtzehn Tage in Anspruch genommen.

Am 19. Juli machte Theophanes seine Gesellschaft zur Rückreise am kommenden Morgen bereit. Nahrungsmittel wurden eingekauft: feines Brot für Theophanes und diejenigen, die an seiner Tafel speisten, billigeres Brot für die Diener, Krüge mit dem örtlichen Wein, Rind- oder Kalbfleisch für das Abendessen des Herrn, Weintrauben, Aprikosen, Wassermelonen, Kohl, Olivenöl, die *garum* genannte, besonders würzige Sauce zum Kochen, Honig zum Süßen und Holz für das Feuer. Kommenden Tags brach die Gesellschaft auf, nachdem noch Würste und Äpfel besorgt worden waren, wahrscheinlich spät am Vormittag, da sie zum Übernachten in einem Dorf haltmachte, das nur achtzehn Meilen von Antiochia entfernt war. Am 21. hingegen bewältigten sie in einem Zug fünfzig Meilen und erreichten Laodikea. Theophanes hatte dort wohl etwas Dienstliches zu erledigen, denn sie verweilten den ganzen 22. in der Stadt und verwendeten auch etwas Zeit darauf, weitere Vorräte einzukaufen. Theophanes war hier mit dem Wein wählerisch: in Laodikea kostete der halbe Liter, den er für sein Mittagessen besorgen ließ, fast ebensoviel wie der gesamte Trinkwein für die große Schar seiner Diener.

Am 23. waren sie wieder unterwegs und erreichten am 25. Byblos nach der beachtlichen Leistung von 140 Meilen in drei Tagen. Unser Weinkenner muß sich hier einen besonders guten Wein geleistet haben, da das Rechnungsbuch eine Ausgabe für Schnee vermerkt; dieser muß von der Höhe des nicht fernen Libanon gekommen sein und wurde zum Kühlen des Weins verwendet. Dieser Luxus war nicht sehr teuer, wenn man bedenkt, unter welchen Umständen er beschafft werden mußte; der Wein kostete 700 Drachmen, der Schnee nur 100. Nach Beirut, vierundzwanzig Meilen weiter, kamen sie am 26. und konnten dort verschiedenartige Früchte (Weintrauben, Feigen, Pfirsiche, Aprikosen) und neue Mittel für ihre Körperpflege besorgen (Natron, Bade-Öl, Seife). Am kommenden Tag unterbrach man die Reise nach vierunddreißig Meilen in Sidon, und hier wurden Eier für das Abendessen des Herrn gekauft (zweifellos bei der

Sommerhitze ungefährlicher als Fleisch). Die Eintragungen für die kommenden Tage sind nur in Bruchstücken auf uns gekommen; sie geben lediglich eine Vorstellung von den Reiseleistungen der Gesellschaft: sechsunddreißig Meilen nach Tyrus am 28. Juli, fünfundvierzig nach Ptolemais am 29. und vierundvierzig nach Caesarea am 30. mit einer Unterbrechung zum Mittagessen in einer *mutatio* an der Strecke. Auch folgenden Tags aßen sie in einer *mutatio*, wo man ein Tier für sie schlachtete, denn eine Eintragung vermerkt den Kauf von 4 Pfund Rind- oder Kalbfleisch. Sie übernachteten in Antipatris nach einer Tagesleistung von dreiunddreißig Meilen. Das Mittagessen am nächsten Tag (1. August) in Gebala enthielt Lamm- und Schweinefleisch und kostete nur einen Bruchteil des Rind- oder Kalbfleisches. Bis zum Abend hatten sie nach einer Tagesleistung von dreiundvierzig Meilen Askalon erreicht, wo Theophanes zum Abendessen Eier speiste und alle sich an Pfirsichen, Pflaumen, Weintrauben, Feigen und Äpfeln gütlich taten. Am 2. August schafften sie neununddreißig Meilen bis Raphia, wo es zum Abendessen Käse, Ziegenfleisch und Früchte gab. Nach weiteren achtunddreißig Meilen am 3. August waren sie in Rhinocolura, Ausgangspunkt für die Durchquerung der Wüste. Hier füllten sie die Vorräte auf. Sie kauften einen dreifachen Vorrat an Brot ein und nicht weniger als 140 bis 160 Liter Wein. Der hohe Herr machte sich auf die vor ihm liegende Durststrecke bereit, indem er sich und einigen Gästen zum Mittagessen einen Wein gönnte, der genau halb so viel kostete wie die 140 Liter. Im Wüsten-Gasthaus konnten sie am folgenden Tag etwas Käse für ihr Mittag- und Abendessen bekommen sowie einige Weintrauben und Wassermelonen zum Nachtisch, aber das Gasthaus, bei dem sie am 5. August zum Mittagessen rasteten, konnte ihnen offenbar überhaupt nichts bieten. Bei Einbruch der Nacht waren sie in Pelusium, also wieder am Ausgangspunkt ihrer Reise. Sie feierten das, indem sie nicht nur Eier und Käse, sondern auch getrockneten Fisch kauften – einige von der Gesellschaft aßen zum Mittagessen Schnecken. Und am nächsten Tag aßen sie zum ersten Mal in den achtzehn Tagen seit der Abreise von Antiochia frischen Fisch.

Im Sommer 165 n. Chr., oder vielleicht einige Jahre später, erlitt Aristides, ein wohlbekannter Redner, nach einer Periode recht guter Gesundheit eine erneute Attacke seiner Krankheit und beschloß, sein Krankenbett in Smyrna zu verlassen und zu dem berühmten Asklepios-Heiligtum in Pergamon zu gehen, wo er zuvor einige nahezu wunderbare Heilungen erfahren hatte. Er schildert die Reise in einem seiner Essays bis ins einzelne. Am Morgen des Tages seiner Abreise ließ er sein Gepäck auf Karren oder Wagen laden und mit den Dienern nach Myrina fahren, einer Stadt an der Strecke, wo diese auf ihn warten sollten. Als er alle Vorbereitungen beendet hatte, war es Mittag geworden und zu heiß für ihn, sich auf die Straße zu begeben. Er wartete, bis die Sonne etwas von ihrer Stärke verloren hatte, und etwa um halb drei Uhr nachmittags bestiegen er und seine Begleitung ihre Fahrzeuge und fuhren ab. Gegen sieben Uhr abends waren sie vierzehn römische Meilen gefahren und bei einem Rasthaus angelangt, in dessen Nähe die Straße den Hermos-Fluß überquert. Nach der Überlegung, ob man die Nacht dort verbringen solle, entschied er sich dagegen – es war nichts von seinem Gepäck zu sehen, das Rasthaus war recht schlecht, und bei einbrechender Dunkelheit kam ein kühler, erfrischender Wind auf.

Sie überquerten den Fluß und hatten gegen zehn Uhr nach weiteren zehn Meilen die Stadt Larissa erreicht. Das dortige Rasthaus war ebenfalls wenig ermutigend, auch hier war von dem Gepäck nichts zu sehen, und so war es ihm recht, die Fahrt fortzusetzen. Gegen Mitternacht oder etwas später kam er in Kyme an und fand dort alles bereits verschlossen. Aristides war wiederum nicht unglücklich; die Gesellschaft hatte fünfunddreißig Meilen geschafft, der kühle Abend war zu einer kalten Nacht geworden, alle Begleiter bettelten um eine Rast, er aber war jetzt störrisch und nichts konnte ihn halten. Etwa um vier Uhr morgens rasselten die Wagen mit erschöpften Insassen durch Myrinas Straßen – und da saßen vor einem der Rasthäuser die Diener mit dem Gepäck; sie waren so spät angekommen, daß sie alles bereits verschlossen vorgefunden hatten. Nach zweiundvierzig Meilen Wegs und fast vierundzwanzig Stunden ohne Schlaf war die ganze Gesellschaft todmüde. Im Eingangstor des Rasthauses befand sich ein Strohbett, sie versuchten, es so aufzustellen, daß man darauf liegen konnte – umsonst. Das einzige, was man tun konnte, war, an Türen zu klopfen; sie taten es, doch gelang es ihnen nicht, eine Menschenseele zu wecken. Schließlich fanden sie eine Möglichkeit, in das Haus eines Bekannten zu kommen, aber der Türhüter hatte das Feuer ausgehen lassen, und sie mußten sich in der Dunkelheit zurechtfinden. Während dann ein Feuer entzündet wurde, brach der Morgen an. Aristides weigerte sich, den Tag zu verschlafen und rief die Gesellschaft grimmig zum Aufbruch. Auf der Weiterfahrt brachte man in einem Heiligtum am Wege Apollo ein Opfer dar und legte sich endlich in Eläa, zwölf Meilen hinter Myrina, zur Ruhe. Kommenden Tags fuhren sie nochmals sechzehn Meilen bis nach Pergamon. Das alles wäre schon für einen gesunden Mann eine grausame Strapaze gewesen, was mußte es gar für jemanden sein, der sich ins Sanatorium begab.

Im Jahr 38 oder 37 v. Chr. reiste der Dichter Horaz als Mitglied einer von Maecenas – einem der engsten Mitarbeiter des Augustus – geleiteten Gesandtschaft von Rom nach Brindisi. Bei seiner Rückkehr gab er in Versen, die im leichten Plauderton gehalten sind, eine Schilderung seiner Erlebnisse. Er brach mit einem Freund auf – sie sollten die anderen erst später treffen – wählte die Via Appia und fuhr höchstwahrscheinlich in einem Wagen. Am ersten Tag legten sie sechzehn Meilen zurück und stiegen in einer bescheidenen Raststätte in Aricia ab, am zweiten hatten sie siebenundzwanzig Meilen nach Forum Apii. »Wir teilten die Strecke auf zwei Tage auf«, bemerkt Horaz, »schnellere Reisende als wir schaffen sie in einem Tag; für langsam Reisende ist die Appia angenehmer«. Forum Appii war »vollgestopft mit Seeleuten und knausrigen Schenkwirten«, insbesondere wegen eines Barkendienstes, den es dort gab: Reisende konnten abends eine Barke besteigen, die von einem Maultier an einem Seil in einem Kanal durch die pontinischen Sümpfe gezogen wurde und sie im Schlaf bis fast nach Terracina, dem nächsten größeren Haltepunkt, brachte, womit ihnen eine Tagereise auf der Straße erspart war. In Forum Appii begannen Horazens Beschwernisse:

Wegen verpesteten Wassers erklär' ich den Krieg meinem Magen,
Harr' der Gefährten, die unterdes speisten, doch war ich im Herzen
Gleichmütig nicht; schon schickte die Nacht sich an, die Schatten
über das Land zu breiten, am Himmel Sterne zu streuen.
Da überhäuft mit Gezänk der Sklave den Schiffer, die Schiffer
wieder die Sklaven: ›Land hier!‹ ›Du stopfst ja tausend hinein. Oh,
jetzt ist's genug!‹ Und während das Geld man kassiert und das Maultier
anschirrt, vergeht eine Stunde. Die bösen Schnaken, der Sumpffrosch
scheuchen den Schlaf; um die Wette besingen die ferne Geliebte
feucht vom gestandenen Wein der Schiffer und Schlepper gemeinsam.
Endlich ermattet beginnt der Schlepper zu schlafen, der Schiffer [block
schickt auf die Weide das Maultier, der Faulpelz, umschlingt einen Stein
mit seiner Leine und schnarcht, auf den Rücken sich streckend zur Ruhe.
Schon war gekommen der Tag, als wir merken, daß unser Kahn stilliegt –
bis dann endlich ein Hitzkopf hinausspringt aus unserem Fahrzeug,
Kopf und Lenden des Maultiers – doch auch des Schiffers – zu dreschen
mit einer Weidenholzpeitsche; schon zehn ist die Uhr, wie wir landen.

Sie übernachteten in Terracina; hier trafen sie mit Maecenas und dem größeren Teil der Gesellschaft zusammen; Horaz fand einen Moment, um seine entzündeten Augen mit schwarzer Salbe zu behandeln. Der nächste Tag brachte sie nach Formiae, eine Strecke von sechsundzwanzig Meilen, wo ein dort ansässiger Aristokrat sie als Gäste in seiner Villa empfing. Am folgenden Morgen stießen noch einige Mitglieder der Reisegesellschaft, unter ihnen Vergil, zu ihnen, so daß sie nun vollzählig waren. Anderntags fuhren sie siebenundzwanzig Meilen bis zu einem sehr einfachen Rasthaus, in dem sie übernachteten, »die Maulesel wurden ihre Lasten rechtzeitig in Capua los. Maecenas geht zum Spielen, Vergil und ich zum Schlafen«. Sie waren frühzeitig eingetroffen und mußten bis Capua nur siebzehn Meilen zurücklegen. Am Tag darauf hatten sie, nach weiteren einundzwanzig Meilen, die beste Unterkunft ihrer Reise in einer prächtigen Villa, die einer der Standespersonen ihrer Gesellschaft gehörte. Ihr Abendessen zog sich lange hin, da sie sich stundenlang bei einer althergebrachten und zeitlosen Art der Unterhaltung amüsierten: Zwei berufsmäßige Spaßmacher warfen einander Beleidigungen an den Kopf. Vielleicht legten sie sich auch erst spät schlafen, denn tags darauf schafften sie nicht mehr als elf Meilen bis nach Benevent. Hier war der Wirt des Rasthauses so beflissen, für seine erlauchten Gäste alles recht zu machen, daß er beim Zubereiten von Krammetsvögeln beinahe seine Küche in Brand gesteckt hätte. Sie fuhren jetzt durch den Apennin, und die Unterkunft für die folgende Nacht war ein kleines Gasthaus in den Bergen. Horaz ging es hier schlecht. Das Holz im Kamin war feucht und rauchte, seine Augen tränten und außerdem wartete er vergeblich bis Mitternacht auf ein Mädchen, das versprochen hatte zu kommen und nicht kam. Am folgenden Tag legten sie in Reisewagen vierundzwanzig Meilen bis zu einem anderen Bergstädtchen zurück, wo das Wasser sehr schlecht, aber das Brot vorzüglich war; schlaue Reisende, bemerkt Horaz dazu, nehmen davon einen Extravorrat mit, denn in Canusium, dem nächsten Rastort, ist das Brot hart wie Stein. In Rubi, der nächsten Station, kamen sie todmüde an; die Strecke war vierundzwanzig Meilen weit, und ein Dauerregen machte sie nicht besser. Tags darauf legten sie von Rubi nach Bari dreiundzwanzig Meilen zurück; das Wetter war besser, die Straße jedoch schlechter. Sie fuhren jetzt über die Ebene, der Küste entlang, das Ende der Reise war schon beinahe in Sicht; sie beschleunigten ihr Tempo, indem sie am vorletzten Tag die siebenunddreißig Meilen nach Egnatia hinter sich brachten, wo sie etwas zu lachen hatten, als man ihnen das dortige Wunder vorführte: Weihrauch, der in einem Heiligtum ohne Feuer verduftete. Am letzten Tag erreichten sie Brindisi – »das Ende sowohl einer langen Reise als auch eines langen Gedichts«, scherzt Horaz in der letzten Zeile seines Sermo. Er hatte rund zwei Wochen für die etwa 375 Meilen gebraucht und Kostproben von den guten wie unerfreulichen Seiten einer Reise genommen: etwas Sonnenwetter, schnelles Reisen auf guten Hauptstraßen, erstklassige Unterkünfte, gute Gesellschaft, viel Spaß; etwas Regen, langsames Vorankommen auf schlechten Straßen, primitive Hotels, Verdauungsstörung, schlaflose Nächte, schließlich ein Rendezvous, das nicht zustandekam.

Rasthäuser und Restaurants

Wo unterkommen? Das war die entscheidende Frage, wenn ein Reisender ein Schiff verließ, sich einem Stadttor näherte oder merkte, daß die Nacht einbrach, während er noch auf offener Strecke unterwegs war. War er im Regierungsdienst, so begab er sich zu dem nächsten Platz, der vom *cursus publicus* unterhalten wurde; war er wohlhabend, adelig oder beides, dann gab es ebenso einfache Alternativen: Er konnte einen Landbesitz haben, dann mußte er nichts anderes tun, als seine Diener auf sein Kommen vorbereiten. Hier zum Beispiel ein Brief, den ein reicher Landbesitzer im Jahr 256 n. Chr. an einen seiner Verwalter schickte: »So Gott will, erwarte unser Kommen am 23. Sobald Du dies Schreiben erhältst, tue alles, damit der Baderaum geheizt, Holz ins Haus gebracht und Spreu allenthalben gesammelt wird, damit wir im Warmen baden können; es ist ja Winter... Sieh zu, daß wir alles haben, was wir brauchen, besonders ein Schwein für meine Gäste – aber es soll ein gutes sein, nicht eines wie letztes Mal, an dem nur Haut war und das nichts taugte. Und gib den Fischern Bescheid, damit sie uns etwas Fisch bringen.«

Der Briefschreiber lebte in Ägypten, und der Landbesitz, den er zu besuchen beabsichtigte, lag im Fajum. Derartige Briefe müssen tagein, tagaus von Guts- und Hausverwaltern im ganzen Römischen Reich empfangen worden sein. Besitzer von Villen, die weiter als eine Tagereise von der Stadt entfernt lagen, unterhielten oft ein Quartier an passender Stelle, das ihnen auf der Hin- und Rückreise als Unterkunft diente.

Wenn bemittelte Leute keine eigenen Landsitze hatten, wohin sie sich zurückziehen konnten, taten sie das Nächstbeste: sie richteten es so ein, daß sie bei Freunden, Familienangehörigen, Geschäftsfreunden oder anderen Bekannten unterkommen konnten; der Landsitz eines reichen Mannes hatte oft einen separaten Flügel mit eigenem Eingang, Schlafzimmern und Eßzimmern für Gäste. Wo solche Gastlichkeit nicht zu finden war, wie beispielsweise bei Reisen durch verhältnismäßig abgelegene Gegenden, nahmen sie zu dem üblichen Reisegepäck noch Zelte mit und kampierten im Freien, gewiß in elegantem Stil und bedient von dem stets gegenwärtigen Stab von Dienern. Schließlich konnten sie sich, wenn es keine andere Lösung gab, immer an die örtlichen Behörden wenden. Als Cato der Jüngere nach Abschluß seines Militärdienstes durch einen Teil Kleinasiens reiste, pflegte er es, wie Plutarch berichtet, folgendermaßen zu machen: »Er schickte morgens früh seinen Bäcker und seinen Koch an den Ort voraus, wo er die Nacht verbringen wollte. Diese benahmen sich sehr gesittet und würdig, und wenn es dort keinen Freund oder Bekannten Catos gab, besorgten sie für ihn ein Quartier im Gasthaus, ohne jemanden zu belästigen. Wenn es kein Gasthaus gab, wandten sie sich an die Behörden und nahmen dankbar die Gastlichkeit an, die geboten wurde.«

Cato, der sich als einen Mann von einfachen Neigungen darzustellen liebte, als jemand, der für sich nicht mehr wollte als irgendeiner seiner Mitmenschen, war eine Ausnahme. Römer, die einen hohen Rang bekleideten, erwarteten im allgemeinen den roten Teppich. Ein Brief wie der folgende, der in Ägypten ausgegraben wurde und zweifellos von einem Sekretär im Auswärtigen Amt der Ptolemäer stammt, muß typisch gewesen sein. Er ist im Jahr 112 v.Chr. geschrieben und an einen Beamten der Hauptstadt des Fajum gerichtet, Arsinoë, auch Krokodilopolis genannt wegen eines dort vorhandenen heiligen Krokodils.

»Lucius Memmius, ein römischer Senator in hoher Stellung, fährt zu Schiff von Alexandria (nilaufwärts) in den Bezirk, dessen Hauptstadt Arsinoë ist, um sich die Sehenswürdigkeiten anzusehen. Empfangt ihn in großem Stil und sorgt dafür, daß an den Orten, wo es üblich ist, Unterkünfte und Landevorrichtungen für ihn und seine Begleitung bereitstehen... und daß ihm die Geschenke, deren Liste am Ende beigefügt ist, bei den Landestellen übergeben werden. Sorgt auch für Möblierung der Unterkünfte, für das Spezialfutter, um Petesuchos, den Krokodilgott und die Krokodile zu füttern, für alles, was für einen Besuch im Labyrinth, für Opfergaben und für Opfer erforderlich ist.. überhaupt, denkt daran, alles zu tun, um ihm zu Gefallen zu sein; bietet auf, was in Euren Kräften steht!«

In anderen Worten, Memmius sollte speziell vorbereitete Unterkunft, Geschenke und Führungen zu den beiden Hauptsehenswürdigkeiten der Gegend, dem Heiligtum der heiligen Krokodile und zu dem Labyrinth erhalten.

Ein weiterer Brief, einen Besuch betreffend, der ein Jahrhundert später stattfand, zeigt, wie sorgfältig ausgearbeitet derartige Vorbereitungen sein konnten. Er stammt von einem örtlichen Beamten, der gebeten worden war, Vorbereitungen für die Ankunft einer Standesperson zu treffen:

»Eurem Schreiben entsprechend haben wir für den Besuch von Chrysippos, Sekretär der Finanzen und Chef der Leibgarde, bereitgestellt: 10 Weißkopf-Vögel, 5 zahme Gänse, 50 weitere Vögel; wildes Geflügel: 50 Gänse, 200 Vögel, 100 Tauben. Wir haben 5 Reitesel gemietet und halten 40 Packesel in Bereitschaft. Mit dem Bau der Straße kommen wir voran.«

Dem Brief nach müssen Chrysippos und seine Begleiter insgesamt fünf Personen gewesen sein, nicht gerechnet die Diener, die zu Fuß zu gehen hatten, und ihr Gepäck muß nicht weniger als vierzig Tragtiere erfordert haben; sie reisten also nicht gerade mit leichtem Gepäck. Sie müssen auf dem Nil gekommen sein, und die armen Ortsinstanzen mußten nicht nur die Tiere stellen, um das Gefolge vom Fluß zur Stadt zu befördern, sondern auch die Straße in Ordnung bringen, damit sie einen solchen Troß aufnehmen konnte. Die ausgezeichneten Gäste sollten offensichtlich gut und reichlich essen – falls sie überhaupt gern Geflügel aßen.

Ein weitres Dokument dieser Art offenbart, daß beim Aufenthalt des Gouverneurs von Ägypten in Hermopolis im Jahre 145 n. Chr. oder wenige Jahre später die Mittel mehrerer Dutzend örtlicher Würdenträger in Anspruch genommen werden mußten, um ein angemessenes Menu zu liefern, das über das zahme und wilde Geflügel hinaus Kalbfleisch, Schweinefleisch, getrockneten und frischen Fisch, Käse, Oliven, Linsen und Gemüse bot. Offensichtlich konnte es zur Last werden, wenn sich Leute in hohen Stellungen in dieser erzwungenen Weise einladen ließen. In einem seiner am besten bekannten Briefe erzählt Plinius der Jüngere, wie eine Küstenstadt zu einer drastischen Maßnahme gezwungen wurde, als sie dank eines bemerkenswerten Delphins, der sich eines Tages zu den an der Küste schwimmenden Kindern gesellte und von da an täglich mit ihnen im Wasser spielte, plötzlich zu einer Touristenattraktion wurde. »Alle Beamten strömten zu dem Schauspiel zusammen, und die kleine Gemeinde wurde durch ihre Ankunft und ihr Verweilen in ständig neue Ausgaben gestürzt. Der Ort verlor seine Ruhe und Abgeschiedenheit, und so beschloß man, die Ursache für den Zustrom der Menschen zu töten.«

Der Durchschnittsreisende mit keinem Anspruch auf offizielle Gastlichkeit, keinen wohlhabenden Freunden, die ihn in ihren verschiedenen Quartieren unterbrachten oder Empfehlungsbriefe schrieben, um ihm eine solche Unterkunft zu sichern, ohne einen Stab von Dienern und einen Gepäcktroß, wie sie für das Umgehen mit einer eleganten Zeltausrüstung und ihren Transport erforderlich waren, hatte keine Wahl – er übernachtete in einem Gasthaus.

Wer auf Hauptstrecken oder durch bevölkerte Gegenden reiste, hatte keine Schwierigkeiten: er konnte wählen, wo er die Reise unterbrechen wollte, und in manchen Orten hatte er sogar eine Auswahl von Gasthäusern. Wenn er zum Beispiel Rom auf der Via Appia verlassen hatte, konnte er wie Horaz in Aricia übernachten, konnte seine Tagesreise aber auch etwa vier Meilen davor in Bovillae beenden und in dem Gasthaus übernachten, wohin Ciceros bitterer Feind Clodius nach seiner Verwundung gebracht und in dessen Nähe er vermutlich ermordet wurde. Siebzehn Meilen weiter war Tres Tabernae, wo Paulus seine Anhänger auf seinem Weg nach Rom traf; der Ort muß seinen Namen von drei dort vorhandenen Gasthäusern bekommen haben.

Zehn Meilen weiter war Forum Appii mit seinen zahlreichen Tavernen, und die meisten Tavernen hatten Zimmer für Reisende.

Wenn er anderseits durch offenes Land reiste, mußte er mit dem einsamen Rasthaus vorlieb nehmen, das er gegen Einbruch der Nacht erreichte. Es gab sie an den meisten Hauptstraßen in Abständen von einer Tagesreise. Oft waren solche einsamen Gasthäuser Anlaß zur Entstehung von Siedlungen, die dann ihren Namen trugen. Dies ist die einzige Erklärung für Ortsnamen wie Rufini Taberna, ›Gasthaus des Rufinus‹, ein römischer Weiler in Nordafrika, oder Ad Stabulum, ›Beim Dorfgasthaus‹, ein römisches Dorf in der Nähe von Narbonne und viele andere. Eine größere Zahl von modernen Ortsnamen kann auf antike Dorfnamen zurückgeführt werden, die so entstanden sind. Zabern, zwischen Straßburg und Metz gelegen, ist nur eine Ableitung von Tabernae, ›Gasthöfe‹; dasselbe Wort steckt in französischen Ortsnamen wie Saverne, Tavers, Tavernières, Tavernolles.

Archäologen haben in Westeuropa einige isoliert liegende ländliche Gasthäuser ausgegraben, die zu dem weitgespannten römischen Postdienst gehört haben müssen. In der Steiermark brachten sie Reste eines Gebäudes ans Licht, das sehr wahrscheinlich ein nach einem bestimmten Typ gebautes römisches Straßen-Rasthaus, eine *mansio* war; erbaut in der Regierungszeit des Augustus, blieb es die folgenden dreihundert Jahre ständig in Gebrauch. Es war ein zweistöckiges, längliches Gebäude von rund 12 zu 20 Metern und lag mit einer Schmalseite zur Straße hin; an einer der Langseiten war ein Hof für die Fahrzeuge angelegt. Im Erdgeschoß befanden sich auch ein Stall für rund ein Dutzend Tiere, eine komplette Reparaturwerkstatt mit einer Schmiede, ein Büro, eine Küche von etwa 2 zu 6 Metern und ein Speiseraum von fast der gleichen Größe. Büro, Küche und Speiseraum blickten nach Süden, der Speiseraum hatte zusätzlich die übliche römische Heißluft-Heizung unter dem Fußboden. Der jetzt vollkommen verschwundene Oberstock aus Holz muß die Schlafzimmer enthalten haben.

Eine sehr viel umfangreichere, ebenfalls im 1. Jahrhundert n. Chr. erbaute und bis zum 4. benützte *mansio* ist auf der

Höhe des Kleinen St. Bernhard-Passes freigelegt worden. Es war ein Komplex von Stallungen, Hof und Gebäuden, der eine Gesamtfläche von rund 18 mal 67 Metern einnahm. Eine Hälfte dieser Fläche beanspruchte ein Hof, der auf drei Seiten von in zwei Stockwerken angeordneten Zimmern umgeben war; die Mehrzahl der noch erhaltenen Zimmer messen 5,2 Meter im Geviert, einige wenige sind erheblich länger. Die Zimmer des Oberstocks waren von einer äußeren Galerie zugänglich, die über dem Hof vorsprang und darunter einen gedeckten Raum entstehen ließ. Das Erdgeschoß dürfte die öffentlichen Räume und einige Schlafzimmer, das Obergeschoß nur Schlafzimmer enthalten haben. Die zweite Hälfte des Gebäudes diente für Stallungen, eine Reparaturwerkstatt und ähnliches. Es gibt keine Spuren von Hypokausten, man muß also mit Kaminen oder mit Holzkohlenpfannen geheizt haben.

Sogar ein Beispiel für eine *mutatio*, ein einfaches Gasthaus, ist nahe der Paßhöhe gefunden worden, über die die Straße von Aquileia nach Jugoslawien verlief. Wiederum haben wir ein rechteckiges, wenn auch im Vergleich mit den beiden anderen sehr viel kleineres Gebäude vor uns, 14,5 m lang und 6,5 m breit. Es war in drei Räume unterteilt, nämlich ein Mittelzimmer, das auf den Seiten von einer Küche und einem Schlafzimmer flankiert war. Die Küche hatte die bescheidene Größe von 1,6 zu 3,9 m, das Schlafzimmer war winzig, 0,95 zu 2,35 m, so daß der Hauptanteil des verfügbaren Raums an den zentralen Saal fiel. Alle drei Räume waren, wie bei einer alpinen Unterkunft zu erwarten, gut geheizt, die Küche durch ihren Herd, das Schlafzimmer durch einen Kamin und das große Zimmer durch einen Heißluft-Fußboden. Das Schlafzimmer gehörte wohl dem Besitzer und wurde gelegentlich hochstehenden oder wohlhabenden Gästen überlassen; im langen Zimmer konnte sich die normale Kundschaft aufhalten, wobei es wahrscheinlich tagsüber als Speisesaal, nachts als Schlafsaal diente. Ställe, Schmiede und andere Einrichtungen müssen in Schuppen hinter dem Haupthaus oder zu seiner Seite vorhanden gewesen sein.

Im griechischen Bereich bestand das traditionelle Rasthaus früherer Zeit aus einem quadratischen oder länglichen Hof für die Unterbringung von Tieren und Fahrzeugen, der auf allen Seiten von einer Reihe mehr oder weniger gleich großer Räume für deren Eigentümer oder Kutscher umschlossen war. Im griechischsprechenden östlichen Teil des römischen Imperiums lebte dieser Typ offenbar in den geräumigen Khans des Nahen Ostens weiter, die genauso angelegt sind. In der öden Gegend östlich vom Toten Meer stehen noch die eindrucksvollen Ruinen eines Gebäudes aus spätrömischer oder byzantinischer Zeit, das ganz einem Khan gleicht und auch dessen großzügige Verhältnisse aufweist. Es ist mit 47 m Seitenlänge quadratisch angelegt und hatte reichlich Platz zum Abladen, Füttern und Einstellen von Lasttieren. Die Zimmer rundum sind ebenfalls von großzügigen Maßen, durchschnittlich 4,1 zu 6,3 m oder noch größer, und es gab auch Zwei-Zimmer-Suiten.

Der einzige andere Typus eines Rasthauses, den wir aus dem griechischen Osten kennen, wird von zwei Häusern in Olympia vertreten, die zur Unterbringung ausgezeichneter Gäste bei den Spielen dienten; eines wurde in der ersten Hälfte des 2. Jahrhunderts n. Chr. errichtet, und als es einem anderen Zwecke zugeführt wurde, entstand in der zweiten Hälfte des Jahrhunderts ein Ersatz dafür. Beide bestanden ebenso wie das Rasthaus, das fünfhundert Jahre zuvor ganz in der Nähe gestanden und dem gleichen Zweck gedient hatte, aus einem freundlichen, von öffentlichen Räumen und Schlafzimmern stattlicher Größe umgebenen Patio; in dem älteren der beiden Gebäude hatten beispielsweise die kleinsten Schlafzimmer 3,3 m im Geviert, die Mehrzahl war größer, viele sogar erheblich größer.

Viel mehr ist über die Rasthäuser im lateinischsprechenden Teil des Imperiums bekannt. Wie wir gerade sahen, haben Ausgräber mehrere Beispiele von Rasthäusern ans Licht gebracht, die an den Landstraßen für den *cursus publicus* unterhalten wurden; darüber hinaus haben sich aber in den Ruinen von Ostia, Herculaneum und Pompeji auch zahlreiche Gasthäuser des Typs gefunden, wie sie in Städten vorhanden waren. Außer ihren Resten erzählen auch noch die Schriften der Römer, besonders der Juristen, eine ganze Menge über Einrichtungen und das Personal der Rasthäuser.

HOSPITIUM UND CAUPONA

Das ländliche Gasthaus bot dem Reisenden das bare Minimum: Essen, Übernachtung und den Wechsel gemieteter Tiere oder Fahrzeuge. Selbst in einer größeren Stadt konnte er nicht viel mehr erwarten.

Wir erfahren, daß eine Reihe von gut besuchten Hotels oder Nachtlokalen an dem Kanal standen, der Alexandria mit Kanopus verband, eine Art von antikem St. Pauli. Vielleicht konnten Rom oder andere Großstädte sich ähnlicher Einrichtungen rühmen, doch waren sie jedenfalls selten. Das durchschnittliche Hotel in der Stadt war ein seriöses Unternehmen, um den schlichten, normalen Reisenden über Nacht aufzunehmen. Leute, die mehr als ein paar Tage in einer Stadt verbringen wollten und keine Freunde oder geschäftliche Verbindungen besaßen, nahmen sich eine Mietwohnung, wie es Paulus während seines Aufenthalts in Rom tat. Besitzer von Privathäusern vermieteten Zimmer ebenso, wie sie es heute tun – und die Probleme waren die gleichen, wenn man nach einer Inschrifttafel urteilen darf, die ein resignierter Besitzer anbrachte. In lateinischem Distichon machte er bekannt:

> Bist Du ein sauberer Mensch, so bist Du ein Schmuck meines Hauses
> bist Du schmutzig, gewähr' ich Dir die Bleibe – mit Scham.

Der Durchreisende indessen mußte oft in einem Gasthaus absteigen, und selbst ehrenwerte Gasthäuser, im allgemeinen mit den neutralen Namen *hospitium*, ›Platz der Gastlichkeit‹, oder *deversorium*, ›Platz zum Absteigen‹, bezeichnet, schlossen Prostituierte bei den angebotenen Dienstleistungen mit ein, während das, was als *caupona* bezeichnet wurde, ein Gasthaus ausgesprochen minderer Qualität war. Es sorgte für die Bedürfnisse von Seeleuten, Fuhrleuten und Sklaven; sein Speisesaal hatte mehr die Atmosphäre einer Schenke als die eines Restaurants; und der *caupo* (oder *copo*), wie der Besitzer einer *caupona* genannt wurde, hatte das gleiche soziale und moralische Niveau wie sein Etablissement. In der Tat waren *caupones* ebenso wie Schiffskapitäne und Besitzer von Fahrzeug-Parks und Zugtier-Stallungen Gegenstand einer besonderen Gesetzgebung, weil die Reisenden ihnen völlig ausgeliefert waren und dem Gesetzgeber klar war, daß sich diese Berufsgruppe nicht gerade durch peinliche Rechtschaffenheit auszeichnete. Das normale römische Recht gestattete einer bestohlenen Person nur, vom Dieb selbst Genugtuung zu verlangen, was die Sache zugegebenermaßen schwierig machte, weil der Dieb erst einmal gefangen werden mußte. Hingegen hatten Hotelgäste oder Schiffspassagiere, deren Gepäck gestohlen worden war, das Recht, Klage gegen den Gastwirt oder den Kapitän zu erheben, die verantwortlich für die Handlungen ihrer Leute waren. Es muß zwar Grenzen ihrer Verantwortlichkeit gegeben haben; doch konnte es sich für einen armen *caupo* verheerend auswirken, wenn etwa ein Kurier bestohlen wurde, dem man beispielsweise einen Beutel mit Gemmen anvertraut hatte. In diesem Fall war es der einzige Fehler des Gastwirts, daß er einen gegen Versuchungen nicht gefeiten Sklaven das Zimmer hatte sauber machen lassen. Römisches Recht gestattete einem Besitzer von Lagerräumen bekanntzumachen, daß er »Gold, Silber oder Perlen nicht auf seine Gefahr annehme«; wahrscheinlich konnten Gastwirte, damals ebenso wie heute, das gleiche tun.

In der Stadt statt in einem ländlichen Gasthaus zu übernachten, war – mindestens wenn es sich um einen Ort von einer gewissen Größe handelte – natürlich vorteilhafter, weil dort eine Auswahl von Unterkünften und, wie wir sogleich sehen werden, auch von Unterhaltungsmöglichkeiten zur Verfügung stand. Der Reisende kam schon zu Gasthäusern, bevor er noch die eigentliche Stadt erreicht hatte; sie standen längs der Straßen außerhalb der Stadtgrenzen, genau wie heute die Motels. Die meisten von ihnen dürften von der Art gewesen sein, die die Römer ein *stabulum* nannten, eine Einrichtung also, die wie ihr ländliches Gegenstück, einen Hof für Fahrzeuge und einen Stall für Tiere besaß. Unmittelbar innerhalb der Stadttore gab es weitere Gasthäuser, ebenso im Zentrum und in der näheren Umgebung.

Es war nicht schwer, die Gasthäuser in der Stadt ausfindig zu machen. Selbst ein spät nachts ankommender Reisender konnte sie an der über der Tür brennenden Lampe erkennen. Tagsüber waren außerdem die nach der Straßenseite hin gelegenen Schenken geöffnet, die man zum Essen aufzusuchen pflegte, kenntlich an Schildern mit passendem Bild, die den Namen des Hauses illustrierten. Die Namen haben einen vertrauten Klang, da sie sich dank einer in Europa bis heute dauernden Tradition erhalten haben: Da gab es die Gasthäuser mit Tiernamen ›Der Elefant‹, ›Das Kamel‹, ›Der kleine Adler‹, ›Die Hindin‹, ›Der Hahn‹, ›Die Schlangen‹, mit Namen von Sachen ›Das Rad‹, ›Das Schwert‹, und von Gottheiten ›Diana‹, ›Merkur und Apollo‹. Oft war die Fassade munter mit passenden Wandbildern verziert, Weinkrügen oder auch je nach dem Gewerbe des Besitzers, mit erotischen Szenen. Zusätzlich zu Außendekors halfen Bekanntmachungen dem potentiellen Kunden, seine Wahl zu treffen. Eine Tafel, die ehemals vor dem ›Merkur und Apollo‹ in Lyon stand, besagte: »Hier verspricht Merkur Dir Wohlstand, Apollo Gesundheit und Septumanus (der Gastwirt) Zimmer und Kost. Wer kommt, der wird es hinterher nicht bereuen. Reisender, schau' Dir an, wo Du absteigen willst!« Eine andere, die in Antibes gefunden wurde, kündigt an: »Reisender, höre zu: Wenn Du Lust hast, tritt ein; Du findest eine Bronzetafel, auf der alles steht«. Mit anderen Worten: eine Preisliste (die Preise müssen freilich recht stabil gewesen sein, wenn man sie in Bronze eingravierte). Eine vollendete Ankündigung in griechischer Sprache, die am Eingangsportikus eines Gasthauses in Ägypten eingemeißelt war, machte in heroischen Versen à la Homer folgendes bekannt:

[Trojas Mauern zerbrachen, es stürzten die Türme von Assur,]
   Thebens Mauern, auch sie, wurden vollkommen zerstört.
Meine Mauer jedoch hält fern den tobenden Ares,
   kennt nicht feindlicher Hände Werk, noch lärmendes Tun,
sie erfreuet sich stets an Jubel und frohen Gelagen
   und am Tanz jungen Volks; gerne vereint sich das hier,
Flöten kann man hier hören, man hört hier keine Trompete,
   Rinderblut färbet, nicht Mord feindlicher Krieger, mein Land.
Weiße Gewänder, nicht Waffen umkleiden uns, wenn wir hier speisen,
   Zechern geziemet nicht das Schwert, sondern die Schale voll Weins,
und in nächtlichen Festen besingen wir unseren Herren
   Armachis – auf unsrem Haupt blütenreich ruhet der Kranz.

Ähnlich freundliche Gasthäuser gab es wohl auch in Pompeji (Abb. 69).

Zweifellos stand in manch einem Etablissement der Besitzer

oder Manager im Portal und tat alles, um Kunden zu locken. In einem kleinen, lebendigen, Vergil zugeschriebenen Gedicht schwärmt eine Gastwirtin, um einen müden, erschöpften Wanderer anzuziehen, von dem Reiz und der Kühle ihres Lokals, leiert die Speisekarte herunter und versichert ihm, daß er nicht nur Ceres und Bromius, das heißt Brot und Wein finden werde, sondern auch Amor. Ein in einer Stadt im südöstlichen Italien gefundenes Relief faßt in amüsanter Weise den ganzen Umfang der Bedienung zusammen, die ein antikes Gasthaus bot. Es stellt eine Gastwirtin dar, ganz wie in dem eben erwähnten Gedicht, wie sie mit einem abreisenden Gast spricht. Darüber steht die Unterhaltung, die sie führen:

>»Gastwirtin, laß uns die Rechnung machen!«
>»Ein Sextarius Wein [etwa ein halber Liter] und Brot: ein As. Essen: Zwei Asse.«
>»Richtig.«
>»Mädchen: Acht Asse.«
>»Auch richtig.«
>»Heu für das Maultier: Zwei Asse.«
>»Das Maultier wird mein Tod sein.«

Der Wein, der mit dem Brot zusammen verrechnet so billig war, stammte sicherlich aus der dortigen Gegend. Von einem Zimmer wird nicht gesprochen; da der Gast aber schwerlich ein Mädchen ohne ein solches gehabt haben kann, ist es vielleicht in den acht Assen mit einbegriffen.

Ein *stabulum*, also ein Gasthof am Rand der Stadt mit Unterstellmöglichkeiten für Fahrzeuge und Tiere, konnte es sich nicht leisten, sich auszubreiten wie eines auf dem Land. Ein in Pompeji gefundener Gasthof hatte im Erdgeschoß, zur Straße gelegen, ein Vorzimmer, beiderseits von den mittelgroßen Räumen der Küche, des Restaurants und des Empfangs flankiert, und in einer Ecke eine Toilette. Ging man durch das Vorzimmer, so kam man nach hinten in einen Hof, wo Wagen abgeschirrt und stehengelassen werden konnten; an seinem Ende war ein Unterstand, der als Stall diente. Ein Obergeschoß war für Schlafzimmer reserviert; es gab auch ein paar Schlafzimmer im Erdgeschoß, die auf den Hof sahen. Den Gasthäusern in der Stadt, die nur für die

Unterbringung von Gästen vorgesehen waren, fehlten Vorraum und Hof; im Erdgeschoß befanden sich Küche, Restaurant, Empfang, Toilette und vielleicht einige wenige Schlafzimmer, während sich die meisten Schlafzimmer auch hier im Obergeschoß befanden. Die Restaurants hatten im allgemeinen noch einen getrennten Eingang von der Straße, wie wir noch sehen werden; wie die Grill-Rooms moderner Hotels, standen sie nicht nur den Kunden des Gasthauses, sondern auch einem allgemeinen Publikum zur Verfügung.

Die in Pompeji gefundenen Gasthäuser sind allesamt klein und enthalten selten mehr als ein Dutzend Gastzimmer. Doch war ja Pompeji auch nur eine Provinzstadt, und größere Städte mit mehr Geschäftstätigkeit können sehr wohl bei geeigneter Lage mehr Annehmlichkeiten geboten haben. Im Herzen Roms, nur wenige Schritte vom Forum entfernt, ist ein Gebäude freigelegt worden, das mehr als dreißig fast gleiche Räume, fensterlose kleine Zellen, enthielt; sie maßen durchschnittlich knapp 1,60 zu 1,90 m, und man betrat sie von engen, niedrigen Gängen aus. Es handelt sich entweder um eine billige Unterkunftsmöglichkeit oder ein Bordell; das Gebäude blieb in seiner Vorzugslage bestehen, bis es zusammen mit allen Baulichkeiten rundum demoliert wurde, um Platz für den Park zu machen, mit dem Nero seinen neuen Palast, das Goldene Haus, umgab.

Die Leitung eines Gasthauses war schon in den frühesten Zeiten des Reisens oft ein Frauenberuf, und dies blieb so bis in die römische Kaiserzeit. Wenn eine Frau eine *caupona* betrieb, wurde sie *copa* genannt, wie ihr männliches Gegenstück *copo* hieß. Wer ein *hospitium* oder *deversorium* betrieb, war ein *hospes*, ›Gastgeber‹. Häufig stellten Besitzer von Gasthäusern, statt sich selbst um sie zu kümmern, einen *institor*, das heißt einen Geschäftsführer an, entweder einen Freigelassenen oder einen Sklaven. Das übrige Dienstpersonal – der Portier (*atriarius* oder *ianitor*), Laufburschen, Träger und Kellner (*ministri, pueri*), Barmädchen *(vinariae)*, Zimmermädchen *(ministrae, ancillae)* waren üblicherweise Sklaven und Sklavinnen. Die Burschen und Mädchen nahmen das Gepäck ab und begleiteten den Gast zu seinem Zimmer *(cella)*, meist von sehr bescheidener Größe, das er mit so vielen weiteren Gästen teilen mußte, wie der Gastwirt noch hineinquetschen konnte. Die Möblierung war minimal: Bett *(lectus, lectulus)*, Matratze *(matella)* und Lampenständer *(candelabrum)*. Erfahrene Reisende sahen sich die Matratze sehr genau an, weil Wanzen so häufig vorkamen, daß sie als die *cauponarum aestiva animalia* bekannt waren, ›Sommertiere der Gasthöfe‹. Die apokryphen Akten des Johannes der Apostelgeschichte erzählen, wie der Apostel während einer Reise von Laodikea nach Ephesos mit dieser Störung fertig wurde. Er und seine Gefährten verbrachten eine Nacht in einem verlassenen Gasthaus. Vielleicht war es deshalb verlassen worden, weil die Wanzen sich unerträglich vermehrt hatten. In der Nacht hörte man Johannes, der das einzige Bett bekommen hatte, rufen: »Ich sage euch, Wanzen, benehmt euch alle miteinander, verlaßt eure Bleibe für diese eine Nacht, bleibt ruhig an einem Fleck zusammen und haltet euch fern von den Dienern Gottes«. Die anderen, die auf dem Fußboden lagen und dem Ungemach nicht ausgesetzt waren, kicherten über ihren aufgescheuchten Führer – doch danach schlief auch er in größtem Frieden, und am nächsten Morgen fanden sie die Wanzen alle brav aufgereiht außerhalb der Eingangstür.

Die Ausschmückung eines durchschnittlichen Gasthauses war dürftig; manches davon steuerten nicht selten frühere Gäste bei, die ihren Gefühlen durch Kritzeleien auf den Schlafzimmerwänden freien Lauf ließen. »Vibius Restitutus schlief allein hier und sehnte sich nach seiner Urbana«, schrieb ein treuer Liebhaber oder Ehemann, der eine Nacht in einem Gasthaus in Pompeji verbracht hatte. Ein heimwehkranker Reisender kritzelte seinen zärtlichen Abschiedsgruß an seine Heimatstadt Puteoli auf die Wand. Einige schrieben auch nur ganz einfach ihre Namen.

Hatte der Reisende sein Gepäck im Zimmer abgestellt, mochte er eine Waschgelegenheit begrüßen. Das war kaum ein Problem, denn in keiner Stadt, auch in keiner kleinen, fehlten die für das römische Leben so typischen, gut ausgestatteten öffentlichen Bäder. Dort fand er ein Schwimmbecken und alles, was in einem modernen türkischen Bad geboten ward – tatsächlich bekamen diese ihren Namen von englischen Besuchern Konstantinopels, die dort die alten römischen Bäder noch in Betrieb fanden und den falschen Schluß zogen, sie seien eine türkische Erfindung. Dort konnte er lange Stunden der Muße verbringen, denn ein ganz normales römisches Bad bot sehr viel mehr als nur Badeeinrichtungen: auch Sportplätze, Schönheitspflege, Konzerte, Kunstausstellungen, Vorlesungen, Promenaden und die Gelegenheit, jedermann aus der Stadt kennenzulernen und mit ihm zu plaudern. Wer Hunger hatte, konnte sich bei einem Händler *(lixa)* oder in einer der in der Badeanlage befindlichen Kneipen etwas zu essen besorgen.

Üblicherweise gab es einige bequem in der Nähe der Bäder gelegene Gasthäuser, doch waren diese nicht für Gäste geeignet, die Frieden und Ruhe suchten. Der römische Philosoph Seneca mietete einmal einen Wohnraum über einem Bad; seine Beschreibung des Lärms, der von unten heraufdrang, ist haarsträubend:

»Ich wohne unmittelbar über einem Bad. Stell Dir nun alle Arten von menschlichen Geräuschen vor, die einen dazu bringen können, daß man seine Ohren haßt; wenn die Muskelmänner trainieren und ihre mit Bleigewichten beschwerten Hände nach vorn schleudern, wenn sie sich abmühen – oder so tun, als ob –, dann höre ich das Stöhnen; sooft sie den zurückgehaltenen Atem auslassen, das Zischen und schwere Atemholen; gerate ich an einen faulen Badediener, einen, der sich mit der plebejischen Art von Salbung zufriedengibt, dann höre ich das Klatschen der auf die Schultern geschlagenen Hand; dabei ändert sich der Klang, je nachdem, ob sie flach oder hohl aufschlägt. Wenn dann noch ein Ballspieler dazukommt und anfängt, seine Ballwürfe zu zählen, dann bin ich erledigt. Nimm dazu einen Streitsüchtigen, einen erwischten Dieb, einen, dem sein Tenor im Bad gefällt. Zähl die hinzu, die mit ungeheurem Aufklatschen in das Schwimmbecken springen. Als Höhepunkt all dieses Stimmengewirrs denk Dir den Haarauszieher, der, damit man merkt, daß er da ist, seine dünne Fistelstimme immer wieder erhebt und nur dann verstummt, wenn er einem Kunden die Achselhaare auszupft und derweilen ein anderer für ihn das Ausrufen besorgt. Und schließlich vergiß nicht die Anpreisungen des Kuchenverkäufers, des Wurstmachers, des Zuckerbäckers, der Kellner aller Garküchen, die ihre Ware allesamt mit ihrer eigenen und bezeichnenden Stimmenmodulation zu verkaufen versuchen.«

Wenn die Nacht einbrach, konnte kein Gasthaus, das innerhalb der Grenzen einer Stadt lag, seinen Gästen Ruhe garantieren, denn mit Sonnenuntergang begann das Quietschen von Wagenrädern, das Knallen von Peitschen und das Fluchen der Maultiertreiber; und das deshalb, weil eine große Zahl von Städten, so auch Rom, während der Tagesstunden allen Räderverkehr auf den Straßen verboten hatte; schwerer Transportverkehr mußte zwischen Abend- und Morgendämmerung vor sich gehen.

Wenn einen Reisenden, nachdem er alles, was die Bäder ihm bieten konnten, durchprobiert hatte, noch immer nach Abwechslung verlangte, konnte er eines der Bordelle besuchen; wenn er Glück hatte, fand er sogar ein neues, dessen Vorhandensein durch eine Tag und Nacht brennende Öllampe angekündigt war. Wenn er ein ruhigeres Ambiente wünschte, konnte er zu seinem Zimmer zurückkehren und nach einem der Zimmermädchen schikken, die auch als Freudenmädchen zur Verfügung standen; in einem einsamen ländlichen Gasthaus war das eigentlich die einzige mögliche Unterhaltung. Kam die Zeit des Abendessens, dann kauften seine Diener etwas zum Essen und servierten auf dem Zimmer. Es gab auch eine andere Möglichkeit: die Küche des Gasthauses konnte auf Bestellung ein Essen aufs Zimmer schicken. Oder er konnte in einem Restaurant essen, wenn er nichts gegen die Atmosphäre hatte – und das bringt uns zu dem Thema der antiken Restaurants.

Der Reisende, der auswärts zu essen wünschte, machte sich auf die Suche nach einem ihm zusagenden *kapeleion* oder *potisterion*, wie es in einer griechischsprechenden Stadt, oder einer *popina* oder *taverna*, wie es in einer lateinischsprechenden hieß. Wenn er über die Möglichkeiten hinausgehen wollte, die sein eigenes oder ein nahegelegenes Gasthaus boten, konnte er beinahe überall in der Stadt eine große Auswahl finden: bei den Stadttoren, bei den Bädern, dem Theater, den Gladiatorenkasernen, dem Forum und so weiter. In Pompeji zum Beispiel konnte die etwa 600 m lange Hauptstraße sich rühmen, zwanzig Restaurants verschiedener Art und Kategorie präsentieren zu können, durchschnittlich alle dreißig Meter eines.

Wenn der Reisende in Eile war und nur einen schnellen Imbiß wollte, aber doch etwas mehr, als er bei einem Straßenverkäufer (Abb. 71) bekommen konnte, ging er zu einer der einfachsten Tabernae, vor der man im Stehen essen konnte, eine Art Garküche, griechisch Thermopolium. Sie hatte einen etwa 1,90 bis 2,50 Meter langen marmorgedeckten Ladentisch zur Straße hin, der in vielen Fällen noch im rechten Winkel an der Wand der *taberna* nach innen umbog, so daß mehr Platz auf ihm vorhanden war (Abb. 72). In Pompeji war die Marmorplatte des Ladentischs in kurzen Abständen durch eingelassene Gefäße aus Ton unterbrochen. Am Ende des Ladentischs war eine Stelle für einen kleinen Holzkohlenofen, wo man einen Kessel mit heißem Wasser am Sieden halten konnte. In der Wand, an der der Ladentisch endete, gab es eine Reihe von marmorbelegten Borden, die in wechselnder Tiefe, wie eine Miniaturtreppe, nach oben schmäler wurden und auf denen Gläser, Teller usw. standen. Die eigentliche Taberna war ein winziger Raum, in dem in der Regel der Wirt, seine Gehilfen, seine Frau, seine erwachsenen Kinder und seine Sklaven sich aufhielten. Außerdem gab es hier einige Haken mit großen Weinkrügen, um die in den Ladentisch eingelassenen nachzufüllen, ein Becken, um Geschirr zu spülen, und eine schmale Treppe, die zu einem kleinen Mezzanin-Geschoß hinaufging, wo die Familie schlief. Der Kunde stand auf der Straße, und was er bestellte, wurde vor ihm auf den schmalen Tisch hingesetzt, der ihn vom Innern der Taberna trennte: Aus einem der Krüge geschöpfter Wein, Brot, ein Stück Fleisch, Wurst und dergleichen.

Wenn ein Reisender zu müde zum Stehen war und zu sitzen wünschte oder wenn er nicht nur seine Mahlzeit, sondern auch Unterhaltung haben wollte, ging er zu einer *popina* (Abb. 63). Von der Straßenseite her sah sie kaum anders aus als eine *taberna*; sie hatte den gleichen Ladentisch und die Geschirrborde. Es gab indessen mindestens noch zwei kleine Zimmer, die Küche mit dem Holzkohlenfeuer zum Kochen und ein mit Tischen und

Stühlen ausgestattetes Eßzimmer. Aufwendigere *popinae* hatten mehrere Eßzimmer, einige *Chambres séparées* sowie Toiletten. Das Format war immer bescheiden. In einer typischen *popina* in Pompeji mißt das Haupteßzimmer 2,05 zu 4,50 m, während die beiden Privatzimmer etwa 2 m im Geviert haben. Einige *popinae* hatten einen Hof im Freien, wo man an der frischen Luft essen konnte, was wohl auch ein wenig mehr Ellbogenfreiheit gewährte. Nahe beim Amphitheater von Pompeji gab es eine *popina* mit einem 19 m langen und 9,50 m breiten Weinstock; an Tagen mit gutem Wetter, wenn Spiele im Gang waren, muß sie von Besuchern, die sich im kühlen Schatten des Weinlaubs an einem Glas Wein erquickten, überfüllt gewesen sein.

Die Völker des Zweistromlandes speisten lieber gelagert als sitzend, und von ihnen übernahmen die Griechen, Etrusker und Römer diese Sitte (Abb. 67, 68, 70); auch Jesus lag bei Tische, wie aus dem Matthäusevangelium klar hervorgeht.

In jeder römischen Stadt gab es einige *popinae* besserer Kategorie mit Speisezimmern, wo um einen Tisch auf drei Seiten Klinen standen, daher der lateinische Name *triclinium*. Sitzend zu essen war etwas für Arme und Eilige, so wie man heute auf einem Barstuhl hockend ißt. Zum Speisen lag man, zumindestens der Mann. Die Speisen waren zerkleinert, das Fleisch geschnitten, so daß die Finger als Eßwerkzeuge genügten. In der späten Kaiserzeit benützte man auch Löffel, selten Gabeln.

In jedem dieser Restaurants, von der *taberna* an der Straßenecke bis zur *popina* mit Klinen, konnte man sowohl essen wie trinken. Man darf wohl annehmen, daß die meisten billigen lokalen Wein ausschenkten, aber auch eine sehr bescheidene Kneipe konnte in der Regel Kunden zufriedenstellen, die auf etwas besseres Lust hatten. In einer *popina* in Pompeji befindet sich ein Wandbild, auf dem man einen Sklaven sieht, der Wein ausschenkt, und dabei steht »Auch einen Becher Setiner!«, das heißt Wein von Setia, einer Stadt in den Bergen nördlich von Terracina, wo eine gute Qualität wuchs. In einer anderen findet man das Bild eines als Vinaria Hedone bezeichneten Mädchens, »die Kellnerin Hedone«, und eine Beischrift sagt: »Es gibt Getränke für einen As; wenn Du doppelt zahlst, trinkst Du besser; wenn Du das Vierfache zahlst, trinkst Du Falerner«. Falerner, den man durch Horazens entzückte Bemerkungen kennt, war Italiens Spitzenwein. Sogar Importweine aus Spanien, Frankreich und Griechenland konnte man in den *popinae* in Italien bekommen; höchstwahrscheinlich konnte man dafür auch italienische und andere westliche Weine in den *kapeleia* und *potisteria* der Städte im östlichen Teil des Imperiums trinken. Und im Norden, beispielsweise in Gallien, servierte man in den Tavernen Bier.

Die Alten tranken niemals unvermischten Wein, sondern fügten immer Wasser hinzu. Das ist einer der Gründe, warum der siedende Kessel solch eine ständige Einrichtung auf dem Ladentisch eines Weinausschanks war; Kunden bestellten oft ›Glühwein‹, das heißt Wein mit heißem Wasser. In armen Vierteln spielte der Heißwasserkessel des Weinausschanks noch eine weitere Rolle: er half all den Einwohnern aus, deren Wohnungen so eng waren, daß sie keine Möglichkeit hatten, selbst ihr heißes Wasser zu bereiten. Gekühlte Getränke waren anderseits nur in einer *taberna* oder *popina* zu bekommen, die einen Brunnenschacht besaß, in dem man Krüge an einer Schnur hängend aufbewahren konnte, oder bei einem ländlichen Gasthaus, das an einem Bach gelegen war, in dessen kühlem Wasser man Krüge frisch halten konnte. Bei Festmählern der Großen des Staats wurde Wein manchmal mit Schnee gekühlt, doch war das zu kostspielig für gewöhnliche Gasthäuser oder Restaurants. Schenkwirte servierten auch kompliziertere Getränke als nur die übliche Mischung von Wein und Wasser, so etwa eine Art Weinpunsch mit verschiedenen Gewürzen, gesüßt mit Honig. Zucker war in der Welt des Altertums praktisch unbekannt. Die Getränke wurden in großen, oft mit Aufschriften versehenen Bechern serviert, die phantasieanregend auf den Kunden wirken sollten: »Schenk' mir ein!«, »Schenk' voll, Schenkwirt!«, »Schenk' nochmals voll!«, »Noch einen!« oder, spezieller »Schenkwirt, wir wollen einen Punsch trinken« oder, noch spezieller »Verschone mich mit dem geharzten Zeug! Gib mir Amineum!« Amineum war ein guter italischer Wein.

Beim Mischen des Weins mit Wasser mußte immer eine bestimmte Menge zugefügt werden, je nach der Weinqualität, mehr bei schweren und weniger bei leichten Weinen. Die Alten beschwerten sich über die Verfälschung des Weins durch unredliche Gastwirte noch öfter als wir heute. Ein erzürnter Kunde kritzelte etwas an die Wand einer Taverne in Pompeji und nahm sich dabei die Zeit, seinen Ärger in ganz ordentliche Verse zu kleiden:

> Oh, möge derlei Betrügen Dich selber, Schankwirt doch treffen!
> Wasser verkaufst Du dem Gast und selber trinkst Du den Wein.

Der Gastwirt, der »Wein wässerte«, das heißt das, was er als reinen Wein verkaufte, verwässerte, erscheint in der Literatur von spätestens dem 7. Jahrhundert v. Chr. an. »Deine Kaufleute vermischen den Wein mit Wasser«, zog der Prophet Jesaja gegen die Stadt Jerusalem los. Der satirische Epigrammatiker Martial, der ein gut Teil seiner Zeit in den *popinae* von Rom und anderenorts verbrachte, schoß folgenden Pfeil auf einen Pantscher ab:

> Feucht ist, von ständigem Regen geplagt, die Ernte des Weines.
> Kneipwirt, so sehr Du es willst, reinen Wein bringst Du nicht her.

In Ravenna passierte Martial genau das Gegenteil. In dem sumpfigen Gebiet war Wasser so rar, daß es mehr als Wein kostete. So beklagt sich Martial:

> Neulich betrog ein gerissener Schenkwirt mich in Ravenna,
> Wasser bestellt' ich mit Wein, schieren verkaufte er mir.

Betrug konnte ebensogut in der Küche wie an der Theke vor sich gehen, obschon lange nicht in dem gleichen Ausmaß. Der römische Arzt Galenus fügt beispielsweise dort, wo er sagt, Menschenfleisch schmecke sehr ähnlich wie Schweinefleisch, hinzu, er wisse von vielen Gastwirten und Metzgern, die man dabei erwischt habe, daß sie Menschen- als Schweinefleisch verkauft hätten, und die Gäste hätten den Unterschied überhaupt nicht bemerkt. Solcher Betrug wurde dadurch erleichtert, daß bei einer *popina* das Fleisch, kräftig gebraten oder geschmort und wahrscheinlich stark gewürzt, in der Regel nur an ärmere Schichten verkauft wurde. Die lukullischen Kreationen der römischen Kochkunst, von denen wir so viel hören, waren für eine kleine Oberschicht, nicht für die Kundschaft der Restaurants.

Trinken und Essen waren nur ein Teil der Funktion einer *popina*; sie war auch ein Ort, wo man sich unterhalten konnte, bot gleichzeitig die Verlockungen eines Nachtklubs, einer Spielhöhle und eines Bordells. Man ging hin, um den ganzen Abend dort zu verbringen, oder wenn man ein *popino* war, auch noch den Tag, denn die *popinae* waren von elf Uhr morgens an oder schon früher geöffnet. Manche davon boten Musik und Tanz. Flötenmusik beim Essen und Tanzeinlagen waren schon bei den Griechen und Etruskern sehr beliebt. In einem Vergil zugeschriebenen Gedicht führt die Gastwirtin, ein syrisches Mädchen, für ihre Kunden einige ihrer heimatlichen orientalischen Tänze vor.

In den meisten *popinae* gab es käufliche Mädchen. Die erhaltenen Reste von *popinae* in Pompeji zeigen, daß häufig ein oder mehrere Zimmer mit einem *phallus erectus* oder mit erotischen Szenen verziert waren, ausreichend deutlichen Hinweisen auf ihren Gebrauch; manche Kunden kritzelten stolz an die Wand, daß sie »Verkehr mit der Eigentümerin« selbst gehabt hätten.

Und alle boten Glücksspiele. »Gib mir Wein und Würfel!«, sagt der Gast in dem soeben erwähnten Gedicht. Eine *popina* in Pompeji besitzt ein Zimmer, dessen Wände mit Szenen und den dazugehörigen Beischriften verziert eine gute Vorstellung davon geben, wie es damals zuging. In einer Szene sieht man eine Serviererin zwei sitzenden Kunden einen Krug und einen Becher bringen. »Hierher«, sagt einer von den Kunden. »Nein, es ist meiner«, sagt der andere. Und das Mädchen erwidert aufgebracht: »Wer es will, soll's nehmen. Heh, Ozean! [Sie spricht damit eine eingebildete dritte Person an, der sie einen passenden Namen gibt.] Komm her und trinke!« Zwei andere Szenen gehören zusammen. In der ersten sehen wir zwei Kunden an einem Tisch beim Würfelspiel. Einer hat gerade geworfen und sagt triumphierend: »Ich bin draus«, der andere antwortet: »Nein, es sind drei Zweien«. In der nächsten Szene sehen wir drei Gestalten stehen. Die ersten beiden sind unser Spielerpaar, und einer von ihnen sagt: »Schlag mich tot – ich schwöre, ich habe gewonnen!« Der zweite antwortet mit einem schmutzigen Schimpfwort und schreit: »Ich habe gewonnen!« Der dritte, der Eigentümer, stößt die beiden zur Türe hin und sagt: »Fechtet Euren Streit draußen weiter aus!«.

Aus allem, was wir gesagt haben, geht hervor, daß die Restaurants des Altertums in erster Linie die Bedürfnisse einer Kundschaft von nicht gerade sehr hohem Niveau befriedigten. Doch auch damals gab es schon Leute aus der Oberschicht, die es chic und interessant fanden, dort zu verkehren. So macht sich Juvenal, der beißende römische Satiriker, über einen reichen Aristokraten lustig, der gern eine *popina* in Ostia, Roms Hafenstadt, besuchte:

> Finden wirst Du ihn dort, gemeinsam mit Meuchelmördern
> liegt er, daneben sind Schiffer, sind Diebe, entlaufene Sklaven,
> unter Henkern, bei Leuten die Totenbahren – die billigen
> schreinern, und nahe den Zymbeln des völlig betrunkenen Gallus.

Manch eine *popina* muß eine miese Spelunke dieser Sorte gewesen sein, eine derjenigen etwa, von denen Cicero behauptete, Marcus Antonius suche sie auf, oder die, bei denen Kaiser Nero nach dem Zeugnis seines Biographen nach Einbruch der Nacht die Runde machte. In Catania auf Sizilien entdeckte man eine *popina* des 1. Jahrhunderts n. Chr., die durch die Kritzeleien vermutlich des Speiseraums identifiziert wurde. Eine von ihnen lautet: »16ter August, Fest der Göttin Ceres. Hier ließen es sich drei Jünglinge wohl sein – lies ihre Namen: Onesimus, L. Valerius Ersianus und Filumenus, einer mit einer Frau, nämlich der letzte.« Die Beifügung des Datums war wichtig. Sie zeigt, daß sie absichtlich den hohen Feiertag, gelegentlich dessen Frauen gehalten waren, eine Keuschheitsperiode von neun Tagen zu beobachten, auswählten, um sich so zu benehmen. Ihre Namen lassen erkennen, daß zwei von ihnen griechische Sklaven waren, der dritte ein Freigelassener. Der Name der Frau wird nicht genannt.

Es waren Etablissements dieses Typs, mit denen sich die dafür zuständigen städtischen Beamten, die Aedilen, so oft beschäftigen mußten. Im 1. Jahrhundert n. Chr. waren die römischen Kaiser noch an einem Versuch interessiert, die Moral der Hauptstadt zu verbessern, und einer ihrer Pläne war dabei der Versuch, den Spielraum der *popinae* Roms zu beschneiden, indem sie die von ihnen servierten Speisen begrenzten. Tiberius verbot Brot

STRASSEN UND BRÜCKEN

34 Die Heilige Straße, die vom kleinen Palast zur Kulttreppe des großen Palastes in Knossos auf Kreta führte, 2. Hälfte des 2. Jahrtausends. In ältester Zeit gab es gepflasterte Straßen nur auf kurzen Strecken vor Heiligtümern oder Palästen

35 Die später so genannte Porta Saracena in der Zyklopenmauer der Volskerstadt Segni

36 Römerstraße mit typischem Pflaster. Detail der Via Egnatia im heutigen Jugoslawien

37 Auf der Via Cassilina bei Montecassino.
Unterbau und Pflasterung der Römerstraßen wechselten in den einzelnen
Reichsteilen. Hier haben die eisernen Reifen der Wagen tiefe Spuren
in den eng verzahnten, spitz zulaufenden Platten hinterlassen

38 Römerstraße mit Pflaster aus dicken Längssteinen bei Aleppo in Syrien

39 Gedeckte Holzbrücke
über die Donau.
Erstes Jahrhundert n. Chr.

40 Römerstraße im Aostatal,
auf 221 m Länge aus der Felswand
herausgeschlagen und mit einer ausgeschnittenen Fahrrinne versehen

41 Reststück des Pons Aemilius in Rom, erbaut 181–179 v. Chr., heute Ponte rotto genannt; rechts von der Tiberinsel der 68 v. Chr. erbaute Ponte Fabricius

42 Einer der vier Bögen der Römerbrücke (Ponte d'Augusto) der Via Flaminia über die Nera bei Narni, erbaut 10 v. Chr.

43 Stadtplan von Nippur, der Heiligen Stadt der Sumerer, ca. 1500 v. Chr.
Der Plan ist, wie die Ausgrabungen ergeben haben, annähernd maßstabgerecht. Die in Keilschrift bezeichneten Teile sind die sieben Stadttore (1–7), der Stadtpark (8), der Anniginna-Bezirk (9), das Hohe Heiligtum (10) und der Tempel Enlils (11), der für die altorientalische Welt fast 2000 Jahre ein religiöses Zentrum war. Stadtmauer und Stadtgraben sind deutlich gegeneinander abgesetzt, die Breite des Stadtkanals (12) entspricht mit 25 m der des heutigen Shatt-en-Nil

44 Ausschnitt aus der Tabula peutingeriana, so genannt nach dem Sammler antiker Altertümer Konrad Peutinger (1508-1547) in Augsburg. Es handelt sich um eine Kopie einer aus 12 Blättern bestehenden römischen Reisekarte, die auf diesem Abschnitt oben Jugoslawien, in der Mitte Italien und unten Nordafrika zeigt. Die angegebenen Orte sind vorzugsweise Handelsstädte, Heilbäder und Wallfahrtsorte. Die verschiedenen Kategorien der Rasthäuser sind durch genormte Zeichen markiert, die Länge der Wegstrecken in Meilen sind von Knick zu Knick in römischen Ziffern angegeben

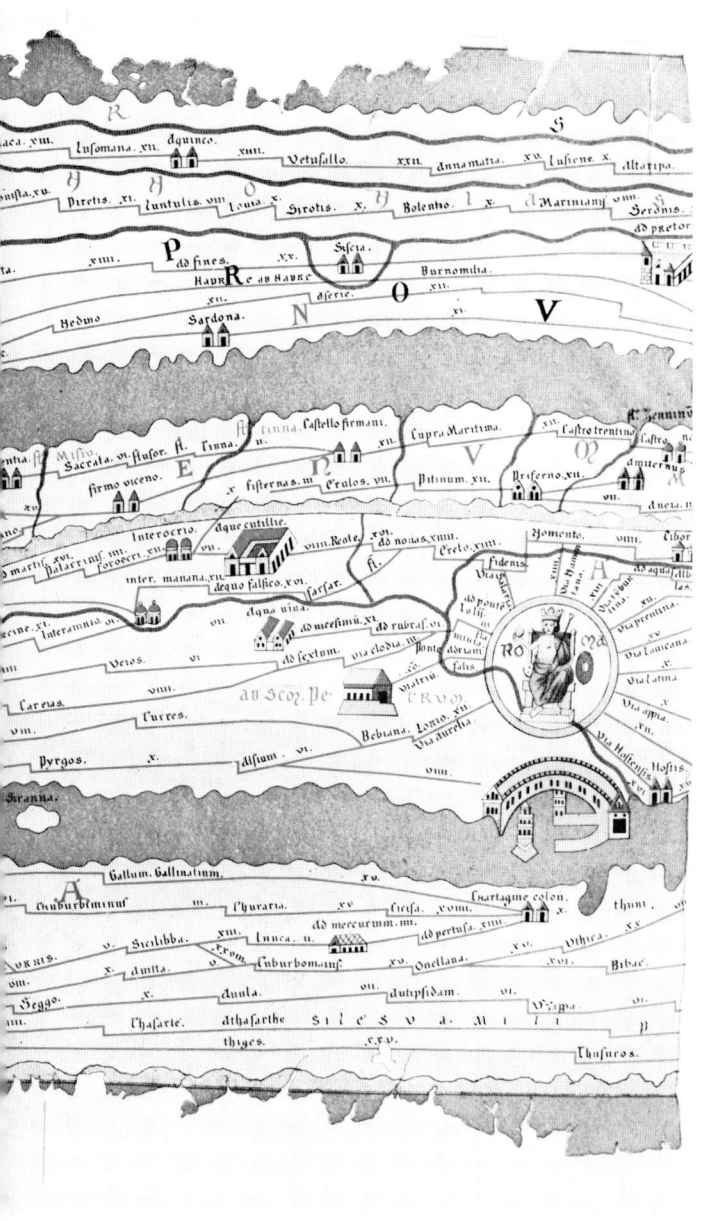

45 Römischer Meilenstein bei Wengen im Allgäu an der Via Decia, die von Augsburg über Kempten und Bregenz nach Chur führte

und Gebäck, Claudius verbot gekochtes Fleisch und heißes Wasser und ließ alle Restaurants gänzlich schließen, die nur Wein und kein Essen gaben, Nero gestattete nur die Ausgabe von Gemüsegerichten, Vespasian nur Erbsen und Bohnen. Daß jeder Kaiser einen neuen Erlaß ergehen lassen mußte, enthüllt, wieviel mehr man diesen Vorschriften durch Übertretung als durch Einhaltung nachkam, und nach Vespasian hören wir von keinen weiteren Bemühungen mehr in dieser Richtung.

Daß die *popinae* für die untersten Schichten der Gesellschaft da waren, dafür zeugen auch die dort gefundenen Wandbilder. In einer *popina* in Ostia war ein Zimmer mit einer Reihe von Bildnissen eindrucksvoll aussehender Männer ausgeschmückt, Bilder von ausgezeichneter Qualität. Sie stellen die ›Sieben Weisen des Altertums‹ dar, und bei dem Bildnis jedes Weisen steht ein jambischer Senar, in dem vorgeblich seine Philosophie auf einen kurzen Nenner gebracht wird – in diesem Fall die Philosophie mit Bezug auf die Verdauungstätigkeit:

»Um gut zu scheißen, knetete Solon seinen Bauch«
»Bei hartem Stuhlgang mahnte Thales zu starkem Druck«
»Den Wind nur leise streichen zu lassen lehrt' Cheilon«

Sprüchen so ordinären Charakters, daß es verständlich wird, daß die Kirche ihren Priestern nur auf Reisen erlaubte, Lokale aufzusuchen.

Die Post

Bereits im 3. Jahrtausend v. Chr. hatten, wie wir bereits ausführten, die Stadtstaaten des Zweistromlands ein Regierungspostsystem geschaffen. Assyrien baute es zu einem weiter ausgreifenden Dienst aus, um den Bedürfnissen seines ausgedehnten Reichs zu genügen. Persien verfeinerte diesen in einem Maße, daß Herodot davon tief beeindruckt war. Auch die winzigen Nachbarn Persiens, die griechischen Stadtstaaten, hatten ihre organisierten Nachrichtenverbindungen, Mannschaften von ›Tageläufern‹ oder ›Herold-Läufern‹, die unermüdlich in gleichmäßigem Tempo ihre Strecken abliefen und die offiziellen Botschaften überbrachten, die ein Staat an den anderen richtete. Und dann gab es natürlich von der Regierungszeit des Augustus an den durchorganisierten *cursus publicus* des römischen Reichs.

Aber alle diese Dienste standen nur der Regierung zur Verfügung – oder den wenigen Bevorzugten, denen es gelang, sich durch Bestechung oder Einfluß dieser Einrichtungen zu bedienen. Privatleute hatten bis zum 17. Jahrhundert keinen auf ihre Bedürfnisse zugeschnittenen Dienst, bis zu dem Zeitpunkt, als Karl II. von England die Londoner ›Penny Post‹ einrichtete. Bis dahin konnten sie nur improvisieren.

Wohlhabende Griechen oder Römer waren hierin, wie in so mancher anderer Hinsicht, besser daran: sie stellten regelrecht eigene Postboten in Dienst. Unter ihren Sklaven hatten sie einige, deren wichtigste Aufgabe es war, als Kuriere zu dienen, *grammatophoroi* (Briefträger), wie sie auf griechisch, *tabellarii* (Schreibtafelleute), wie sie in lateinischer Sprache hießen.

Familienangehörige und Freunde, die nahe beieinander lebten, pflegten ihre Kuriere gemeinsam zu benutzen, um die Gelegenheiten, Post abzusenden und zu erhalten, zu vermehren. Systeme dieser Art werden in Italien heute noch unterhalten, um von der Staatspost unabhängig zu sein. Im Grunde war es ein Arrangement, wo jeder sah, wie er am besten seinen Zweck erreichte. Es gab nie genügend Briefträger für alle Bedürfnisse, und Verzögerungen waren unvermeidlich. »Viele Tage lang hatte ich einen Brief und wartete auf einen Kurier«, klagt Cicero in einem kurzen Schreiben an seinen Bruder. Andrerseits mußte man manchmal in Windeseile einige Zeilen hinwerfen, um die Gelegenheit eines gerade vorhandenen ›Briefträgers‹ auszunützen. Wir sehen Cicero sich einem Freund gegenüber beklagen: »Du hast sonderbare Briefträger ... sie fordern Briefe, wenn sie von mir fortgehen, aber sie bringen keine, wenn sie zu mir kommen. Dabei könnten sie ersteres in angenehmer Weise tun, wenn sie mir etwas Zeit zum Schreiben ließen; doch kommen sie mit dem Reisehut auf dem Kopf und sagen, ihre Reisegenossen warteten schon an der Tür auf sie.«

Als in der Kaiserzeit die Dienste der offiziellen Regierungspost zur Verfügung standen, fanden es selbst reiche Leute bequem, ihre Beziehungen spielen und ihre Korrespondenz im Regierungspostsack mitlaufen zu lassen.

Die überwiegende Mehrzahl der Briefschreiber hatte natürlich keine Kuriere und keinen ihnen zugänglichen Postsack. Das einzige, was sie tun konnten, war, einen Reisenden zu finden, der in der gewünschten Richtung reiste. Und dies taten Korrespondenten, sei es daß sie im 3. Jahrtausend v. Chr. oder im 2. Jahrhundert n. Chr. ihre Briefe schrieben. »Da ich jemand fand, der von Kyrene in Deiner Richtung fuhr, glaubte ich, ich sollte Dich wissen lassen, daß ich wohlauf und gesund bin«, schrieb ein junger Grieche, der im 2. Jahrhundert n. Chr. von Ägypten nach Rom unterwegs war. »Ich war hocherfreut, Deinen Brief zu erhalten«, schreibt ein im 3. Jahrhundert n. Chr. in Ägypten lebender Grieche, »der mir von dem Schwertmacher gegeben wurde; denjenigen, von dem Du sagst, Du habest ihn mit Platon, dem Sohn des Tänzers, geschickt, habe ich noch nicht erhalten«. »Ich schickte Dir zwei weitere Briefe«, schreibt jemand anderer im Jahr 41 n. Chr., »einen mit Nedymos und einen mit Kronios, dem Mann von der Wache. Ich habe den bekommen, den Du mit dem Araber schicktest«. Selbst Cicero konnte es manchmal nicht anders machen. »Wenn Du mich liebst, siehe zu, daß Acastus täglich im Hafen ist. Es wird viele geben, denen Du ohne Bedenken Briefe geben kannst und die sie gern zu mir bringen. Ich meinerseits werde niemanden, der nach Patras reist, auslassen«. So schreibt er auf seiner Reise nach Italien an seinen Sekretär, der damals in Patras weilte. Wir ersehen hieraus, daß Reisende nichts dagegen hatten, den Briefboten zu spielen; es war schließlich die einzige Art und Weise, wie auch sie selbst einen Brief schicken konnten.

Nicht nur die Übermittlung, sondern das bloße Schreiben eines Briefs war eine sehr viel kompliziertere Sache als heutzutage. Kurze Mitteilungen, die ein Bote überbringen konnte, ließen sich mit einem Griffel auf Holztäfelchen, die mit einer dünnen Wachsschicht überzogen waren, schreiben (Abb. 28, 29). Das einzige Schreibgerät für richtige Briefe war eine Rohrfeder, Lampenruß, Gummi und Wasser, die zum Schreiben jeweils neu gemischt werden mußten. Nach ägyptischem Vorbild benützten Griechen und Römer üblicherweise Papyrus für Briefe, eine Art Papier aus rasierklingendünnen Lagen aus dem Mark der Papyrusstaude (Abb. 26, 27), das fast so gut und zweckdienlich war, wie die schweren Arten des modernen Papiers. Es war allerdings sehr viel teurer, obwohl man die Papyrusstaude zu diesem Zweck in Sizilien heimisch gemacht hatte, wo sie noch heute gedeiht. Es gab keine Umschläge. Hatte der Schreiber alles, was er sagen wollte, zu Papier gebracht, so rollte oder faltete er den Bogen, Text nach innen, adressierte ihn, band eine Schnur darum und legte, um zu siegeln, ein Kügelchen Ton oder Wachs an die Schnurenden und drückte sein Siegel darauf. Die Adresse war üblicherweise sehr einfach, etwa »An Apollinarius von seinem Bruder Irenaeus«; mehr war nicht nötig, denn derjenige, der sich zur Beförderung bereit erklärte, begab sich zu der Stadt oder dem Dorf des Adressaten und hatte vom Absender erfahren, in welche Straße und zu welchem Haus er sich begeben mußte.

Über kurze Entfernungen ging Post sehr schnell. Cicero erhielt in seinen Villen bei Neapel die Briefe aus Rom durchschnittlich in vier bis fünf Tagen; die italienische Post erbringt heute keine viel bessere Leistung. Bei größeren Entfernungen, insbesondere wenn auch der Wasserweg benutzt werden mußte, sah die Sache anders aus. Der Kurier stellte im Hafen fest, ob Schiffe in seiner Richtung fuhren, und wenn es keine gab, konnte er nichts anderes tun als herumsitzen und hoffen. Ein Brief Ciceros an seinen Sohn in Athen brauchte mehr als sieben Wochen, während ein anderer von Rom nach Athen in nur drei Wochen ankam. Im ersten Fall mußte der Briefträger auf ein Schiff warten, im zweiten hatte er das Glück, sofort eins zu finden – was ziemlich ungewöhnlich gewesen sein muß, da Cicero dazu bemerkt, der Brief sei *sane strenue*, ›fürwahr rasch‹, angekommen. Ciceros Sekretär schrieb ihm einmal von Patras, und der Brief kam zwei Wochen später an, obschon die Beförderung über diese Entfernung bei ganz gleichen Umständen auch drei Wochen hätte in Anspruch nehmen können. Von Afrika nach Rom dauerte eine Fahrt drei Tage, doch brauchte einmal ein Brief von dort, bis er in Ciceros Hände gelangte, zwanzig. Einige Briefe von Syrien kamen in fünfzig Tagen in Rom an, andere benötigten die doppelte Zeit.

Eine Zahl von Briefen, die Vergnügungsreisende oder Touristen nach Hause schrieben, ist erhalten. Sie waren alle an Menschen in Ägypten, wo sie in den letzten hundert Jahren ausgegraben worden sind, adressiert. Die Empfänger warfen sie in den Abfall, und da an manchen Stellen in Ägypten kein Regen fällt, blieben sie dort so gut wie intakt, bis der Spaten des Archäologen sie ans Licht brachte. Sie sind alle auf griechisch geschrieben, in der Sprache der in den Tagen des römischen Imperiums in Ägypten lebenden mittleren und oberen sozialen Schichten. Die meisten Briefe berichten, wie Briefe von Reisenden aller Zeiten, von einer glücklichen Ankunft. »Nachdem ich auf italienischem Boden eingetroffen bin«, schreibt jemand im 2. Jahrhundert n. Chr., »schien es mir wichtig, Dich wissen zu lassen, daß ich und alle, die mit mir sind, sich wohlauf befinden. Wir hatten eine langsame, aber keine unangenehme Reise«. »Liebe Mutter«, schreibt ein junger Marine-Rekrut ebenfalls irgendwann im 2. Jahrhundert n. Chr., »Grüße! Ich hoffe, es geht Dir gut. Mir geht es gut ... Ich möchte Dich wissen lassen, Mutter, daß ich am 25. Pachon (20. Mai) in Rom gesund eingetroffen bin und in (der Marine-Basis von) Misenum eingesetzt werde, obwohl ich den Namen meines Schiffs noch nicht kenne ... Ich bitte Dich, Mutter, pflege Dich und mache Dir meinetwegen keine Sorgen, ich bin an einen schönen Ort gekommen. Bitte schreibe mir, daß es Dir gut geht, wie es meinen Brüdern und der ganzen Familie geht. Wenn ich jemand finde [der in Deiner Richtung reist], will ich Dir schreiben – ich will meine Briefe an Dich nicht aufschieben. Grüße von mir an ...« und hier folgt eine lange Namensliste von Freunden und Familienangehörigen. Ein anderer Rekrut erwähnt in dem Brief über seine gute Ankunft, daß er »Serapis meinen Dank dargebracht habe, der zu meiner Rettung kam, als ich in Seenot war«.

Gelegentlich kündigte auch ein Brief eine glückliche Ankunft an, die um ein Haar keine gewesen wäre. In der zweiten Hälfte des 3. Jahrhunderts n. Chr., als die langen Jahre der Pax Romana zu Ende waren und das Imperium durch den häufigen Zusammenbruch von Gesetz und Ordnung heimgesucht wurde, schreibt ein gewisser Psois, soeben heimgekehrt von einer Reise, an einen Freund in Hermopolis: »Gerade als wir uns freuten, zu Hause anzukommen, griffen uns Wegelagerer beim Berg Maro an, und einige von uns wurden getötet ... Gottlob kam ich völlig ausgeplündert noch mit dem Leben davon. Ich wollte zu Dir kommen, um zu erzählen, was uns zugestoßen ist, konnte es aber nicht und fuhr direkt nach Oxyrhynchus ... so Gott will, komme ich zum Fest im Phaophi (Oktober). Ich hoffe, es geht Dir gut«. Und hier folgt ein ebenfalls im 3. Jahrhundert n. Chr. geschriebener Brief von einer Dame, die nicht durch Wegelagerer aufgehalten, sondern wegen nicht zustande kommender Verbindungen und weil ihr zudem das Reisegeld ausging, überhaupt nie ankam: »Zuerst und vor allem, liebe Mutter, bete ich zu Gott, daß ich Dich bei guter Gesundheit antreffe. Ich möchte Dich wissen lassen, dass ich am 13. Tybi (8. Januar) nach Tyrannis ging, aber keine Möglichkeit fand, zu Dir zu kommen, weil die Kameltreiber nicht nach Oxyrhynchus gehen wollten. Aber nicht nur das, ich ging auch nach Antinoe, um ein Schiff zu nehmen, fand aber keines. So habe ich es jetzt für das beste gehalten, das Gepäck nach Antinoe zu schicken und dort zu warten, bis ich ein Schiff finde und damit fahren kann. Bitte gib dem Überbringer dieses Briefs zwei Talente und 300 Drachmen zur Bezahlung meines Transportauftrags in Tyrannis, den sie ausführten. Halte sie auch nicht eine Stunde auf... wenn Du weißt, daß Du es nicht zur Hand hast, leihe es... und bezahle sie, denn sie können keine Stunde warten. Sieh' zu, daß Du mir diesen Gefallen tun kannst und die Leute nicht aufhältst, die so nett zu mir gewesen sind. Herzliche Grüße an (es folgt eine Reihe von Namen).«

Viele Briefe lassen den traditionellen Hunger des Reisenden nach Nachrichten von zu Hause erkennen. »Liebe Mutter«, schreibt ein besonders besorgter Sohn irgendwann im 3. oder 4. Jahrhundert n. Chr., »ich schreibe Dir durch unseren Heliodorus [d. h. den Diener der Familie, der den Brief überbrachte] von Caesarea, von wo ich nach Kappadokien reisen will, in guter Gesundheit und bete, daß Du wohl und in guter Gesundheit bist. Ich bete für Dich zu den hiesigen Göttern. Ich habe schon viele Male wegen Deines Befindens geschrieben, doch hast Du es nicht für der Mühe wert gehalten, mir zu schreiben. Wenn Du mir nur ein kurzes Wort senden würdest, mit dem Du sagst, ob es Dir gut geht oder wie es Dir geht, dann kann ich aufhören, mich zu sorgen! Bisher bin ich stets in Ängsten Deinetwegen, da ich überhaupt keine Briefe von Dir erhalten habe... Vielleicht werde ich von meinem Patron Urlaub erbitten und schnell zu Dir kommen, damit ich Dich nach so langer Zeit wieder einmal sprechen kann. Nachrichten über mich kannst Du von den Unserigen, von Neilos, Eudaimon und von denen, die ihren Weg in Deiner Richtung genommen haben, erhalten. Viele Grüße an meine liebe Schwester Taesis und meinen Bruder Zoillos und alle meine Freunde. Möge es ihnen allen lange Zeit gut gehen!«

Reisende des Altertums, ebenso wie viele von uns heutigentags, können es nicht lassen, unendliche Weisungen wegen Angelegenheiten zu erteilen, die zu Hause zu regeln sind. »Lieber Zenon«, schreibt ein Geschäftsfreund im Jahr 252 v. Chr., »ich schreibe

Dir unmittelbar nach unserer Ankunft in Sidon ... bitte achte auf Deine Gesundheit und schreibe mir, wenn Du etwas brauchst, das ich für Dich tun kann. Kaufe bitte rechtzeitig zu meiner Ankunft drei Krüge vom besten Honig, sechshundert Scheffel Gerste für die Tiere ... und kümmere Dich um das Haus in Philadelphia, damit es sein Dach hat, wenn ich eintreffe. Versuche so gut Du kannst, ein Auge auf Ochsen, Schweine, Gänse und die übrige Wirtschaft dort zu haben ... und sieh' zu, daß Du die Ernte irgendwie hereinbekommst, und wenn irgendwelche Ausgaben zu tätigen sind, zögere nicht, Dich der Sache anzunehmen«.

Ägypten hat ebensoviele an Reisende wie von ihnen geschriebene Briefe bewahrt. Eine liebende Frau zum Beispiel schreibt ihrem Mann, um ihm zu sagen, wie sehr er ihr fehlt: »Laß mich zu Dir kommen – wenn Du es nicht tust, werde ich sterben, ohne Dich täglich zu sehen. Wie wünschte ich, ich könnte fliegen und zu Dir kommen ... es peinigt mich, Dich nicht zu sehen«. Eine andere Frau, deren Mann sich offensichtlich für längere Zeit in Alexandria eingerichtet hat, schreibt in ganz anderer Stimmung: »Ich bin empört, daß Du nicht heimkommst, wo alle anderen heimgekommen sind. Ich habe hier mich und das Kind durchbringen müssen, war wegen der Lebensmittelpreise gezwungen, die letzten Reserven anzugreifen, und jetzt, wo ich denke, ich würde durch Deine Heimkehr etwas Erleichterung haben, denkst Du gar nicht an Heimkehr; Du hast nicht im geringsten über unsere Lage nachgedacht, daß ich schon nichts hatte, als Du noch hier warst, von der verflossenen Zeit ganz zu schweigen und all den Schwierigkeiten; auch hast Du uns nichts geschickt. Darüber hinaus berichtet Horus, der mir Deinen Brief brachte, daß Deine Stationierung zu Ende und Du entlassen bist; so bin ich vollständig sauer ...«

Einige von uns werden sicher Mitgefühl und Sympathie für Theon empfinden, der gegen das Ende des 2. oder zu Beginn des 3. Jahrhunderts n. Chr. folgendes von seinem Sohn Theon dem Jüngeren zu lesen erhielt:

»Etwas Schönes hast Du da getan. Du hast mich nicht mit Dir in die Stadt genommen. Wenn Du mich nicht mit Dir nach

Alexandria nimmst, werde ich Dir keinen Brief mehr schreiben, nicht mit Dir sprechen, nicht einmal Guten Tag werde ich zu Dir sagen. Wenn Du (ohne mich) nach Alexandria gehst, werde ich Dir keine Hand mehr geben und Dich danach niemals mehr grüßen. Wenn Du mich nicht mitnehmen willst, wird das die Folge sein. Mutter sagte zu Archelaos [wahrscheinlich dem Erzieher des Jungen]: ›Er bringt mich aus der Fassung – nimm ihn fort!‹ Etwas wirklich Schönes hast Du gemacht. Große Geschenke hast Du mir geschickt – Hühnerfutter! Sie haben mir am 12. einen Streich gespielt, dem Tag, als Du wegfuhrst. Lass mich zu Dir kommen, ich bitte Dich! Wenn Du es nicht tust, werde ich nicht mehr essen, nicht mehr trinken.«

*TOURISTEN UND TOURISMUS
IN RÖMISCHER ZEIT*

Die Sehenswürdigkeiten

Ende des Sommers 167 v. Chr. befand sich Aemilius Paulus, der Oberbefehlshaber der römischen Armee, in Nordgriechenland und ruhte sich auf seinen Lorbeeren als Sieger im Kampf gegen Makedonien aus. Der Geschichtsschreiber Livius berichtet, daß er damals »beschloß, Griechenland zu bereisen und die Dinge zu besichtigen, die aufgrund ihres Ruhmes als größer geschildert worden sind als sie sich bei der Betrachtung erweisen ... mit keiner großen Begleitung ... reiste er durch Thessalien nach Delphi, dem berühmten Orakel. Hier opferte er Apollo ... In Lebadia betrat er ebenfalls den Tempel des Zeus Trophonius, nachdem er dort die Mündung der Höhle gesehen hatte, durch die diejenigen, die von dem Orakel Gebrauch machen wollen, zur Befragung der Götter hinabsteigen ... begab er sich nach Chalkis, um den Euripus und die große, durch eine Brücke mit dem Festland verbundene Insel Euböa zu sehen. Von Chalkis setzte er nach dem drei Meilen entfernten Aulis über, einem als einstige Station der tausend Schiffe des Agamemnon berühmten Hafen, und zum Tempel der Artemis, wo jener König der Könige dadurch, daß er seine Tochter als Opfer zum Altar brachte, den Schiffen gute Fahrt nach Troja erwirkte. Von hier kam man nach Oropus in Attika, wo anstelle eines Gottes ein Seher des Altertums verehrt wird und sich ein alter, durch die ihn umgebenden Quellen und Bäche lieblicher Tempel befindet. Von dort nach Athen, einer Stadt, die ebenfalls voll alten Ruhmes ist und viel zu sehen bietet, die Akropolis, die Häfen, die die

Stadt mit dem Piraeus verbindenden Mauern, die Schiffshäuser ... durch jede Art Material und Kunst ausgezeichnete Bildwerke von Göttern und Menschen. Nach einem Opfer für Athena, die Schutzgöttin der Burg in der Stadt [der Akropolis], brach er auf und erreichte folgenden Tags Korinth. Die Stadt war damals, vor ihrer Vernichtung, herrlich. Auch die Akropolis und der Isthmus boten etwas zu sehen: die Akropolis, innerhalb der Stadtmauern in ungeheure Höhe aufragend und von Quellen wimmelnd, der Isthmus, der mit seiner Landenge zwei im Westen und im Osten gelegene, eng benachbarte Meere voneinander trennt. Er besuchte dann die berühmten Städte Sikyon und Argos; von hier nach dem an Reichtum nicht vergleichbaren Epidaurus, berühmt jedoch durch den herrlichen Tempel des Asklepios, der, in einer Entfernung von fünf Meilen von der Stadt gelegen, einst reich an Weihegaben war, die Kranke als Dank für ihre Heilungen dem Gott dargebracht hatten. Von dort besuchte er das nicht durch die Großartigkeit von Kunstwerken, sondern durch seine Disziplin und seine Institutionen denkwürdige Sparta sowie Pallantium; von hier begab er sich über Megalopolis nach Olympia. Hier sah er die Sehenswürdigkeiten und war bei der Betrachtung des gleichsam lebendig anwesenden Zeus in seinem Gemüt bewegt.« Die Wahl der Orte, die dieser Aemilius Paulus besichtigen wollte, entspricht haargenau den Interessen der großen Mehrheit der Touristen, die nach ihm kamen. Er war hoher Offizier, kein Herodot, der seine Nase in die Lebensgewohnheiten der Menschen steckte und Unterhaltungen mit Tempelwärtern und Geschäftsleuten hatte. Er war beinahe ausschließlich an der Vergangenheit interessiert, und unter den Denkmälern der Vergangenheit gab er denen Vorrang, die die Erinnerung an das Dasein der Götter wachhielten; dann kamen diejenigen, die an Mythologie und Geschichte erinnerten. So besichtigte er die großen Tempel und Heiligtümer in Delphi, Athen, Oropus und Epidaurus und den Hafen, wo Agamemnon die Flotte für den sagenhaften Angriff gegen Troja versammelte, sowie den Flottenstützpunkt, der zweieinhalb Jahrhunderte vor seiner Zeit Athens Namen in der Geschichte groß gemacht hatte. Die Zeus-Statue des Phidias in Olympia wollte er nicht so sehr der Kunst wegen sehen, als wegen ihrer Berühmtheit und der feierlichen religiösen Wirkung, die sie auf den Beschauer ausübte. Dem Bericht zufolge kleidete er seinen Eindruck in folgende Worte: »Phidias hat den Zeus des Homer gebildet«. Und er besichtigte eines der Naturwunder, den Euripos, eine nur etwa 40 m breite Meerenge zwischen dem griechischen Festland und Euböa, durch die die Strömung mit einer Geschwindigkeit von 6,5 bis 8 km in der Stunde hindurchschießt und ihre Richtung mit verwirrender Unregelmäßigkeit wechselt.

Unter den Sehenswürdigkeiten, die dieser Paulus in seine Reiseroute einschloß, stand nur eine in Beziehung zur Natur – die Meerenge von Euripos. Er ging dorthin nicht aus ästhetischen oder aus Gefühlsgründen, sondern um eine Kuriosität zu sehen. Wir Heutigen machen lange Märsche des Vergnügens wegen, ein abwechslungsreiches Gelände zu betrachten, oder unternehmen mühevoll Bergbesteigungen, um uns an einem großartigen Panorama zu erfreuen, und lieben besonders den Anblick einer wilden, von Menschenhand unberührten Natur. Die Alten nahmen die Mühe einer Bergbesteigung nur aus bestimmten Gründen auf sich, etwa um die Möglichkeit einer brauchbaren Route über die Höhe zu prüfen oder auf der Suche nach einem Naturwunder auf dem Gipfel. Sie waren überhaupt nicht interessiert an der Betrachtung gezackter Ketten von schneebedeckten Bergspitzen und blieben von der herben Schönheit einer endlosen Öde völlig ungerührt. Der Reiz, den sie einer Landschaft abgewannen, war im allgemeinen ihre *amoenitas*, ihr Charme. Was Natur betraf, so waren sie hauptsächlich an Orten interessiert, an denen man die Gegenwart einer Gottheit verspürte – aber nicht auf Bergeshöhen oder in der Wüste, wo wir sie zu suchen geneigt sind, sondern an intimeren Stellen. Sie besuchten Quellen, denn in dem unerklärlichen, andauernden Hervorsprudeln des Wassers sahen sie die Hand eines Gottes; sie errichteten Heiligtümer und Tempel in ihrer Nähe und ehrten die Gottheit, indem sie ein Münzopfer in das Wasser warfen, eine Tradition, die, wie schon erwähnt, bei der Fontana Trevi in Rom noch heute weiterlebt. Sie besuchten Grotten, denn wenn sie in der Düsternis herumtappten und ferne, geheimnisvolle Geräusche wie das gedämpfte Tosen von unterirdischen Strömen hörten, glaubten sie sich übernatürlichen Wesen nahe, die dort wohnten. Sie besuchten Haine und Wälder, deren Helldunkel und Stille ihnen ebenfalls dies Gefühl vermittelten.

Bestimmte Landschaften wurden wegen ihres literarischen Ruhms zu Attraktionen, wie zum Beispiel im Abendland das Rheintal. Ein typischer Fall dieser Art ist das Tempe-Tal in Nordgriechenland, dessen Schönheiten von einem Dichter nach dem anderen besungen wurden. Eine Nachbildung von ihm, ein Triumph der Landschaftsgärtnerei, war eines der Wunder der großartigen Villa Hadrians bei Tibur. Der antike Tourist besuchte auch gerne Flüsse, die in der Literatur eine Rolle spielten – den Nil, die Donau, den Rhein oder den in Windungen fließenden Mäander in Kleinasien.

Schließlich gab es die eindrucksvollen Seltsamkeiten der Natur, wie den Euripos, den unser Paulus besuchte. Der einzige Berg, den die Alten aus freien Stücken bestiegen, war der Aetna – um ehrfurchtsvoll in den Krater eines aktiven Vulkans zu schauen. Die heißen Quellen bei Hierapolis in Kleinasien waren nicht nur wegen des Wassers berühmt, sondern auch wegen einer Sehenswürdigkeit, eines Erdspalts, der gerade so groß war, daß ein Mensch hindurchkriechen konnte, und der ein so giftiges Gas ausströmte, daß es Vögel, die hindurchflogen, tötete oder auch Bullen, die man dorthin hinbrachte; ein Schutzgitter war um ihn gezogen, und es gab einen Stand in der Nähe, von wo aus man ihn betrachten konnte. Der Avernersee in der Nähe von Neapel, wo ähnliche Dünste ausströmten, wie jetzt in der nahegelegenen Solfatara, wurde dank der Phantasie Vergils zu einem Eingang in die Unterwelt.

Irgendwann im 3. Jahrhundert v. Chr stellte ein unbekannter Gelehrter, der vermutlich in Alexandria lebte, eine Liste von Sieben Weltwundern auf. Es waren in keiner Weise Sehenswürdigkeiten, zu denen Touristen pilgerten, doch geben sie eine gute Vorstellung von dem, was die Alten für bemerkenswert hielten. Es waren alles Werke von Menschenhand, und die meisten von ihnen hatten ein beträchtliches Alter: die Pyramiden, die Hängenden Gärten der Semiramis in Babylon, die Zeusstatue des Phidias in Olympia, der Tempel der Artemis in Ephesus, das Mausoleum in Halikarnassos. Nur der Koloß von Rhodos und der Leuchtturm von Alexandria waren ›modern‹, stammten aus der Zeit des Autors der Liste.

Darin, daß er die Vergangenheit der Gegenwart vorzog, war der antike Tourist dem heutigen ähnlich, der reist, um die Meisterwerke Griechenlands, die Größe Roms, die altersgrauen Kathedralen des Mittelalters und anderes mehr zu sehen. Der wesentliche Unterschied ist, daß die Menschen damals nicht so sorgfältig wie wir heute zwischen Legende und geschichtlicher Wirklichkeit unterschieden; für sie begann Geschichte in den frühesten von der Sage im Gedächtnis bewahrten Zeiten. Gedenkstätten, die das Andenken hieran bewahrten, gehörten zu den hauptsächlichen touristischen Sehenswürdigkeiten. Auch glaubten sie, daß Dinge etwas von der Person bewahren, die mit ihnen in Berührung gekommen ist, sie reagierten wie die Gläubigen, die bei der Vorzeigung des Hl. Rockes in Trier oder anderer Reliquien unmittelbar ergriffen werden. In Salamis wurde dem Besucher der Stein gezeigt, auf dem der alte Telamon saß und zusah, wie seine beiden Söhne, Ajax und Teuker, nach Troja fortsegelten; bei Sparta die Stelle der Straße, wo Penelope sich entschloß, Odysseus zu heiraten; bei Troizen der Ort, von dem aus Phädra Hippolyt beobachtete, wenn er nackt trainierte; nicht weit von der Tibermündung die Stelle des Äneas-Lagers. Noch bis ins 6. Jahrhundert n. Chr. hinein zeigte man in Rom ein Äneas-Schiff, in Panopeus in Mittelgriechenland Reste des Tons, aus dem Prometheus die ersten Menschen bildete, und wer beherzt genug war für einen Marsch in die Berge des Kaukasus, konnte einen Blick zu dem Felsen tun, an den einst Zeus den Prometheus angeschmiedet hatte. Touristen konnten in Troja den behauenen Stein sehen, an den man Kassandra festgebunden hatte: aus seiner Vorderseite kam, wenn man sie berührte oder rieb, Milch, aus seiner Rückseite Blut, – so berichtete die Legende. In Phrygien in Kleinasien zeigte man die Platane, an der Apollo den Marsyas zum Schinden hatte aufhängen lassen, bei Troizen den Olivenbaum, an dem der Wagen des Hippolyt zerschellte, und bei Mykenae denjenigen, unter dem Argos saß, als er Io bewachte. Wen es zu den Ursprüngen hinzog, der konnte die Höhle auf Kreta, in der Zeus geboren wurde, besichtigen und diejenige am Pelion, in der Chiron lebte. Bei Agyrion auf Sizilien konnte man gewisse Spuren im Fels in Augenschein nehmen, die die Rinder des Geryoneus, des dreigestaltigen, von Herakles erschlagenen Ungeheuers, verursacht hatten. In Athen gab es einen Punkt auf der Akropolis, von dem aus man das Meer sehen konnte und die Stelle, an der sich Ägeus zu Tode gestürzt hat, als er das Schiff des Theseus mit schwarzen Segeln zurückkehren sah. Er gab damit diesem Teil des Mittelmeeres seinen Namen und büßte so für den Frevel seines Sohnes, der die arme Ariadne hatte sitzenlassen und darüber vergessen hatte, die weißen Segel als Zeichen für seine heile Rückkehr zu setzen. Sehenswert war damals wie heute alles, was sich mit einer guten Story verkaufen ließ.

Es gab, wie später im Grabkult des Christentums und des Islams, die der Heiligenverehrung dienten, in der Antike eine Vielzahl von Gräbern von Heroen und Heroinen zu besuchen, die das Andenken an die heroische Zeit bewahrten. Man konnte Helenas Grab auf Rhodos, Achilles' und Ajax' Gräber bei Troja, das der Iphigenie bei Megara, das des Nestor bei Pylos, das der Phädra bei Troizen, das des Orestes bei Sparta, das des Oedipus bei Athen und das von Medeas Kindern bei Korinth besuchen und an ihrem Schicksal Anteil nehmen. Verwirrung stiftete der Umstand, daß manchmal dieselbe Person an zwei verschiedenen Stellen begraben sein sollte. Sowohl Troizen als auch Athen erhoben Anspruch auf das Grab des Hippolyt, Argos und Zypern auf dasjenige der Ariadne, Parium und Krebrene auf das des Paris, Mykenae und Amyklae auf diejenigen des Agamemnon und der Kassandra. Ebenso wie Gräber konnte man auch Wohnstätten aus mythologischer Zeit besichtigen: Menelaus' Haus in Sparta, 1500 Jahre später noch in gutem Zustand; Nestors Haus in Pylos, auch die Höhle, in der er seine Rinder hielt; das Haus des Hippolytos und die Hütte des Orestes in Troizen; die Stelle in Athen, an der einst der Palast des Ägeus stand; die Ruinen von Amphitryons Haus in Theben; hier waren die Fremdenführer sogar in der Lage, den Raum zu bezeichnen, der als Alkmenes Brautzimmer diente.

Obwohl die großen Namen der Mythologie bei dem Touristen der Antike Vorrang hatten, vernachlässigte er doch deshalb nicht diejenigen der Geschichte: Xenophons Grab bei Skillus, einer Stadt nicht weit von Olympia, in der er viele Jahre zurückgezogen lebte, oder das Grab des Themistokles auf dem Marktplatz von Magnesia in Kleinasien; Pindars Grab in Theben, das von Solon in Athen, von Demosthenes auf Kalauria, der Insel nahe bei Troizen, wo er Selbstmord beging, und das von Vergil nördlich von Neapel. Unter den Sehenswürdigkeiten Roms befanden sich die Kaisergräber: das grabhügelartige Mausoleum, in dem Augustus, Tiberius und Claudius begraben waren; die Trajanssäule, in deren Basis sich eine goldene Urne mit der Asche des Kaisers befand; Hadrians großartiges Denkmal, groß und massig genug, um später in eine Festung, das heutige Castel Sant' Angelo, umgewandelt zu werden; das Grab eines Inders, der Augustus' Umgebung verließ, um sich in der offiziellen indischen Weise bei lebendigem Leib zu verbrennen.

Neben den Gräbern gab es die berühmten Häuser: In Athen konnte man das Haus des Sokrates und das Haus des Demosthenes mit dem unterirdischen Zimmer sehen, in dem er sich zu Zeiten monatelang einschloß, um seine Redekunst zu üben; das Haus, in dem Alkibiades in anstößiger Weise gewisse sehr heilige Riten parodierte. In Theben stand Pindars Haus, das Alexander verschonte, als er die übrige Stadt dem Erdboden gleichmachte. In Heliopolis, nahe bei Kairo stand das Haus, in dem Plato angeblich wohnte, als er von ägyptischen Priestern alte Weisheit lernte; in Metapont in Süditalien das Haus, in dem Pythagoras lebte und starb; auf Capri war der Felsabsturz, von dem Tiberius des Verrats Verdächtige in das Meer werfen ließ; in Rom gab es auf dem kapitolinischen Hügel einen kleinen Kultort zur Bezeichnung der Stelle, an der Augustus, und »das kleine dunkle Zimmer in einem ärmlichen Haus«, wo Titus geboren wurde; in Babylon war das Haus, in dem Alexander gestorben war. Trajan konnte es noch fast vierhundert Jahre später besuchen.

Alexander der Große, dem man fast kultische Ehren erwies, hat die Phantasie besonders beschäftigt. In Alexandria, der berühmtesten der vielen nach ihm benannten Städte, bewahrte ein stattliches Grab seine Leiche, die von einem goldnen Sarkophag umschlossen war. Als im 1.Jahrhundert v.Chr. in Ägypten karge Zeiten herrschten, machte sich einer seiner Teilnachfolger mit dem Sarg davon, und Alexanders sterbliche Hülle mußte in einen Sarkophag aus Glas oder Alabaster umgebettet werden. Mithradates verbrachte einmal eine Nacht in einem bestimmten Haus nur deshalb, weil Alexander dort geschlafen hatte. Bei Tyrus zeigte man Besuchern die Quelle, an der er einen Traum gehabt hatte, der ihm die Einnahme der Stadt voraussagte. In einer Stadt in Makedonien, nicht weit von der Hauptstadt, sahen sie die Schule, in der Aristoteles seinem glänzenden Schüler Unterricht erteilte. In Chäronea führte man sie zur ›Alexander-Eiche‹, einem Baum, bei dem sein Zelt während der entscheidenden Schlacht aufgestellt war, in der er und sein Vater Athen und Theben besiegten und die Tage Griechenlands als einer Ansammlung unabhängiger Staaten beendeten. Die vier Statuen, die dem Zelt als Stützen dienten, wurden nach Rom verbracht und zwei von ihnen vor dem Tempel des Rächenden Mars, die anderen zwei vor einem Gebäude auf dem Forum aufgestellt. Und ein Handbuch für griechische Reeder, die mit dem Industal in Geschäftsbeziehungen standen, erinnerte an die »Hinterlassenschaften von Alexanders Heer in jener Region, Altäre, Lagerspuren und ungeheure Brunnenschächte«.

Ein anderer Aspekt der Vergangenheit, der für die Touristen der Antike große Anziehungskraft besaß, waren berühmte Schlachtfelder. Besucher Athens unternahmen oft einen Ausflug nach dem 35 km entfernten Marathon, der Stätte des aufsehenerregenden Siegs über die Perser bei deren erstem Feldzug gegen Griechenland. Man wanderte dort zu einem Grabhügel, in dem die 192 in der Schlacht gefallenen Athener beigesetzt waren; die Perser dagegen sollen in dieser Schlacht 6400 Mann verloren haben. Dann gab es das soeben erwähnte Schlachtfeld von Chäronea. Hier erinnerte ein von einem Löwen gekrönter Grabhügel an die Stelle, wo 500 Angehörige der thebanischen Elitetruppe bis zum letzten Mann fielen und bestattet wurden. Besucher können heute noch den Löwen sehen, der im vorigen Jahrhundert ausgegraben und wiederaufgerichtet wurde. Die im 19. Jahrhundert wieder aufflammende Heldenverehrung hat auch in Amerika und Europa Schlachtfelder zu Touristenzielen gemacht. Nach dem Zweiten Weltkrieg wurden Stätten des Grauens fester Bestandteil bestimmter Reisen, auch dies gab es bereits in der Antike. Die Steinbrüche bei Syrakus waren eine der Hauptsehenswürdigkeiten dieser Stadt, bewahrten sie doch das Andenken an den Peloponnesischen Krieg. Höchstwahrscheinlich gingen viele Menschen hauptsächlich dorthin, um die kalten Höhlen zu sehen, die 7000 athenischen Kriegsgefangenen nach ihrer verheerenden Niederlage beim Angriff auf die Stadt im Jahre 413 v. Chr. einen langsamen, grausamen Tod brachten.

Schließlich stand, damals wie heute, die Kunst an wichtiger Stelle im Programm des Touristen. Der Besuch der Zeus-Statue des Phidias in Olympia erwies sich als einer der Höhepunkte der Rundreise des Aemilius Paulus – was nicht allzu erstaunlich ist, hatte man dies Meisterwerk doch in die Liste der Sieben Weltwunder aufgenommen; auch konkurrierte es mit der Aphrodite des Praxiteles um die Auszeichnung, das berühmteste Kunstwerk der antiken Welt zu sein. Die Aphrodite stand in Knidos, einer Stadt an der Südwestküste der heutigen Türkei, und es wird erzählt, daß einer der reichen kleinasiatischen Könige das Angebot machte, im Austausch gegen die Statue die gesamten öffentlichen Schulden der Stadt abzuzahlen. Die Knidier lehnten ab, wobei diese Entscheidung sowohl durch kluge Berechnung als auch aufgrund ihrer Anhänglichkeit herbeigeführt worden sein kann. Die Statue stand in einem offenen Pavillon, so daß sie von allen Seiten gesehen werden konnte, und lockte alljährlich Scharen von Touristen zum Besuch der Halbinsel. Ein drittes berühmtes Bildwerk war die bronzene Kuh des Myron auf der Akropolis von Athen. Dichter schrieben hingerissene Verse über sie – sie sei so naturgetreu gebildet, daß sie nicht nur einen Hirten, sondern auch Kälber und Bullen täuschen könne. Cicero erwähnt in einer etwa 70 v. Chr. geschriebenen Rede nebenbei einige Kunstwerke von außergewöhnlicher Berühmtheit, zu denen die Menschen seiner Zeit Reisen unternahmen. Es sind dies, außer der Aphrodite des Praxiteles und Myrons Kuh, eine Statue der Europa auf dem Stier in Tarent, ein Werk des Bildhauers Pythagoras von Rhegium; ein marmorner Eros in Thespiae in Griechenland von Praxiteles; ein Bild der Aphrodite in Kos, das die Göttin beim Aufsteigen aus dem Meer zeigte, ein Werk des Apelles, der von den Alten als ihr größter Maler betrachtet wurde. Die Römer der Kaiserzeit konnten sich die Reise, um dieses Meisterwerk zu sehen, sparen, weil Augustus dieses Bild etwa ein halbes Jahrhundert, nachdem Cicero geschrieben hatte, kaufte und im Caesar-Tempel auf dem Forum ausstellen ließ. Zu den von Cicero genannten berühmten Bildern der Antike gehörte ferner ein Alexander-Porträt in Ephesus, ebenfalls von Apelles; ein auf Rhodos befindliches Bild des Jalysus, des sagenhaften Gründers der Stadt gleichen Namens, das ebenfalls nach Ciceros Zeit nach Rom verbracht wurde, und ein Gemälde der ›Paralos‹, eines von Athens Flaggschiffen, das sich ursprünglich in dem Toreingangsbau der Akropolis von Athen, den Propyläen, befunden hatte; beide Bilder waren von Protogenes, einem Zeitgenossen des Apelles. Ciceros Liste gibt interessante Aufschlüsse: es sind alles Skulpturen und Gemälde, die zwei- bis vierhundert Jahre vor seiner Lebenszeit entstanden waren: Pythagoras, Myron und Phidias lebten im 5., Praxiteles, Apelles und Protogenes im 4. Jahrhundert v. Chr. Der antike Kunstliebhaber war also zuallererst an alten Meistern interessiert.

Er konnte sie aber nirgends so bequem versammelt sehen wie wir heute im Louvre oder in den Uffizien; es bestand für ihn nur die Möglichkeit, einen Tempel nach dem anderen zu besuchen. Wie es aber dazu kam, daß der antike Tempel zum Museum und zur Kunstgalerie wurde, ist ein Thema für sich, dem wir uns jetzt zuwenden wollen.

Museen

Kunstinteressierte Touristen in Europa ziehen von Kathedrale zu Kathedrale, ihre Vorgänger im Altertum zogen von Tempel zu Tempel. Wie eine Kathedrale, war auch ein Tempel erheblich mehr als nur ein Musterbeispiel der Architektur. Er war zuallererst das Haus Gottes, was ihn über alle übrigen Menschenwerke heraushob und ihm eine Sonderstellung verlieh. Darüber hinaus besaß er, was für den griechischen und römischen Reisenden so viel bedeutete: Vergangenheit. Einerseits wurden die Tempel also als Stätten besichtigt, wo Menschen seit Jahrhunderten zu Gott beteten, zugleich aber boten sie Einblicke in vielfältige Phasen der Vergangenheit, denn sie waren unter allen Institutionen des Altertums am ehesten mit einem Museum zu vergleichen.

Im Jahr 1160 v. Chr. unternahm Schutruk-Nahhunte, ein König von Elam, einen siegreichen Feldzug gegen Agade, Sippar, Eschnunna und andere Städte Babyloniens. Er kehrte mit reicher Beute zu seiner Hauptstadt Susa zurück und brachte sie dem Gott dar, der ihn zu seinem Sieg geführt hatte; sie umfaßte unter anderem zwei Kostbarkeiten, die die Archäologen dort nach dreitausend Jahren ausgruben: die Stele des Naram-Sin, ein Meisterwerk der vorderasiatischen Kunst, und das Denkmal, auf dem sich eine Inschrift des Gesetzes von Hammurabi befand. Höchstwahrscheinlich hatte schon so mancher andere siegreiche Monarch vor ihm ebenso gehandelt; es war ein Akt, der in späteren Zeiten zur Standard-Zeremonie wurde. Schutruk-Nahhuntes Beispiel ist nur deshalb bemerkenswert, weil es für uns der erste sichere Fall ist: Alte Dokumente berichten, daß er seine Beute der elamitischen Gottheit In-Schuschinak darbrachte und in deren Tempel ausstellte.

Die nächsten derartigen Weihungen, von denen wir wissen, sind von den Assyrern, einem Soldatenvolk par excellence, dargebracht worden. Im 9. Jahrhundert v. Chr. gab es in Assur im westlichen Stadttor eine Kammer, worin die Assyrer erbeutete Keulen und Knüttel aufhoben, die sie ihrem Kriegsgott Nergal geweiht hatten: Zwei Jahrhunderte später erwähnen die Berichte des Assurbanipal Statuen, die man nach der Zerstörung der Stadt Susa von dort mitgenommen, und Obelisken, die er von seinem Feldzug gegen Ägypten aus Theben mitgebracht hatte; er muß sie alle irgendwo in seiner Hauptstadt aufgestellt haben, obwohl der genaue Ort unbekannt ist.

Da der Definition nach ein Museum ein »Raum, Gebäude oder Ort ist, wo eine Sammlung von Gegenständen ausgestellt ist«, können die Ausstellungsörtlichkeiten im Tempel des In-Schuschinak in Susa oder das Stadttor von Assur – falls der Raum für Besucher zugänglich war – als Museen bezeichnet werden, freilich nur mit Einschränkungen. Um ein Museum zu finden, das eine erste Ähnlichkeit mit dem hat, was wir mit dem Begriff meinen, müssen wir bis in die erste Hälfte des 6. Jahrhunderts v. Chr. zurückgehen, in die Regierungszeit des Nebukadnezar II. von Babylon. Er und sein Nachfolger hatten besonderes Interesse für die Vergangenheit. Sie lasen archaische Inschriften, stellten alte Gebäude wieder her, führten sogar archäologische Grabungen durch, um die Fundamente früher Tempel zu lokalisieren. So ist man also nicht überrascht zu entdecken, daß Nebukadnezar II. in einem Bezirk seines Palastes eine Sammlung von Gegenständen aus verflossenen Zeiten angelegt hat.

Wir haben eine gute Vorstellung von ihr, denn die Ausgräber haben einen guten Teil ihres Bestandes gefunden. Ihr ältestes Stück, eine Inschrift aus Ur vom Jahr 2400 v. Chr., war damals schon über anderthalb Jahrtausende alt. Dann gab es dort die Statue eines Herrschers von Mari im oberen Zweistromland aus dem Jahr 2300 v. Chr., einen Tonstift von Isin im unteren Zweistromland von 2100 v. Chr., eine Keule von 1650 v. Chr., die einst ein Kassite geschwungen hatte, Angehöriger eines Volks, das in Babylon herrschte, bis die Elamiten an die Macht kamen. Es gab assyrische Stücke etwa aus der Zeit zwischen 900 und 650 v. Chr.: Inschriften, Reliefs, Stelen, Ton-Zylinder. Man fand auch ein paar aramäische Stücke – die Statue eines Wettergottes und mehrere Steinschalen – datiert etwa 700 bis 600 v. Chr. Es gab überdies zeitgenössische Gegenstände, nämlich einige Ton-Zylinder von Nebukadnezar selbst. Die Sammlung muß nach seinem Tod weitergeführt worden sein, denn sie enthielt Zylinder seines Nachfolgers Nabonidus und eine Stele aus der Zeit Dareios' des Großen von Persien, der etwa 520 v. Chr. einen Aufstand in Babylon unterdrückte. Nebukadnezar folgte offensichtlich dem Beispiel von Schutruk-Nahhunte und anderen, die schon vor ihm Kriegsbeutestücke zur Schaustellung aufgehäuft hatten und deren Vorbild bis in unsere Zeit nachwirken sollte. Seine Sammlung jedoch, obschon größtenteils in der gleichen Weise erworben, zeigt überlegte Auswahl, um eine lange Zeitspanne und eine große Vielfalt von Gegenständen zu veranschaulichen. Er nannte sie das ›Wunderkabinett der Menschheit‹ und machte sie für das Publikum zugänglich. Sie war somit in jeder Hinsicht ein Museum historischer Altertümer.

Wenn der Geburtsort des Museums im Nahen Osten liegt, so wurde es unter den Griechen gleichsam ›erwachsen‹. Gewisse bedeutende griechische Heiligtümer, wie das Apolloheiligtum in Delphi oder das Zeusheiligtum von Olympia, häuften im Lauf der Zeit Gegenstände von besonderem Wert an, die als Dankesgaben oder als Bestechung für Auskünfte, wie man sie sich erhoffte, dargebracht worden waren. Einige dieser Gaben waren nur aus historischen Gründen von Wert, wie die unvermeidlichen Beutestücke aus Kriegen, aber andere waren um ihrer selbst willen kostbar, ihrer Schönheit, ihrer edlen Materialien, ihrer kunstvollen Verarbeitung wegen. Die griechischen Götter hatten auch unter Nichtgriechen eine beträchtliche Zahl von Anhängern und darunter nicht wenige besonders freigebige Stifter. Delphi war beispielsweise ein regelrechtes Fort Knox dank dem großen Ansehen, dessen sich das Orakel bei den Königen von Phrygien und Lydien erfreute, Ländern, die mit fabelhaften Goldschätzen gesegnet waren. Als Herodot im 5. Jahrhundert v. Chr. das Schatzhaus der Korinther in Delphi besuchte, sah er einen von Midas von Phrygien (ca. 700 v. Chr.) gestifteten Thron – der Name beschwört Gold-Visionen – sechs von Gyges von Lydien (678 bis 652 v. Chr.) gespendete goldene Mischgefäße, die zusammen etwa 785 kg wogen, und einen von Krösus, dem letzten König Lydiens (560-546 v. Chr.) geweihten Löwen, der 170 Kilo wog; ursprünglich war er 260 Kilo schwer, doch hatte ein verheerendes Feuer ihn erheblich beschädigt.

Herodot hob diese Stücke wegen ihres Geldwertes hervor; ihre handwerkliche Qualität war für ihn nebensächlich. Um ästhetische Qualität zu finden, müssen wir uns unter den Weihegaben der Griechen selbst umsehen, Einwohnern eines an Edelmetallen armen, aber an Künstlern reichen Landes. Der Hera-Tempel in Olympia kann gut als Beispiel dienen. Im Laufe des 7. und 6. Jahrhunderts v. Chr. wurde dieser hochverehrte Kultbau unter anderem mit einer 200 Jahre alten Lade aus Zedernholz beschenkt, die mit kunstreich geschnitzten mythologischen Szenen geschmückt war, sowie mit mehr als zwanzig Statuen bedeutender und weniger bedeutender Gottheiten, stattlichen Figuren archaischen Stils. Später kamen Werke einiger der bekanntesten griechischen Künstler dazu. Im 4. Jahrhundert erhielt der Hera-Tempel als besonders kostbare Weihegabe eine Marmorstatue von Praxiteles, den Hermes mit dem Dionysosknaben auf dem Arm darstellend; 1877 wurde sie bei der Ausgrabung des Tempels gefunden und ist seitdem aufs neue eine der Sehenswürdigkeiten von Olympia geworden. Weitere bemerkenswerte Gaben waren eine Bronzestatue von Kleon und zwei Gold- und Elfenbein-Figuren von Leochares, beides Zeitgenossen des Praxiteles, die ihm an Ruhm nicht viel nachstanden. Aus dem 3. Jahrhundert stammte die vergoldete Statue eines nackten Kindes von Boëthos, einem namhaften Bildhauer dieser Zeit. So machten die Weihgaben den Hera-Tempel zu einer umfangreichen und qualitätvollen Skulpturensammlung.

Das war kein Ausnahmefall. Im gesamten griechischen Raum waren die Tempel durch die freigebigen, von Hilfesuchenden und Erhörten dargebrachten Spenden an Statuen und Gemälden nicht allein Orte der Anbetung, sondern auch Kunstgalerien, ebenso wie es später die europäischen Kathedralen und Kirchen durch die Opfergaben und Grabmonumente frommer Christen werden sollten. Und sie zogen, nicht anders als heute manche Kirchen, viele Besucher an, die die Kunstschätze sehen und nur nebenher ein Gebet sprechen wollten. Eine Satire des Herondas, eines wegen seiner kunstvollen Genre-Skizzen bekannten griechischen Dichters des 3. Jahrhunderts v. Chr., schildert den Besuch zweier Damen im Tempel des Asklepios auf der Insel Kos; der Autor läßt die Damen eiligst ihre Spenden für den Gott loswerden und sich dann dem eigentlichen Zweck ihres Besuchs zuwenden, der gründlichen Besichtigung der Sammlung von Meisterwerken der Malerei und Bildhauerkunst.

Einer der Gründe, warum die griechischen Tempel mehr Kunstmuseen als Sammlungen von Kriegstrophäen wurden, war die Gewohnheit der Griechen, ihre Kriegsbeute zu verkaufen und von dem Erlös Weihegaben in Form von Statuen zu stiften. So kam der Besucher des Heiligtums von Delphi zum Beispiel unmittelbar hinter dem Eingangstor an einer Reihe von Statuen vorbei, die Tegea aus den Mitteln einer Siegesbeute im Kampf gegen Sparta, dann an einer Reihe, die Sparta nach einem Sieg gegen Athen, schließlich an einer, die Athen nach der Schlacht bei Marathon aufstellen ließ.

Dies soll nicht bedeuten, daß die Griechen Kriegstrophäen aus ihren Heiligtümern ausschlossen; sie stellten, genau wie der Nahe Osten, auch ihre Geschichts-Dokumente aus. Die Athener bestückten eine Säulenhalle in Delphi mit Schiffsemblemen und Schilden, die sie in einer der Seeschlachten des Peloponnesischen Kriegs erbeutet hatten, während sich in Athen selbst, im Erechtheion auf der Akropolis, der Säbel des Mardonius, des Oberbefehlshabers der persischen Landstreitkräfte im zweiten persischen Feldzug gegen Griechenland, und der Brustharnisch des persischen Offiziers befanden, der in einem entscheidenden Gefecht die persische Reiterei angeführt hatte. Außer Erinnerungsstücken aus Kriegen stifteten die Griechen besonders gern auch solche an große Persönlichkeiten der Vergangenheit. Einige davon hatten historische Bedeutung: So wurde zum Beispiel in Delphi der Eisenstuhl des Dichters Pindar aufbewahrt, in einem Tempel auf Rhodos die Juwelen des Königs Artaxerxes von Persien und der Leinenpanzer des Pharao Amasis, in einem Tempel in Arkadien der Panzer und die Lanze Alexanders des Großen. Einige andere stammten aus sagenhafter Vorzeit. Tatsächlich lieferten die Helden der Sage, die mächtiger und zahlreicher waren als diejenigen der Geschichte, eine viel größere Zahl an Erinnerungsstücken und zugleich auch die beliebtesten. Ein Inventar eines berühmten Athena-Tempels in Lindos auf Rhodos ist erhalten, das zeigt, daß das Gebäude geradezu ein Magazin derartiger Reliquien gewesen ist. Da gab es ein Paar Armreife, die einst die Arme der Helena von Troja zierten, sowie einen Becher, aus dem sie trank und der die Form einer ihrer Brüste hatte; verschiedene Trinkgefäße, die ehemals Minos, Kadmos, Telephos und anderen Sagengestalten gehörten; Waffen und Rüstungen von Menelaos, Teuker, Meriones und Herakles; neun komplette Rüstungen, die Angehörige des rhodischen Kontingents beim Trojanischen Krieg Athena geweiht hatten; eine Ruderausrüstung, die der Steuermann von Menelaos' Ruderboot dagelassen hatte. Alle diese Stücke konnte man wahrscheinlich bis zum 4. Jahrhundert v. Chr. sehen, dann vernichtete ein verheerendes Feuer den größeren Teil der Sammlung.

Derartige Antiquitäten der sagenhaften Vorzeit konnte man überall innerhalb der griechischen Welt finden. Erinnerungsstücke an Helena beispielsweise befanden sich keineswegs nur auf Rhodos. Delphi besaß ein Halsband und ihren Stuhl, während eine ihrer Sandalen sich in Unteritalien befand. Zeus hatte ihre Mutter in Gestalt eines Schwans besucht, und die Legende erzählt, daß sie aus einem Ei ausgeschlüpft sei; das Ei befand sich, an Schnüren vom Dachstuhl hängend, in einem Tempel in Sparta. Besucher konnten den Schild des Aeneas auf der Insel Samothrake finden, den des Menelaos in einem Athena-Tempel in Süditalien, den von Diomedes im Athena-Tempel von Argos, während sich der übrige Teil seiner Rüstung im Athena-Tempel in Luceria in Süditalien befand. Achills Speer war in einem Tempel in Phaselis an der Südküste Kleinasiens, die Werkzeuge, die Epeios zum Bau des trojanischen Pferdes verwendete, waren in einem Tempel in Süditalien zu sehen. Orpheus' Leier befand sich im Apollo-Tempel auf Lesbos, Marsyas' Flöte – er wagte, Apollo zu einem musikalischen Wettstreit herauszufordern – im Apollo-Tempel in Sikyon. Marsyas verlor natürlich und wurde für seine Dreistigkeit damit bestraft, daß ihm die Haut vom Leib gezogen wurde; sie war in der Stadt in Kleinasien ausgestellt, wo sie Apollo aufhängen ließ. Erinnerungsstücke an die Irrfahrten des Odysseus fanden sich nicht nur im griechischen Bereich: eine Stadt in Spanien hatte einen Schild und den Bug eines Schiffes; Circei an der italienischen Küste, wo, wie man annahm, Circe gewohnt hatte, besaß einen Becher; Djerba, die Insel an der tunesischen Küste, die den Anspruch erhob, das Land der Lotusesser gewesen zu sein, zeigte zum Beweis einen von Odysseus geweihten Altar; selbst das ferne Schottland besaß einen mit griechischer Inschrift versehenen Altar, den Odysseus gestiftet haben soll.

Nicht anders als heute befand sich eine Reliquie manchmal an mehreren Orten. Theben zeigte dem Besucher ebenso wie Delphi Helenas Stuhl. Das Haar, das Isis sich aus Kummer über den Tod des Osiris ausraufte, konnte man in Koptos und in Memphis sehen. Zwei Städte in Kleinasien hatten das echte Schwert ausgestellt, mit dem Iphigenie während ihres erzwungenen Dienstes als Artemispriesterin bei den barbarischen Tauriern auf der Halbinsel Krim Opfer tötete. Ihr Bruder Orestes brachte, als er sie wieder in die Heimat zurückführte, ein berühmtes Kultbild der Göttin aus ihrem dortigen Heiligtum mit; Athen, Sparta, Aricia in der Nähe Roms und mehrere andere Orte erhoben den Anspruch, es in ihren Artemisheiligtümern aufzubewahren. Ein antiker Schriftsteller, auf der verzweifelten Suche nach dem echten, vermutete, Orest habe vielleicht mehr als nur ein Exemplar der Figur mitgenommen. Das Palladium, die Athenafigur, die Troja beschützte, bis Odysseus sie entführte, war in Argos, Rom und drei anderen Städten Italiens zu sehen.

Tempel bewahrten nicht nur Erinnerungsstücke an die Helden der Vorzeit auf, sondern auch deren sterbliche Hüllen oder Teile davon. Möglich, daß Tantalus' Geist in der Unterwelt vergeblich versuchte, das Wasser zu seinen Füßen zu trinken und die Früchte über seinem Haupt zu essen, seine Gebeine, oder was man dafür hielt, befanden sich jedenfalls in einem Bronzekrug in Argos. Die seines Sohnes Pelops lagen in einem Bronzekasten in Olympia, die des Orpheus in einem Steinkrug in einer kleinen Stadt Nordgriechenlands, der Kopf der Medusa steckte in einem Erdhügel bei Argos, und Gigantenknochen konnte man in beliebig vielen Tempeln sehen. Theben beispielsweise behauptete, es besäße die Knochen des Geryoneus, des dreigestaltigen, von Herakles getöteten Ungeheuers.

Die Gigantenknochen zeigen uns einen weiteren Zweck, dem griechische Tempel dienten: außer Kunstwerken und historischen oder pseudo-historischen Denkwürdigkeiten beherbergten sie Curiosa der verschiedensten Art. Es ist in überzeugender Weise dargelegt worden, daß solche Knochen in Wirklichkeit Knochen vorzeitlicher Tiere waren, wie sie nicht selten in Griechenland gefunden werden; wahrscheinlich verhält es sich ähnlich mit dem Ei der Helena. Ein Tempel in Tegea auf der Peloponnes zeigte Fell und Hauer des von Meleager erlegten Ebers, ein Tempel bei Neapel die Hauer des erymanthischen Ebers, den Herakles getötet haben soll; beide Ausstellungsstücke waren wahrscheinlich Überbleibsel von Tieren, wie sie heute in unseren naturhistorischen Museen unter dem Gesichtspunkt der Evolution gezeigt werden.

In allen diesen Fällen hatten die Ausstellungsstücke ihre Berühmtheit mindestens teilweise ihren geglaubten mythologischen Zusammenhängen zu verdanken. Es gab aber eine Fülle von anderen, die ausschließlich und schlicht als Kuriositäten aufbewahrt wurden. Eine Rippe oder ein Unterkiefer eines Walfisches war im Tempel des Asklepios in Sikyon zu sehen. Bis Karthago im Jahre 146 v.Chr. zerstört wurde, konnte man in seinem Astarte-Tempel die Felle der ›drei Frauen mit haarigem Körper‹, das heißt den der Schimpansen oder Paviane bestaunen, die der Karthager Hanno von seiner epochemachenden Reise längs der Westküste Afrikas mitgebracht hatte. Viele Tempel beherbergten Elefantenstoßzähne, einer in der Nähe Neapels einen ganzen Elefantenschädel. Sie stammten wohl eher aus Indien als aus Afrika, da Indien eine ganze Menge derartiger beliebter Wunderdinge exportierte. Ein Tempel in Kleinasien zeigte Exemplare indischer Rüstungen und indischen Bernsteins neben Elefantenstoßzähnen. Plinius berichtet, daß ›indisches Rohr‹, groß wie Baumstämme, häufig in Tempeln gesehen werden könne; es wird sich dabei wahrscheinlich um Exemplare von Bambus gehandelt haben. ›Indische Nüsse‹, angeblich ebenfalls häufig anzutreffen, waren wahrscheinlich Kokosnüsse. Plinius ist auch unsere Quelle für die sicherlich bemerkenswerteste indische Kuriosität: Die Hörner einer der goldgrabenden Riesenameisen Indiens, von denen Herodot berichtete. Sie konnten, so unterrichtet er uns, im Heraklestempel in Erythraea in Griechenland besichtigt werden. Auch technische Kuriositäten wurden ausgestellt, etwa eine archaische Flöte mit nur vier Löchern; ein Spiegel, der ein verzerrtes Bild ergab; eine aus Blei hergestellte Spezialzange zum Prüfen, ob ein Zahn gezogen werden könne, der Zahnarzt sollte nur diejenigen Zähne ziehen, die er mit diesem relativ schwachen Instrument ziehen konnte. Zusammenstellungen der in Tempeln verwahrten Gegenstände offenbaren ein kunterbuntes Durcheinander, wie die späteren Raritätenkabinette der Fürsten; doch waren diese Sammlungen ein bedeutsamer Anfang der in unseren Museen für Naturgeschichte, Ethnologie und Geographie ausgebreiteten Sammlungen. Auch die verschiedenartigen, Achilles, Odysseus und anderen Helden zugeschriebenen Objekte waren zweifellos echte Exemplare fremdartiger oder veralteter Waffen, Panzer, Werkzeuge und Zierate, in jeder Hinsicht ›Museumsstücke‹, auch im heutigen Sinne.

Und natürlich konnten die Tempel dem Besucher auch Wunder bieten. In einem Tempel stand ein Altar, der die darauf gelegten Teile der Opfertiere ohne Feuer zu verzehren vermochte, in einem anderen gab es Mengen von Kerzen, die im Freien brannten und nie ausgingen. Ein Zeusheiligtum besaß einen Brunnen, der die in ihm gelöschten Fackeln wieder zu entzünden vermochte; ein Dionysos-Heiligtum einen, der an den sieben Tagen des Jahresfestes des Gottes Wein spendete. Der Wein mußte im Heiligtum genossen werden; wurde er außer Sichtweite des Tempels gebracht, so wurde er wieder zu Wasser. Zwei Statuen der Göttin Artemis in zwei nahe voneinander gelegenen

Städten wurden, obwohl sie völlig ungeschützt im Freien standen, niemals von Wind und Regen berührt. Ein Tempel in Pergamon zahlte, um eine Reihe von kostbaren Wandgemälden des Apelles zu schützen, einen hohen Preis für die Haut eines Basilisken, die Spinnen und Vögel fernzuhalten vermochte.

Als die kleinen Stadtstaaten nach dem Tod Alexanders des Großen ausgedehnten Imperien wichen, erwies es sich, daß einige unter den neuen Monarchen kultiviert und bereit waren, große Summen für die Künste auszugeben. In der erst kurz vorher gegründeten Hauptstadt Ägyptens, Alexandria, rief Ptolemäus I. ein Forschungsinstitut ins Leben. In Pergamon sammelten die Attaliden, insbesondere Attalos II. (160-139 v. Chr.) Kunstwerke, um ihre eindrucksvollen neuen Bauten damit zu schmücken. Stücke, die sie auf dem Kunstmarkt erwerben konnten, kauften sie; was sie nicht kaufen konnten, ließen sie nachbilden. Unter ihren Bildwerken befand sich zum Beispiel eine Nachbildung der berühmten Athena des Phidias im Parthenon von Athen. Sie schickten eine Gruppe von Malern nach Delphi, um dort eine Serie von berühmten Gemälden zu kopieren. Das Ergebnis ihrer Bemühungen war eine umfassende private Kunstgalerie, die erste uns bekannte, die durch wohlüberlegte Auswahl, nicht durch zufällige Weihungen zustandekam.

Während die Attaliden mit Geschmack und Urteilskraft Kunstwerke für ihre Sammlung erwarben, holten sich die Römer, die bald eine Art von öffentlichen Museen ins Leben rufen sollten, Kunstgegenstände dort, wo das Kriegsglück ihnen hold war, und begründeten damit eine Tradition, die im Abendland noch bis in die jüngste Zeit Geltung behielt. Rom war vor den Punischen Kriegen des 3. Jahrhunderts v. Chr. eine unkultivierte Stadt, nicht veredelt durch griechische Kunstwerke. Im Jahr 211 v. Chr., während des zweiten Punischen Krieges, nahm der römische Feldherr Marcellus die reiche Stadt Syrakus ein, brachte als Kriegsbeute eine Fülle von Statuen und Gemälden nach Rom und stellte sie in verschiedenen Stadtteilen als Stiftungen aus. Damit war eine Schleuse geöffnet worden: In den kommenden 150 Jahren, als die römischen Legionen durch Griechenland und den Nahen Osten zogen, wurde Rom von griechischen Kunst-

IV Römischer Hafen, vermutlich Puteoli (Pozzuoli) bei Neapel.
Wandgemälde aus Stabiae, 1. Jahrhundert n. Chr.

Neapel, Nationalmuseum

werken überschwemmt. Als Marcus Fulvius Nobilior im Jahr 189 v. Chr. Ambrakia einnahm, eine Provinzhauptstadt in Westgriechenland, kehrte er mit nicht weniger als 285 Bronze- und 230 Marmorstatuen zurück. Beim Triumphzug des bereits erwähnten Aemilius Paulus im Jahr 167 v. Chr. nach dem Sieg über König Perseus von Makedonien beanspruchte das Vorbeitragen der geraubten Statuen und Gemälde einen ganzen Tag. Den Höhepunkt stellte die Zerstörung Korinths im Jahr 146 v. Chr. durch Mummius dar; die Beute brachte »die meisten und besten öffentlichen Denkmäler, die Rom besitzt«, um die Worte Strabos zu zitieren, der die Stadt ein Jahrhundert später besuchte. Was die Eroberer nahmen, wurde zunächst jedoch nur zum Schmuck ihrer Hauptstadt, nicht ihrer privaten Häuser in der Stadt oder auf dem Lande verwendet. Tatsächlich hatten einige von ihnen, wie zum Beispiel Mummius, wenig Kunstsinn; es wurde die Geschichte erzählt, daß er auf den Wert eines der ›eroberten‹ Gemälde erst aufmerksam wurde, als Attalus II., der ständig nach Meisterwerken Ausschau hielt, einen sehr hohen Preis dafür bot.

Im nächsten Jahrhundert kam zum Kunstraub die Erpressung, eine Methode, die sich später auch in den europäischen Staaten großer Beliebtheit erfreute. Jetzt waren die ›Sammler‹ allerdings mehr für ihr eigenes als für das Interesse ihrer Stadt tätig. Verres, der schurkische römische Gouverneur Siziliens in den Jahren 73 bis 71 v. Chr., den Cicero erfolgreich anklagte, blieb hierin für lange Zeit im negativen Sinne vorbildlich. Einige Werke erwarb er durch Erpressung, wie zum Beispiel die Eros-Statue des Praxiteles, die er für eine schäbige Summe von dem Besitzer kaufte. Was er nicht durch Erpressung erlangen konnte, konfiszierte er, und was er nicht konfiszieren konnte, raubte er. Andere handelten rechtlich, wie Cicero selbst; seine Briefe zeigen seine Bemühungen, Kunstschätze zur Ausschmückung seiner Landhäuser zu kaufen. Tatsächlich hatte die Sammelwut unter den einflußreichen und wohlhabenden Römern ein solches Maß erreicht, daß es gradezu zu einer Verpflichtung geworden war, bei der Planung eines Landsitzes besondere Räume für Wandgemälde und besondere Bereiche für die Aufstellung von Skulpturen vorzusehen.

Mit dem Sturz der Römischen Republik und der Gründung des Kaiserreichs war die Zeit zu Ende, in der Kunstwerke nur »als Verbannte auf Landsitzen« zu finden waren, wie Plinius es ausdrückt; sie kehrten wieder in die Tempel und andere Gebäude der Stadt zurück. Caesar, nach ihm Augustus und dann die meisten Kaiser des ersten und zweiten Jahrhunderts schmückten Rom mit griechischen Kunstwerken. Die Stadt hatte in Bälde eine Unzahl von Tempel-Museen, die sich rühmen konnten, einige der schönsten Kunstwerke der Welt zu besitzen. Die Sammlungen legten besonderen Wert auf alte Meister; ein römischer Kaiser mochte ohne weiteres einen zeitgenössischen Künstler beauftragen, ein öffentliches Gebäude auszuschmücken oder ein Bildnis von ihm zu machen, aber wenn es um die Ausstellung von Kunst ging, zog er altberühmte Werke vor, Skulpturen von Polyklet, Myron, Phidias, Praxiteles, Skopas und Lysipp, Gemälde von Polygnot, Zeuxis und Apelles – die anerkannten Größen vom 6. bis zum 3. Jahrhundert v. Chr. Meisterwerke von ihnen waren in der ganzen Stadt zu sehen. Der Besucher konnte einen Zeus des Myron auf dem Kapitol und einen Herakles desselben Künstlers im Circus Maximus betrachten. Der Fortuna-Tempel enthielt vier Werke des Phidias, den ›Schlüsselträger‹, eine Athena und zwei Statuen in griechischer Kleidung. Des Praxiteles ›Erfolg‹ und ›Glück‹ befanden sich auf dem Kapitol, ein Eros von seiner Hand stand in der Portikus der Octavia. Skopas war durch einen Ares und eine Aphrodite im Circus Flaminius, einen Apollo in einem Apollo-Tempel und die Kinder der Niobe in einem anderen Tempel vertreten. Lysipps Apoxyomenos stand vor den von Agrippa gebauten Thermen, ein Herakles von ihm auf dem Kapitol, und fünfundzwanzig Statuen seiner Hand, die die Feldherren Alexanders darstellten, befanden sich in der Portikus der Octavia. Gemälde von Apelles konnte man im Tempel der Diana, im Tempel des Vergöttlichten Julius und im Tempel des Rächenden Mars sehen, Gemälde des Zeuxis in der Säulenhalle des Philipp oder im Tempel der Concordia. Das letztgenannte Gebäude hatte große Fenster, ungewöhnlich für einen Tempel; wahrscheinlich sollten sie den Besuchern das Besichtigen der im Innern befindlichen Kunstwerke erleichtern.

Die Aufbewahrungsorte einiger der soeben genannten Kunstwerke zeigen, daß die Römer sich in ihrer Begeisterung, ihre Stadt auszustatten, nicht auf Tempel beschränkten. Öffentliche Gebäude aller Art wie Säulenhallen, Theater, die ausgedehnten öffentlichen Bäder wurden mit Statuen und Gemälden geschmückt. Nachdem verheerende Feuersbrünste, wie jene unter Nero, die reichen Sammlungen in so manchem Tempel zerstört hatten, wurden im 3. Jahrhundert die Thermen des Caracalla eines der Hauptmuseen von Rom.

Die Römer beschränkten ihre Sammlertätigkeit aber keineswegs auf Kunst. Sie brachten Reliquien ihrer sagenhaften Vorzeit ebenso große Verehrung entgegen wie die Griechen. Sie waren sogar noch weitherziger im Aufbewahren historischer Erinnerungsstücke als jene und hatten eine gleich große Leidenschaft für die verschiedensten Wunderlichkeiten; so trugen sie auch ihrerseits dazu bei, ihre Tempel mit Kuriositäten aller Art zu füllen. Julius Caesars Schwert befand sich im Tempel des Mars, ein Dolch eines Mannes, der Nero ermorden wollte, im Jupitertempel, das Königsgewand des Königs Servius Tullius im Tempel der Fortuna, der berühmte Ring des Polykrates im Tempel der Concordia. Dem Tempel des Eros in Thespiae stiftete Kaiser Hadrian eine Bärin, die er getötet hatte, und dem Zeustempel in Athen eine indische Schlange. Während des ersten Punischen Krieges hatten römische Soldaten beim Feldzug in Tunesien mit einem Schuß von einem Katapult eine 38 m lange Schlange getötet; ihre Haut und Kieferknochen waren in einem Tempel Roms ausgestellt. Anderthalb Jahrhunderte später stießen Soldaten dort auf Tiere, die wie wilde Schafe aussahen und die sie angeblich wegen ihrer tödlichen Blicke ›Gorgonen‹ nannten; nachdem mehrere Leute bei dem Versuch, sie mit dem Schwert zu erlegen, ihr Leben verloren hatten, erschossen Reiter einige Exemplare mit wohlgezielten Pfeilschüssen; ihre Felle wurden im Tempel des Herkules aufbewahrt. Im Isistempel in Caesarea in Nordafrika war ein ausgestopftes Krokodil ausgestellt; eine sicher aus Indien stammende große Zimtwurzel (Cassia), aufbewahrt auf goldner Platte, befand sich in einem Tempel auf dem Palatin; ein außergewöhnlich großer Kristall von über 45 kg Gewicht in einem Tempel auf dem Kapitol; ein Brustschild aus britischen Perlen in einem Tempel auf dem Caesarforum. Die Römer waren die ersten, die kostbare Steine öffentlich ausstellten. Pompejus raubte, nachdem er König Mithradates besiegt hatte, dessen Sammlung und weihte sie auf dem Kapitol; Caesar brachte nicht weniger als sechs verschiedene Sammlungen in seinen Lieblingstempel, den der Venus Genetrix.

Machte ein römischer Tempel mit seinen Statuen und Gemälden, die durch den Raub siegreicher Feldherren oder dank der Laune eines Kaisers zufällig zusammengekommen waren und unmittelbar neben gesammelten Exotica standen, nicht den Eindruck eines etwas vornehmeren Trödlerladens? Nicht unbedingt. Dank einer Beschreibung aus dem Jahr 95 n. Chr. kennen wir den Inhalt und die Anordnung einer kleinen Sammlung im Tempel des Vergöttlichten Augustus in der Nähe des Forums. Sie war ein Muster an sorgfältiger Auswahl und Geschmack. Die Kunstwerke waren an der Tempelfront unter dem vorkragenden Giebel aufgestellt. Wenn der Besucher die Stufen bis zur Vorhalle hinaufgestiegen war und sich hineinbegab, sah er an der Wand zu

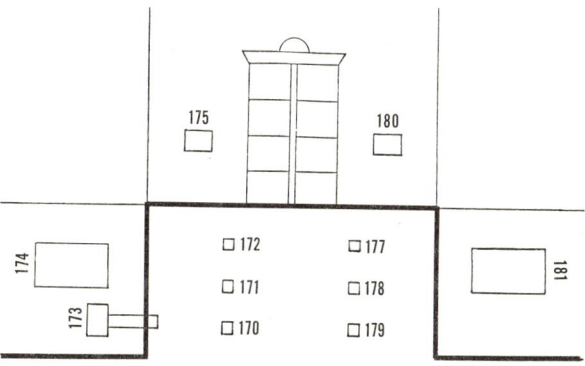

Anordnung der Ausstellungsstücke in einem kleinen römischen Tempel-Museum: 173 Gemälde des Hyacynthos, 174 Marmorrelief eines Hermaphroditen, 175 Gemälde der Danae, 180 Gemälde der Europa, 181 Marmorrelief des Leander; 170 Goldene Statue der Victoria, 171 Tonstatuette eines Knaben, 172 Bronzene Apollostatue des Praxiteles, 179 Silberstatue der Athena, 178 Tonstatue des Herakles, 177 Bronzestatue des Herakles

seiner Linken ein Gemälde des Hyacinthos und ein Marmorrelief eines Hermaphroditen; geradeaus, an der Türwand, erblickte er zur Linken der Tür ein Bild der Danae, zur Rechten ein Bild der Europa; an der rechten Wand schließlich befand sich ein Marmorrelief des Leander. Ging er direkt auf die Eingangstür zu, so standen in der Vorhalle beiderseits je drei Statuen: links eine goldene Statue der Victoria, neben ihr eine Knabenstatuette aus Ton und, als dritte, eine bronzene Apollostatue des Praxiteles, das Hauptstück der Sammlung. Rechts stand eine Statue der Athena aus Silber, neben ihr eine tönerne Statuette des Herakles und neben dieser eine Bronze des schlangenwürgenden Knaben Herakles. Die Ausstellungsstücke waren mit feinem Geschmack angeordnet: Auf beiden Seiten ein Marmorrelief, der Goldstatue links entsprach die silberne Statue rechts; daneben auf beiden Seiten eine Tonstatuette und danach jeweils eine Bronze. Auch wenn es nur eine kleine Sammlung war, so war sie doch bewundernswert umfassend. Sie enthielt drei wesentliche Kunstgattungen: Gemälde, Vollplastik und Relief. Sie bot verschiedenartige Materialien: kostbare Metalle, Bronze, Ton und Stein. Schließlich illustrierte sie mindestens drei Kunstperioden: Das Werk des Praxiteles und die Gemälde entstammten dem reifen klassischen Stil des 4. Jahrhunderts v. Chr., das Kind Herakles vertrat den barocken Stil der nächsten beiden Jahrhunderte, und die beiden Marmorreliefs waren ›modern‹.

Statuen, Gemälde, Rüstungen, Schlangenhäute, Zangen zum Zähneziehen – all dies konnte man also in Gebäuden finden, deren eigentliche Aufgabe es doch war, der Anbetung zu dienen. Und so blieb es dann auch noch beinahe tausend Jahre nach dem Fall von Rom. Die Erzeugnisse der handwerklichen Künste, für die das Mittelalter eine solche Vorliebe hatte – Emaille, Holzschnitzereien, Elfenbeinarbeiten, Gewebe – wanderten in die Kathedralen und Kirchen, ebenso arabisches Glas, arabische Rüstungen und Teppiche, die durch die Kreuzzugsheere nach Europa kamen. Die Kirchen übernahmen die Rolle der antiken Tempel und wurden Aufbewahrungsorte für Seltsamkeiten: Die Kathedrale von Arezzo zum Beispiel bewahrte den Kieferknochen eines Wals, der Stephansdom in Wien einige Mammutknochen, St. Johannes in Lüneburg den Schulterknochen eines Meeresungeheuers, eine Kirche in Ensisheim im Elsaß einen Meteoriten, die Kathedrale in Merseburg eine große Schildkrötenschale und schließlich die Kathedrale in Sevilla ein ausgestopftes Krokodil, einige Elefantenstoßzähne und das Zaumzeug des El Cid. Im weiteren Verlauf der Zeit ergriff das Sammelfieber reiche Adelige, die private Sammlungen solcher Kuriositäten anlegten. Der Bruder des Königs Karl VI. von Frankreich besaß am Beginn des 15. Jahrhunderts ein ›Kabinett der Sonderbarkeiten‹ mit Vogelstraußeiern, Schlangenhäuten, Stacheln von Stachelschweinen, Eberhauern, Walfischknochen, Fellen von Eisbären, Mammutknochen und Kokosnüssen. Es war ein primitives naturhistorisches Museum, aber ausschließlich für die Augen des Besitzers und seiner Freunde, nicht für ein allgemeines Publikum.

Und dann tat am 15. Dezember 1471 Papst Sixtus IV. einen epochemachenden Schritt: Er bestimmte einige Säle im Konservatorenpalast auf dem Kapitol für die Ausstellung antiker Skulpturen und betraute ein Gremium von vier Männern damit, sich ihrer anzunehmen. Durch diesen Akt rief er das erste richtige Kunstmuseum der Welt ins Leben. Sehr bald danach entstand neben den reichen Liebhabern mit ihren Sammlungen von Kuriositäten ein neuer Sammlertyp: der Gelehrte von Beruf. Georg Agricola aus Sachsen (1494-1555) beispielsweise, ein in den Bergbaugebieten seines Landes arbeitender Arzt, las Probestücke von Gesteinen auf, veröffentlichte wissenschaftliche Beschreibungen derselben und brachte seinen Landesherrn, August von Sachsen, dazu, in Dresden eine ›Kammer für Kunst und Naturgeschichte‹ zu gründen, aus der die schönen Museen der Stadt entstanden sind. Andrea Cesalpino (1519-1603) war ein leidenschaftlicher Botaniker und leitete einen botanischen Garten in Pisa; sein Schüler, Michele Mercati (1541-1593) wurde von Papst Pius V. mit der Leitung seines botanischen Gartens betraut und schuf am Vatikan Italiens reichste Mineralien- und Fossiliensammlung. Dies sind nur wenige aus einer großen Zahl von Namen, die die Entwicklung zum modernen Museum einleiteten.

Reiserouten

»Wir unternehmen oft lange Reisen zu Land und auf dem Meer, um Dinge zu sehen, die wir nicht beachten, wenn sie zum Greifen nahe sind. Dies ist entweder so, weil die Natur es so eingerichtet hat, daß wir das zu erlangen versuchen, was fern ist, und dem Naheliegenden gegenüber gleichgültig sind, oder weil ein Wunsch, dessen Erfüllung keine Schwierigkeiten bereitet, an Heftigkeit verliert, oder weil wir das, was wir jederzeit sehen können, zurückstellen in der sicheren Erwartung, daß wir noch oft hinkommen werden. Aber was auch immer der Grund ist, es gibt in unserer Stadt und in ihrer Umgebung eine Menge von Dingen, von denen wir noch nie etwas gehört und die wir erst recht noch nie gesehen haben; wären sie aber in Griechenland oder Ägypten oder Asien ... dann hätten wir schon davon gehört, hätten darüber gelesen und hätten sie uns angesehen.«

Dies schrieb der jüngere Plinius um den Beginn des 2. Jahrhunderts n. Chr. Wie der New Yorker, der auf dem Eiffelturm, aber nie auf dem Empire State Building gewesen ist, so verlangte es den antiken Touristen nach allem, was exotisch und fern war. Und er zog aus, um es, wie Plinius uns verrät, hauptsächlich in drei Gebieten zu finden, in Griechenland, Asien und Ägypten.

Im 5. Jahrhundert v. Chr. hatte Herodot den ganzen langen Weg bis nach Mesopotamien zurückgelegt; im 2. Jahrhundert n. Chr. bemerkt Pausanias, der sein Leben lang reiste, daß er niemals selbst die Mauern Babylons gesehen habe und auch niemanden getroffen habe, der sie gesehen hatte. Die Passion des

Touristen für die Vergangenheit hatte offenbar ihre Grenzen, vor allem, was Asien betraf. Nicht einmal Syrien und Palästina standen auf dem normalen Reiseprogramm, wenn auch der Tag nicht fern war, an dem sie, mit den Sehenswürdigkeiten des Heiligen Landes, zur Touristenattraktion werden sollten. Reisen in weitere Ferne, nach Afrika oder Indien, waren nur eine Angelegenheit für Geschäftsleute.

Zogen die Römer in östlicher Richtung, dorthin, wo für sie die Alte Welt war, so strömten die Menschen, die in den Provinzen des Imperiums lebten, zur Stadt Rom. Es kamen so viele dorthin, daß es, wie wir gesehen haben, Städte gab, die auf dem Forum Romanum Büros eingerichtet hatten, um ihre Bürger zu unterstützen, wenn sie auf Besuch oder aus geschäftlichen Gründen in der Hauptstadt waren. Man konnte in Rom vieles sehen, was an die Vergangenheit erinnerte: den Feigenbaum am Fuß des Palatin, an dem der kleine Nachen mit Romulus und Remus sich verfing; die Schäferhütte auf dem Hügel mit der Wiege, in der die Zwillingsbrüder aufgezogen wurden; der Vesta-Tempel auf dem Forum, in dem die Vestalinnen die heilige Flamme am Brennen erhielten; das Tor des Janus-Tempels, das in Kriegszeiten offenstand und nur in Friedenszeiten geschlossen wurde; die reichen, nach Rom gebrachten Kunstschätze. Aber der Bürger aus der Provinz kam, um sich das neue Rom ebenso anzusehen wie das alte; er wollte die großartigen Denkmäler sehen, die die Kaiser als Zeugnis des Reichtums und der Macht des Staates – dem auch er angehörte – und ihrer eignen Freigebigkeit errichtet hatten. Er bestaunte die Paläste auf dem Palatin; in ihnen waren nicht nur die Kaiser zu Hause, sondern es war in ihnen auch die Zentralverwaltung untergebracht, und mit dem Wachsen der Regierungsgeschäfte und deren Akten wuchs auch die Zahl der Paläste. Er verbrachte Stunden der Muße im Genuß der herrlichen Einrichtungen der riesigen öffentlichen Bäder. Wenn er seine Reisezeit richtig gewählt hatte, gab es in den Amphitheatern und in den Zirkusarenen Programme, die ihn tagelang beschäftigten. Von dem ursprünglichen Forum konnte er zu einer ganzen Reihe neuer Foren spazieren, von denen jedes von einem anderen Kaiser gestiftet worden war, von Caesar,

Augustus, Vespasian, Nerva und Trajan. Es waren glanzvolle, mit teuren importierten Marmorsorten verschwenderisch ausgestattete Anlagen. Augustus rühmte sich, er habe Rom als eine in Backstein erbaute Stadt vorgefunden und es als Marmorstadt hinterlassen; seine Nachfolger setzten seine Tradition fort.

Wer sich von Rom nach Griechenland, Kleinasien oder Ägypten begeben wollte, mußte die wesentliche Entscheidung treffen, ob er auf dem Landweg oder mit dem Schiff reisen wollte. Der Seeweg, für den man sich in Ostia, dem Hafen Roms, oder in Puteoli, dem Hafen von Neapel einschiffen mußte mit dem Ziel Athen oder Alexandria, war nicht nur die bequemste Reiseart, sondern bot den Passagieren auch eine Gelegenheit, Sizilien zu sehen, das dem Touristen eine ganze Menge zu bieten hatte. Zunächst war da Syrakus mit seinem Artemis- und Athenatempel, die beide berühmte Kunstwerke enthielten, den Steinbrüchen, wo die athenischen Kriegsgefangenen zugrunde gegangen waren, und die Quelle der Arethusa mit ihrem klaren, von Fischen wimmelnden Wasser. Dann konnte man den Aetna besteigen, um sich den Krater anzusehen, was bei vielen Reiseunternehmungen ein fester Programmpunkt war. Eine andere Merkwürdigkeit der Natur, die Besucher anzog, war der Lacus Palicorum, ein etwa 70 km nordwestlich von Syrakus gelegener Teich, in dem aus zwei Erdspalten auf dem Grund Gase und Säuren vulkanischen Ursprungs austraten und das Wasser in Bewegung versetzten, als ob es kochte.

In Griechenland folgten die Touristen im großen und ganzen der seit Jahrhunderten üblichen Reiseroute: Delphi, Athen, Korinth, Epidaurus, Olympia, Sparta. Seit den Tagen des klassischen Griechenland hatte sich viel verändert. Olympia besaß zum Beispiel einige Annehmlichkeiten, die die römische Ingenieurtechnik ermöglichte, wie zum Beispiel das durch einen Aquaedukt herbeigeführte fließende Wasser. Das Korinth, das frühere griechische Reisende gesehen hatten, war zwar von den Römern ausgelöscht, aber inzwischen durch eine blühende neue Stadt ersetzt worden. Die Reisenden kamen in erster Linie, um die Akropolis, den Isthmus mit seinen alten Häfen auf beiden Seiten der Landenge, sowie den Diolkos, die gepflasterte Straße, auf der Kriegsschiffe und andere relativ leichte Fahrzeuge von einem zum anderen Hafen gezogen werden konnten, zu sehen. Epidaurus war nach einer Periode des Niedergangs zu neuem Leben erwacht, und glänzende neue Weihegaben, mit denen Asklepios für seine Heilungen Dank ausgesprochen wurde, hatten die geraubten ersetzt. Viele andere griechische Stätten waren indes im Unterschied zu Epidaurus und Korinth in der römischen Kaiserzeit so in Verfall geraten, daß Touristen, die nach Erinnerungsstücken aus der Vergangenheit fahndeten, sich noch zusätzlich an der malerischen Verlassenheit dieser alten Stätten ergötzen konnten. So manche derselben boten dem Besucher den romantischen Anblick von Ruinen in einer Hirten- und Schäferlandschaft, wie wir ihn in Piranesis Stichen der Ruinen des antiken Rom sehen und der die Italienreisenden des 18. Jahrhunderts so begeisterte. So fand der Besucher Thebens den größten Teil der Stadt verlassen vor. Die Stadt Pisa, die vor tausend Jahren den Grund und Boden besessen hatte, auf dem die Olympischen Spiele stattfanden, und diese organisiert hatte, war jetzt nur noch ein Weingarten. Die Mauern einer einst blühenden Stadt auf Euböa umschlossen nur noch Ackerland, ihr Gymnasium war in ein Weizenfeld verwandelt worden, in dem Götter- und Ehrenstatuen zwischen den Halmen hervorsahen, Schafe grasten auf ihrer Agora, umgeben von geisterhaften Gebäuden, in denen einst die öffentlichen Geschäfte der Stadt erledigt worden waren.

In einer Griechenlandreise waren aber auch einige Inseln inbegriffen. Besucher begaben sich nach Delos mit seinem verehrungswürdigen Apolloheiligtum, nach Samothrake, wo Mysteriengottheiten zu Hause waren, deren – außerordentlich weitverbreitete – Verehrung mit verschiedenen geheimen Riten verbunden war; vor allem nach Rhodos, das ebenso wie Athen noch eindrucksvolle Zeugen seiner Existenz als unabhängiger und reicher Staat hatte. Der zu den Sieben Weltwundern zählende Koloß, eine riesenhafte Bronzestatue des Helios, die über der Hafeneinfahrt gestanden hatte und zugleich als Leuchtturm diente, war infolge eines Erdbebens im Jahr 224 v. Chr. zusammengestürzt; doch gab es noch tausende von anderen Statuen, breite Straßen und einen Ring von gewaltigen Stadtmauern.

Von Rhodos aus war es ein Katzensprung nach Kleinasien. Und Kleinasien besaß damals die größte Touristenattraktion: die Stätte, wo der Trojanische Krieg stattgefunden hatte, sozusagen ›homerisches Land‹. Das Troja des Priamus hatte nach der Zerstörung lange Zeit in Trümmern gelegen, ohne daß man sich darum kümmerte. Gegen 700 v. Chr. erbauten griechische Siedler eine neue Stadt an der Stelle, ein zweites Ilium. Es blieb ein relativ bescheidener Ort, bis die Römer ihm ihre Aufmerksamkeit zuwandten. Rom war nach der Sage von einer der allgemeinen Katastrophe entronnenen Schar von Trojanern gegründet worden, denen es gelang, aus der brennenden Stadt zu fliehen, und die unter der Führung des Helden Aeneas in Schiffen nach Italien fuhren. Caesar, dessen Familie ihren Stammbaum auf die Göttin Venus, die Mutter des Aeneas zurückführte, empfand sich selbst als Nachfahre der Trojaner und betrachtete Ilium daher als eine Art nationalen Heiligtums. Folglich häufte er Ehren auf die kleine Nachfolgestadt, schenkte ihr zusätzliches Territorium, Unabhängigkeit und gewährte ihr Befreiung von Abgaben; seine Nachfolger bestätigten alle seine Gunstbezeigungen und dachten sich noch einige neue aus. Abgesehen von seinem privilegierten Status entwickelte Ilium bald ein blühendes Geschäft als offizieller Wächter des homerischen Landes. Es stellte Führer, die es sich angelegen sein ließen, daß jeder wichtige Ort und jede bedeutsame Eigentümlichkeit in der Landschaft, die in der ›Ilias‹ erwähnt werden, auch identifiziert wurden. Sie zeigten dem Touristen das Stück Strand, an dem die griechischen Schiffe an Land gezogen worden waren, die Ebene, in der die Schlachten stattgefunden hatten, die beiden Flüsse, die so häufig vorkommen, den Feigenbaum außerhalb des skäischen Tors, die Gräber von Achill, Patroklus und Ajax (Protesilaus, der erste Grieche, der an Land sprang und auch der erste, der getötet wurde, hatte sein Grab unmittelbar jenseits des Hellesponts), die Höhle, in der Paris sein schicksalsschweres Urteil abgab, ja sogar den Ort, von dem der Adler des Zeus den trojanischen Knaben königlicher Abstammung, Ganymedes, entführt haben soll. In einem Tempel zeigten sie eine Leier, die Paris, und Rüstungen, die den homerischen Helden angeblich gehört hatten. – Kleinasien konnte dem Besucher aber noch andere Anziehungspunkte bieten, Knidos zum Beispiel, wo die weltberühmte Aphroditestatue des Praxiteles stand, Städte wie Ephesus, Smyrna und Halikarnassos, die ehrwürdigen Orakelstätten Apollos in Kolophon und Didyma. Doch keine hatte eine solche Anziehungskraft wie der Schauplatz des Trojanischen Krieges. Dieser war mit Abstand die Hauptsehenswürdigkeit.

Dann kam Ägypten, wohin man von Kleinasien aus ohne jede Schwierigkeit gelangen konnte. Wem es genügte, von Kleinasien nur das homerische Land zu sehen, der konnte sich nach dem etwa 32 km entfernten Alexandria in der Troas begeben und dort ein Schiff direkt nach Alexandria in Ägypten besteigen. Wer noch Smyrna oder Ephesus besuchte, hatte von beiden Städten aus Schiffsverbindungen.

Ägypten war ein wahres Touristenparadies, es war das Wunderland der Antike. Hier fand man eine exotische Landschaft, exotische Lebensweise, exotische Denkmäler und konnte dazu noch verhältnismäßig leicht reisen. Für diejenigen, die unmittelbar von Rom kamen, bot die Fahrt auf den großen bequemen Kornschiffen, die zwischen Alexandria und Rom hin- und herfuhren, eine ideale Möglichkeit. In Ägypten angekommen, konnte man bequem auf dem Wasserweg weiterreisen, weil alle bewohnten Landesteile am Strom gelegen waren und in vielen ägyptischen Städten Kanäle die Straßen ersetzten. Apollonius von Tyana, dieser eigenartige Reisende und wunderwirkende Weise des 1. Jahrhunderts n. Chr., zog es allerdings vor, zu Land zu reisen und jedes Dorf zu sehen, anstatt an ihnen vorbeizusegeln. Er und seine Gefährten ritten auf Kamelen von Alexandria dem Ufer entlang zu den Pyramiden.

Den ersten großen Eindruck erhielt der Besucher bereits, bevor er landete; schon etwa in einer Entfernung von dreißig Meilen von der Küste konnte er die Spitze des Leuchtturms von Alexandria erkennen, eines der Sieben Weltwunder. Die Stadt selbst bot ihm praktisch alles, geschäftiges Leben und Sehenswürdigkeiten. Es gab berühmte Denkmäler wie das Grab Alexanders, den Tempel des Serapis, das Heiligtum des Pan, das auf der Spitze eines künstlichen Hügels stand und eine schöne Aussicht über die ganze Stadt gewährte, sowie das Museum. Museum allerdings im antiken Wortsinn, ›das unter dem Schutz der Musen Stehende‹. Wir würden es heute als Forschungsinstitut bezeichnen, in dem etwa hundert Gelehrte ihren Studien nachgehen und ihre Gedanken austauschen konnten. Es hatte vier Fakultäten: Literatur, Mathematik, Astronomie und Medizin. Es besaß einen großen Saal, der als Gemeinschaftsraum diente und in dem die Fakultätsmitglieder gemeinsam ihre Mahlzeiten einnahmen, einen Säulenhof für Gespräche im Umherwandeln, ein Theater für öffentliche Diskussionen, Studien- und Wohnräume für die einzelnen Gelehrten, eine Bibliothek, einen Botanischen Garten und einen Platz, wo Tiere untergebracht waren. Alexandria besaß den größten Hafen im Mittelmeer, in dem der Handel mit Indien und Afrika ebenso abgewickelt wurde wie derjenige mit den meisten Provinzen des Römischen Reiches, und hatte deshalb alle Charakteristika eines gut gehenden internationalen Umschlagsplatzes: ein Hafengelände, auf dem man nicht nur mediterrane Typen, sondern auch Araber, Perser, Äthiopier und Inder sah; es gab verschiedene Wohnviertel für Ausländer und natürlich ein an Nachtlokalen reiches Amüsierviertel, ein antikes St. Pauli. *Unus illis deus Nummus est*, »Sie haben nur einen Gott: Geld«, sagten böse Zungen von den Bewohnern. Aber das war nicht ganz richtig. Wenn Alexandria das Marseille des Altertums war, dann war es ebensosehr sein Wien, das heißt es war eine Stadt von leidenschaftlichen Musikliebhabern. Man sagt, daß bei großen Kitharakonzerten auch die einfachen, des Lesens und Schreibens unkundigen Zuhörer ein so gutes Ohr hatten, daß sie jede falsche Note bemerkten.

Alexandria war eine griechische Stadt mit kosmopolitischem Einschlag. Um das wirkliche Ägypten kennenzulernen, mußte der Tourist nilaufwärts reisen. Er bestieg ein Schiff und fuhr auf dem kanopischen Deltaarm bis dahin, wo heute Kairo liegt, nahe der Deltaspitze. Hier stieg er aus, um sich Heliopolis anzusehen, wo der älteste dem Gott Re geweihte Tempel stand. In den Zeiten römischer Vorherrschaft war Heliopolis nur noch eine Geisterstadt, der Tempel selbst lag teilweise in Trümmern. Um das Jahr 10 v. Chr. hatte Augustus zwei seiner Obelisken nach Rom gebracht, wo sie noch heute stehen. Von der einstmals großen Zahl gelehrter ägyptischer Priester war nur noch eine Handvoll übriggeblieben, um die überkommenen Kulthandlungen vorzunehmen und Besucher zu führen. Die Gebäude waren aber immer noch eindrucksvoll und wurden durch die Legende noch eindrucksvoller; die Führer legten Wert darauf zu zeigen, wo Platon und Eudoxos von Knidos, ein wohlbekannter griechischer Astronom, während ihres, bei Platon durchaus fraglichen, Aufenthalts gelebt hatten, um von den Priestern die Geheimnisse der Himmelskörper zu erfahren.

Ein wenig weiter stromaufwärts lag Memphis, Hauptreiseziel der Touristen. Hier standen der Tempel des hochverehrten Gottes Ptah und das Gebäude, das den heiligen Apisstier beherbergte. Man durfte durch ein kleines Fenster einen Blick in den Stall werfen oder hatte zu bestimmter Stunde Gelegenheit, ihn in einem inneren Hof spazierengehen zu sehen. Diese Spazierzeiten waren vor allem wegen der Touristen eingerichtet worden. So bemerkenswert diese Sehenswürdigkeiten auch waren, das wichtigste an Memphis lag darin, daß es der Ausgangspunkt für einen Besuch der Pyramiden war. Wir können heute nur noch über ihre Größe staunen, der Tourist jener Tage hatte noch die Möglichkeit, die außerordentliche Qualität ihrer Oberfläche zu bewundern, denn er sah sie noch mit ihrer spiegelglatten Verkleidung, die zahlreiche Inschriften in Hieroglyphen trug. Alles, was davon heute noch übrig ist, ist der kleine Rest an der Spitze der Chefren-Pyramide.

Weiter ging es auf dem Schiff stromaufwärts zum Mörissee und zum Labyrinth, die Herodot schon so sehr bewundert hatte. In der Nähe lag Krokodilopolis, wo die Touristen das heilige Krokodil füttern konnten, das die Inkarnation des Gottes Suchus war. Vor dem Jahr 27 v. Chr., in dem, wie wir in Kürze sehen werden, Theben den Vorrang erhielt, standen diese Sehenswürdigkeiten an erster Stelle in der Liste der touristischen Anziehungspunkte Ägyptens – jedenfalls gewinnt man diesen Eindruck von der Mühe, die die ptolemäischen Könige sich gaben, Besucher von hohem Rang, die es sich in Ägypten wohl sein ließen, zu einem Besuch derselben einzuladen. Ich habe bereits den Brief aus dem Jahr 112 v. Chr. angeführt, der die Beamten von Krokodilopolis auf die Ankunft eines römischen Würdenträgers vorbereitete. Es folgt hier ein weiterer aus früherer Zeit, vom Jahr 254 v. Chr., der einen der Agenten des Finanzministers instruiert, er solle: »sofort nach Empfang dieses Briefs leichte Kutschen und andere Fahrzeuge, sowie Tragtiere für den Botschafter von Pairisades und die Abgesandten von Argos nach Ptolemais auf den Weg bringen, die der König zur Besichtigung der Sehenswürdigkeiten des Bezirks von Arsinoë geschickt hat ... Während ich diesen Brief schreibe, sind sie bereits auf der Fahrt stromaufwärts.«

Pairisades war Herrscher eines fernen Königreichs auf der Krim, Argos ist der wohlbekannte griechische Stadtstaat auf der Peloponnes, und der König, von dem der Brief spricht, ist Ptolemaios II. (285-246 v. Chr.). Die Gesellschaft hatte in Alexandria das Schiff bestiegen und sollte es beim Flußhafen von Ptolemais, einem passenden Ausgangsort für einen Besucher des arsinoitischen Bezirks, wieder verlassen. Es war dies der Bezirk, dessen Hauptstadt Arsinoë war, und Arsinoë war Krokodilopolis; Ptolemaios II. hatte es seiner Frau Arsinoë zu Ehren umbenannt, da er sich ihres Beitrags zum Erfolg seiner Regierung wohl bewußt war. Das ›Labyrinth‹ war nicht mehr als zwölf Kilometer von dort entfernt. In der Nähe lag auch der Mörissee im Zentrum des Fayum, das heute vor allem durch seine Mumienporträts bekannt ist. Hatte der Tourist diese Gegend besichtigt, erreichte er mit dem Schiff nach einer längeren Fahrt stromaufwärts Abydos mit dem Tempel des Seti, und noch weiter südlich Theben. Thebens Ruhm war schon zu den Zeiten Homers bis nach Griechenland gedrungen, denn der Dichter singt von dessen zahlreichen Häusern und seinen hundert Toren. Viele Jahrhunderte lang zogen die Besucher dorthin, so wie sie es heute noch tun, hauptsächlich um die Felsengräber im Tal der Könige zu sehen. Im Jahre 27 v. Chr. rückte Theben für lange an die Spitze des ägyptischen Tourismus. Eine der sogenannten Memnonstatuen, die etwa seit dem Jahr 1400 v. Chr. friedlich dort gestanden hatten, begann auf einmal bei Sonnenaufgang zu tönen, und dieses einzigartige Phänomen wurde in der römischen

Kaiserzeit der anerkannte Höhepunkt eines Besuchs in diesem Land.

Diejenigen, die entschlossen waren, nichts auszulassen, setzten die Fahrt flußaufwärts bis nach Syene (Aswan) beim ersten Katarakt fort, der tausend Jahre lang die südliche Grenze Ägyptens gegen den Sudan war. Nachdem sie mit dem Schiff so nahe wie möglich an den Katarakt herangefahren waren, gingen sie einige Kilometer zu Fuß am Ufer entlang, um über die Wasserfälle hinauszukommen und jenseits in einem ägyptischen Nachen zu dem Tempel auf der Insel Philae gefahren zu werden. Dies war für die meisten Besucher der Endpunkt der Reise. Nur sehr wagemutige Touristen gingen über diesen Punkt hinaus und ließen sich auch von den öden Landstrichen des Sudan nicht abschrecken.

Die Touristik konzentrierte sich also in der römischen Kaiserzeit in der Hauptsache auf folgende Punkte: Rom, einige Teile Siziliens, festländisches Griechenland, Delos, Samothrake, Rhodos und vielleicht einige weitere Inseln des östlichen Mittelmeers; Kleinasien, vor allem Troja und seine Umgebung, und Ägypten.

Die Besichtigungen

Als Flugzeug, Eisenbahn und Auto Segelschiff und Reisewagen ablösten, da erfuhr ein wesentlicher Aspekt des Reisens, nämlich die Art und Weise, ans Ziel zu gelangen, einschneidende Veränderung.»Fliegen ist eine schöne Sache«, sagte G. K. Chesterton, »aber die Blumen sieht man dabei nicht mehr«. Man darf hinzufügen, daß, wer mit dem Auto fährt, sie auch nicht mehr riecht.

Die ebenso wichtige Frage aber, was der Reisende tat, wenn er am Reiseziel angelangt war – muß anders beantwortet werden. Da ist im Grunde vieles unverändert. Der Römer der Antike, der zu einem Ferienaufenthalt nach Griechenland fuhr, hat sich, dort angekommen, nicht sehr viel anders verhalten als die Tausende, die seitdem dorthin gereist sind.

Wenn er in Olympia, Delphi oder Athen eintraf, tat er wahrscheinlich, was Touristen aller Zeiten getan haben, er unternahm nämlich sobald wie möglich einen Erkundungsspaziergang durch den Ort. In Olympia oder Delphi mußte er, wenn er erst spät am Tag eintraf – ebenso wie der heutige Besucher – bis zum nächsten Morgen warten. In Athen und in jeder Stadt von einer gewissen Größe konnte er, wenn er Lust dazu hatte, noch einen abendlichen Streifzug unternehmen. In den Hauptstraßen gab es für ihn keine Beleuchtungsprobleme, da die Öllampen in den Läden mit ihren offenen Fronten reichlich Licht gaben. In Pompeji beispielsweise hat die Ausgrabung gezeigt, daß eine etwa 500 m lange Hauptstraße beiderseits fünfundvierzig Läden besaß, und da jeder von diesen mindestens eine Lampe am

Brennen hielt, gab es etwa alle zehn Meter ein Licht. Eine andere rund 650 m lange Straße hatte insgesamt auf beiden Seiten 170 Läden, so daß die Lampen hier noch dichter standen. Straßenbeleuchtungen – im Unterschied zu dem zufälligen Licht aus den Läden und Tavernen – gab es nur an den Hauptkreuzungen. Dabei war es anscheinend oft wichtiger, einen Effekt hervorzurufen, um die Orientierung zu erleichtern, als die Kreuzung wirklich zu beleuchten. So brachte man beispielsweise ein Straßenlicht hinter einer steinernen Maske mit Löchern in Augen und Mund an. Seitenstraßen und Gassen waren in völlige Finsternis getaucht, sobald die Bewohner das Licht gelöscht hatten. Wer in ihnen spazieren wollte, mußte sich einen Fackeljungen mieten, um den Weg mit Fackeln zu beleuchten oder auch mit Öllampen, die mit ganz feinen Horn- oder Glimmerplättchen so hergerichtet werden konnten, daß sie einen Lichtstrahl gaben. Er mußte auch sicher sein, daß er den Rückweg finden konnte; denn Straßenschilder und Hausnummern waren in römischer Zeit ebenso unbekannt wie in griechischer, und die einzige Zuflucht, einen Ortsansässigen zu fragen, kam in den Nachtstunden kaum in Frage.

Außerdem mußten Fußgänger, die nach Einfall der Nacht auf den Straßen schlenderten, gut auf den Verkehr achten. Viele Städte des Altertums hatten, wie schon erwähnt, die Sitte, den Fahrverkehr während der Tagesstunden zu verbieten und ihn auf die Zeit zwischen dem späten Nachmittag und dem Sonnenaufgang zu beschränken. Leute, die dann noch auf der Straße waren, mußten oft in Hauseingängen Zuflucht nehmen, um nicht von einem schwerbeladenen, gefährlich hin- und herschwankenden Ochsenkarren zerdrückt zu werden.

Auch in den Tagesstunden gab es für den müßig Einherschlendernden Gefahren. Wenn es auch keinen störenden Fahrverkehr gab, so konnte ein unachtsamer Spaziergänger doch leicht von einer Sänfte mit rasch dahineilenden Trägern, die ihr Tempo nicht beliebig vermindern konnten, umgeworfen werden. Ferner gab es die Gefahren, die zu allen Zeiten auf der Straße auf einen Fremden lauerten. »Es gibt Betrüger«, so warnt ein Reiseschriftsteller des späten 2. Jahrhunderts v. Chr.

in seiner Beschreibung Athens, »die in der Stadt herumlaufen und die wohlhabenden Fremden, die in die Stadt kommen, beschwindeln. Wenn die Behörden sie erwischen, nehmen sie von ihnen hohe Bußen ... aber wovor Du Dich mit allen Mitteln hüten mußt, das sind die Prostituierten; man wird von ihnen in angenehmer Weise zugrunde gerichtet, ohne es gleich zu merken«.

Wenn die Zeit für ernsthafte Besichtigung gekommen war, machte sich der Tourist des Altertums, oft mit Dienern, die ihm Lebensmittel und Ausrüstung trugen, auf den Weg. Er war nicht einmal mit einem Baedeker belastet. Nicht als ob es diese nützliche Art Literatur damals nicht gegeben hätte. Spätestens seit dem 4. Jahrhundert v. Chr. waren solche Führer für einzelne Stätten oder Denkmäler vorhanden, und zwischen 160 und 180 n. Chr., in einer Zeit, als der Tourismus blühte, veröffentlichte Pausanias seinen ausgezeichneten Führer durch Griechenland. Aber solche Bücher dienten der Vorbereitung und nicht dem Gebrauch an Ort und Stelle wie die heutigen. Außerdem waren antike, auf relativ dickem Papyrus oder Leder handgeschriebene Bücher, von ihrer Kostbarkeit gar nicht zu reden, zu unhandlich für solche Zwecke.

Einige antike Touristen müssen ebenso interessiert an einer bildlichen Erinnerung dessen, was sie gesehen hatten, gewesen sein wie ihre fotografierenden Nachfahren. Wenn sie Begabung für das Skizzieren hatten, konnten sie Papyrus, Feder und Tinte oder auch vielleicht nur Wachstafeln und einen Stilus mitnehmen, ganz wie die Reisenden der letzten Jahrhunderte Skizzenbücher und Wasserfarbenkästen bei sich trugen. War das nicht der Fall, so konnten sie bestimmt eine beliebig große auf Arbeit wartende Schar von fixen Miniaturmalern finden, die in der Lage waren, ein bravouröses Bildnis mit einem Hintergrund je nach dem Ort, an dem sie sich befanden: in Athen mit dem Parthenon, in Delphi dem Apollotempel, in Olympia dem Zeustempel, hinzuzaubern.

Machte der Tourist sich daran, eine sehenswürdige Stätte zu besuchen, war sein erstes Problem oft das gleiche wie heute, nämlich das Spießrutenlaufen durch die auf ihn wartenden örtlichen Fremdenführer, die *periegetai* (Herumführer) oder *exegetai* (Erklärer), wie sie auf griechisch genannt wurden. »Ich ging in den Säulenhallen des Dionysions herum, betrachtete jedes einzelne Gemälde und frischte gleichzeitig mit dem Vergnügen an der Betrachtung meine Kenntnis der Heldensagen wieder auf; denn sofort waren zwei oder drei herbeigestürzt und erzählten für ein geringes Entgelt die ganze Geschichte.« So berichtet jemand in einem der satirischen Dialoge des Lukian. Viele von uns unterwerfen sich *nolens volens* diesen Tyrannen, in vielen Fällen sind ja Besichtigungen ohne Führung gar nicht erlaubt. Außerdem erspart es den Energieaufwand für das Mitschleppen von Karten, Plänen und einem Reisehandbuch sowie die Zeit, die man zu ihrem Studium braucht. Die Alten, die über solche Lektüre nur begrenzt verfügten, hatten noch nicht einmal diese Wahl. Und, alles in allem, sind die örtlichen Führer im Lauf von zweitausend Jahren nicht sehr viel besser geworden.

Zunächst einmal waren sie überall. Sie lebten davon, und der Besucher konnte ihnen nicht entgehen, selbst wenn er es wollte. Es gab sie nicht nur in den großen Zentren des Tourismus wie Athen oder Troja, sondern selbst in den kleinen Städtchen, die sich nur einiger weniger Sehenswürdigkeiten von mäßiger Anziehungskraft rühmen konnten. Lukian erzählt in einer seiner satirischen Geschichten von einem Reiseführer seiner Tage, der eine Gruppe unerschrockener Reisender zu einer Fahrt mitnahm, bei der auch ein Besuch der Unterwelt mit inbegriffen war. Als sie in den Bezirk der Läuterung eintraten, gaben die Führer auch die Lebensdaten von jedem einzelnen an und den Grund, weshalb er bestraft wurde. Wir sehen, Dantes Vergil hatte Vorbilder. Ein anderer Satiriker läßt in einem seiner Stücke eine Person auftreten, die folgendes Stoßgebet spricht: »Zeus, schütze mich vor Deinen Fremdenführern in Olympia, und Du, Athena, vor Deinen in Athen!«

Weiterhin teilte der antike Fremdenführer mit seinen modernen Nachfahren die Unfähigkeit einzuhalten, wenn er einmal begonnen hatte. »Die Fremdenführer hielten ihren festgelegten Vortrag bis zum Schluß, ohne sich um unsere Bitten zu kümmern, ihre Ausführungen abzukürzen und die Mehrzahl der Inschriften auszulassen«, so sagt ärgerlich eine der Personen in einer Kurzgeschichte, die Plutarch über eine Gruppe von Besuchern von Delphi geschrieben hat. Als es diesen schließlich gelungen war, ein paar Augenblicke lang ein sie besonders fesselndes Thema, nämlich die Patina einer bestimmten Bronzestatue, miteinander zu diskutieren, da betäubten, kaum daß sie ihre Unterhaltung beendet hatten, die Fremdenführer wieder ihre Ohren.

Nicht nur, daß Fremdenführer niemals aufhörten zu reden, es drehte sich auch um das, worüber sie sprachen. Viele von ihren Informationen waren natürlich nützlich und sogar wesentlich. Sie leiteten einen Touristen durch eine Stätte, bezeichneten Gebäude, Denkmäler und Statuen und gaben dazu den geschichtlichen Hintergrund, erklärten den Gegenstand von Gemälden, beschrieben örtliche Riten und Gebräuche. An einem Ort wie Olympia, wo ein wahrer Wald von Statuen und Weihgeschenken stand, die Ansammlung von Weihegaben, die siegreiche Läufer, Ringer, Springer, Wagenlenker usw. im Verlauf von vielen Jahrhunderten gestiftet hatten oder die zu deren Ehren gestiftet worden waren, war ein Tourist ohne einen Fremdenführer hilflos. Aber nützliche Information allein über das Vorhandene, war nicht ihre Sache. Sie liebten es, über nicht vorhandene Denkmäler ebenso ausführlich zu sprechen. So verbreiteten sie sich in Delphi über die Bratspieße, die eine berühmte Kurtisane einst geweiht hatte, die aber schon vor Urzeiten verschwunden waren. In Syrakus ließen sie sich über die zahlreichen Kunstwerke aus, mit denen sich Verres auf und davon gemacht hatte. Cicero bemerkte in einer Anklagerede gegen den Schurken, daß die Fremdenführer in Syrakus ihren »Vortrag abgeändert hätten; denn so wie sie früher die Sehenswürdigkeiten zeigten, so zeigen sie jetzt die Stellen, wo sie weggenommen worden sind«. Schlimmer noch, sie schmückten gern die Tatsachen, die sie vorbrachten, mit ihrer eigenen Phantasie aus, da sie wußten, daß der durchschnittliche Zuhörer keine Möglichkeit hat, das Gesagte zu überprüfen. »Der Führer«, so sagt ein Redner des 2. Jahrhunderts n. Chr., »zeigt nur schwach erkennbare Spuren und erläutert dazu: dies ist das Brautgemach der Semele, dies das der Harmonia, oder der Leda und derartiges Zeug«. Die Fremdenführer, die Herodot die Pyramiden zeigten, übersetzten ihm, wie schon erwähnt, eine Inschrift, die sie gar nicht lesen konnten; sechs Jahrhunderte später erzählten ihre Nachfolger Aristides, daß sich von den Pyramiden noch ebensoviel unterhalb der Erde befände, wie oberhalb der Erde zu sehen sei. Der Priester, der Touristen den Artemistempel von Ephesos zeigte, riet, wenn er bei seiner Führung zu einer Hekatestatue gekommen war, die Betrachter sollten ihre Augen schützen, weil die strahlende Helligkeit des Marmors so intensiv wäre. Als eine kleine Stadt in Lydien von einem schweren Sturm betroffen wurde, barst ein Hügel, und ungewöhnlich große Knochen, wahrscheinlich von vorzeitlichen Tieren, kamen zutage; die örtlichen Fremdenführer begannen sogleich, sie als die Knochen des Geryoneus, des sagenhaften, von Herakles getöteten, dreileibigen Ungeheuers auszugeben. Pausanias konnte bei seinem Besuch der Versuchung nicht widerstehen, darauf hinzuweisen, daß Geryoneus bei Cadiz, am entgegengesetzten Ende des Mittelmeers gelebt habe und dort gestorben und beerdigt worden sei. In Argos erzählten ihm die Führer, einer der Schätze ihrer Stadt sei das berühmte Bild der Athena, einst Trojas geheiligter Besitz. »Doch weiß jedermann«, bemerkt Pausanias etwas fassungslos dazu, »daß das Palladion von Aeneas nach Italien gebracht worden ist«, und bekümmert fügt er hinzu: »Selbst die Fremdenführer von Argos wissen, daß sie nicht in allem die Wahrheit sagen; und trotzdem sagen sie es«. Ein gut Teil dieser Ausschmückung der Tatsachen war der Leidenschaft der Führer zuzuschreiben, alles mit den heroischen Zeiten der Sagenwelt in Verbindung zu bringen, einer Leidenschaft, die zweifellos durch die Begierde gesteigert wurde, mit der die Zuhörer solche Dinge hören wollten; denn wozu hatten sie die Anstrengungen der Reise auf sich genommen? »Wenn man Griechenland seine Sagen nähme«, lästerte Lukian, »wäre nicht zu verhindern, daß die Fremdenführer dort Hungers stürben, da die Fremden ja nicht einmal ohne Bezahlung die Wahrheit erfahren wollen«.

Wenn der antike Tourist sich seinen Fremdenführer gewählt hatte, dann folgte er gehorsam seiner Führung. Kenntnisreiche Touristen gingen nüchtern an die Aufgabe heran und versuchten hin und wieder, wie die erwähnte Gesellschaft in Delphi, die

Plutarch beschreibt, die Führer zum Schweigen zu bringen oder sie, wie Pausanias, von allzu kühnen Eingebungen ihrer Phantasie abzuhalten. Der Einfältige hingegen folgte dem Führer auf dem Fuß und schlürfte begierig jedes Wort, wie Caius Licinius Mucianus, den Plinius so oft zitiert. Mucianus war Gouverneur von Syrien im Jahre 68 n. Chr. Er verbrachte längere Zeit im Nahen Osten, reiste viel und glaubte, obwohl Politiker und Militär von hohem Rang, offenbar alles, was man ihm sagte. Von ihm erfuhr Plinius die Geschichte von dem Brunnen in einem Dionysostempel, aus dem Wein sprudeln konnte, von einem Tempel in Lykien, in dem ein von einem Helden des Trojanischen Kriegs geschriebener Brief aufbewahrt wurde, von Leuten auf dem Tmolos-Gebirge in Lydien, die hundertfünfzig Jahre alt wurden, und die Geschichte von einem Elefanten, der die griechische Schrift erlernt habe und sie nicht nur lesen, sondern sogar schreiben konnte: »Ich habe dies selbst geschrieben und die keltische Kriegsbeute geweiht.«

Die meisten Touristen waren weder besonders kenntnisreich noch besonders einfältig, sondern gingen herum und wurden von dem, was sie sahen, gebührend beeindruckt. Der deutlichste Beweis, den wir dafür haben, ist der bereits früher erwähnte Mimijambus des Herodas. In ihm kommen Personen vor, die unmittelbar aus dem Touristenleben genommen sind: Kokkale, die zu den Frauen gehört, die begeistert über alles losreden, was man ihnen zeigt; Kynno, ihre Freundin, ernsthaft und so kenntnisreich, daß sie in der Lage ist, die Führung zu übernehmen, sowie deren Dienerin Kydilla und ein salbungsvoller Tempelaufseher. Die beiden Damen gehen, um bei dem wohlbekannten Tempel des Asklepios auf der Insel Kos, dem Sitz der berühmten, von Hippokrates, dem Vater der Medizin, gegründeten Schule, ein Opfer darzubringen. Der Tempel war zugleich ein Museum von beträchtlicher Berühmtheit, denn einige der Wände trugen Wandmalereien von Apelles, dem nach dem Zeugnis der Zeitgenossen vielleicht größten Maler des Altertums; unter den Weihegaben, die überall herumstanden, befanden sich einige berühmte Skulpturen. Eine von ihnen war der mit der Gans kämpfende Knabe des Boëthos, ein so beliebtes Werk, daß von ihm unzählige Kopien angefertigt wurden, von denen nicht weniger als vier bis auf den heutigen Tag erhalten sind. Während sie auf den Tempelaufseher warteten, der berichten sollte, wie der Gott ihr Opfer aufgenommen habe, – es war nur ein Hahn, mehr konnten sich die armen Damen nicht leisten –, beschlossen sie, sich die Sammlung anzusehen. Die leicht zu beeindruckende Kokkale beginnt sofort loszureden:

KOKKALE. Ah, liebe Kynno, die schönen
Bildwerke! Welcher Meister hat denn dies Steinbild
Geschaffen, wer ließ es als Stifter aufstellen?
KYNNO. Die Söhne des Praxiteles; siehst dort du an
Dem Sockel nicht die Inschrift? Prexons Sohn Euthias
Hat dieses Werk gestiftet.

KOKKALE. Huldvoll sei ihnen
Wie Euthias für so schöne Werke Gott Paian!
Sieh, Liebe, hier das Mädchen, wie's hinaufguckt nach
Dem Apfel! Muß man da nicht sagen: »Die muß, wenn
Sie nicht den Apfel kriegt, vor Sehnsucht gleich sterben?«
Und, Kynno, dort der Alte! und die Fuchsgans! Bei
Den Moiren, wie der kleine Junge die anpackt!
Ständ's vor uns nicht als Stein, »Das Werk wird gleich«, dächte
Man, »sprechen!« – Ach, bald sind die Menschen so weit, daß
Selbst in die Steine Leben sie hineinlegen!
Siehst du nicht Myttes Tochter, Battale, Kynno,
So wie sie geht und steht, als Standbild hier vor dir?
Wenn einer nicht sie selbst, die Battale, sah und
Dies Bild sieht, braucht die echte selber er nicht mehr!

KYNNO. Komm, Liebe, mit, dann zeige ich dir was Schönes,
So schön, wie du's in deinem Leben nie schautest.
(Zur Dienerin)
Kydilla, geh und ruf den Tempelaufseher!
Mit *dir* sprech ich, die, gaffend rings, den Mund aufreißt!
(Zu Kokkale.)
Glaubst du, die kümmern meine Worte *so viel* nur?
Da steht sie, starrt mich an wie'n Krebs, mit Stielaugen.
Geh, sag ich, ruf den Tempelwart hierher nun, du
Vielfraß! Kein Ort, ob heilig oder nicht, lobt dich
Als tüchtig; überall bist du zu nichts nütze!
Als Zeugen ruf, Kydilla, ich den Gott an, wie
Du, ob ich's gleich nicht will, mir glühnden Zorn anfachst;
Als Zeugen ruf ich ihn: Einst kommt der Tag, wo du
Den Kopf und Scheitel dir vor Schuld und Angst kratzest!

KOKKALE. Nimm doch nicht alles gleich zu Herzen dir, Kynno;
'ne Sklavin ist sie, Sklavenohren schließt Faulheit.

KYNNO. Doch es ist Tag, und der Besucher Schar drängt sich.
He du, bleib da! Die Türe ist bereits offen
Und auf die Halle.
(Sie gehen hinein.)

KOKKALE. Sieh doch, liebe Kynno, was
Für Bilder! Als hätt' eine neue Athene
Dies Schöne hier geschaffen. – Sei gegrüßt, Herrin!
Der nackte Junge! Kriegt der, wenn ich ihn kneife,
Nicht blaue Flecke, Kynno? Liegt am Leib warm ihm
Das Fleisch doch, warm, lebendig zuckend, hier auf dem
Gemälde. Wenn die Silberzange Myellos
Und Pataikiskos, Lamprions Sohn, erblickt', sehn die
Sich danach nicht die Augen aus dem Kopf? Glauben
Sie doch, echt sei, aus Silber sie gearbeitet.
Der Ochs und der ihn führt, die Frau, die mitgeht, der
Krummnas'ge da und der mit borst'gem Haar – haben
Die nicht taghelles Leben all im Blick? Glaubte
Ich nicht, zu weit als Frau damit zu gehn, schrie ich
Vor Angst, der Ochse könnte mir ein Leid antun;
So blickt er schräg mit einem Auge her, Kynni.
KYNNO. Wahr, Liebe, sind die Hände des Apelles, des
Ephesiers, in jedem Strich; von ihm heißt's nicht:
»Eins faßt' er mit dem Blick, doch andres blieb fern ihm«.
Nein, kam's zu Sinn ihm, wagte er Berührung – selbst
Mit Göttern. Wer nicht vor dem Mann, den Kunstwerken,
Wie's recht ist, in Entzückung kommt, soll kopfunter
Zum Kratzen hängen in dem Haus des Wollkrämplers!

Es war etwas leichter, die Sammlung eines antiken Tempels zu besichtigen als etwa eine von Kunstwerken angefüllte Kirche, da viele der Schätze im Freien, in vollem Sonnenlicht standen. Kriegstrophäen waren oft an Architraven oder Friesen aufgehängt. Marmor- oder Bronzestatuen stellte man in den Eingangshallen des Tempels, vorn oder rückwärtig, oder zwischen den Säulen der Langseiten auf. Auch konnten sie an verschiedenen Stellen auf dem Gelände des Heiligtums Platz finden; zwei beliebte Lösungen waren, sie in Säulenhallen oder in Nischen der Umfassungsmauer aufzustellen. Gegenstände aus Gold oder Silber oder solche, die nicht wetterfest waren wie Statuen aus Holz oder Goldelfenbein, befanden sich im allgemeinen in geschlossenen Räumen. Wollte man sie sehen, hatte man das Problem, das die Touristen in allen Jahrhunderten geplagt hat, nämlich, die Öffnungszeiten zu kennen oder jemanden zu finden, der die Türen aufschloß. In dem Mimijambus des Herondas begannen Kokkale und Kynno mit den Skulpturen, die ringsum im Heiligtum gestanden haben müssen, aber für die Besichtigung der im Innern befindlichen Gemälde mußten sie warten, bis der Tempelaufseher öffnete. Das Meisterwerk des Praxiteles, die Aphrodite von Knidos, stand in einem besonderen Bauwerk, das es den Besuchern ermöglichte, die Statue von allen Seiten zu sehen; um sie aber von der Rückseite betrachten zu können, mußten sie durch einen rückwärtigen Eingang gehen, und dazu mußte man eine Frau finden, die den Schlüssel hatte. Ohne Frage mußten Tempel verschlossen gehalten werden, denn sie wurden in der Spätantike ebenso skrupellos bestohlen wie heutzutage die Kirchen. In Rom machten sich Diebe mit einem im Tempel des Jupiter auf dem Kapitol aufbewahrten Goldschatz, mit dem im Tempel des Rächenden Mars deponierten Schwert Caesars, ja sogar mit dem Helm der Statue des Mars dortselbst auf und davon. Zeitweise nahm das Stehlen so überhand, daß die römischen Behörden die Aufseher von Tempeln mit besonders wertvollen Stücken mit ihrem Leben für diese verantwortlich machten.

Was einen Ort für einen Touristen anziehend macht, sind die Kunstwerke, historischen Gebäude oder Denkmäler, die es dort zu sehen gibt. Aber selbst der größte Liebhaber von Kunst und Altertum kann nach stundenlangen Besichtigungen in der Sommerhitze des Mittelmeerraumes müde werden. Und so hatte man im Altertum ebenso wie heute, Sondervorführungen anzubieten, die für einen fußmüden Fremden eine willkommene Abwechslung darstellten, insbesondere wenn andere sich mühten, wenn er rasten konnte. Ein Höhepunkt der Pyramidentour war es zum Beispiel damals zu beobachten, wie Männer von dem nahegelegenen Dorf Busiris – die das zu ihrer Spezialität gemacht hatten – bis zur Spitze der Pyramide hinaufkletterten. In den Zeiten, als die Außenhülle der Pyramide noch intakt und glatt geschliffen war wie eine Marmorplatte, eine Glanzleistung an Behendigkeit. Weiter nilaufwärts gab es die heiligen Krokodile zu sehen. Die Priester hatten ihnen beigebracht, auf Anruf zu kommen und auf Befehl ihre Rachen zu öffnen, sich die Zähne putzen und mit Tüchern trocknen zu lassen. In Arsinoë, wo das berühmte Krokodil lebte, das die Inkarnation des Gottes Suchus war, konnte ein Tourist eine noch eindrucksvollere Darbietung erleben. Wenn er mit einem passenden Speiseopfer für den Gott zum Tempel kam – einer Art Pastete, gebratenem Fleisch und einem Krug mit honiggesüßtem Wein –, konnte er zusehen, wie der Priester das Tier rief, seinen Rachen öffnete, Pastete und Fleisch hineinstopfte und mit dem Wein hinunterspülte. Suchus muß ungewöhnlich guten Appetit gehabt haben, denn wenn ein zweiter Tourist kam, um ein Opfer darzubringen, dann wiederholte der Priester sofort die ganze Prozedur. Bei Syene (Aswan) am ersten Katarakt hatten Bootsmänner ein besonderes Kunststück eingeübt: sie fuhren stromaufwärts zu einem Punkt oberhalb des Katarakts, drehten dann, ließen ihr Boot vom Strom treiben und schossen damit dann durch die Stromschnellen; dies taten sie allerdings nur zur Unterhaltung von besonders honorigen Besuchern.

Die berühmteste von allen Darbietungen, die Touristen aus allen Teilen der Alten Welt herbeizog, war nicht Menschenwerk, sondern ein Werk der Natur. Bei Theben in Ägypten, nicht weit vom Tal der Könige entfernt, stehen zwei Kolossalstatuen, auf Thronen sitzende Figuren. Sie sind über 20 m hoch, die Füße allein sind beinahe drei Meter lang. Es war aber nicht ihre Größe, die die Menschen anzog, sondern die Tatsache, daß einer von den beiden ›tönte‹.

Wir wissen heute, daß diese einst tönende Statue Amenophis III. darstellt, der um 1400 v. Chr. regierte und einer der größten Herrscher Ägyptens war. Die Menschen der Kaiserzeit indessen waren überzeugt, daß dies der sagenhafte Memnon, der Sohn der Eos, der Göttin der Morgenröte sei, der in der ›Ilias‹ besungen wird. Nach Homer war er der junge König der Äthiopier, der durch die Hand des Achill in der Blüte seiner Jugend starb, als er den belagerten Trojanern zu Hilfe eilte. Irgendwann zerbrach diese Statue, und das Oberteil fiel zur Erde. Von diesem Augenblick an tönte der stehengebliebene Teil. Bei Tagesanbruch, zur Zeit der Morgenröte, erklangen Töne, vergleichbar etwa dem Zerspringen der Saite eines Musikinstruments. Die

Römer, die sich als Nachkommen der Trojaner fühlten, waren gerührt: hier klagte der junge Memnon seiner Mutter, der Morgenröte, sein Leid.

Der erste, der darüber berichtet, ist der gelehrte Geograph Strabo, der im letzten Jahrzehnt des 1. Jahrhunderts n. Chr. schrieb, nicht allzulange nachdem das Phänomen beobachtet worden war. Er erwähnt, daß die obere Hälfte des Kolosses, möglicherweise durch ein Erdbeben verursacht, herabgestürzt sei, und fährt dann fort: »Man glaubt, daß einmal an jedem Tag Töne wie von einem nicht sehr starken Schlag von dem Rest der auf dem Thron und der Basis vorhandenen Figur ausgehe; auch ich war an dem Ort mit Aelius Gallus (dem Gouverneur von Ägypten) und den zahlreichen ihn begleitenden Freunden und Soldaten zur ersten Morgenstunde und hörte die Töne; ob sie aber von der Basis oder vom Koloß ausgingen oder ob einer von denen, die rund um die Basis saßen, sie absichtlich hervorgebracht hat, das kann ich nicht sicher sagen; bei der Unklarheit der Ursache möchte man alles andere eher glauben, als daß der Ton von den Steinen selbst ausgeht.« Als Pausanias um die Mitte des 2. Jahrhunderts n. Chr. seinen Führer durch Griechenland verfaßte, klagte Memnon immer noch. Auch Pausanias ist zurückhaltend. »Am meisten erstaunte mich der Koloß der Ägypter. Bei dem ägyptischen Theben... gibt es eine sitzende Figur, die tönt; die meisten nennen sie Memnon... aber die Thebaner behaupten, es sei nicht Memnon, sondern Phamenoph [wahrscheinlich ein verstümmeltes Amenophis]. Ich hörte auch Leute, die behaupteten, es sei Sesostris, ein halbsagenhafter Pharao... jeden Tag bei Sonnenaufgang gibt sie einen Ruf von sich, den Klang könnte man am ehesten mit dem einer zerspringenden Kithara- oder Lyrasaite vergleichen.« Strabos wissenschaftliche Zweifel und die vorsichtige Haltung des Pausanias waren Stimmen von Predigern in der Wüste. Für alle, die dorthin pilgerten, war die Statue Memnon, der mit seiner Mutter Zwiesprache hielt. Und sie pilgerten weiter dorthin bis zum Beginn des 3. Jahrhunderts n. Chr., als Kaiser Septimius Severus das herabgestürzte Stück des Kolosses wieder an seine Stelle setzen ließ, und möglicherweise hat dies die Statue verstummen lassen.

Man hat die Vermutung ausgesprochen, daß der Klang durch das schnelle Ansteigen der Temperatur dort bei Sonnenaufgang verursacht wurde. Der Temperaturanstieg erhitzte die in Höhlungen des gebrochenen Steins eingeschlossene Luft und dehnte sie aus, beim Entweichen erzeugte sie einen Klang. Dies würde erklären, warum nach der Wiederherstellung die Töne jäh verstummten. Da Memnon, solange er über seine Stimme verfügte, täglich eine Vielzahl von Besuchern anzog, konnte er viele Zeugen für seine ungewöhnlichen Fähigkeiten beibringen. Über hundert ›Verewigungen‹ durch Besucher bedecken seine Beine und die Basis. Zeitlich lassen sie sich, etwa ein Drittel von ihnen ist datiert, von der Regierungszeit des Tiberius (14-38 n. Chr.) bis zum Jahr 205 n. Chr. einordnen. Die meisten von ihnen sind nicht zufällige Kritzeleien, sondern regelrechte, sorgfältig eingeschnittene Inschriften; sie wurden wahrscheinlich von berufsmäßigen Steinmetzen hergestellt, die in der Nähe gemietet werden konnten. Offensichtlich war es nur der Elite gestattet, diese fein eingeschnittenen Andenken zu hinterlassen. An der Spitze der Standespersonen, die dies taten, steht Sabina, die Frau des Kaisers Hadrian. Sie begleitete ihren Gatten im Jahr 130 n. Chr. auf einer Reise zu dem berühmten Denkmal und bezeugt, daß sie »in der ersten Stunde [d. h. nach Sonnenaufgang] zweimal Memnon gehört habe«. Noch vor dem Besuch Hadrians hatte das Wunder hohe Beamte, unter ihnen nicht weniger als fünf Gouverneure von Ägypten, sowie zahlreiche Offiziere angezogen, die vermutlich zu den in der Nachbarschaft stationierten Einheiten oder zu durchmarschierenden Truppen gehörten. Im Lauf der Jahre wuchs seine Anziehungskraft unter Intellektuellen und Beamten und erreichte mit dem Besuch des Kaisers einen Höhepunkt. Während Hadrian regierte, empfand es die römische Beamtenschaft beinahe als eine Ehrenpflicht, dorthin zu gehen und sich durch eine Inschrift zu verewigen. Unter den Graffiti seiner Regierungszeit stammen drei von Gouverneuren Ägyptens, drei von Distriktgouverneuren, einzelne von weniger hohen Beamten, eines von einem Richter und mindestens drei von Besuchern, die sich als Dichter bezeichnen. Nach Hadrian verringert sich die Zahl der Inschriften deutlich. Damals wurde auch, nachdem schon über hundert Inschriften angebracht worden waren, der Platz dafür knapp. Die letzte datierte Inschrift stammt aus dem Jahre 205 n. Chr. Die von Septimius Severus veranlaßte Wiederherstellung wurde vermutlich im Jahr darauf durchgeführt.

Die von Besuchern aus fast zweihundert Jahren hinterlassenen Inschriften machen deutlich, wie dünn die Skeptiker gesät und wie dicht die Reihen der wirklich Gläubigen zu allen Zeiten waren. Denn wer seinen Namen einschrieb, wollte nicht nur bezeugen, daß er dagewesen war, sondern auch, daß er an das Wunder glaubte. Beamte fassen sich dabei kurz; man hat den Eindruck, daß sie das, was sie zu sagen haben, in der Sprache zum Ausdruck bringen, die sie auch sonst in ihren offiziellen Berichten verwenden: »Ich, Lucius Funisulanus Charisius, Bürgermeister von Hermonthis und Latopolis (zwei nahegelegenen Dörfern), hörte Memnon zweimal vor der ersten Stunde und in der ersten Stunde, zusammen mit meiner Frau Fulvia. 8 Thoth, 7. Jahr des Hadrian, unseres Herrn [5. September 122 n. Chr.]«. Die Intellektuellen, die dorthin strömten, Dichter und Dichterinnen, überhaupt die literarisch Gebildeten fanden Prosa zu dürftig, um ihre Gefühle auszudrücken. Sie verwendeten Verse, gewöhnlich archaische Verse im Stil Homers – war Memnon nicht schließlich eine Gestalt der trojanischen Sage?

Einer der römischen Gouverneure von Ägypten, offenbar ein kultivierter Mann, verbindet den bürokratischen und den poetischen Stil. »Am Tag vor den Iden des März«, schreibt er in prägnantem Latein, »im 16. Konsulatsjahr von Kaiser Domitian Caesar Augustus Germanicus [14. März 92 n. Chr.], hörte Titus Petronius Secundus, Gouverneur von Ägypten, Memnon in der ersten Stunde und ehrte ihn mit den hierunter eingeschriebenen griechischen Versen:

> Von den feurigen Strahlen Apollos getroffen ging, Memnon,
> aus Deinem Bruchstück, das hier sitzet, ein Tönen hervor.«

Ein anderer Beamter, der als »Dichter und Procurator« unterschreibt, hat wohl die poetischsten Zeilen hinterlassen; sie zeigen, wie sehr sich die Römer als Nachfahren der Trojaner sahen:

> Meeresbewohnerin Thetis, es lebt und erhebt seine Stimme
> Memnon, wenn ihn erwärmt mütterlich feuriger Schein
> Unter den libyschen Hügeln Ägyptens, von denen der Nilstrom
> Theben – er fließt dort vorbei – trennt, die schöntorige Stadt.
> Aber Achill vernimmt niemand, den unersättlichen Krieger,
> heute im troischen Land, auch in Thessalien nicht.

Die Mehrzahl der Verseschmiede erhebt sich jedoch selten über das Niveau von Beckmessern in homerischem Stil. Hier folgen als Beispiel die von einem gewissen Falernus abgefaßten Zeilen. Er nennt sich Professor und Dichter und hat keine geringe Meinung von seinem Talent:

> Memnon kann wie ein Redner sprechen, doch kann er auch schweigen,
> Kennt er der Stimme Kraft, kennt er die Kraft auch der Ruh'.
> Denn sieht er Eos, die Mutter mit safranfarbigem Peplos,
> tönet süßer er noch, als es Geplauder vermag.
> Dies hat Falernus geschrieben, ein Dichter und Lehrer der Weisheit,
> Würdig der Musen ist's und der Chariten zugleich.

Und Paeon aus Side in Kleinasien, der Dichter vom Dienst bei Mettius Rufus, dem Gouverneur von Ägypten von 89 bis 91 n. Chr. ist kaum besser:

> Auch wenn Deine Gestalt der Lästerer Hände verletzten,
> Klingt Deine Stimme doch schön, so wie es selber gehört
> ich, Mettios Memnon! Der Verfasser ist Paeon von Side.

Von den einundsechzig griechischen Graffiti sind nicht weniger als fünfunddreißig in Versen abgefaßt, von den fünfundvierzig lateinischen sind es nur vier, wir dürfen aber auch nicht vergessen, daß Homers Sprache griechisch war. Wenn die Prosainschriften auch nicht immer so dürftig waren wie die oben zitierten ›Offiziellen‹, so gaben sie doch selten mehr als eine kurze Anspielung auf die Art des Erlebnisses. So schreibt ein gewisser Artemidoros, ein Stadtsekretär, der mit seiner Familie einen Besuch abstattete: »Ich hörte zusammen mit meiner Frau Arsinoë und meinen Kindern Ptolemaios und Ailourion, der auch Quadratus genannt wird, den wunderbaren Memnon, 11 Choiak, 15. Jahr von Hadrian Caesar, unserem Herrn (7. Dezember 130 n. Chr.)«.

Der Drang, durch hinterlassene Inschriften sich zu ›verewigen‹,

AUF DER REISE

46 Hermes, der Gott der Wege und Straßen,
Mitte 4. Jahrhundert v. Chr.

47 Wanderer auf der Rast, Wein und Musik lassen alle Mühsal vergessen. Am Fußende der Wanderstab, unter dem Tisch die Stulpenstiefel, um 480 v. Chr.

48 Schnabelschuhe ionischer Machart, 6. Jahrhundert v. Chr.

49 Griechische Sandalen mit netzartigem Riemengeflecht (polyelikta), um 440 v. Chr.

50 Etruskische Schnürschuhe, um 520 v. Chr.

51 Oidipus vor der Sphinx. Er trägt die typische Reisekleidung der klassischen Zeit: breitrandigen Hut (petasos) und kurzen Umhang (chlamys), Knotenstock und hochgeriemte Sandalen (krepis). Um 470 v. Chr.

52 Römische Familie auf der Reise. Das Kind trägt einen birrus, d. h. einen Mantel mit Kapuze (cucullus). 1. Hälfte 3. Jahrhundert

53 Jäger opfert am Altar der Diana, um 300 n. Chr. Er ist bekleidet mit einer tunica manicata mit orbicoli, d. h. mit einer Tunika mit Ärmeln und aufgesetzten runden Borten; er trägt hohe Reitstiefel (zanca)

54 Die Königstochter Europa im Damensitz auf dem Stier bei ihrem Ritt über das Meer nach Kreta, um 550 v. Chr.

55 Kameltreiber, assyrisch, 841 v. Chr. Obschon früh bekannt, fanden Kamel und Dromedar als Reit- und Lasttiere in den Hochkulturen der Alten Welt erst im 1. Jahrtausend v. Chr. Verwendung

56 Kretische Bäuerin im Damensitz auf einem Esel.
Im Damensitz auf einem Maultier oder Esel zu reiten, war in vorchristlicher Zeit die bevorzugte Art des Reitens, auch für Könige und Götter

57 Einritt des Hephaistos in den Olymp, um 570 v. Chr.

58 Griechischer Reiter mit petasos und chlamys über dem chiton, an den Füßen geschnürte Fellstiefel. Er reitet ohne Sattel, Decke oder Steigbügel, nur mit Zaumzeug und Kandare, um 510 v. Chr.

59 Pferdekopf mit Zaumzeug und Kandare. Zweites Viertel des 5. Jahrhunderts v. Chr.

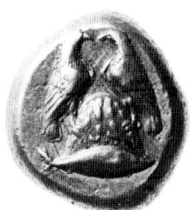

60 Reiter mit voll gesatteltem Pferd, aus der T'ang-Zeit (7.–10. Jh. n. Chr.)

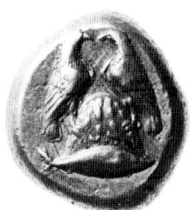  

61 Übernational anerkannte Zahlungsmittel des 5. Jahrhunderts v. Chr.: Stater von Kyzikos aus Elektron mit zwei goldenen Adlern; athenische Zehn-Drachmen-Münze aus Silber mit Eule, Olivenzweig und den Anfangsbuchstaben Athens; persische Goldmünze (Dareikos)

62 Begrüßung eines assyrischen Königs, 9. Jahrhundert v. Chr.

63 Besuch einer popina in einem römischen Hafen, 3. Jahrhundert n. Chr.
Links sieht man das Schiff, den Hafen und den Leuchtturm, rechts
die Schenke mit dem Mädchen, das den Seeleuten zu trinken bringt

64 Begrüßung eines Reisenden in einem alpenländischen Landgasthaus,
viertes Jahrhundert n. Chr. Rechts der Wagen (birota), mit dem er gekommen ist,
der Wagenlenker (cursor) im Gespräch mit dem Personal

65 Fußwaschung eines griechischen Wanderers, um 440 v. Chr.

66 Rast eines Wanderers bei einer Wahrsagerin, 1. Jahrhundert n. Chr. Die vornehmen Leute wallfahrteten zu den berühmten Orakelstätten, die einfachen holten sich Rat bei den zahlreichen Wahrsagern, vor allem auf Reisen, die gefahrvoll waren

67 Mahl eines assyrischen Herrschers in einem Garten, 7. Jahrhundert v. Chr. Der Mann liegt, die Frau sitzt auf einem Stuhl. Diese orientalische Sitte haben die vornehmen Griechen und Römer übernommen. Die Speisen waren so zerkleinert, daß man ohne Messer auskam und in der Regel die Finger als Eßwerkzeuge genügten, doch wurden auch gelegentlich Löffel benützt; Gabeln waren noch in spätrömischer Zeit selten. In den einfachen Tavernen dagegen, aß man im Stehen oder auf Stühlen sitzend an der Theke oder an Tischen, wie heute auch

68 Griechen beim Gastmahl, um 590 v. Chr.

69 Junge Leute auf einem triclinium beim Festmahl in einem Garten. Erstes Jahrhundert n. Chr.

70 Römische Familie beim Mahl, 1. Jahrhundert v. Chr.

71 Brotverkäufer auf einer Straße in Pompeji.
Erstes Jahrhundert n. Chr. Der Stand ist aus Holz, die runden Brote,
die Kerben zum Abbrechen besitzen, liegen übereinander;
links ein geflochtener Korb, vielleicht mit kleinerem Gebäck

72 Thermopolium in Herculanum, 1. Jahrhundert n. Chr. Der Schanktisch
war marmorverkleidet und besaß Einlassungen aus gebranntem Ton. Rechts das
dreifache Abstellregal, in der Vitrine Gefäße, die man hier beim Ausgraben fand

73 Römische Luxusvilla am Meer, 1. Jahrhundert n. Chr.

74 Krankenheilung im Amphiaraion. Um 380 v. Chr.

75 Römische Stadt der Kaiserzeit

76
Das Nordtor
der etruskischen
Stadtmauer von Perugia.
3.–2. Jahrhundert v. Chr.

läßt sich, wie wir schon im ersten Kapitel sahen, mindestens viertausend Jahre, bis zur Elften Dynastie Ägyptens um 2000 v. Chr. zurückverfolgen. Henu, ein hoher Beamter unter Pharao Mentuhotep III. war mit einer Expedition in das südliche Rote Meer betraut worden; als er auf seinem Rückweg durch die Talenge kam, die von dort zum Nil führt, das Wadi Hammamat, meißelte er in dessen Felswände seinen Namen und seine Leistungen ein. 591 v. Chr. entsandte der Pharao eine Expedition ägyptischer Truppen, die mit einer Fremdenlegion griechischer Söldner verstärkt worden war, tief in den Sudan. Als dies Heer stromaufwärts zog, kam es auch an dem großartigen Tempel Ramses' II. bei Abu Simbel mit seinen vier kolossalen Sitzfiguren neben dem Eingang vorbei. Es handelt sich um jenen Tempel, der kürzlich von seinem alten Standort an eine höhere Felskuppe gebracht wurde, um zu vermeiden, daß er unter den Fluten des Assuan-Staudamms verschwindet. An den Beinen der Statuen kratzten die Befehlshaber und einige der Soldaten beispielsweise folgendes ein: »Als Pharao Psammetichos nach Elephantine [nahe dem ersten Katarakt] kam, wurde dies von denen geschrieben, die in der von Psammetichos, Sohn des Theokles befehligten Flottille segelten... Potasimto war Kommandeur der Fremdenlegion, Amasis befehligte die Ägypter. Diese Mitteilung wurde von Archon, Sohn des Amoibichos und Pelekos, Sohn des Eudamos aufgeschrieben«. Andere, vermutlich gewöhnliche Soldaten, schrieben einfach ihre Namen hin. »Telephos von Jalysos [einer Stadt auf Rhodos] schrieb dies«, so sagt eine Inschrift. Etwa vierhundert Jahre später setzten Truppen, die von einem der Ptolemäerkönige entsandt worden waren, noch weitere Namenszüge hinzu, darunter den des »Krateros, Sohn des Leukaros, Elefantenjäger«. Elefanten waren die Tanks der Heere der Ptolemäer, und es wurden regelmäßig Expeditionen nach Afrika entsandt, um sie zu fangen. Wir finden an der Wand eines Tempels in Abydos ein Graffito, das von »den Soldaten der Elefantenjagd« spricht; es wurde zweifellos hingekritzelt, als die Leute hier auf einem Streifzug oder auf dem Rückweg vorbeikamen. Die Namen am Tempel von Abu Simbel reichen bis in die Gegenwart; auch Ferdinand de

Lesseps, der Erbauer des Suez-Kanals, hat den seinen hinterlassen.

Die meisten Einritzungen aber finden sich in den Gräbern der Pharaonen im Tal der Könige. Schon lange vor den Zeiten der Griechen und Römer waren diese von Grabräubern aufgebrochen, ihrer Reichtümer beraubt und offen gelassen worden. Ende des 1. Jahrhunderts v. Chr. waren mindestens vierzig bekannt, und in zehn von ihnen haben Besucher aus sechs Jahrhunderten ihre Spuren hinterlassen.

Die frühesten Graffiti gehen vielleicht in das 3. Jahrhundert v. Chr. zurück, aber nicht viele sind so alt. Der große Touristenstrom setzte erst im 1. Jahrhundert n. Chr. ein und erreichte seinen Höhepunkt im 2., in den glücklichen Jahren der Pax Romana. Die Besucher kamen dann ständig weiter, bis die arabische Eroberung Ägyptens schließlich allen Besuchen ein Ende setzte. Wir finden in den Königsgräbern, im Unterschied zu den sorgfältig eingegrabenen und oft langen Aufzeichnungen am Memnon-Sockel die kurzen, eiligen Notizen, die für Graffiti typisch sind. Die Gräber haben alle die Form einer langen Folge von aus dem Fels gehauenen Korridoren und Kammern. Die Griechen nannten sie *syringes*, ›Pfeifen‹, weil sie pfeifenartigen Galerien glichen. In der Praxis bedeutete dies, daß man bei wenig oder keinem natürlichen Licht schreiben mußte, was nicht gerade zu langen oder sorgfältigen Kompositionen ermunterte. Die meisten Graffiti finden sich daher auch dicht beieinander in der Nähe der Eingänge, in die die Sonne schien, aber es gibt auch nicht wenige tief im Innern, und diese können nur bei Fackelschein hergestellt worden sein.

Es gibt über 2100 Inschriften in den Gräbern. Sie können uns natürlich viel mehr über die Art und die Gewohnheiten der Reisenden des Altertums sagen, als die etwas über hundert ausgewählten von Memnon. Sie zeigen uns, daß Touristen genau wie heute gern in Gesellschaft reisten. Familien fuhren zusammen in Ferien, wie wir an den vielen Beispielen sehen, bei denen Väter nicht nur für sich, sondern auch für Frau und Kinder zeichneten. Dann reisten, genau wie heute, Menschen mit gleichen Interessen zusammen. So gibt es zum Beispiel Graffiti von einer Reisegruppe von Neuplatonikern, die den Gräbern einen Besuch abstatteten. Offiziere kamen mit ihrem Gefolge; ein gewisser Tatianus, Gouverneur des Distrikts von Theben, hinterließ an drei verschiedenen Stellen seine Signatur, und in nächster Nähe finden sich diejenigen von mindestens zwei Sekretären, zwei Assistenten und einem Freund. Viele Graffiti erwähnen auch die Heimatstadt des Besuchers, und daraus kann man ersehen, daß der Ruhm dieser Königsgräber weltweit war. Vertreten sind die größeren Städte Griechenlands, alle wichtigen Inseln der Ägäis und des östlichen Mittelmeers, viele Teile Kleinasiens, die Levante, Italien und Sizilien; ein Besucher kam sogar von Persien, zwei von Marseille. Wir dürfen annehmen, daß diese Touristen, damals wie heute, großenteils zur sozialen Oberschicht gehörten, zu den Menschen, die Zeit und Geld für Reisen hatten. Keine Person königlichen Geblüts machte sich jemals die Mühe, die Gräber im Tal der Könige zu sehen, dafür aber mindestens sechs Gouverneure von Ägypten, einige Distriktgouverneure und die überall anzutreffenden Armeeoffiziere. Für Intellektuelle scheinen die *syringes* sogar noch mehr Anziehungskraft besessen zu haben als Memnon; wir finden die ›Visitenkarten‹ von Richtern, Rechtsanwälten, Dichtern, Schriftstellern, öffentlichen Rednern, Professoren, Ärzten – von diesen nicht weniger als achtundzwanzig – und Philosophen verschiedener Richtungen, einem Aristoteliker, mehreren Kynikern und die soeben genannte Gruppe von Neuplatonikern. Für diese letzteren gab es einen besonderen Grund. Einer von ihnen, ein Anwalt namens Burichios von Askalon an der Küste von Palästina, nennt ihn; er sagt sehr präzis, daß »er seinen Besuch wegen Platon machte«. Es war eine bei den Griechen fest verankerte Vorstellung, daß Ägypten eine Quelle alter Weisheit sei, und man glaubte auch, wie schon erwähnt, daß Platon lange Jahre dort verbrachte. Darüber hinaus ist eine der berühmtesten Stellen in Platons ›Staat‹ das Höhlengleichnis, und es wäre möglich, daß Leute wie Burichios dachten, Platon wäre durch die Kenntnis der Gräber zu seinem Höhlengleichnis angeregt worden. Wenn auch eine große Zahl Intellektueller verzeichnet ist, so findet sich doch kein einziger Fabrikant oder Kaufmann. Das ist gar nicht so verwunderlich wie es scheint, denn man rühmte sich im Altertum selten, ein Geschäftsmann zu sein, das überließ man Figuren wie Trimalchos. Von den Hunderten, die ihre Namen ohne Angabe eines Berufs hinterließen, waren gewiß auch einige Kaufleute, bestimmt jene beiden, die vom fernen Marseille kamen, das in regem Handelsaustausch mit Ägypten stand. Die übrigen vertreten zweifellos die soziale Mittelschicht, Leute, die in nicht allzu weiter Entfernung lebten.

Einige der Graffiti sind präzis datiert, sogar mit Monat und Tag, woraus man erfährt, daß die ›Touristensaison‹ in Ägypten die gleiche war wie heute, von November bis April, wenn das Wetter relativ kühl ist; nur wenige Ortsansässige trotzten der sommerlichen Sonne. Die Besichtigungstour begann anscheinend mit einem Gang zu Memnon vor Sonnenaufgang. Er war die wichtigste Sehenswürdigkeit und, da er in den ebenen Feldern längs des Ufers stand, leicht zu erreichen. Nachdem er mit seiner wunderbaren Stimme die Morgenröte begrüßt hatte, wurden die Reihen der Besucher lichter. Nur diejenigen, die durch den Ruhm der *syringes* genügend gereizt wurden, um die damit verbundene Kletterei in Kauf zu nehmen, folgten den Führern in das nahe Tal der Könige. Artemidoros zum Beispiel, der Stadtsekretär, der auf dem Sockel des Memnon für seine Frau und seine zwei Söhne signierte, erwähnt in den Gräbern nur seine Frau; es ist sehr gut möglich, daß er seinen Kindern den anstrengenden Spaziergang ersparen wollte und sie deshalb mit einem Diener zurückließ. Die Führer brachten alle Besucher zu der Hauptattraktion, dem Grab Ramses' VI. Nicht, daß es so viel eindrucksvoller gewesen wäre als die übrigen, es verdankte seine Beliebtheit nur dem weitverbreiteten Glauben, daß es das Grab des Memnon sei. Von den über zweitausend Graffiti in diesen Gräbern befinden sich beinahe die Hälfte hier. Viele Besucher sahen auch das Grab Ramses' IV., das bequem, nahe dem Eingang zu dem königlichen Friedhof liegt. Hier sind etwa ein Drittel der Graffiti, darunter viele von Christen; aus irgendeinem Grund scheint der Ort in späteren Jahrhunderten ein christliches Kultzentrum gewesen zu sein. Die Gräber von Ramses X. und Merneptah folgen als nächste mit 132 beziehungsweise 121

Graffiti. Sechs weitere Gräber haben jeweils etwas über sechzig Eintragungen. Die restlichen wurden offenbar niemals oder fast niemals besucht. Die meisten Touristen begnügten sich mit einem Gang durch ›Memnons Grab‹, einige wenige besuchten wenigstens zwei, das Grab Memnons und Ramses' IV., während eine noch kleinere Zahl von ihnen drei oder sogar vier absolvierte. Ein gewisser Jasios und Synesios halten den Rekord: im Grab Ramses' X. kritzelten sie: »Dies ist die sechste *syrinx*, die wir gesehen haben«. Jasios war von weit her, von Neocaesarea in Kleinasien, nicht fern von Amisus an der Schwarzmeerküste, und wollte sich offenbar nichts entgehen lassen. Sein Name kommt auch in anderen Gräbern vor, einmal mit dem Zusatz, daß er auch Memnon gehört habe.

Beim Eingang zu einem Grab machten die Fremdenführer halt, um den Besuchern Gelegenheit zu geben, sich an die Kühle und ihre Augen nach dem grellen Sonnenlicht an das Halbdunkel zu gewöhnen. Höchstwahrscheinlich nahmen viele diese Augenblicke wahr, die Rohrfeder und Tinte oder ein spitzes Instrument zur Hand zu nehmen und ihre Namen anzubringen. Etwa dreihundert sind in schwarzer, einige vierzig in roter und einige wenige, hie und da verstreute in grüner und brauner Tinte geschrieben; die übrigen Namens- und sonstigen Eintragungen, etwa 1750, sind Einkratzungen. Die Fremdenführer zündeten dann die Fackeln an und führten die Besucher in die Tiefe der Gräber. Ohne die Wände zu beachten, die mit Reihen von Hieroglyphen bedeckt waren, hielten sie vor den Bildern und erläuterten diese. Dies war ein weiterer günstiger Moment zum Schreiben, und viele nutzten ihn und kritzelten auf die freien Flächen, die sich rund um die Figuren befinden.

Der Besucher der Gräber fühlte sich bewogen, nicht nur aufzuzeichnen, daß er da war, sondern auch, daß er in Erstaunen versetzt worden war. »Ich, Palladius von Hermopolis, Richter, habe es gesehen und staunte«. »Ich, Alexander, Gouverneur des Distrikts von Theben, sah es und staunte – und ich, Isaak von Alexandria, sein Sekretär, war mehr als erstaunt über das wunderbare Werk.« Einige verbreiten sich noch mehr: »Ich, Antonius, Sohn des Theodoros, von Heliopolis in Phoenizien, ehrenwerter

Finanzminister, der ich lange in Rom gewohnt und die dortigen Wunderwerke gesehen habe, habe auch diese hier gesehen«. Andere wurden ekstatisch: »Einzigartig, einzigartig, einzigartig!« äußerte einer, gänzlich außer sich. Ein römischer Offizier, der in lateinischer Sprache schreibt, wollte offenbar ganz sicher sein, daß sein Erstaunen auch bemerkt wurde, denn er zeichnete es nicht weniger als vier Male auf. Im Grab Ramses' IV. mit den Worten: »Ich, Oberst Januarius, sah es und war zusammen mit meiner Tochter Januarina erstaunt über die Anlage. Grüße an alle«. In einem Korridor und in einer der inneren Grabkammern von ›Memnons Grab‹ heißt es: »Ich, Oberst Januarius, sah und war erstaunt über die Anlage«; und in dem Raum, der den Sarkophag enthielt, schrieb er in der üblichen Kürzfassung: »Ich, Oberst Januarius, sah es und war erstaunt«. Ferner finden wir da auch noch einen »Marcus Volturius, Römer«, der in den beiden bevorzugten Gräbern seine Aufzeichnung in lateinischer Sprache machte, und sie beide Male auf griechisch wiederholte, um sicher zu sein, daß sie von allen gelesen werden könne. Den Kritzel-Rekord hält ein gewisser Amsuphis, der vier Gräber besuchte und insgesamt neun Aufzeichnungen hinterließ. Einmal war er »erstaunt«, einmal sprach er seine »Huldigung« aus, einmal schrieb er seinen Namen mit seinem Beruf, »Zauberer«, und sechs weitere Male hinterließ er nur seinen Namen. Einige waren so beeindruckt von all dem Geheimnisvollen, das sie umgab, besonders von den verwirrenden hieroglyphischen Zeichen an den Wänden, daß sie auch für sich selbst eine geheimnisvolle Art der Aufzeichnung wählten und ihre Namen in einem Buchstabenrätsel schrieben. »Onipsromse«, schreibt einer, was sich leicht genug zu Sempronios auflösen läßt; »Onaysisid«, ein anderer, was sich als Dionysias lesen läßt. Der Neoplatoniker und Advokat Burichios, vermutlich im Entwirren der Geheimnisse des Gesetzes oder philosophischer Gedanken erfahren, war gegenüber den unerforschlichen Hieroglyphen deprimiert. »Nach meinem Besuch«, so jammert er, »mache ich mir Vorwürfe, daß ich die Schrift nicht lesen kann«. »Ich bin mit Deiner Selbstbeschuldigung nicht einverstanden, Burichios«, kritzelte ein mitfühlender Freund unmittelbar darunter.

Verständlicherweise lockte ›Memnons Grab‹ die übertriebensten Äußerungen des Staunens hervor. »Ich sah die anderen *syringes*«, schreibt Hermogenes von Amisos im nördlichen Kleinasien, »und war erstaunt, aber als ich diese von Memnon sah, war ich mehr als erstaunt«. Einige wurden zu Versen angeregt, wenn sie auch infolge der Arbeit bei dunklem Licht sich auf wenige Zeilen beschränken mußten:

> Alle die zahlreichen Pfeifen bewunderte Herakleios,
> Aber der Memnon, meint er, sei doch das göttlichste Werk.

Nicht jeder Besucher war von so großer Ehrfurcht ergriffen. An zwei Stellen kratzte jemand schalkhaft die uralte Frage an Kinder in die Wand: »Weiß Deine Mutter, daß Du ausgegangen bist?« Ein gewisser Epiphanius verzeichnet verdrießlich, daß er »den Besuch gemacht hat, aber nichts bestaunt hat außer dem Stein«, vermutlich meinte er die Leistung, so große Grabanlagen aus dem Fels zu meißeln. »Ich sah den Wahnsinn und war erstaunt«, schreibt Dioskurammon. Diese Spötter waren Besucher späterer Jahrhunderte, und trotz des Namens Dioskurammon (die Dioskuren waren die griechischen Götter Kastor und Pollux, Ammon war der Hauptgott der Ägypter) könnten beide Christen gewesen sein; das würde ihre Haltung erklären. Christliche Besucher der Gräber, die ungern die Leistungen der Heiden anerkennen, sprechen selten vom Staunen und schreiben nur einfach ihre Namen, oft unter Angabe ihres Glaubens durch ein Kreuz oder ein Christogramm.

Die am leichtesten zugängliche der berühmten ägyptischen Touristenattraktionen war damals wie heute der Komplex der Pyramiden und die große Sphinx bei Memphis; und es ist natürlich, daß die antiken Besucher ihre Spuren auch hier hinterlassen haben. Viele werden ihre Aufzeichnungen auf die damals noch spiegelglatte Außenfläche der schräg aufsteigenden Pyramidenseiten geritzt haben. Da aber die Blöcke, die sie bildeten, im Lauf der Jahrhunderte zu anderen Zwecken abtransportiert wurden, sind beinahe alle Inschriften verlorengegangen. Wir haben nur die Texte einiger weniger, von christlichen Pilgern abgeschriebener Einritzungen, die die Denkmäler im 14. und 15. Jahrhundert besuchten, als noch Teile der Außenfläche an ihrem alten Platz lagen. Diejenige, auf die die meiste Mühe verwendet wurde, ist ein sechszeiliges lateinisches Gedicht, ihre Autorin eine melancholische römische Dame: »Ich sah die Pyramiden«, schreibt sie, »ohne Dich, liebster Bruder. Kummervoll vergoß ich hier Tränen – das war alles, was ich für Dich tun konnte – und in Gedanken an unseren Schmerz schreibe ich diese Klage auf«. Einige Touristen schrieben auf eine Pfote der Sphinx in homerischen Versen, die meisten begnügten sich indessen damit, der Gottheit ihre Hochachtung zu bezeugen mit Texten wie: »Huldigung von Harpokration«, »Huldigung von Hermias« und anderen dieser Art.

Ähnliche Formulierungen findet man auch an dem Isistempel von Philae, einer winzigen Insel im Nil unmittelbar oberhalb des ersten Katarakts. Der Tempel steht noch, wurde jedoch nach Errichtung des alten Assuan-Damms (1899-1902) von den gestauten Wassern überflutet; er kann jetzt nur noch während der frühen Sommermonate gesehen werden, wenn der Nil seinen niedrigsten Wasserstand erreicht. Philae lag sehr weit ab. Ausländer, die in Alexandria landeten, mußten Ägypten in seiner ganzen Länge nilaufwärts fahren, um dorthin zu gelangen, und so waren Besucher außer Leuten aus der Nachbarschaft, Offizieren und Soldaten der in der Nähe stationierten Truppen nicht allzu häufig. Ein gewisser, aus einer Stadt in Syrien stammender Heliodorus, der auch eine Inschrift am Memnon-Sockel hinterließ, wahrscheinlich im frühen 2. Jahrhundert n. Chr., fügte eine weitere in Philae hinzu. Ein unverzagter Reisender etwa der gleichen Zeit, der vermerkt, daß er nach Ägypten gekommen sei, um nur die Sehenswürdigkeiten zu sehen, und der sogar das Heiligtum des Ammon, fern in der lybischen Wüste, in seinen Reiseplan aufgenommen hatte, stattete auch Philae einen Besuch ab. Zwei römische Senatoren, die im Jahr 2 v. Chr. Ägypten bereisten, zeichneten sich auf den dortigen Wänden ein. Abgesandte des Königs von dem schon tief im Sudan gelegenen Meroë an den Gouverneur Ägyptens in Alexandria mußten Philae passieren; einige von ihnen, die im mittleren 3. Jahrhundert n. Chr. unterwegs waren, benutzten die Gelegenheit zu einem Besuch des Tempels und dazu, etwas auf einer seiner

BITTE UM FAMILIENSEGEN

Wände einzuritzen. Ebenso wie Memnon inspirierte Philae viele seiner Betrachter zu Versen. Es gibt zum Beispiel nicht weniger als drei Gedichte von einem Catilius, dessen Besuch in die letzten Jahrzehnte des 1. Jahrhunderts v. Chr. fällt. Wenn die Graffiti-Schreiber der Gottheit des Tempels ihre Hochachtung bezeugten, liebten sie es, darum zu bitten, daß sie ihr gesegnetes Wohlwollen auch anderen, die nicht anwesend sein konnten, zuwenden möge, oder zu vermerken, daß sie derentwegen eine religiöse Zeremonie gefeiert hätten. So schreibt ein Ammonius, Sohn des Dionysius, der seinen Besuch am 6. Juni des Jahres 2 v. Chr. machte, daß er »zu Isis und Serapis und den anderen hier wohnenden Göttern betete und ihnen im Namen meines Bruders Protas und seiner Kinder, meines Bruders Niger, meiner Frau, der Demas und ihrer Kinder, des Dionys und des Anubas huldigte«. Und ein gewisser Demetrius, der wahrscheinlich am 4. Februar des Jahres 28 v. Chr. dort war, ergießt sich in griechischen Versen:

> Des Nils, des Segenspenders gewaltigen Strom hab' ich,
> Demetrios, befahren – ich komme zu Isis her,
> der großen Göttin, und bete für meiner Eltern Wohl
> und meiner Geschwister und Lieben alle namentlich.

Solche Aufzeichnungen waren keine Besonderheit von Philae. Man findet sie im Tempel der Hatschepsut bei Deir-el-Bahari, im Memnonion bei Abydos – sie müssen wirklich schon ein allgegenwärtiges Ärgernis gewesen sein, denn Plutarch nimmt sie in einem Zornesausbruch gegen alle, die an öffentlichen Plätzen kritzeln, besonders aufs Korn: »In dem, was da steht, ist nichts Nützliches oder Erfreuliches geschrieben, sondern nur ›der und der erinnerte sich des so und so zu dessen Nutzen und Frommen‹«.

Hatte der Tourist einen Ort besucht, sich die Darbietungen angesehen, die die Einheimischen anzubieten hatten, und vielleicht noch seinen Namen zu den übrigen geschrieben, die dort eingekratzt waren, dann mußte er noch ein angemessenes Andenken finden.

Wir haben nicht viel Nachrichten aus dem Altertum über den Andenkenkauf, nur gerade genug, um uns zu verraten, daß nur die Gegenstände, die man zu haben wünschte, andere waren, daß aber Geschmack, Wünsche und Absichten, die mit ihnen verbunden waren, im großen und ganzen die gleichen waren wie heute. Die religiös gestimmte römische Dame, die durch Ägypten reiste, brachte ein Gefäß mit Nilwasser mit nach Hause, um es im Isiskult zu verwenden, der Kunstliebhaber kehrte von Athen mit einer Miniaturkopie der großen Athenastatue des Phidias zurück, die Reichen jedoch begnügten sich nicht mit Miniaturen. Sie bestellten originalgroße Kopien, um ihre Häuser und Landgüter auszustatten. Hadrian, der am weitesten gereiste unter den römischen Kaisern, füllte nicht nur seine monumentale Villa bei Tibur, dem heutigen Tivoli, mit meisterhaften Kopien von berühmten Statuen, die er gesehen hatte, sondern er ließ in einigen Partien derselben, wie wir bereits erwähnten, ganze Landschaften, an denen er Freude gehabt hatte, nachbilden, wie das Tempe-Tal in Griechenland oder das Serapisheiligtum bei Kanopus, in der Nähe von Alexandria.

Natürlich hatten auch die Alten ihre Art von billigen, verspielten Andenken. Dank den Archäologen haben wir einige Musterstücke, die uns zeigen, wie sie aussahen. In Afghanistan ist ein Glasgefäß ausgegraben worden, das mit einer Darstellung des Hafens von Alexandria verziert ist; es muß im Gepäck eines Einheimischen in jene ferne Gegend gelangt sein, der ein Erinnerungsstück an seine weite Reise zu der großen Stadt besitzen wollte. Im 2. Jahrhundert v. Chr. verkauften Läden in Alexandria eine bestimmte Sorte billiger Fayence-Töpfe mit einer aufgesetzten Reliefgestalt einer der ptolemäischen Königinnen. Wenn sie auch vor allem für die Einheimischen hergestellt wurden, die meisten Exemplare sind in Ägypten gefunden worden, so hatten sie doch auch einen Reiz für Besucher, die sie als Andenken kauften. Die Bucht von Neapel, Roms bevorzugtes Feriengebiet, bot einen typischen Touristenartikel, eine Glasflasche, auf der Bilder der durch Beischriften bezeichneten Hauptsehenswürdigkeiten der Gegend zu sehen sind. ›Leuchtturm‹, ›Palast‹, ›Theater‹, ›Neros Teich‹, ›Austernzucht‹ usw. In Antiochia, das sich des Besitzes einer der beliebtesten Statuen des Altertums rühmen konnte, nämlich einer Figur der Tyche der Stadt, das heißt der Glücksgöttin, konnte man etwa 15 cm hohe Glasflaschen in der Form der Statue kaufen. Lukian schreibt in seinem Bericht über die Gründung eines Orakels durch einen Quacksalber, daß dieser, sobald Besucher zusammenzuströmen begannen, Darstellungen seiner Schwindelgottheit in »Zeichnungen, Bildern und Statuetten aus Bronze und Silber« zum Verkauf anbieten konnte. In der Kurzgeschichte, in der Lukian einen Besuch bei der berühmten Aphrodite des Praxiteles in Knidos beschreibt, läßt er eine seiner Personen bemerken, daß »er bei dem Rundgang durch die Stadt nicht ohne zu lachen von den zügellosen Darstellungen der Töpfer – wo es sich ja um die Stadt der Aphrodite handelt – Kenntnis nehmen konnte«; man mußte wahrscheinlich beim Gang zum Gebäude, in dem die Statue stand, bei vielen Läden vorbeigehen, die derartige keramische Erzeugnisse ausstellten. Als der heilige Paulus nach Ephesus kam, hatte er einige unangenehme Stunden wegen eines gewissen Demetrius, eines Silberschmieds, der sich auf »silberne Tempel der Artemis« spezialisiert hatte und der die Belegschaft seines Betriebs, Künstler und Arbeiter, aufrief, gegen die Geschäftsschädigung durch die Christen zu protestieren. Seine silbernen Tempel waren Miniaturmodelle für die Massen, die kamen, um den Tempel der Artemis von Ephesus, eines der Sieben Weltwunder, zu sehen. Seine Kunden kauften sie, um sie als Weihegaben zu schenken, wie wir Votivgaben, Kerzen und dergleichen stiften. Demetrius muß für Bedürfnisse der Wohlhabenden gesorgt haben, aber fraglos waren für weniger begüterte Besucher auch Exemplare aus gebranntem Ton zu haben. Terrakottamodelle von Tempeln kommen bei Ausgrabungen oft zum Vorschein.

Seriöse Käufer gingen an den Leuten mit den Bauchläden und den Verkaufskarren mit ihrem Flitter und Kitsch vorbei und suchten, bis sie die besten Läden fanden. Im folgenden wird eine anschauliche Darstellung, sie stammt von dem römischen Satiriker Martial, davon gegeben, wie man insbesondere Gegenstände der Kunst und des Kunsthandwerks in einer Reihe von Roms elegantesten Läden gegen Ende des 1. Jahrhunderts n. Chr. einkaufen ging:

> Stundenlang eilte Mamurra herum von Laden zu Laden
> Dort, wo das goldene Rom Schätze zum Kauf bietet feil,

Sah sich weichliche Knaben an und fraß sie mit Blicken,
  Nicht die, welche schon vorn gleich bei dem Eingange steh'n,
Sondern die anderen, die man in einem hinteren Raum zeigt
  Und die der Pöbel ja nicht, meiner Art Leute nicht seh'n.
Hiervon satt sah er Tische sich an, auch runde, verdeckte,
  Elfenbein wollt' er beseh'n, ausgestellt hoch im Regal;
Viermal nahm er das Maß eines Sechsersofas in Schildpatt,
  Klagte, es reiche nicht aus für seinen Eßtisch ›Citron‹;
Nahm seine Nase zu Hilfe zu prüfen, ob Erz von Korinth sei,
  Zweifelte Statuen an, selbst Polyklet, Deiner Hand!
Und als sauer vermerkt' er Kristall, das mit Glas ja geflickt sei,
  Ließ reservieren er zehn Stücke für sich – aus Achat,
Prüfte alte Gefäße zu seh'n, ob darunter auch Becher
  seien, die Mentor selbst adelt' mit kunstvoller Hand;
Nahm alle grünen Steine sich vor, die in Goldwerk gerahmt sind,
  All's auch was, goldenen Klangs, stattlich am Frauenohr hängt;
In jedem einzelnen Laden erkundigt' er sich nach Sardonyx,
  Machte auch gleich seinen Preis für große Stücke Jaspis.
Als er am Ende schon müde um fünf den Heimweg dann antrat,
  Hatt' er zwei Kelche gekauft, bill'ge – und trug sie auch selbst!

Rom, die Hauptstadt der Welt und deren reichste Stadt, war Mittelpunkt des Kunsthandels. Und dieser Handel hat sich innerhalb von zweitausend Jahren nicht geändert; Phädrus schrieb:

> Wie manche Künstler unserer Zeit zu tun gewohnt,
> Die für ein neues Werk erzielen höh'ren Preis,
> Wenn sie ›Praxiteles‹ schreiben an ihr Marmorwerk,
> an Silberwerke ›Myron‹, ›Zeuxis‹ ans Tafelbild.

In anderen Städten gab es die am Ort hergestellten Erzeugnisse oder dortige Spezialitäten, die man einkaufen konnte. Alexandria, das am Ende der Seerouten vom Fernen Osten und von Afrika lag, besorgte den Zwischenhandel für alle exotischen, aus jenen Gegenden stammenden Waren. Jeder, der Ägypten besuchte, mußte durch Alexandria kommen und sah dort überall Einkaufsgelegenheiten, denen er nur schwer widerstehen konnte: Seiden aus China, Baumwolle aus Indien, Gewürze wie Pfeffer, Ingwer und Zimt von Indien und Indonesien, Parfums aus afrikanischer Myrrhe, oder als preisgünstigstes einheimisches Produkt Schreibpapier aus Papyrus. Der Reisende in Syrien konnte syrisches Glas oder Teppiche und Brokatstoffe finden;

auch fernöstliche Waren waren hier erhältlich, da viele der von Asien kommenden Karawanenstraßen Syrien durchquerten. In Kleinasien gab es feine Woll- und Leinenstoffe und in Griechenland die ausgezeichneten Gewebe von Patras. Wenn er nur Athen besuchte, konnte er sich für einen Krug des hochgeschätzten hymettischen Honigs entscheiden, oder, falls er trübsinnig war und sich mit Todesgedanken beschäftigte, konnte er durch die Läden schlendern, in denen Sarkophage hergestellt wurden; denn eine der Spezialitäten Athens in der Kaiserzeit war die Herstellung fein ausgearbeiteter Marmorsärge, die entweder bereits ganz fertiggestellt oder mit nur angelegten Reliefs bestellt wurden, so daß die Einzelheiten nach der Lieferung unter persönlicher Beaufsichtigung durch den Käufer angebracht werden konnten. Wir haben nur einige wenige und vage Hinweise auf die Einkaufsgewohnheiten der griechischen oder römischen Reisenden, doch diese scheinen darauf zu deuten, daß ein Reisender oder seine Frau ebensowenig an einer Einkaufsgelegenheit vorbeigehen konnte wie wir. »Wenn mein Gesundheitszustand sich bessert«, schreibt ein in Ägypten lebender Grieche an einen Freund um die Mitte des 3. Jahrhunderts v. Chr., »und ich nach Byzanz reise, bringe ich Dir von dort guten Pökelfisch mit«. Sowohl Thunfisch als auch Steinbutt wurde dort gefangen, und beide waren für jemanden, der in Ägypten lebte, ein so willkommenes Mitbringsel wie Kaviar aus Rußland heute für jemanden von uns.

Es gab etwas, was damals wie heute die Kauflust ein wenig in Grenzen hielt: die *portoria* oder Zollabgaben. Das römische Imperium hatte Zollstationen nicht nur bei allen Häfen und an allen Grenzen, sondern auch dort, wo man von einer Provinz in die nächste wechselte, weil Güter, die von einer Provinz in eine andere gebracht wurden, ebenfalls zollpflichtig waren. Die *instrumenta itineris* eines Reisenden, die ›Reisegerätschaften‹, das heißt Lasttiere, Wagen, mitgeführte Kleidung, alle Dinge *ad usum proprium*, das heißt, ›die dem persönlichen Gebrauch dienten‹, waren zollfrei. Alles andere dagegen mußte verzollt werden, bis hin zu den Leichen, die man zur Bestattung an einen anderen Ort brachte. Die Sätze waren für die meisten Artikel nicht hoch, zwischen zwei und fünf Prozent *ad valorem*, aber gerade für Dinge, die Touristen ganz besonders verlockend finden wie Seiden, Parfums, Gewürze, Perlen und die übrigen begehrten, vom Fernen Osten importierten Luxusgüter betrugen sie fünfundzwanzig Prozent. Gewisse Personen, wie zum Beispiel anerkannte Wohltäter des Staats, Angehörige der Streitkräfte, seit etwa 100 n. Chr. sogar Veteranen des Heeres genossen Zollbefreiung. Das galt natürlich nur für Gegenstände ihres eigenen Gebrauchs; es gab ihnen keineswegs einen Freibrief, Gegenstände zum Wiederverkauf einzuführen.

Die Zollbeamten, auf lateinisch *portitores* oder *publicani*, auf griechisch *telonai* genannt, begannen damit, nach der *professio*, das heißt Zollerklärung zu fragen, in der der Reisende schriftlich alles aufführen mußte, was er bei sich hatte. Es war das eine rein geschäftliche Angelegenheit. Als der berühmte weise Apollonius auf die Routine-Frage, was er mit sich führe, stolz antwortete: »Besonnenheit, Gerechtigkeit, Tugend, Selbstbeherrschung, Tapferkeit, Disziplin«, alles Wörter weiblichen Geschlechts, antwortete der Zollinspektor kurz: »Schreib' mir eine Liste Deiner Sklavinnen auf!« Apollonius soll darauf erwidert haben, daß diese eher seine Herrinnen als Sklavinnen seien. Mit der Erklärung in der Hand gingen die Zollbeamten methodisch alles durch. »Wir sind mißmutig und unzufrieden über die Zollbeamten, ... wenn sie in Gerät und Gepäck, das nicht ihnen gehört, herumwühlen und nach versteckten Dingen suchen; und doch erlaubt das Gesetz ihnen, es zu tun«, schreibt Plutarch philosophisch. Selbst was man am Körper trug, konnte durchsucht werden. Advokaten stritten sich über die Rechtsfragen, die berührt wurden, wenn eine verheiratete Frau, die laut römischem Gesetz von einem Fremden nicht angefaßt werden durfte, vierhundert Perlen an ihrem Busen mitnahm und der Zollinspektor darauf bestand, Einblick zu nehmen, das Äußerste aber, zu was diese zu tun sich bereit fand, darin bestand, daß sie ihm selbst einen Blick schenkte. Wenn ein Zollbeamter Gegenstände entdeckte, die *inscripta*, ›nicht deklariert‹, waren, konfiszierte er sie sofort. Der Schuldige konnte sie zurückkaufen, aber zu einem Preis, den der Beamte für ihren Wert ansetzte, und selbst wenn

UMGEHUNG DER ZOLLVORSCHRIFTEN

er einen vernünftigen Preis machte, bedeutete dies meistens eine Verdoppelung der Kaufsumme. Einige Dinge konnten auch nicht zurückgekauft werden. Wenn zum Beispiel jemand einen jungen Sklaven hereinzuschmuggeln versuchte, indem er ihn in die Kleidung eines römischen Bürgers hüllte und ihn etwa als ein Familienmitglied deklarierte, und der Sklave den wahren Sachverhalt offenbarte, konnte ihm der Zollbeamte auf der Stelle die Freiheit geben. Wenn ein Reisender beweisen konnte, daß eine Rechtswidrigkeit aus Irrtum und nicht wegen eines versuchten Betrugs unterlaufen war, so wurde er mit Nachsicht behandelt; er kam mit einer Bestrafung davon, die dem doppelten Betrag des Zollsatzes entsprach.

Auch hier war es wie immer von Nutzen, die richtigen Leute zu kennen. »Schicke baldmöglichst ein Badekostüm«, schreibt ein gewisser Hierokles im Jahr 257 v. Chr. an Zenon, einen Vertrauen genießenden Agenten des Finanzministers von Ägypten, »am liebsten aus Ziegenfell, andernfalls aus leichtem Schafsfell. Dazu eine Tunika, einen Mantel und die Matratze, eine Wolldecke, Kissen und Honig. Du schriebst mir, Du seist überrascht, daß ich mir nicht darüber klar sei, daß alle diese Dinge zollpflichtig sind. Ich bin mir klar darüber, aber Du bist doch vollkommen in der Lage, es so zu arrangieren, daß Du sie ohne jedes Risiko schickst«.

Baedeker der Alten Welt

Witz, Stil, ein durchdringender und origineller Geist, ein Auge für das Ungewöhnliche – dies sind die Eigenschaften, die uns an einem Reiseschriftsteller entzücken. Der Verfasser eines Reiseführers andrerseits muß eine davon völlig verschiedene Persönlichkeit sein. Seine Aufgabe ist es, über die Lage, die Abmessungen, das Alter und die Geschichte von Denkmälern zu berichten und nur gelegentlich über die Gemütsbewegungen oder die Assoziationen, die sie bei ihm hervorrufen. Witz und Originalität haben in solch einem Vorhaben keinen Platz, sie können sogar recht hinderlich sein. Was er in erster Linie haben muß, das sind die nüchternen Tugenden der Gründlichkeit, des Fleißes und der Genauigkeit.

Es waren dies die wesentlichsten Tugenden des Pausanias, der etwa zwischen 160 und 180 n. Chr. einen Reiseführer für Griechenland schrieb, den einzigen Reiseführer der Antike, der uns erhalten geblieben ist. Wir wissen über diesen Mann nur, was wir aus seinem Werk erfahren oder schließen können. Er war offenbar jemand, der über Geld verfügte, er hätte sonst nicht die Muße für seine Reisen und seine Schriftstellerei gehabt. Seine politische Haltung war vertrauenswürdig und vernünftig: er war zufrieden mit der autokratischen Regierungsform Roms, denn er lebte unter Hadrian, Antoninus und Marc Aurel, lauter besonders fähigen Kaisern, war überzeugt vom wohltätigen Wesen römischer Herrschaft und besaß das Mißtrauen gegenüber der Demokratie, das man so oft bei den konservativen Elementen der höheren Stände finden konnte. Er war gottesfürchtig, glaubte an alle überlieferten Gottheiten, brachte in Verehrung seine Opfer dar und war ein so frommes Mitglied der Mysterienkulte von Eleusis – in ihnen wurden Demeter und Persephone in einem geheimen Ritual verehrt, und nur Eingeweihte konnten teilnehmen –, daß er kein Wort über die Riten schreibt, ja nicht einmal ein Wort über das Heiligtum und seine Gebäude. Er glaubte an Orakel, an die Macht der Götter, in das Leben der Sterblichen eingreifen zu können, und besonders an ihre Macht, die Guten zu belohnen und die Bösen zu bestrafen. Er nennt freilich weitaus mehr Beispiele von Sündern als solche von Heiligen. Das einzige, was er nicht ohne Einschränkung glaubt, sind die griechischen Mythen. Er ist aber soweit Kind seiner Zeit, daß er nur gelegentlich erkennen läßt, wo für ihn die Grenzen liegen. Er weigert sich beispielsweise zu glauben, daß die von Herakles getötete Hydra viele Köpfe hatte oder daß jedesmal, wenn Zeus auf dem Lykaeus-Berg, dem ›Wolfsberg‹, ein Opfer dargebracht wird, ein Mann in einen Wolf verwandelt werde. Dieses Wunder ereignete sich nach seiner Meinung nur anläßlich des ersten Opfers. Auch glaubte er nicht, daß sich Aktäons Hunde auf Geheiß der Artemis gegen ihren Herrn wendeten, vielmehr äußerte er die Vermutung, daß diese tollwütig waren.

Sein künstlerischer Geschmack war, ebenso wie seine politischen und religiösen Ansichten, ganz und gar konservativ. In der Malerei war sein Lieblingsmeister Polygnot, ein großer alter Meister, der seine Werke in der zweiten Hälfte des 5. Jahrhunderts v. Chr., rund sechshundert Jahre vor der Lebenszeit des Pausanias, schuf. Seine bevorzugten Bildhauer lebten sogar noch früher, im frühen 5. Jahrhundert v. Chr. Von den großen Künstlern des 4. Jahrhunderts v. Chr. erwähnt er Praxiteles mit einigen freundlichen Worten, nennt Skopas und Lysipp – das ist auch schon alles; alle späteren zählen kaum.

Pausanias ist in Kleinasien, wahrscheinlich in Lydien geboren, wir wissen es nicht mit Sicherheit, doch angesichts der intimen Kenntnis, die er von diesen Gebieten ganz offenbar hat, ist die Annahme, daß er hier zu Hause war, nicht unberechtigt. Über das Ausmaß seiner Reisen können wir nur nach den Bemerkungen, die er gelegentlich macht, Vermutungen anstellen. In östlicher Richtung war er bis nach Syrien und Palästina gekommen; er hatte den Tiberias-See, den Jordan, Jerusalem und das Tote Meer gesehen. Er begab sich nicht nach Babylon – doch hatte er auch andrerseits, wie er uns sagt, niemals jemanden getroffen, der diese Reise unternommen hätte. Schließlich war die Stadt ja damals weitgehend verfallen und ohne Bedeutung. Er hatte Ägypten besucht, war die ganze Strecke nilaufwärts bis nach Theben gefahren, um den wunderbaren Memnon zu hören, und hatte auch den Zug durch die westliche Wüste zu der Oase des Ammon in Libyen unternommen. Es ist selbstverständlich, daß er ganz Griechenland und die ägäischen Inseln bereist hat. Im Westen hat er Rom gesehen, wo er von dem Trajansforum und dem Circus Maximus am meisten beeindruckt war, und außerdem einige Städte Campaniens wie zum Beispiel Capua. Weiter westlich als Italien begab er sich nicht; denn er war ein typischer Tourist seiner Zeit, der in erster Linie an den Denkmälern der Vergangenheit interessiert war, wie ja auch heute die Mehrzahl der Touristen. Schließlich konnte er nicht erwarten, in den relativ neuen Städten, die nach der Eroberung Galliens, Spaniens und Britanniens entstanden waren, viel zu finden, was seiner Aufmerksamkeit wert gewesen wäre.

Der Gedanke, einen Reiseführer zu schreiben, stammte sicherlich nicht von ihm selbst, wie er überhaupt nicht sehr originell war. Er konnte sich jedoch an einer großen Zahl von Vorbildern orientieren. Leider hat sich keines von diesen erhalten; wir wissen von ihnen nur dadurch, daß antike Schriftsteller gelegentlich ihre Buchtitel erwähnen. Gegen das Ende des 4. Jahrhunderts v. Chr. schrieb ein gewisser Diodorus, nicht zu verwechseln mit dem Historiker gleichen Namens, über die Städte und Denkmäler Attikas. Etwa ein Jahrhundert später, im Anfang des 2. Jahrhunderts v. Chr., verfaßte ein Heliodorus einen langen Führer durch die Kunstwerke auf der Akropolis von Athen. Der fruchtbarste Verfasser von Reiseführern war aber ein jüngerer Zeitgenosse Heliodors, Polemon von Ilium. ›Die Akropolis von Athen‹, ›Die Gemälde in den Propyläen der Akropolis‹, ›Die Heilige Straße vom Heiligtum in Eleusis nach

Athen‹, ›Die ausgemalte Halle in Sikyon‹, ›Spartanische Städte‹, ›Die Schatzhäuser in Delphi‹, ›Städte in Italien und Sizilien‹, ›Führer durch Troja‹, dies sind einige Titel von Büchern, die ihm zugeschrieben werden. Polemons Begeisterung galt in besonderem Maß den Stelen, steinernen Tafeln mit auf ihnen verzeichneten offiziellen Inschriften, die man auf öffentlichen Plätzen finden konnte. Er war so eifrig dabei, sie zu kopieren, daß man ihm den Spitznamen ›Stelokopas‹, ›Stelenfresser‹ gab.

Obwohl Pausanias den Gedanken des Reiseführers diesen Vorbildern verdankt, überragt er sie doch, wie ein Berg die Ebene. Sie hatten Monographien über einzelne Orte geschrieben, sogar über einzelne Denkmäler; er hatte die großartige Idee, einen Reiseführer über alle denkwürdigen Stätten und Denkmäler in ganz Griechenland zu verfassen. Es erwies sich, daß dies, wie er wahrscheinlich wußte, eine Lebensarbeit sein würde. Er veröffentlichte das erste Stück – es gibt insgesamt zehn Stücke oder Bücher, wie wir sie im allgemeinen nennen – bald, nachdem er es fertiggestellt hatte. Die übrigen neun kosteten ihn mindestens zehn weitere Jahre, vielleicht aber auch eine noch längere Zeit.

»Es gibt nur einen Eingang zur Akropolis; sie hat keinen anderen, da sie rundum abschüssig und von einer starken Mauer umgeben ist. Die Propyläen haben ein Dach aus Marmor und ragten bis in meine Zeit durch die Ausschmückung und die Größe der verwendeten Blöcke hervor. ... Rechter Hand von den Propyläen steht der Tempel der Flügellosen Siegesgöttin.« So beginnt Pausanias' Beschreibung des Zugangs zur Akropolis von Athen; der heutige Besucher kann ihr so leicht folgen wie einer vergleichbaren Beschreibung in einem modernen Reiseführer.

Die nächsten Worte des Pausanias lauten: »Von da ist das Meer sichtbar, und von hier warf sich Ägeus, wie man berichtet, herab und starb; denn das Schiff, das die Kinder nach Kreta gebracht hatte, kam mit schwarzen Segeln zurück. Theseus hatte aber, als er wagemutig zu dem Stier des Minos, dem Minotaurus, gefahren war, seinem Vater gesagt, er werde weiße Segel setzen, wenn er nach Überwindung des Stiers zurückkehre. Er vergaß aber über dem Verlust der Ariadne, dies zu tun. Als Ägeus sah, daß das Schiff mit schwarzen Segeln ankam, da warf er sich in der Annahme, sein Sohn sei gestorben, hinab und fand den Tod.« Diese an die Beschreibung des großartigen Zugangs zu der schönsten Sehenswürdigkeit Athens angefügte mythologische Abschweifung, die länger ist, als die eigentliche Beschreibung, hebt den grundsätzlichen Unterschied zwischen der heutigen und Pausanias' Auffassung von einem Reiseführer klar und deutlich hervor.

Sein Vorhaben war es, alle denkwürdigen Stätten und Denkmäler Griechenlands vorzuführen und zu beschreiben; das versucht auch jeder *Baedeker* und *Guide Bleu* zu tun. Pausanias betrachtete es indessen ebensosehr als seine Aufgabe, die verschiedenen mythologischen, historischen, religiösen und volkskundlichen Traditionen und Geschichten darzustellen, die mit ihnen verbunden waren. Außerdem waren die Stätten und Denkmäler, die er – und zweifellos auch die große Masse der Touristen, für die er schrieb – als denkwürdig ansah, diejenigen, die Zeugen der großen Vergangenheit Griechenlands waren; und unter ihnen waren in seinen Augen die heiligen unendlich viel denkwürdiger als die profanen. Wenn er seine Leser durch eine Stadt führte, mußte er notgedrungen auf den Marktplatz, die Hallen, den Sitz der Gerichte, Regierungsgebäude, Brunnenhäuser, öffentliche Bäder und so weiter aufmerksam machen, doch verwendet er darauf wenig Zeit. Erst wenn er zu den Heiligtümern und Tempeln kommt, nimmt er sich Zeit und erzählt uns mit Ausführlichkeit über die Gebäude und ihren Schmuck, die Altäre, die Votivstatuen und andere Weihegaben. Man nehme zum Beispiel seine Beschreibung von Akrokorinth, der Festung, die der Verteidigung der Stadt Korinth diente. Sie besteht aus einem gewaltigen Kalksteinklotz, der sich unmittelbar aus der Ebene heraus erhebt, und ist die größte natürliche Festung Griechenlands, wobei die Korinther der Natur in eindrucksvoller Weise zu Hilfe kamen, indem sie ihre Stadtmauern so an den Hängen dieses Klotzes hinaufführten, daß sie auch die Höhe von Akrokorinth mit einschlossen. Von dieser Höhe hat man einen atemberaubenden Blick auf die Stadt am Fuß des Berges, die schimmernden Wasser des Meerbusens, an dem Athen liegt, in der einen Richtung, in einer anderen Richtung sieht man die schneebedeckten Gipfel des Parnaß und des Helikon. All dies übergeht Pausanias wortlos. Er glaubt aber, daß er über die mit diesem Berg verknüpften Mythen – er war dem Sonnengott zugesprochen worden, der ihn Aphrodite überließ – und über die verschiedenen auf ihm befindlichen religiösen Denkmäler berichten müsse.

Es ist tatsächlich so, daß Pausanias, wenn er einmal einen landschaftlichen Aspekt erwähnt, er dies fast immer im Hinblick auf einen religiösen oder mythologischen Zusammenhang tut, kaum jemals, um auf eine Naturschönheit hinzuweisen. Einen Berg erwähnt er nur, um zu erzählen, welcher Gott auf seiner Höhe verehrt wird, eine Höhle, um zu erklären, daß Pan hier haust, einen Fluß, um die Sagen aufzuzählen, in denen er vorkommt, einen See deshalb, weil man durch seine Wasser zur Unterwelt hinabsteigt, eine große Zeder, weil ein Artemisbild in ihren Ästen hängt. Es geschieht äußerst selten, daß er von der Natur um der Natur willen spricht und auch das nur in einem beiläufigen Satz.

Der erste Abschnitt seines Werks beschreibt Athen und Attika. In diesem Teil ist das Detail schwächer und die Anordnung des Materials etwas dem Zufall überlassen. Man erhält den Eindruck, daß Pausanias hier noch tastende Versuche machte und noch kein befriedigendes System für seine Darstellung gefunden hatte. Im zweiten, Korinth gewidmeten Buch, hat er dieses Stadium überwunden. Man erkennt einen überaus brauchbaren Plan, nach dem er seinen Leser durch die Sehenswürdigkeiten führt. Er beginnt mit einer je nach dem einzelnen Fall langen oder kurzen Darstellung der Geschichte in großen Zügen, um damit eine Einführung in das ganze Gebiet zu geben. Dann geht er auf dem kürzesten Weg von der Grenze zur Hauptstadt und erwähnt dabei alles, was auf dieser Strecke erwähnenswert ist. Er geht dann geradewegs zum Mittelpunkt der Stadt – in den meisten Fällen zum Marktplatz – beschreibt, was dort zu sehen ist, und dann das, was man in den von ihm ausgehenden Straßen sehen kann. Wenn er mit der Beschreibung der Hauptstadt fertig ist, wendet er sich dem Gebiet zu, das zu ihrer Jurisdiktion gehört. Er folgt allen Hauptstraßen, die von der Hauptstadt strahlenförmig bis zu den Grenzen mit benachbarten Stadtstaaten ausgehen, und weist auf die bemerkenswerten Städte, Dörfer und Denkmäler hin, an denen man unterwegs vorbeikommt. Ist er dann die letzte dieser Straßen gegangen und zur Grenze gekommen, überschreitet er sie und beginnt dann mit der Beschreibung des angrenzenden Stadtstaats in ganz der gleichen Weise. Er verwendet diese Methode für Korinth und Argos in Buch 2, Sparta in Buch 3, Mantinea, Megalopolis und Tegea in Buch 8 und Theben in Buch 9.

Die Stätten, die in seiner Darstellung notwendigerweise den größten Raum einnehmen, sind die drei, an denen sich die meisten und bedeutendsten Denkmäler der Vergangenheit befanden: Athen (Buch 1), das große Heiligtum des Zeus in Olympia (Buch 5 und 6) und das große Heiligtum des Apollo in Delphi (Buch 10). Am längsten verweilt Pausanias bei Olympia; in einer der Übersetzungen seines Werks füllt seine Beschreibung dieses Heiligtums rund siebzig Seiten, während diejenige von Athen zweiundvierzig und diejenige von Delphi vierzig Seiten betragen. Wie stets bilden Aufzählung und Beschreibung der denkwürdigen Dinge nur einen Teil des Textes, während der Rest aus oft erschöpfend langen Darlegungen über ihre mythologischen, historischen und religiösen Zusammenhänge besteht.

Dieser nur hinzugefügte Stoff – der manchmal auch sehr wenig mit der Sache zu tun hat – ist so umfangreich, daß er oft den Eindruck hinterläßt, Pausanias habe ihn vor allem in der Hoffnung gebracht, einen weiteren Kreis von Lesern als nur Touristen, die einen Reiseführer brauchten, dafür zu interessieren. Gleich zu Beginn beispielsweise bei seiner Beschreibung des Rathauses in Athen bringt ihn die Erwähnung eines Gemäldes, das die Athener im Widerstand gegen eine Invasion der Gallier im Jahre 279 v. Chr. zeigt, dazu, auf zwei Seiten die Geschichte der Gallier zu schildern. Nur wenig weiter gibt ein Hinweis auf zwei Könige der hellenistischen Zeit Anlaß zu einer zwölfseitigen Übersicht über hellenistische Geschichte. Es gibt Erörterungen über Naturphänomene wie Erdbeben, die Gezeiten der Meere, das Eis des Nordens; es gibt Bemerkungen über exotische Vögel und andere Lebewesen – Papageien, Kamele, den Vogel Strauß, das Nashorn und die riesigen Schlangen Indiens. Solche Abschweifungen ebenso wie die endlosen mythologischen und historischen Exkurse scheinen oft das Übergewicht gegenüber dem eigentlichen Reiseführer zu haben. Dieser Eindruck ist jedoch trügerisch. Wenn wir den Text des Pausanias in der Art eines modernen Führers zu drucken hätten, wobei die historischen Einleitungen und die langen Beschreibungen in Kleindruck abgesetzt und Dinge von geringerer Bedeutung in Fußnoten oder Anhängen erscheinen würden, würde die handfeste Grundstruktur seiner Disposition und die ihr innewohnende Folgerichtigkeit deutlich sichtbar werden.

Sein Buch ist auch ein guter Reiseführer, so fehlerfrei, wie man das bei einem bahnbrechenden, mit der Hilfe von verhältnismäßig primitiven Forschungsmöglichkeiten hergestellten Werk erwarten kann. Sein mythologisches Material stammt von älteren Dichtern, vorzüglich von Homer. Wegen der historischen Fakten griff er zu allen verfügbaren Autoren von Rang, Herodot, Thukydides, Xenophon, Polybius und auch zu vielen anderen, deren Werke nicht erhalten sind, unter ihnen auch zu Verfassern von Lokalgeschichte. Fand er bei ihnen widersprüchliche Berichte, so verglich er diese und wählte wohlüberlegt denjenigen, den er für den wahrscheinlichsten hielt. Manche Informationen schöpfte er aus den in oder bei einem öffentlichen Gebäude oder Heiligtum aufgestellten Inschriften; auch diese verglich und analysierte er, bevor er Schlüsse zog. Andere Informationen wie zum Beispiel über Maße von Gebäuden oder nur wenig bekannte Lokaltraditionen muß er von Fremdenführern erhalten haben. Trotz seines gesunden Mißtrauens gegenüber ihrem Geschwätz ließ er hin und wieder seine Vorsicht nicht walten und nahm etwas, was offensichtlich nicht stimmen konnte, als buchstäbliche Wahrheit an. Aber letzten Endes sind seine Beschreibungen der Denkmäler und Stätten das Herzstück seines Werks, und die meisten von ihnen hat er so gut wie sicher persönlich besucht. Er vermittelt uns hier, was er mit eigenen Augen sah – und er war ein scharfsinniger und sorgfältiger Beobachter.

Nicht sonderlich ausgezeichnet als Schriftsteller oder Denker, aber gesetzt, nüchtern und gründlich, von unermüdlichem Fleiß und mit einem tiefverwurzelten Sinn für Genauigkeit, kann sein Werk als Markstein in der Geschichte des Tourismus gelten. Pausanias ist der direkte Vorfahr des gleich nüchternen, um Vollständigkeit bemühten und peinlich genauen Karl Baedeker, von dem anderseits die Guides Bleus und andere Führer abstammen, die wir zur Hand nehmen, wenn wir heute Sehenswürdigkeiten besuchen wollen. Für die Erforscher der griechischen Kunst- und Architekturgeschichte ist sein Werk von gar nicht abzuschätzendem Wert. J. G. Frazer, ein englischer Übersetzer seines Werkes, drückt es folgendermaßen aus: »Ohne ihn wären die Ruinen Griechenlands zum größten Teil ein Labyrinth ohne Leitfaden, ein Rätsel ohne Antwort. Sein Buch liefert den Leitfaden zum Labyrinth und die Antwort auf viele Rätsel. Es wird so lange gelesen und studiert werden, wie das antike Griechenland weiterhin Aufmerksamkeit beanspruchen und das Interesse der Menschheit wecken wird.«

Pilgerreisen nach Palästina und Ägypten

Als Konstantin sich im Jahr 312 n. Chr. Rom näherte, um mit Maxentius um die Herrschaft zu kämpfen, erschien ihm ein Zeichen am Himmel in der Gestalt eines strahlenden Kreuzes. Der Sieg ließ nicht auf sich warten – und ebenso schnell folgte der Sieg des Christentums über seine verschiedenen Konkurrenten. Aus dem heidnischen römischen Imperium wurde ein christlicher Staat.

In der Zeit des Heidentums hatte Rom keine organisierte Geistlichkeit. Es gab natürlich Priester, die dieses Amt als Beruf ausübten, wie diejenigen bei den Orakeln des Apollo oder den Heiligtümern der Isis, aber ihre Zahl war verhältnismäßig gering. Die meisten liturgischen Pflichten wurden von ehrenamtlichen Priestern, zivilen Beamten, in das Amt eingesetzten Laien und freiwilligen Dienern der Götter wahrgenommen. Die Erhebung des Christentums, zunächst zu einer anerkannten Religion und dann zur Staatsreligion, brachte den Aufbau eines riesigen geistlichen Standes mit sich, einer Bürokratie ähnlich derjenigen, die die Geschäfte der Regierung besorgte.

Ebenso wie die Vertreter der alten, so waren auch die Vertreter der neuen Bürokratie viel unterwegs. Provinzgouverneure, Bezirksrichter, Soldaten, kaiserliche Depeschenreiter und all die übrigen traditionellen Benutzer der römischen Straßen und Seerouten bekamen jetzt die Gesellschaft von Prälaten, die sich auf dem Weg an den Hof von Konstantinopel befanden, von Bischöfen, die zu kirchlichen Festen eilten, von Finanzagenten und

Briefträgern der Kirche. Das Reisefieber scheint besonders Bischöfe befallen zu haben. Sie ließen ihre Herden in ›chevaleresker‹ Weise im Stich, um sich mit Politik oder Geschäften zu befassen oder oft einfach nur, um sich zu erholen, so daß sich die Kirche genötigt sah einzugreifen. Ein ökumenisches Konzil, das 343 in Sophia, dem alten Adrianopel, tagte, erließ den Beschluß, daß kein Bischof am kaiserlichen Hof zu erscheinen hatte, es sei denn man habe ihn vorgeladen, und fügte noch hinzu: »Diejenigen von uns, die nahe einer Landstraße leben und einen Bischof sehen, der sich auf Reisen befindet, sollen ihn nach dem Zweck und dem Grund seiner Reise befragen ... wenn diese aus nichtigen Gründen unternommen wird ..., soll man es ablehnen, seine Briefe [d. h. Papiere, die ihn zu Reiseerleichterungen berechtigen] zu unterzeichnen oder mit ihm Verbindung zu pflegen«.

Die Konzile selbst aber waren Anlässe, die besonders viele von ihnen von ihren Bischofssitzen fortzogen. Als Konstantin das erste im Jahr 325 in Nikaia einberief, kamen rund dreihundert Bischöfe aus dem ganzen Imperium, von denen jeder von einem Stab von Priestern, Diakonen und Akolyten begleitet war. Das Konzil von Sophia veranlaßte 170 von ihnen, auf Reisen zu gehen, eines in Rimini im Jahr 359 sogar nicht weniger als 400. Die Delegierten hierzu mußten nicht die üblichen Unbequemlichkeiten der Reise auf sich nehmen. Konstantin erteilte ihnen das Recht, Fahrzeuge der öffentlichen Post zu benutzen; klugerweise bevorzugte er niemanden, sondern gewährte das Vorrecht in unparteiischer Weise auch den Mitgliedern schismatischer Sekten genauso wie den Orthodoxen. Spätere Kaiser gingen sogar noch weiter und stellten Ermächtigungen nicht nur für die Transportmittel – gesattelte Pferde für Reiter, die übliche *reda* für Nichtreiter –, sondern auch für Unterkunft und Verpflegung aus. Die Gastwirte wurden angewiesen, die Reisenden mit Brot, Eiern, Gemüse, verschiedenen Sorten Fleisch (Rind, Ferkel und Schwein, Lamm und Schaf), Geflügel (Gans, Fasan, Huhn), Kochzutaten (Olivenöl, Fischsauce und einer ganzen Reihe von Gewürzen – Kümmel, Pfeffer, Gewürznelken, Narde, Zimt, Mastix), Desserts (Datteln, Pistazien, Mandeln), dem unvermeidlichen Salz, Essig, Honig (zum Süßen anstelle von Zucker) und Wein oder Bier zum Trinken zu versorgen. Offensichtlich erwartete man von keinem auf Reisen befindlichen Kleriker, daß er sich kasteite, falls Vorräte vorhanden waren und das Personal der öffentlichen Post es nicht darauf anlegte, ihm Verdruß zu bereiten. Als die hl. Melania die Jüngere im Jahr 436 von Jerusalem nach Konstantinopel mit der Ermächtigung, den *cursus publicus* zu benützen, unterwegs war, weigerte sich ein Beamter in Tripolis in Syrien, ihr alle Tiere zu geben, die sie brauchte, weil die Ermächtigung für sie allein gültig war und nicht für die recht ansehnliche Gesellschaft, die sie bei sich hatte. Es bedurfte dreier Goldstücke, seinen Sinn zu ändern; später hatte er dank Gebeten zu dem Ortsheiligen eine Erleuchtung und lief sieben Meilen hinter der Gesellschaft her, um das Geld wieder zurückzugeben.

Ebenso wie die übertriebene Reiselust der Geistlichen wurde auch ihr ungehemmter Gebrauch der öffentlichen Post zu einem Ärgernis. Gregor von Nyssa, einer der ›Kirchenväter‹, bekam im Frühjahr 380 einen Wagen vom *cursus* und behielt ihn nicht nur während seiner ganzen Reise von Pontus im nördlichen Kleinasien bis nach Palästina und Arabien, sondern er lebte auch in ihm und machte aus dem Fahrzeug eine Art Reisekapelle. »Der *cursus publicus* ist durch die unbescheidene Anmaßung gewisser Leute zugrunde gerichtet worden«, bemerkte zornig Julianus Apostata in einem Erlaß, den er im Jahr 362 herausgab, um Mißbräuche abzustellen. Zweifellos waren viele von denen, die er mit ›gewissen Leuten‹ meinte, Geistliche. Sogar der große heilige Basilius versuchte, die Behörden dazu zu bringen, eine Gruppe von Christen die öffentliche Post benutzen zu lassen, um die Leiche eines in einem weit abgelegenen Ort verstorbenen Verwandten zu überführen. Es gab auch eine Geschichte von jemandem mit Einfluß bei Hofe, der überzeugt war, daß er von einem Dämon besessen sei; er zögerte nicht, den Kaiser um eine Ermächtigung zu bitten, so daß er zum hl. Hilarion reisen konnte, der seinen Dämon austrieb.

Außer den Geistlichen, die sich zum Hof, zu Konzilien oder in anderen Kirchenangelegenheiten auf den Weg machten, war die gebildete Schicht der Kirche, die ihre Studien ernsthaft betrieb, eine kleine, aber äußerst wichtige Personengruppe, rastlos, auf der Suche nach neuen Bildungsmöglichkeiten, von einer Stadt zur anderen unterwegs. Die meisten Kirchenväter waren weitgereiste Leite: Basilius studierte in Caesarea in Kappadokien, Konstantinopel und Athen; Gregor von Nazianz in Caesarea in Palästina, Alexandria und Athen; Hieronymus in Antiochia, Konstantinopel, Rom und Alexandria; Origenes in Antiochia, Caesarea in Kappadokien, Caesarea in Palästina, Athen, Nikomedia, Bostra, dem heutigen Bosra in Syrien, und Tyrus.

Mit den Prälaten und den Gebildeten teilten sich in den Straßen- und Seeverkehr – in weitaus größeren Zahlen – die geschäftlichen Agenten und Briefträger der Kirche, insbesondere die letzteren; sie waren ständig unterwegs, hin und her, von Kirche zu Kirche und von Bischof zu Bischof. Die Geistlichkeit konnte den *cursus publicus* nur für das Reisen selbst in Anspruch nehmen; der Kuriersack der Regierung war für ihre Briefe verschlossen. Sie mußte also ihr eigenes Personal für den Transport ihrer Post verwenden, zunächst Lektoren und Subdiakone, später im 4. Jahrhundert, als diese Aufgabe einen gewissen Status gewonnen hatte, Diakone, Priester und Mönche. Das bot den Vorteil, daß diese, da sie über die laufenden Ereignisse im Bild waren, die dürren schriftlichen Mitteilungen durch mündliche Darlegungen ergänzen – oder im Fall des Verlustes des Sendschreibens dasselbe ersetzen konnten. Wenn kein kirchliches Personal für die Aufgabe greifbar war, taten die christlichen Korrespondenten das gleiche, was schon die Heiden getan hatten: sie benutzten irgend jemanden, der in der richtigen Richtung unterwegs war. Der hl. Augustin vertraute einen Brief einem römischen Prokurator an, Johannes Chrysostomus einem Mitglied der Prätorianergarde, Paulinus von Nola einem römischen Soldaten, einige der Korrespondenten des Hieronymus einem Schiffsreeder, Eusebius, Ambrosius und Basilius römischen Beamten von verschieden hohem Rang. Hieronymus konnte, während er im Heiligen Land lebte, damit rechnen, daß ihm die zur Osterzeit in großen Scharen eintreffenden Pilger einen Packen Post mitbrachten.

Wenn dieser informelle Postdienst auch nützlich war, so konnte man sich doch nicht genügend darauf verlassen; deshalb ergänzte die Kirche ihn mit *tabellarii*, beruflichen Briefträgern – widerstrebend, denn diese waren ganz und gar nicht ideal. Da sie sich ganz nach ihrem eigenen Belieben kleideten, machten sie oft bei ihrem Eintreffen keinen guten Eindruck. Paulinus von Nola konnte es kaum ertragen, einige von ihnen, mit denen er zu tun hatte, anzusehen: sie hatten eine wilde Haarfrisur und Kleider, die zu einem prahlerischen Soldaten gepaßt hätten. »Wenn doch«, so klagt er, »alle Briefe von Mönchen mit ihren beruhigenden blassen Gesichtern, ihrer vernünftigen Kleidung und ihren glattrasierten Köpfen gebracht werden könnten!« Außerdem nörgelten sie darüber, daß sie zu fernen oder mühsam zu erreichenden Orten fahren müßten; sie hielten sich einerseits an attraktiven Orten auf, schienen aber anderseits stets in Eile zu sein. Paulinus beginnt einen seiner Briefe mit der Bemerkung, daß »der Überbringer dieses Briefs eben jetzt nach einem Schiff läuft«, schreibt dann aber trotzdem volle zehn Seiten. Noch schlimmer war, daß sie vertrauliche Mitteilungen lasen. Ausonius rät einem Korrespondenten, der eine übermäßig neugierige Frau hatte:

> Schreib' Deine Worte mit Milch, es behält das trockne Papier sie;
> Wieder erscheinen sie stets mit grauer unscheinbarer Asche.

Geistliche können sich durchaus dieser Geheimschrift bedient haben, um allzu neugierige Postboten zu überlisten.

Die vielfältigen Geschäfte und die berufliche Reiseaktivität der Geistlichen waren ein neuer, durch Roms Übertritt zum Christentum eingeleiteter Aspekt des Reisens, ein zweiter war eine neue Form des Tourismus.

Griechen und Römer hatten Zugangswege nach Troja geschaffen, um das Land Homers besuchen zu können, jetzt zogen die frommen Scharen nach Palästina, um das Land der Bibel zu sehen. »Überall in der Welt verehren wir die Gräber der Märtyrer«, schreibt Hieronymus. »Wie kann jemand meinen, wir sollten das Grab vernachlässigen, in das sie den Herrn gelegt haben!« Er war der Ansicht, daß ein christlicher Gelehrter Jerusalem ebenso sehen müsse, wie ein griechischer Gelehrter Athen oder ein lateinischer Rom zu sehen hatte. Zeitweise machte er eine

Pilgerfahrt beinahe zu einer heiligen Pflicht. »Es ist Teil des Glaubens«, verkündete er in einem Brief, und in einem anderen wies er darauf hin, daß die großen Persönlichkeiten der Kirche der Auffassung seien, es fehle etwas an ihrem Glauben, wenn sie nicht in Jerusalem gewesen wären.

Schon vor der Zeit Kaiser Konstantins des Großen waren immer wieder einige wenige Christen zu der hochgeehrten Stadt gereist, um dem Geburtsort ihrer Religion ihre Verehrung zu bezeugen. Im 2. Jahrhundert unternahm Melito, Bischof von Sardes, eine Fahrt zu den heiligen Stätten, im 3. Jahrhundert taten Alexander und Firmilian das gleiche, zwei Bischöfe kappadokischer Städte, sowie Origines und eine wachsende Zahl bescheidenerer Besucher. Diesen frühesten Besuchern waren nur wenige Sehenswürdigkeiten zugänglich. Sie mußten sich mit den Gedächtnisorten von Christi Geburt in Bethlehem zufrieden geben, denn diejenigen seines Todes in Jerusalem waren ebenso wie manch anderer geheiligter Ort unter den nach der Zerstörung der Stadt im Jahr 70 n. Chr. durch Titus hinterlassenen Ruinen oder unter den von Hadrian errichteten Bauten begraben, die entstanden, als er auf den Trümmern der alten Hauptstadt Palästinas eine neue, Aelia Capitolina, erbaute.

Im Jahr 326 wandte Kaiser Konstantin dem Heiligen Land seine energiegeladene Aufmerksamkeit zu, und das Bild wandelte sich über Nacht. Vom Hügel der Kreuzigung wurde der Bauschutt entfernt, und man entdeckte die Grabeshöhle, in der Joseph von Arimathia Christi Leiche zur Ruhe gebettet hatte. Maurer begannen, über ihr den runden Bau zu errichten, den die Pilger die Anastasis nannten. Im gleichen Jahr unternahm Helena, Konstantins Mutter, die berühmte Reise nach Palästina, die in der Entdeckung des Wahren Kreuzes gipfelte; mit Begeisterung beteiligte sie sich an dem Bau- und Wiederherstellungsprogramm. Die Basilika, die die Pilger als das ›Martyrium‹ bezeichnen, begann an der Stelle der Kreuzigung, das heißt dort zu entstehen, wo das Kreuz gefunden worden war. Im Jahr 331 oder 332 hören wir von Besuchen im Heiligen Land durch Eusebius von Caesarea, dem Vater der Kirchengeschichte, Eusebius von Nikomedia, dem ersten Bischof von Beirut und Theognis, dem

Bischof von Nikaia zur Zeit des großen Konzils. Gegen Ende des Jahrhunderts hatte sich das Verlangen, eine *peregrinatio ad loca sancta* zu unternehmen, im ganzen römischen Imperium verbreitet. Einige der frömmsten Pilger waren Frauen. Paula, eine reiche Witwe aus einer der besten römischen Familien, verließ Rom im Jahr 385. Sie besuchte und sah unter anderem: Elias Haus in Saraptah, Rachels Grab und Konstantins neue Kirche über der Geburtshöhle in Bethlehem, den Baum, der als Abrahams Eiche galt, und die Hütte der Sarah, in der sich angeblich noch die Windeln befanden, die von Isaak stammen sollen, in Hebron. Sie ließ sich schließlich in Bethlehem nieder und finanzierte dort den Bau eines Mönchs- und eines Nonnenklosters sowie eines Pilgerhospizes. Melania die Jüngere, ebenfalls eine römische Dame aus höchsten Kreisen, unternahm eine Reise nach Afrika, wo sie sich sieben Jahre aufzuhalten gedachte. Da sie aber der Anziehungskraft des Heiligen Landes nicht widerstehen konnte, fuhr sie nach Jerusalem mit einem kurzen Aufenthalt in Alexandria. Von Jerusalem kehrte sie nach Ägypten zurück, um eine ausgedehnte Reise zu den heiligen Männern zu unternehmen, die dort lebten. Sie nahm schließlich auf dem Ölberg bei Jerusalem Wohnung und verließ diese nur einmal, um nach Konstantinopel zu gehen und ihren kränkelnden heidnischen Onkel noch vor seinem Tod zu bekehren. Die Unternehmendste von allen Reisenden war eine gewisse Etheria, eine ebenso wohlhabende und wohlgeborene Dame wie die zuvor genannten, doch stammte sie nicht aus Rom, sondern aus einer der westlichen Provinzen, wahrscheinlich aus Gallien. Sie reiste von zu Hause auf dem langen und langsamen Landweg nach dem Osten. Nach dem Besuch von Jerusalem und anderen Teilen Palästinas begab sie sich nach Ägypten, fuhr nilaufwärts bis zum Bezirk von Theben, um die Mönche in ihren Wüstenwohnstätten zu besuchen. Dies war aber nur ein Vorspiel zu ihrem nächsten Streifzug in die glühende Hitze der Sinai-Halbinsel, wo sie mit größtem Eifer die Sehenswürdigkeiten des »Moses-Landes« besichtigte. Sie kletterte bis zur Bergesspitze, wo Moses die Gesetzestafeln in Empfang nahm, und stieg dann ins Tal hinab; auf dem Abstieg verzeichnet sie so bemerkenswerte Stätten wie die

Stelle, an der Aaron stand, als Moses das Gesetz erhielt, den brennenden Busch (der offensichtlich noch grünte und blühte), die Stelle des israelitischen Lagers, den Ort, wo das Goldne Kalb hergestellt worden war, den Fels, auf dem Moses die Gesetzestafeln zertrümmerte, die Stelle, wo es Manna regnete, und so weiter. Von Sinai kehrte sie nach Klysma (Suez) zurück und unternahm es, nach einer sehr nötigen Ruhepause, die Wegstrecke des Exodus im Gegensinn zu begehen. Irgendwie gelang es ihr, die römischen Behörden dazu zu bewegen, ihr eine Begleitung von römischen Soldaten mitzugeben, weil der Weg durch ein Niemandsland führte, wo jeder Reisende Freiwild für Banditen war. Zum Nil zurückgekehrt, entließ sie ihre Schutzbegleitung, begab sich nach Pelusium und reiste dann auf der uralten Küstenstraße von Ägypten zurück nach Palästina und Jerusalem. Sie machte dann Jerusalem zu einer Ausgangsbasis für eine Reihe von Exkursionen nach dem östlichen Palästina und dem Jordan. Ihre erste Exkursion führte sie nach dem Toten Meer und dem Berg Nebo, wo sie an der Stelle stehen wollte, von der Moses das Gelobte Land gesehen hatte. Zurückgekehrt nach Jerusalem, zog sie weiter, das Jordan-Tal aufwärts nach Norden, um in Salem die Kirche des Melchisedek, die Stadt und einen Teich in ihrer Nähe zu besichtigen, wo Johannes der Täufer gewirkt hatte; weiter nach Tischbe, Elias Geburtsort, wo sie die Höhle sah, in der er zu sitzen pflegte; dann über den Jordan hinüber nach Karnaim, den Ort zu sehen, wo Hiob begraben wurde. Wieder zurück nach Jerusalem – aber diesmal, um die lange Wanderung nach Hause anzutreten. Als sie jedoch in Antiochia angelangt war, konnte sie der Versuchung nicht widerstehen, einen Abstecher nach Edessa zu machen, um am Grab des hl. Thomas zu beten sowie die Briefe zu studieren, die Abgar, der damalige Herrscher der Stadt, mit Christus gewechselt hatte. So machte sie sich auf – man zeigte ihr den Palast Abgars, das Stadttor, durch das der Postbote gekommen war, las ihr den Brief Abgars und Christi Antwort darauf vor. Von Edessa setzte sie die Reise fort zum Harran, »Abrahams Land«, besuchte hier die am Platz von Abrahams Haus gebaute Kirche, Rebekkas Brunnen sowie den Brunnen, an dem Jakob die Herden Labans getränkt hatte. Danach hatte selbst diese unermüdliche Touristin genug und machte sich nun endgültig auf den Heimweg.

Konstantins schöne neue Kirchen und sonstige Gebäude steigerten nur die Anziehungskraft des Heiligen Landes. Dessen wesentliche Anziehung ging, wie die Reiseroute der Etheria zeigt, von den, sei es tatsächlichen, sei es eingebildeten Stätten, Denkmälern und Gebäuden aus, die durch ihre Verbindung mit der Bibel geheiligt waren.

Wir haben eine kostbare Informationsquelle für die Hauptlinien einer Pilgertour in einem Reiseführer für christliche Pilger, den ein dem Namen nach unbekannter Bürger von Bordeaux verfaßt hat; er selbst hatte im Jahr 333 seine Besichtigungsfahrt unternommen. Ebenso wie Etheria ein halbes Jahrhundert später nahm er die Landroute nach Osten, durchquerte Südgallien, überstieg Alpenpässe und gelangte durch Norditalien und den Balkan nach Konstantinopel. Von hier reiste er in südlicher Richtung nach Syrien und dann der phönizischen Küste entlang nach Caesarea. Bis hierher zeigt er nur geringe Aufmerksamkeit für Sehenswürdigkeiten; er nennt nur die Städte, *mansiones* und *mutationes*, durch die man kommt; nur viermal etwa hält er inne, um auf besondere Sehenswürdigkeiten hinzuweisen: zwischen Chalkedon und Nikomedia bezeichnet er den Ort, an dem Hannibal begraben war, in Tarsus erwähnt er, daß es der Geburtsort von Paulus war, in Sareptah zeigt er die Stelle, wo Elia die Witwe um Speise und einen Trunk gebeten, und beim Berg Karmel diejenige, wo der Prophet das Opfer dargebracht hatte. Bei Caesarea verließ er die Küste und zog auf der landeinwärts führenden Straße nach Jerusalem, und hier beginnt eigentlich erst richtig seine Führung durch das Heilige Land. Die Sehenswürdigkeiten treten jetzt in dichter Folge nacheinander auf. Stradela (Jezreel) ist der Ort, wo König Ahabs Palast stand, wo Elia prophezeite und wo David Goliath erschlug (tatsächlich wurde die Schlacht nicht dort, sondern viele Kilometer weiter südlich in Juda geschlagen); Sichem bei Nablus bietet Josephs Grab, Jakobs Quelle und eine Reihe von Platanen, die Jakob pflanzte; der Berg Gerizim ist die Stelle des Isaakopfers (nur der Meinung der Samariter zufolge, die in dieser Gegend ihre

Wohnsitze hatten; die Israeliten bevorzugten dafür den heiligen, vom Tempel in Jerusalem überdeckten Fels); Bethel ist der Ort, an dem Jakob seinen Traum hatte und mit dem Engel kämpfte.

Von Bethel geht man nicht ganz zwanzig Kilometer und befindet sich vor den Toren von Jerusalem. Bemerkenswert ist ein Paar großer Teiche, die Salomo anlegen ließ und die einst seinen Tempel flankierten, und weiter drinnen in der Stadt die zwei Teiche von Bethesda, deren Wasser ständig in Bewegung ist und Heilkräfte besitzt. Zu den Resten von Salomos Palast gehört das Zimmer, in dem der große König das Buch der Weisheit geschrieben haben soll, aber tatsächlich wurde es etwa achthundert Jahre nach seinem Tod geschrieben. Im Tempel befindet sich auf dem Marmor vor dem Altar das Blut des Zacharias und, wie in Wachs eingedrückt, sieht man dort Fußspuren der Soldaten, die ihn töteten. Nahe beim Tempel stehen immer noch Statuen der römischen Kaiser Hadrian und Antoninus; Helena hatte erlaubt, daß sie dort stehen blieben. Nicht weit entfernt liegt ein »durchbohrter Stein«, zu dem die Juden jährlich zum Jahrestag der Zerstörung der Stadt kommen, um zu wehklagen und ihre Kleider zu zerreißen – also die Klagemauer von heute.

Am Ende des Tals, das Jerusalem durchschneidet, liegt der Teich Siloa; seine Wasser fließen, so sagt man, nur an Wochentagen und unterbrechen wunderbarerweise den Fluß am Sabbath. Die Sehenswürdigkeiten des Berges Zion umfassen den Ort, wo das Haus des Kaiphas stand, die Säule, an der Christus gegeißelt worden war, Reste von Davids Haus, Ruinen des Prätoriums, in dem Pilatus Christus befragte, und als Sehenswürdigkeit, die die größte Ehrfurcht von allen einflößte, Golgatha, nun geziert mit den beinahe fertiggestellten Kirchen, die Konstantin über der Grabeshöhle und über der Kreuzigungsstätte hatte errichten lassen. Verlassen wir die Stadt durch das Osttor, so kommen wir durch das Tal des Jehosaphat zum Ölberg, wo wir den Stein sehen, bei dem Judas Ischariot Christus verriet, die Palme, deren Zweige abgerissen wurden, um sie auf Jesu Weg zu streuen, als er im Triumph in Jerusalem einzog, und nicht weit entfernt von dort die angeblichen Gräber von Jesaia und Hesekiel. Sie können keinem von beiden zugeschrieben werden, und das eine Grab, das heute Absaloms Grab genannt wird, enthält dessen Gebeine ebensowenig wie diejenigen des Jesaia. Der Ölberg rühmt sich einer weiteren neuen Kirche Konstantins. Etwa zweieinhalb Kilometer in östlicher Richtung liegt Bethanien, wo Lazarus wieder zum Leben erweckt worden ist.

Es folgt dann eine Exkursion zum Jordan. Auf dem Weg nach Jericho sehen wir den wilden Feigenbaum, den Zachaeus erkletterte, um Christus bei seinem triumphalen Einzug zu sehen, und die Quelle, deren Eigenschaft, Frauen unfruchtbar zu machen, Elias ein Ende bereitete. In Jericho findet sich Rahabs Haus. Man begibt sich weiter zum Toten Meer und zu der acht Kilometer jordanaufwärts gelegenen Stelle, wo Johannes Christus taufte und wo sich am Ufer ein kleiner Hügel befindet, von dem aus Elias zum Himmel entrückt wurde.

Eine andere Exkursion führt nach Bethlehem und weiter darüber hinaus. Nähern wir uns der Stadt, so kommen wir an dem Grab der Rahel vorbei. In der Stadt gibt es noch eine weitere konstantinische Kirche, die den Ort der Geburt kennzeichnet, und ein Grab mit den sterblichen Resten von »Hesekiel, Asaph, Hiob, Jesse, David und Salomo, deren Namen in hebräischen Buchstaben auf den Wänden der zur Gruft hinabführenden Treppe zu lesen sind«. Es gab dort sicherlich ein Grab mit einer hebräischen Inschrift, und sicherlich gaben die Fremdenführer auch ihre eigene freie Übersetzung derselben. Von Bethlehem ziehen wir weiter zu den Terebinthen bei Hebron, wo Abraham seine Zelte aufschlug (hier stand eine weitere konstantinische Kirche) und dann nach Hebron selbst, um das gemeinsame quadratische Steingrab von Abraham, Isaak, Jakob, Sarah, Rebekka und Lea zu sehen. Hier endet die Rundfahrt durch das Heilige Land. Von hier aus verzeichnet unser Führer, wie er es schon auf der Hinreise getan hatte, einfach die Namen der Städte und Haltepunkte auf der Strecke seiner Rückreise nach dem Westen, mit nur sehr gelegentlichen Hinweisen für den an Sehenswürdigkeiten interessierten Reisenden; zum Beispiel wird Philippi als der Ort bezeichnet, wo Paulus im Gefängnis saß, die »mutatio des Euripides« als Rastplatz des Dichters und Pella als Geburtsort Alexanders.

Mit dem Fortschreiten der Zeit schoß die Zahl der Touristenattraktionen ins Kraut. In Bethanien sahen die Pilger nicht nur das Grab des Lazarus, sondern auch das Haus, das Maria, Martha und Simon der Aussätzige miteinander teilten, in Hebron nicht nur das Haus der Sarah, sondern auch dasjenige von David, in Nazareth nicht nur das Haus der Verkündigung, sondern auch eine Höhle, in der Christus gelebt hat. Insbesondere die Liste der geheiligten Höhlen wurde immer länger: derjenigen, in der Moses einst gewohnt hatte, in der die Engel den Hirten erschienen waren, um Christi Geburt anzukündigen, in der Christus die Füße der Apostel gewaschen und in der er zu den Aposteln gesprochen hatte. Zweifellos spielten einfallsreiche Fremdenführer die Hauptrolle bei dieser Vergrößerung der Menge und des Bereichs dessen, was als heilige Denkwürdigkeit zu bezeichnen war. Ein gewisser Antoninus von Piacenza, der seinen Besuch im Jahr 570, zweieinhalb Jahrhunderte nach dem Pilger aus Bordeaux, machte, gibt einen faszinierenden Bericht über die Wunderdinge, die man ihm gezeigt hat: in Nazareth die Bank, auf der Jesus als Schulkind gesessen und das Schulheft, in dem er sein ABC geschrieben hatte; außerhalb von Jericho die Asche von Sodom und Gomorrha, noch immer unter einer dunklen Rauchdecke, die nach Schwefel roch, und die Salzsäule, in die Loths Weib verwandelt worden war, – keineswegs durch das Lecken von Tieren, wie berichtet wird, in ihrem Umfang beeinträchtigt, sondern in ihrem Urzustand; in Jerusalem das getrocknete Blut Christi auf dem Fels, auf dem die Kreuzigung stattgefunden hatte, der Eindruck seiner Handflächen und Finger an der Säule der Geißelung, die Lanze, die Dornenkrone, eine Handvoll Steine, die zur Steinigung Stephans verwendet worden waren, und die Säule, die das Kreuz gestützt hatte, an dem Petrus sein Martyrium erlitt. Darüber, wie diese von Rom nach Jerusalem gekommen sein sollte, konnte sich wohl jeder seine eigenen Gedanken machen.

Die Fremdenführer in Ägypten waren noch schlimmer – sie hatten die Frechheit, die Pyramiden als die Vorratshäuser Josephs zu bezeichnen. Dabei gab es sehr viele Leute, die ihre schändlichen Geschichten anhörten, da Ägypten in seiner An-

DIE ÄGYPTISCHEN MÖNCHE

ziehungskraft für Pilger sogleich an zweiter Stelle nach dem Heiligen Land kam. Hier bestand der Reiz nicht in Verbindungen mit der Bibel, sondern in etwas, was ebenso heilig aber erheblich aufregender war: es waren die Mönche, die in der Wüste zuseiten des Niltals lebten.

Bereits in der ersten Hälfte des 3. Jahrhunderts hatten einige Ägypter ihre Heimstätten verlassen, um sich zu einem Eremitendasein in den rundum gelegenen, verlassenen Wüstengegenden niederzulassen. Einer von ihnen, Antonius, wurde der bekannteste Eremit seiner Zeit und einer der Gründer des christlichen Mönchswesens. Er zog sich im jugendlichen Alter von etwa zwanzig Jahren in die Wüste zurück und lebte zunächst in teilweiser, später in vollkommener Einsamkeit in einem verlassenen Fort in der Nähe von Arsinoë im Fajum. Als er schließlich nach zwei Jahrzehnten wieder auftauchte, bewog der Ruhm seiner Heiligkeit andere Einsiedler, sich in einigen Höhlen in seiner Nähe anzusiedeln. Gegen 305 etwa war eine Gemeinde mit Antonius als ihrem anerkannten Haupt entstanden. Bald traten ähnliche Gruppen an anderen Orten ins Leben, deren Mitglieder entweder für sich oder zu zweit oder dritt lebten, die aber jeweils eine ganz bestimmte Gemeinschaft unter der Führung eines besonders verehrten Mitglieds bildeten. Das Ödland Wadi Natrun, rund hundertsechzig Kilometer in westnordwestlicher Richtung von Kairo gelegen, wurde dafür ein beliebter Platz; 330 zog sich Makarius in diese Wüstenei zurück und gründete eine bedeutende Gemeinde, Ammonas im Jahr 352 eine weitere. In der Nähe von Marseille, auf der Insel Lérins, entstand fast zur selben Zeit eine ähnliche Ansiedlung von Mönchen; etwas später dann in Irland (461) und Schottland (563). Diese beiden hatten, wie bekannt, bedeutende Auswirkungen auf Europa.

Was die ägyptischen Anachoreten zusammenführte, war vor allem die Art ihrer Lebensweise. Abgesehen davon, daß die Einsiedler alle Sinnenfreuden ablehnten, bestanden sie auch darauf, Speise und Trank auf ein Minimum zu beschränken; dabei fasteten sie oft tagelang und, als ob das noch nicht ausreichend wäre, fügten sie zum Hunger noch selbst auferlegte leibliche Martern hinzu. In ausgehungertem Zustand, oft in einem halben Delirium, überkamen einen Einsiedler zwangsweise, wenn er seine Augen entweder in der Dunkelheit einer Höhle oder im blendenden Glast der Wüste öffnete, Halluzinationen, er sah Erscheinungen und hielt diese für die furchtbarsten von allen Prüfungen, denn er war überzeugt, daß es teuflische Fallen des Bösen seien. Die immer wieder dargestellte Versuchung des hl. Antonius ist dafür nur das bekannteste Beispiel. In seinem unaufhörlichen Bemühen, nicht weich zu werden, nicht durch die Versuchungen des Erzfeindes in die Irre geleitet zu werden, fand er einen unersetzlichen Beistand darin, daß sich in seiner unmittelbaren Nähe ein Kampfgefährte befand. Am Ende des 4. Jahrhunderts gab es allein im Wadi Natrun Tausende von Einsiedlern. Die Bewegung breitete sich über die Grenzen Ägyptens hinaus nach Palästina, Syrien und anderen Teilen des Nahen Ostens aus.

In Syrien entstand ihre wunderlichste Abart, der Säulenheilige, der vor der Welt nicht in eine Höhle, sondern auf die Spitze einer Säule flüchtete. Der berühmteste von ihnen war Simeon Stylites, ›Simeon auf der Säule‹. Im Jahr 423 nahm er etwa fünfundfünfzig Kilometer von Antiochia entfernt Wohnsitz auf einem etwa einen Meter hohen Steinblock. Mit dem Verlauf der Zeit gewann er immer mehr an Höhe, bis er schließlich auf einer etwa zwei Meter im Quadrat großen Plattform auf der Höhe eines zwanzig Meter hohen Pfeilers landete. Dort lebte er dreißig Jahre, betete und machte so viele unaufhörliche Verbeugungen, daß ein Beobachter, der mitzuzählen versuchte, nach 1244 aufgab.

Die Säulenheiligen und andere Anachoreten außerhalb Ägyptens konnten es an Zahl niemals mit den wahren Armeen aufnehmen, die innerhalb Ägyptens lebten. Die ausgedörrten Wüsten beiderseits des Niltals boten offenbar die geeignetste Umgebung für die von ihnen gewählte Lebensweise. Aus irgendeinem Grund bevorzugten sie Nord- und Mittelägypten. Im Süden entstand eine andersartige Form des Mönchtums, die erheblich unauffälliger war, aber in der Geschichte des Christentums sehr viel bedeutungsvoller werden sollte.

Diese Entwicklung begann in den Jahren 320 bis 325 bei Tabennisi nahe von Dendera in Oberägypten. Ein Eremit namens Pachomius wendete dem Leben, das er bis dahin geführt hatte, den Rücken und brachte eine gewisse Zahl von Gleichgesinnten zusammen, die zwar getrennt lebten, aber bereit waren, ihre Mahlzeiten gemeinsam einzunehmen. Mit der Zeit gaben sie ihren gemeinschaftlichen Tätigkeiten mehr Raum, bis sie eine regelrechte klösterliche Gemeinschaft wurden. Schließlich brachte Pachomius nicht weniger als neun Mönchsklöster und, mit der Hilfe seiner Schwester, zwei Nonnenklöster zu blühendem Leben. Die Anachoretengruppe des Antonius oder auch jede andere brauchte nur eine Serie von zusammenhängenden Höhlen oder dergleichen; Pachomius hingegen brauchte einen komplizierten Gebäudekomplex. Normalerweise gab es in einem solchen mehrere Schlafsäle für jeweils etwa zwanzig Mönche, die aber in einzelnen Zellen einzeln oder zu zweit und dritt schliefen, eine Kirche, ein Refektorium, eine Küche, einen Keller, einen Garten und eine Klosterherberge für Gäste. Da barbarische Stämme aus dem Sudan ständig über die Grenze kamen, um zu plündern, war die ganze Anlage außerdem von einer starken Mauer umgeben. Diejenigen, die sich Antonius anschlossen, verbrachten den ganzen Tag in Gebet und Meditation; die Anhänger des Pachomius verwendeten einen guten Teil ihrer Zeit für nützliche Arbeit wie z.B. Gärtnerei, Korbflechten usw.

Der Pilger, dessen Ziel Ägypten war, begnügte sich gewöhnlich mit einem Besuch bei den Gemeinschaften im Norden, insbesondere bei denen im Wadi Natrun und in dessen Umgebung. Die dortigen Einsiedlermönche machten nicht nur einen auffallenderen Eindruck von Heiligkeit in ihrer Hagerkeit, ihrer seltsamen Kleidung, mit ihrem ungekämmten Kopf- und Barthaar, sie konnten auch leichter aufgesucht werden. Dem Besucher wurden die Strapazen und Gefahren einer Reise zum glühend heißen und von Banditen heimgesuchten Oberlauf des Nils erspart. Von all den uns bekannten Besuchern Ägyptens: Etheria, der hl. Paula, Rufinus, der hl. Melania der Älteren und der Jüngeren und des hl. Hieronymus wagte sich nur Etheria in südlicher Richtung bis zur Thebais. Die meisten Einsiedler bereiteten den Gästen im allgemeinen einen freundlichen Empfang; die barschen, grämlichen Älteren, die ›Väter‹, waren nicht immer so freundlich. Als Erzbischof Theophilus eine Gemeinschaft in der Nähe des Wadi Natrun besuchen wollte und krank eintraf, baten die Mönche ihren ›Vater‹, ein Wort zu sagen, das dem Kranken helfen könnte. »Wenn er keinen Nutzen aus meinem Schweigen ziehen kann«, war seine Antwort, »wird er noch weniger aus meinen Worten ziehen können«. Ein anderer Besucher fragte einen der Einsiedler, ob er nicht sehr einsam sei. »Erst seit Du hier bist, bin ich es«, antwortete dieser. Insgesamt aber war der Empfang so herzlich und die Lebensweise so erhebend, daß manch frommer Besucher sich entschloß, für ein Weilchen zu bleiben. Einer der besten zeitgenössischen Berichte über die Mönche am Nil ist von einem gewissen Palladius geschrieben worden, der im Jahr 388 in Ägypten eintraf und mehr als zwölf Jahre in Klöstern im Wadi Natrun und in der Umgebung von Alexandria verbrachte. Johannes Cassianus blieb sieben Jahre dort, Rufinus sechs und die hl. Melania ein halbes Jahr.

Eine andere beliebte Touristenattraktion Ägyptens war das Grab des hl. Menas, eines Märtyrers, der ein Opfer der Verfolgungen Diokletians im Jahr 295 war und etwa auf halbem Weg zwischen Alexandria und dem Wadi Natrun begraben wurde. Nur in zweiter Linie wallfahrteten die Menschen wegen des Ruhmes des Heiligen dorthin. Ähnlich wie etwa in Lourdes, war es die Hoffnung auf die dem dortigen Wasser zugeschriebene Heilkraft. »Nimm das wohltätige Wasser des Menas – der Schmerz vergeht«, so lautet die bedeutungsvolle Botschaft, die ein Besucher nicht weit entfernt von der Krypta in die Wand gekritzelt hat. Gegen das Ende des 4. Jahrhunderts wurde in der Nähe des Grabes eine imposante Basilika errichtet. Im 5. Jahrhundert wurde noch eine weitere hinzugefügt und mit ihr zusammen und in Verbindung mit ihr ein vollständiger Badekomplex mit Zisternen, Teichen, Umkleideräumen und anderen Einrichtungen, wo Pilger in dem wunderwirkenden Wasser ein Bad nehmen konnten; für diejenigen, die nur trinken oder etwas Wasser mitnehmen wollten, flossen zwei von Röhrenleitungen gespeiste Brunnen im Kirchenschiff. Bis ins 9. Jahrhundert hinein kamen die Menschen in Scharen hierher; dann zerstörten die Araber das Heiligtum.

Für den wahrhaft Frommen umfaßte also die *peregrinatio ad loca sancta* Ägypten so gut wie das eigentliche Heilige Land. Hier und dort reiste man gezwungenermaßen meistens auf dem Landweg. Für die weite Reise bis in den Nahen Osten indessen nahmen die Pilger den Vorteil der ihnen gebotenen Wahl zwischen der Reise auf dem Land- oder dem Seeweg wahr.

Wie schon immer, bot das Meer die schnellste und bequemste Reiseart. Diesen Weg wählte der hl. Hieronymus im Jahr 385. Sein Schiff, das in Ostia an der Mündung des Tiber seine Segel setzte, passierte die Straße von Messina, fuhr dann durch die ionischen und kykladischen Inseln in der Ägäis und landete schließlich nach einem Zwischenaufenthalt auf Zypern in Antiochia, dem größten Hafen der Levante für direkten Überseehandel. Die hl. Paula, die einen Monat später reiste, fuhr auf einem Handelsschiff, das sich auf seiner Fahrt mehr oder weniger in Küstennähe hielt. Sie fuhr ebenfalls in südlicher Richtung zur Straße von Messina, durchquerte das ionische Meer, kam nach Methone, umfuhr die Peloponnes im Süden, fuhr durch die Kykladen hindurch nach Rhodos, von da an die Südküste Kleinasiens, machte einen Aufenthalt auf Zypern und fuhr schließlich in die Häfen von Seleukia und Antiochia ein; im letzteren traf sie mit Hieronymus zusammen. Von dort reisten die beiden zu Land mit einer Gesellschaft nach Jerusalem, wobei Paula auf einem Esel ritt. In gleicher Weise hatten 372 Melania und Rufinus den Seeweg von Ostia nach Alexandria, eine altbewährte Route, und den Landweg von dort nach Jerusalem gewählt. Melania die Jüngere fuhr mit dem Schiff von Sizilien nach der gegenüberliegenden Küste Afrikas und setzte die Reise nach Jerusalem mit dem Schiff fort, mit einem Zwischenaufenthalt in Alexandria. Antoninus von Piacenza segelte von Konstantinopel nach Syrien mit einer Zwischenlandung auf Zypern.

Andere, wie zum Beispiel der Bordeaux-Pilger oder Etheria, reisten nicht zur See, obwohl Schiffsreisen schnell und bequem waren. Zu Land reiste man auf den Straßen, die vom *cursus publicus* benutzt wurden, so daß der Reisende vermutlich keine großen Schwierigkeiten hatte, unterwegs Essen, Unterkunft, Tiere und Fahrzeuge zu finden. Außerdem konnten Pilger, die entweder hochgestellte Persönlichkeiten waren oder gute Verbindungen hatten, auf die Dienste des *cursus* zählen. Aber das Tempo des Fortkommens war mit oder ohne dessen Hilfe langsam. Der Bordeaux-Pilger rechnete aus, daß er von Bordeaux nach Jerusalem etwa 3400 römische Meilen zurücklegte, wofür er 170 Tage brauchte; dies ergibt zwanzig Meilen pro Tag, einen guten Durchschnitt für eine Reise zu Land. Melania die Jüngere, die Konstantinopel Ende Februar verließ und darauf bedacht war, Jerusalem rechtzeitig an Ostern zu erreichen, zog zielbewußt ihres Wegs und konnte trotz bitterer Kälte und obwohl die Straße durch Gebirge führte, einen Durchschnitt von sechsundzwanzig römischen Meilen pro Tag erreichen. Sie brauchte für die Strecke insgesamt vierundvierzig Tage, sie hätte sie in nicht mehr als zehn zurücklegen können, wenn sie gewillt gewesen wäre, eine Seereise im Winter zu wagen. Sie war nicht die einzige, die die Reise von Konstantinopel nach Syrien lieber zu Land als zur See unternahm; viele andere taten das aus irgendeinem Grund ebenfalls, nicht nur im Winter.

Eine dritte Möglichkeit war, Landstrecken und Seestrecken zu kombinieren. Man konnte Rom auf der Via Appia verlassen, diese bis zu ihrem Ende in Brindisi fahren und dort ein Schiff nach Korinth besteigen, den Isthmus überqueren, mit einem anderen Schiff nach Ephesus weiterfahren und von dort entweder per Schiff oder zu Fuß weiterreisen. Es gab viele derartige Kombinationen, von denen zweifellos auch Gebrauch gemacht wurde.

Seit den letzten Jahrzehnten des 4. Jahrhunderts, als Pilgerfahrten zum Heiligen Land die große Mode waren, waren mehr die Gefahren als die Beschwerden das kritische Problem für den Reisenden. Die römischen Kaiser verfügten nicht mehr über die starken militärischen und Flotten-Streitkräfte zur Aufrechterhaltung der Sicherheit, wie während der Friedenszeiten im 1. und 2. Jahrhundert. Im Westen brachen Vandalen, Westgoten und andere Völker in das Imperium ein. Überall auf dem Mittelmeer waren Piraten wieder am Werk; die Flotte gehörte in dem an Unruhen reichen 3. Jahrhundert zu den zu verbuchenden Verlustposten; gut organisierte römische Flottenverbände, die regelmäßige Kontrollen durchführten, gehörten der Vergangenheit an. Zu Land dagegen waren die Hauptstraßen im großen und ganzen noch ausreichend sicher. Libanius beispielsweise, der um die Mitte des 4. Jahrhunderts von Antiochia aus eine umfangreiche Korrespondenz führte, scheint vollkommen sicher gewesen zu sein, daß alle seine Briefe ihre Bestimmung erreichen würden, und erwähnt tatsächlich nicht ein einziges Mal einen durch Banditen verursachten Verlust. Aber es gab Zeiten, in denen auch dort bewaffnetes Wachpersonal am Platze war. Johannes Chrysostomus hatte auf einer Reise von Antiochia nach Konstantinopel einen Soldaten zur Begleitung mit, den ihm der örtliche Gouverneur gestellt hatte, denn das Hinterland war damals schon wieder ein regelrechtes Niemandsland. Chrysostomus wurde dort auf seinen Reisen oft von isaurischen Straßenräubern bedroht, und Etheria mußte vor plündernden Arabern auf der Hut sein. Die letzteren stellten eine besondere Bedrohung dar, wenn man aus einem Ereignis Schlüsse ziehen darf, das der hl. Hieronymus den Mönch Malchus erzählen läßt: »Wenn man von Beroia (Aleppo) nach Edessa geht, befindet sich in der Nähe der Landstraße eine Wüste, in der Araber ständig herumstreifen und bald hier, bald dort ihr Lager haben. Die Reisenden der Gegend, die das wissen, schließen sich zu Gruppen zusammen, um die Gefahr durch gegenseitigen Beistand zu vermindern. Meine Gesellschaft bestand aus Männern, alten und jungen Frauen und Kindern, alle zusammen etwa siebzig Personen. Und siehe da, plötzlich stürzten sich auf Pferden und Kamelen reitende Araber auf uns. Sie hatten in Turbanen aufgebundenes langes Haar, waren halbnackt und trugen einen Umwurf und lange Sandalen. Köcher hingen von ihren Schultern, sie schwangen entspannte Bogen und trugen ihre langen Speere – sie waren, wie Du siehst, nicht zum Kämpfen sondern zum Räubern gekommen. Wir wurden gefangengenommen, aufgeteilt und in verschiedenen Richtungen weggetrieben. Ich... zusammen mit einer anderen Person, einem Mädchen, fiel als Beute einem Herrn zu. Wir wurden auf Kamelen fortgeführt – oder besser: fortgeschleppt. Auf dem Weg durch die riesige Wüste hingen wir mehr als daß wir saßen, in ständiger Furcht vor dem Tod. Unsere Speise war halbrohes Fleisch, unser Getränk Kamelmilch.«

Diese Geschichte ist zwar erfunden, und doch spiegelt sie gut wider, was damals einem Reisenden in Wüstengegenden passieren konnte. Tief in derartige Gebiete hinein führte den Pilger ein Ausflug zum Berg Sinai – um dort ›Moses-Land‹ zu sehen. Am Ende des 4. Jahrhunderts, als Etheria es besuchte, bestanden dort bereits Mönchsgemeinschaften, und im 6. Jahrhundert gründete Justinian das Katharinenkloster, das noch heute besteht. Sowohl Araber als auch Christen betrachteten das Gebiet als heilig, und so wurde es zwangsläufig trotz seiner Abgeschiedenheit und der Gefahren zu einer Stätte, die einen ständigen Besucherstrom anzog. Wir wissen das nicht nur aus den Berichten der Etheria und anderer Pilger, sondern auch aus einer sehr ungewöhnlichen Informationsquelle, einigen im übrigen gleichgültigen Zeilen in nüchternen Geschäftspapieren; sie sagen aber auf ihre Art mehr aus als die überschwenglichen Berichte frommer Pilger.

Im Jahr 1936 wurde durch einen Glücksfall ein Stoß von Papyrusdokumenten in den Ruinen von Nessana (Auja), einer Stadt im Negev entdeckt, an der die Hauptstraße nach dem Süden vorbeiführte. Es war die letzte Gemeinde einer gewissen Größe, die ein Reisender auf dem Weg von Palästina zum Sinai passieren mußte; jenseits erstreckte sich mehr oder weniger offene Wüste. Seit der Mitte des 5. Jahrhunderts unterhielt die römische Regierung, der die Araber dann darin folgten, ein Fort und eine Garnison an diesem Ort, um die Grenzen des südlichen Palästina vor den Einfällen plündernder Beduinenbanden zu schützen. Drei von diesen Dokumenten liefern uns nun kostbare Einzelinformationen über die Pilgerfahrt zum ›Heiligen Berg‹, eine Bezeichnung, die damals entweder für den Berg Sinai und das ihn umgebende Hügelland im allgemeinen oder für das Katharinenkloster im besonderen verwendet wurde. Eines ist eine Abrechnung über Ausgaben, geschäftliche Transaktionen und dergleichen, die ein Agent einer Kamel- und Eselskarawane führte; diese unternahm irgendwann in dem späten 6. oder frühen 7. Jahrhundert einen Zug durch den Negev; ihr Weg führte sie zur Sinaihalbinsel, denn in der Mitte der Abrechnung finden wir folgende Eintragungen:

PILGERFAHRT ZUM BERG SINAI

Der Arabereskorte, die uns zum Heiligen Berg geleitete, gezahlt	3½ Solidi
Uns von Pater Martyrius übergeben	270½ Solidi
Wir gingen zu Gebeten zum Heiligen Berg und machten ein Opfer von	1 Solidus
Ausgaben für Euch [d.h. die Leiter der Karawanengesellschaft], ferner Einkauf von Fisch und Mandeln	1 Solidus
Schenkung für das Kloster im Namen der Gruppe von Eurer Stadt	10 Solidi

Der Agent mietete also, in anderen Worten, einen Araber, der sie nach dem Berg Sinai geleiten sollte, einen erfahrenen berufsmäßigen Führer, wie man schon an dem Honorar erkennen kann; ein Vergleich mit anderen Eintragungen zeigt, daß es der Hälfte des Preises für ein Kamel entspricht. Im Kloster vertraute Pater Martyrius, sehr wahrscheinlich der Abt selbst, dem Agenten eine sehr beträchtliche Geldsumme an; vielleicht sollte sie bei seinen Vorgesetzten zum Einkauf von Vorräten deponiert werden, die die Karawane bei späteren Gelegenheiten mitbringen würde. Der Agent und seine Leute nutzten ihre Anwesenheit an diesem geheiligten Ort, um an einem Gottesdienst teilzunehmen und eine bescheidene Gabe in die Sammelbüchse zu stecken. Sie tätigten auch einen Kauf auf Kosten der Gesellschaft, der auch Lebensmittel für die nächste Reisestrecke einschloß. Bei ihrem Abschied stifteten sie im Namen der Gesellschaft einen recht großzügigen Beitrag.

An einer späteren Stelle der Abrechnung, nachdem der Führer vermutlich bereits entlassen worden war, finden wir eine Eintragung folgenden Inhalts: »Kostenerstattung für das Kamel, das die Araber, die bani al-Udayyid, genommen haben«. War das ein Raubzug oder einfach ein Diebstahl? Zahlte die Karawane dem Führer deshalb einen so hohen Lohn, weil er nicht nur den Weg führte, sondern auch das sichere Geleit garantierte, das heißt für ein entsprechendes Verhalten seiner Stammesbrüder einstand? Die beiden anderen Dokumente, die den Berg Sinai erwähnen, scheinen diese Vermutung zu bestätigen. Eines, das das Datum 5. Dezember 683 trägt, lautet: »Im Namen des Allmächtigen Gottes! Abu Raschid, Gouverneur, dem Volk von Nessana.

Gott sei Dank... Wenn meine Frau Ubayya zu Euch kommt, dann stellt ihr einen Mann, der sie auf dem Weg zum Berg Sinai führen soll. Sorgt auch für die Bezahlung des Mannes.«

Das andere, mit dem Datum März 684 und in fast der gleichen Sprache abgefaßt, ist eher an den leitenden Verwaltungsbeamten von Nessana als an das Volk im allgemeinen gerichtet. Der Führer wird für einen gewissen Abu 'l-Mughira, einen *mawla*, das heißt einen Konvertiten zum Islam, gewünscht. Wir befinden uns jetzt bereits mitten im Zeitalter der arabischen Eroberungen. Nessana und seine Umgebung waren wahrscheinlich schon 633 überrannt worden, und dementsprechend untersteht das Gebiet bereits der Jurisdiktion arabischer Beamter; Abu Raschid, der diese Anordnungen dem Volk von Nessana gab, war höchstwahrscheinlich der in Gaza residierende Gouverneur. Die erste vom Monat Dezember betraf seine Frau; sie dürfte nur wegen der Sehenswürdigkeiten auf Reisen gegangen sein und sich einen der kühlsten Monate dafür ausgesucht und die Stellung ihres Mannes ausgenutzt haben, um auf amtliche Kosten zu reisen. Der zum Islam Konvertierte, in der zweiten Anordnung Genannte könnte ein Tourist oder ein im Regierungsauftrag reisender Beamter gewesen sein. In beiden Fällen erhält man den Eindruck, daß der Führer ebenso nötig war, um ein sicheres Geleit zu gewährleisten wie dazu, den Weg zu zeigen.

Soviel sei über die Gefahren gesagt, denen die christlichen Pilger sich auf der Straße aussetzten. Wir wollen uns jetzt einem weiteren Problem zuwenden, mit dem sie sich beschäftigen mußten, nämlich wo sie für die Nacht Quartier nehmen konnten. Auf der offenen Landstraße hatten sie keine Wahl; sie unterbrachen ihre Reise wie der Bordeaux-Pilger bei der *mansio* oder *mutatio*, die sie bei Einbruch der Nacht erreichen konnten. Befanden sie sich aber einmal an einem Ort, wo die Kirche sich eines starken Rückhalts erfreute, dann besserte sich die Lage beträchtlich. Reiche oder Persönlichkeiten, die eine gewisse Stellung innehatten, konnten, wie entsprechende heidnische Persönlichkeiten vor ihnen, mit eleganten Unterkünften in Häusern von Freunden oder von den örtlichen Behörden rechnen. Melania die Jüngere lebte beispielsweise während ihres Aufenthalts in Konstantinopel in dem Palast des Lausus, des Kämmerers von Theodosius II., obwohl dies einen Verzicht auf einen guten Teil ihrer strengen Lebensweise bedeutete – und zweifellos ebenso bedeutete, daß sie jedesmal errötete, wenn sie in seiner Sammlung griechischer Statuen an nackten Figuren vorbeigehen mußte. So außergewöhnlich fromm er auch war, so konnte sie ihn doch nicht dazu bewegen, seinen Kunstschätzen zu entsagen. Die hl. Paula, die ja aus einer der vornehmsten römischen Familien stammte, wurde von dem Gouverneur von Palästina eingeladen, in seinem Haus in Jerusalem Quartier zu nehmen, doch lehnte sie sein Angebot zugunsten einer kleinen, einfachen Hütte in Bethlehem ab. Bischöfe hatten eine Abmachung auf Gegenseitigkeit: Jeder, der sich auf der Durchreise befand, konnte mit einem Zimmer im Palast eines anderen Bischofs rechnen.

Der Durchschnittsreisende andrerseits mußte in Gasthöfen absteigen, und der Gasthof des Altertums war im allgemeinen, wie wir gesehen haben, kaum ein passender Platz für gottesfürchtige Menschen. Paulinus von Nola, ein Mann mit Verständnis und Mitgefühl für menschliche Schwächen, konnte nicht umhin, beim Anblick der Tavernen in Wut zu geraten, die nebeneinander nahe bei der Basilika des hl. Felix standen und aus denen sich ein ständiger Strom von Betrunkenen ergoß, die am Grab des Märtyrers vorbeitorkelten. Die apostolischen Verordnungen verboten, wie schon erwähnt, die Inanspruchnahme von Gasthäusern, außer in Fällen dringender Notwendigkeit. Als aber dann das Konzil von Laodikea im Jahr 363 zusammentrat, war es in der Lage, ihren Besuch ohne Einschränkung zu verbieten, weil die Kirche sich zu jenem Zeitpunkt damit brüsten konnte, überall, wo es wirklich notwendig war, geeignete Unterkünfte bereitgestellt zu haben. Der hl. Basilius von Caesarea war derjenige, der den Gedanken der Erstellung von Hospizen für christliche Reisende faßte und förderte. Solch eine Gründung wurde zunächst nach ihm *basileias* genannt und später erst mit *xenodocheion*, ›Haus, um Fremde aufzunehmen‹, bezeichnet – das in der griechischsprechenden Welt die Standardbezeichnung für das Gasthaus wurde. Das Konzil von Nicaea gab dem von Basilius begonnenen Werk Gesetzeskraft, und nicht lange Zeit danach

V Sogenanntes Nilmosaik aus dem Tempel der Fortuna Primigenia in Praeneste (Palestrina), das lange Zeit eine berühmte römische Orakelstätte war.
In der Tradition der allgemeinen Ägyptenmode des Kaiserreiches stehend, 1.-2. Jahrhundert n. Chr.
Das Mosaik zeigt den Nil zur Zeit des Wasserhöchststandes, wie ihn schon Herodot beschreibt. Für den ägyptischen Tempel oben rechts diente wahrscheinlich Edfu als Vorbild; auch für das Schiff links vom Tempel scheinen die Reliefs von Edfu unmittelbares Vorbild gewesen zu sein: es kopiert die dort zu sehenden Schiffe des Horus, der den Götterfeind Seth, den Mörder des Osiris, zur Strecke bringt. Das zweite Segelschiff rechts unten hat typischen ägyptischen Bug und Heck, eine Kabine ähnlich dem Relief von Elkab (Farbtafel II); darunter und auf der linken Bildseite – zwischen Lotus- und Papyruspflanzen – Papyrusboote; ganz im Vordergrund eine römische Galeere mit Soldaten. Die hier ›eingeblendete‹ römische Tempelanlage mit ihrem italienischen Baumbestand verweist ebenfalls auf den Horus-Kult, wie er möglicherweise in Praeneste praktiziert wurde oder dem dortigen Kult als Vorbild diente: durch den offenen kleinen Säulenbau in der rechten Bildmitte wird gerade eine Osiris-Statue, der Priester und Musikanten folgen, in den Tempel links unten getragen, vor dem römische Offiziere unter einem Sonnensegel warten.

Palestrina, Museo Prenestino Barberiniano

konnte jede christliche Gemeinde, die auch nur eine gewisse Bedeutung hatte, sich einer Unterkunft für Gäste rühmen. Die Größe und Aufmachung dieser christlichen Hospize waren von Ort zu Ort verschieden. In den großen Städten, besonders in solchen, in denen Bischöfe sich für diese Dienste einsetzten und sogar einen Teil ihrer Bezüge dafür hergaben, waren sie großzügig und gut. Wenn wir Antoninus von Piacenza, der gern übertreibt, beim Wort nehmen dürfen, hatte Jerusalem im Jahr 570 zwei derartige Unterkünfte – eine für Männer, eine andere für Frauen – die zusammen 3000 Personen aufnehmen konnten. Klöster standen mit ihrer Fürsorge für Reisende an erster Stelle: Jedes von ihnen hatte für Gäste mindestens einige Betten bereit, und späterhin wurde ein regelrechtes Hospiz zu einer unerläßlichen Einrichtung fast jeder klösterlichen Anlage. Hier und da trugen auch Privatpersonen etwas zu dieser Gastlichkeit bei. In Der Seman zum Beispiel, in der Nähe des Pfeilers des hl. Simeon, wo nach dem Tod des Heiligen im Jahr 459 ein wahres Mekka für Touristen entstand, gründeten einige ortsansässige Persönlichkeiten Unterkünfte und unterhielten sie auch; es waren dies natürlich keine umfänglichen Anlagen, aber sie konnten doch wenigstens einige Dutzend Pilger aufnehmen und, nach den vorhandenen Resten zu urteilen, durchaus nicht in der allereinfachsten Form. Auch der Staat gewährte Unterstützung. In Konstantinopel richteten mehrere Herrscher nacheinander – Theodosius II., Justinus, Justinian und Theodora, *xenodocheia* ein. Es wurde erzählt, daß in Oxyrhynchus in Ägypten, einer Stadt, in der es von Mönchen wimmelte, die örtlichen Behörden in ihrem Bestreben, einen Beitrag zu leisten, Leute an den Stadttoren postierten; diese hatten Auftrag, Fremde, die abgerissen aussahen, anzusprechen, aufzunehmen, und, als besonders freundliche Geste, für alle ihre Ausgaben aufzukommen.

Die *xenodocheia* waren nur dazu da, um Angehörige des christlichen Glaubens aufzunehmen, nicht Reisende allgemein. Folglich mußte ein System erdacht werden, um Betrüger zu entdecken. Schon in den Zeiten der Apostel waren Christen, die unterwegs waren, versehen mit Empfehlungsbriefen, mit deren Hilfe es einem Ortsfremden möglich war, sich bei seinen Glaubensgenossen auszuweisen, und um Unterkunft oder auch um andere Unterstützung zu bitten. Der hl. Paulus rühmte sich, bereits so gut bekannt zu sein, daß er, wie er den Korinthern berichtete, derartige Dokumente nicht nötig hatte. Später, in den Jahren der Verfolgungen, waren sie mehr denn je wichtig als Mittel, um echte Zufluchtsuchende oder Überbringer von Botschaften zu identifizieren. Im 4. Jahrhundert, als das Christentum die herrschende Religion war, behielten sie ihre Nützlichkeit, um unberechtigte Personen, Häretiker ebenso wie Heiden, von den christlichen Hospizen fernzuhalten.

Der gewöhnliche Reisende hatte einen einfachen ›Friedensbrief‹, wie das Dokument genannt wurde, bei sich, der ihn zu einer normalen gastlichen Aufnahme berechtigte. Geistliche erhielten einen regelrechten Empfehlungsbrief, ein Dokument höherer Ordnung, das seinem Inhaber bevorzugte Behandlung verschaffte. Anfänglich durften Priester sie ausstellen, doch führte das zu Mißbrauch. Nichtgeistlichen gelang es zu oft, sich mit Geld oder aufgrund ihrer Stellung Empfehlungsbriefe zu besorgen. Seit dem 4. Jahrhundert durften deshalb nur noch Bischöfe diese ausstellen.

Mit einem solchen Brief in seiner Tasche konnte ein Reisender tags oder nachts an der Tür jedes beliebigen Hospizes anklopfen und dabei sicher sein, daß man ihn aufnehmen würde. Jeder neue Ankömmling wurde mit dem Bruderkuß begrüßt, seine Füße wurden gewaschen, in manchen Unterkünften sogar mit Öl gesalbt. Die Geschlechter wurden, wie wir gesehen haben, getrennt untergebracht. Die Mahlzeiten waren einfach und entsprachen den jeweils vorhandenen Mitteln oder auch der Strenge der Lebensführung. Im Wadi Natrun teilte der Besucher mit den Mönchen das spartanische Essen, das aus Brot und Wasser bestand. Andernorts konnte er üblicherweise damit rechnen, zusätzlich Früchte der Region zu bekommen, und dort, wo etwas reichlichere Mittel vorhanden waren, sogar Fisch, Gemüse und einen Becher Wein. Der Unterschied in den einzelnen Unterkünften selbst muß sogar noch größer gewesen sein, obwohl sich so wenige Beispiele erhalten haben, daß es schwer ist, zu einem sicheren Urteil zu kommen. Einige wenige, zu Heiligtümern oder Klöstern gehörende Hospize sind im nördlichen Syrien erhalten und sind in ihrer Anlage völlig verschieden vom traditionellen antiken Gasthof mit seinem zentralen, auf allen vier Seiten von Einzelzimmern umgebenen Hof. Es sind längliche, zwei Stockwerk hohe Gebäude ohne Hof, in denen der meiste Platz in jedem Stockwerk von einem großen Schlafsaal eingenommen wird; daneben liegen einige kleinere Räume, die als Speisezimmer, Büros und ähnliches gedient haben werden. In Turmanin gab es ein großes Hospiz, in dessen etwa vierundzwanzig zu zwölfeinhalb Meter messenden Dormitorien rund 400 Gäste untergebracht werden konnten. In Der Siman gab es zwei Hospize von mittlerer Größe, die zusammen etwa ein Drittel dieser Zahl aufnahmen. Diese drei Hospize waren eindrucksvolle, von hohen Pfeilerhallen umschlossene Gebäude.

Hospize boten außer Bett und Verpflegung noch eine ganze Reihe weiterer Dienste. Kam ein Reisender krank an, so boten sie Arzneien und stellten einen Arzt; kam er in abgerissenen Kleidern, so erhielt er bessere. Sie gaben ihm einen Führer zur Besichtigung der Sehenswürdigkeiten und sogar Geld, wenn es ihm ausgegangen war; damit war freilich das unerquickliche Problem verbunden, diejenigen auszuscheiden, die die Hilfe *sub specie peregrinationis* lediglich »unter dem Vorwand einer Pilgerfahrt« zu erlangen versuchten. Vor allem aber war gut für die Seele des Reisenden gesorgt; selbst das ärmste Kloster, das vielleicht seinen leiblichen Bedürfnissen nicht ganz genügte, versorgte seine geistlichen Bedürfnisse aufs reichste, indem es ihm genügend Gelegenheit zu Meditation und Gebet gab.

Für all diese leibliche und seelische Fürsorge wurde formell keine Bezahlung gefordert. Es wurde aber angenommen, daß diejenigen, die es sich leisten konnten, wie es die Karawane aus Nessana im Katharinenkloster beim Berg Sinai tat, beim Abschied eine Schenkung machten – die auch dankbar angenommen wurde. Von Besuchern, die sich längere Zeit im Wadi Natrun aufhielten, erwartete man, daß sie arbeiteten. Natürlich deckten die Beiträge der Gäste, ob es sich nun um Geld oder Geschenke oder Arbeit handelte, nur einen Bruchteil der Kosten, deren Hauptanteil die Stiftung zu tragen hatte. In Ägypten lieferten die Mönche dem Abt Gewinne aus ihrer Arbeit ab, um damit die Hospize zu unterstützen; anderenorts wurde von den Klöstern ein Zehntel ihres Einkommens für diese Ausgaben angesetzt. Karitative Vermächtnisse stellten eine große Hilfe dar. Das Justinianische Gesetz enthält eine Verordnung, daß die in einem Testament »den Armen« ohne genauere Bezeichnung vermachten Geldsummen an das jeweils örtliche Hospiz gehen müßten.

Nicht nur viel Geld, sondern auch viel Zeit und Mühe war für die genannten Dienste erforderlich. Obwohl Gastlichkeit eine christliche Tugend war, die Prälaten und Mönche selbstverständlich ausübten, so ist es doch klar, daß sie unter der Belastung litten, einen unaufhörlichen Strom von Gästen zu unterhalten. Der hl. Hieronymus verlegte seine Arbeit resigniert auf die stillen Nachtstunden, besonders die Stunden der langen Winternächte, konnte es aber doch nicht lassen, für sich das Fazit zu ziehen, daß der Empfang von Pilgern eine Sache für die Jungen und nicht für die Alten sei, die für dieses Geschäft nicht mehr die nötige Spannkraft aufbringen konnten. Die Mönche verlangten in den Gästeunterkünften bis zum Mittag Schweigsamkeit. Einige Einzelgänger wie Simeon auf dem Pfeiler hatten Besuchsstunden; er empfing erst nach 3 Uhr nachmittags.

Die Lage von Hospizen wurde so gewählt, daß sich möglichst wenige Unbequemlichkeiten ergaben. Klöster verlegten sie zum Beispiel oft in die Nähe des Eingangs, abseits von den übrigen Klostergebäuden. Im Wadi Natrun befanden sich die Unterkünfte unmittelbar bei der Kirche, so daß Gäste diese zur Verrichtung ihrer Gebete besuchen konnten, ohne daß die Mönchsgemeinde gestört wurde. Bei Heiligtümern, in denen Märtyrer und Heilige bestattet waren, stand das Hospiz so nahe wie möglich bei dem Grab, weil es die Krönung der Freuden eines Pilgers war, ganz nahe bei einem Heiligen zu wohnen, gleichsam sein Gast zu sein. Melania die Jüngere wohnte bei ihrem ersten Besuch in Jerusalem in einem Zimmer in der Anastasis, der über der Grabeshöhle befindlichen Kirche, oder nahe bei ihr. Als Paulinus sich in Nola niederließ, nahm er Wohnung in einer der für Pilger vorgesehenen Zellen, die die Begräbnisstätte des Märtyrers Felix besuchten. Pilger, die in Karthago darauf warteten, ein Schiff besteigen zu können, schlüpften gern in einer Kirche beim Hafen nahe beim Grab des hl. Cyprian unter. So mancher Pilger zog es vor, unter einer offenen Halle zu schlafen, die ein verehrungswürdiges Grab umgab, anstatt eine bequeme Nacht in einem Hospiz zu verbringen. Das Erlebnis war erhebend, und es wurden keine Schenkungen erwartet.

Die Hospize der Klöster wurden im allgemeinen von ausgewählten Mönchen geführt, die dem Abt gegenüber verantwortlich waren, die Hospize der Kirchen von ihrem Bischof gegenüber verantwortlichen Priestern. Dies Verfahren ließ in der Praxis viel zu wünschen übrig. Die geistlichen Hospizleiter wirkten, der Natur ihrer Aufgabe gemäß, unabhängig von der Organisation, zu der sie gehörten, waren daher bestrebt, einen Staat im Staat zu bilden, und nahmen Überwachungs- oder Kontrollversuche übel. Für die Bischöfe oder Äbte bestand deshalb die Aufgabe darin, die richtigen Persönlichkeiten für das Amt zu finden, das heißt Männer, die aufgrund ihres integren Charakters ein besonderes Ansehen genossen. Was das übrige Personal betraf – Sekretäre, Ärzte, Köche, Instandhaltungs- und anderes Personal – so bevorzugten sie Junggesellen oder unverheiratete Frauen, das heißt Leute, die keine familiären Bindungen hatten und von denen man erwarten konnte, daß sie ihre Arbeit mit voller Hingabe verrichteten und auch nicht ganze Sippen mitleben ließen.

Wenn der christliche Tourist seinen Führern pflichttreu gefolgt war und alles, was diese zu sagen hatten, begierig in sich aufgenommen hatte, einschließlich der unglaubwürdigsten Geschichten und Legenden, dann empfand er, nicht anders als sein heidnischer Bruder, das unwiderstehliche Bedürfnis, ein ewiges Erinnerungszeichen seiner nur so kurz währenden Anwesenheit zu hinterlassen. »Wir kamen nach Kanaan«, schreibt Antoninus von Piacenza, »wo unser Herr bei der Hochzeit anwesend war, und wir saßen auf der gleichen Bank, und dort – ich schäme mich, es zuzugeben – schrieb ich die Namen meiner Eltern«. Er muß eine Art von Erinnerungsspruch geschrieben haben, wie sie oft in den Pharaonengräbern und anderenorts gefunden werden, in denen auch der nicht anwesenden Verwandten und Freunde gedacht wird. Ich habe bereits den Pilger erwähnt, der seine Anpreisung des wunderwirkenden Menas-Wassers an die Wand eines der in dem Bezirk des Heiligen befindlichen Gebäude gekritzelt hatte. Im Heiligen Land selbst haben sich Pilger-Graffiti nur an sehr abgelegenen Stätten gefunden. Vielleicht liegt es daran, daß viele berühmte Denkmäler heute verschwunden sind – oder sie wurden gegen eine solche Verschandelung geschützt. In dem weichen Stein einer künstlichen Grotte am Fuß des Berges Karmel, die für heilig gehalten wurde – sie war zuerst Kirche und dann Moschee – finden sich unzählige durcheinander geschriebene Namenszüge von Besuchern, die im Lauf der Jahre hier gewesen sind. Die Überreste einer Kirche am Ort von Abrahams Eiche bei Mamre in der Nähe von Hebron zeigen noch einige von den ursprünglich sicherlich massenhaften Einkratzungen. »Oh, Herr Gott«, lautet die am besten erhaltene, »hilf ... Pregarios, deinem Diener«.

Schließlich konnte auch der christliche Besucher, ebenso wie sein heidnischer Bruder, nicht fortgehen, ohne ein passendes Andenken zu erwerben. Aber er begnügte sich nicht mit geschmacklosem Kitsch; sein Andenken mußte etwas sein, das in eindeutiger Weise auf die Heiligkeit der besuchten Orte bezogen war. Pilger nahmen begeistert Kieselsteine oder Prisen von Erde aus heiligen Bezirken, Früchte oder Zweige aus heiligen Hainen, Wachsstückchen von Kerzen, die in Heiligtümern brannten, einige Tropfen Wassers aus einem Fluß, in dem ein Heiliger sich erfrischt hatte, Grashalme von einem Ort, den er betreten hatte, und anderes dieser Art mit nach Hause. Bei der Auferstehungskirche auf dem Ölberg beispielsweise, in der ein Teil des Fußbodens ungepflastert gelassen worden war, um die letzten Fußeindrücke Jesu vor seiner wunderbaren Entrückung sehen zu lassen, nahmen so viele Besucher etwas Erde und Sand mit, daß die Aufseher ständig Ersatz dafür herbeischaufeln mußten. Einige setzten sich auch höhere Ziele, wie der geschickte Andenkenjäger, der sich mit dem größten Schatz aller Zeiten, einem Splitter des Wahren Kreuzes auf den Heimweg machte: am Karfreitag, als es allen Teilnehmern am Gottesdienst erlaubt war, das Holz zu küssen, gelang es ihm, ein Stück davon abzubeißen. Seitdem standen Diakone mit guten Augen dort Wache und vermutlich auch an jedem anderen Ort, der eine ähnliche Versuchung bot, um sicher zu sein, daß so etwas nicht wieder passierte.

In einem Kloster in Farfa, etwa sechzehn Kilometer nördlich von Rom, befindet sich eine ganze Sammlung von typischen Erinnerungsstücken aus dem Heiligen Land, die sehr wahrscheinlich von den das Kloster gründenden Mönchen, einer Schar, die etwa im Jahr 700 vom Orient auswanderte, hier deponiert worden sind. Die verschiedenen Stücke befinden sich jetzt in kleinen Säckchen aus Seide, waren aber ursprünglich in weiße Tücher gewickelt, sorgfältig verschnürt und bezeichnet. Einige der Schildchen sind noch erhalten, und wir lesen auf ihnen Angaben wie: »Vom Kalvarienberg«, »Vom Fels des Ölbergs«, »Von dem Tisch, an dem Er mit den Jüngern aß«, »Von dem Grab unseres Herrn«, »Zweig des Baums, von dem der Ast stammte, mit dem Moses das Rote Meer teilte«. Ein Sack enthält rötliche Erde, mit der Bezeichnung »Mit dem Blut Christi getränkte Erde«, ein anderer Bruchteile von Wandbewurf oder dergleichen »Von der Stelle, wo der Engel der Jungfrau Maria den Tod ankündigte« (vermutlich aus dem Haus in Gethsemane, von dem man annahm, es sei ihres gewesen), ein weiterer einige Stückchen Holz »Vom Wald des Paradieses«. In einem Sack befindet sich ein etwa zehn Zentimeter hohes Glasfläschchen, das »Öl des Karsamstags von Jerusalem« enthielt, das heißt von der Öllampe am Heiligen Grab, von der es hieß, sie entzünde sich am Karsamstag jeden Jahres von selbst.

Letzteres ist ein gutes Beispiel für beliebte Andenken vom Heiligen Land, nämlich ein paar Öltropfen von den unzähligen Lampen, die bei den Gräbern der verschiedenen Heiligen und Märtyrer brannten. Besucher konnten, um die kostbare Flüssigkeit mitzunehmen, besondere Behältnisse, nämlich kleine Fläschchen kaufen, die mit Illustrationen verziert und mit passenden Sprüchen beschriftet waren. Für den wohlhabenden Pilger gab es silberne Flaschen mit einem Durchmesser von etwa 18 Zentimeter, die auf beiden Seiten geschmackvoll gearbeitete Szenen des Neuen Testaments zeigten. Er konnte unter einer stattlichen Zahl von verschiedenen Szenen wählen: Verkündigung, Besuch der Jungfrau Maria bei Elisabeth, Geburt, Anbetung der Hirten und Könige, Taufe, Kreuzigung, Auferstehung, Himmelfahrt, Christus auf dem Wasser wandelnd, der ungläubige Thomas. Beschriftungen standen nicht in so großer Auswahl zur Verfügung. Auf einer Flasche mit einem Relief der Verkündigung steht »Segen der Mutter Gottes«, auf einer anderen mit der Darstellung der Auferstehung, unter der die Kirche des Heiligen Grabes zu sehen ist, steht »Segen des Herrn der Heiligen Stätten«, und so fort.

Aber silberne Flaschen waren schwerlich für jedermann erschwinglich. Die weniger begüterten Besucher konnten bescheidenere Glasbehältnisse erwerben. Dutzende kleiner Krüge und Flaschen von einem einheitlichen Typ, deren Höhe zwischen 8 und 18 cm schwankt, von sechseckiger Form und mit Kreuzen als Verzierung sind gefunden worden; sie wurden etwa um das Jahr 600 von einem Geschäft in Jerusalem für Pilger hergestellt. Aber auch Glas war für Durchschnittspilger zu teuer und zu zerbrechlich. Für sie gab es billige, rohe Terrakotta-Fläschchen, die zu Tausenden aus Formen gepreßt werden konnten. Ein großes Produktionszentrum befand sich in Alexandria, ein weiteres in der Nähe von Smyrna, und es gab auch Fabriken in Jerusalem und in anderen Städten in Palästina. Obschon diese Fläschchen in erster Linie als Behälter für Lampenöl gedacht waren, so konnten sie doch auch jede andere Flüssigkeit aufnehmen, die als Andenken geschätzt wurde, und diejenigen, die wir am besten kennen, weil sich von ihnen so viele Exemplare erhalten haben, enthielten Wasser. Sie wurden beim zuvor beschriebenen Menas-Heiligtum verkauft, dessen Quellen als heilkräftig galten. Zum Mitnehmen des kostbaren flüssigen Andenkens gab es Flaschen von zwei Größen, die größeren 14 bis 17 cm hoch und 10 bis 16 cm breit, die auch im allgemeinen etwas feiner dekoriert waren; die kleineren 9 bis 11 cm hoch und 7 bis 8½ cm breit, hatten als Schmuck nicht mehr als eine Blume, ein Kreuz oder höchstens einen Kopf des Menas. Beliebt als Dekoration war für die beiden Formate ein Bild der Gestalt des Heiligen mit ausgebreiteten Armen in Gebetshaltung und mit Kamelen, die zu seinen Füßen knieten, zur Erinnerung daran, daß er, als sein Martyrium bevorstand, darum gebeten hatte, man möge seine Leiche auf ein Kamel laden und sie da begraben, wo das Tier stehen bleibe. Auf beiden Formaten stand manchmal die Inschrift »Segen des Heiligen Menas«.

Das Wort ›Segen!‹ hier und auf den silbernen Flaschen ist bedeutungsvoll. Es zeigt, daß sie mehr als nur Behältnisse für Andenken waren, nämlich auch Amulette: an einer Schnur um den Hals getragen, sicherten sie kraft des Segens des Heiligen das Glück des Trägers. Einige der Menasflaschen zeigen auf der Rückseite das Bild eines Schiffes; sie wurden wahrscheinlich von Pilgern gekauft, die zur See heimkehrten. Für solche, die ein solideres Amulett als eine Flasche wünschten, gab es Medaillons mit einer ›Segen‹-Inschrift und einem passenden Bild aus Ton. Dann gab es noch für diejenigen, die ein Amulett-Andenken aus einem Stück wünschten, ›Segen‹-Medaillons aus geheiligten Materialien wie zum Beispiel Erde vom Heiligen Grab.

Zum Schluß möge noch ein Wort über jüdische Pilger gesagt sein. Vor der Zerstörung Jerusalems durch die Römer waren Juden immer dorthin zusammengeströmt, insbesondere in der Zeit des Passah-Festes. Viele von ihnen taten es auch weiterhin und unternahmen Pilgerfahrten, wie ihre christlichen Brüder. Ja, die gleiche Fabrik, die Krüge und Flaschen für Christen als Andenken herstellte, produzierte auch eine Serie für jüdische Kunden, das heißt genau die gleichen, nur mit dem siebenarmigen Leuchter anstatt mit dem Kreuz verzierte Behältnisse. Schließlich unterhielten die Synagogen ebenso wie die christlichen Kirchen eigene Unterkünfte, um die jüdischen Reisenden unterzubringen.

So verließen jährlich Tausende von Pilgern mit Medaillons oder Fläschchen um den Hals den heiligen Boden, um den langen Heimweg anzutreten, und waren wahrscheinlich von dem Erlebnis so tief beeindruckt, daß sie nur wenig an die vor ihnen liegenden Anstrengungen dachten – oder an die Realität, die sie erlebt hatten. Denjenigen, die Augen hatten zu sehen, war es nur allzu klar, daß Tourismus, damals wie heute, auf Heiligkeit keine Rücksicht nimmt und daß er die Städte des Heiligen Landes eher zu Sodom und Gomorrha als zu einem Garten Eden machte. Der hl. Hieronymus schrieb in einem Anfall von Bitterkeit im Jahre 394-95 fast zehn Jahre nach seinem ersten Besuch von Jerusalem an Paulinus von Nola: »Bilde Dir nicht ein, daß Deinem Glauben irgend etwas mangele, weil Du Jerusalem nicht gesehen hast, und meine nicht, daß wir, weil wir hier leben, besser daran seien ... wenn die Stätten des Kreuzes und der Auferstehung sich nicht in einer entsetzlich überbevölkerten Stadt befänden, die wie jede andere Stadt ihr Regierungsgebäude, ihre Kasernen, ihre Prostituierten, Schauspielertruppen, Possenreißer und alles sonstige hat, oder wenn sie einzig für Scharen von Mönchen offen wäre, dann würden sicherlich alle Mönche in der Welt versuchen, sich hier niederzulassen. Aber es wäre der Gipfel der Dummheit, der Welt zu entsagen, seine Heimat aufzugeben, die Städte zu verlassen und die Gelübde abzulegen, um fern von der Heimat unter noch enger zusammengepferchten Menschenmassen zu leben als zu Hause. Die Menschen kommen aus allen vier Himmelsrichtungen hierher. Die Stadt ist angefüllt mit Menschen aller Art, es gibt hier einen solchen zusammengedrängten Pöbel – Männer und Frauen –, daß Du Dich hier in alles fügen mußt, während Du anderenorts doch gewissen Dingen entgehen kannst.«

Schade, daß die Ansichten des hl. Hieronymus nicht auch von anderen geteilt wurden. Der Welt wäre dann vielleicht viel Blutvergießen erspart geblieben.

Anmerkungen

Die Anfänge: 3000-1200 v. Chr.

12-14 Erste seetüchtige Schiffe, SSAW 17, 20-2. Seehandel im späten dritten Jahrtausend v. Chr., W. Leemans in Journal of the Economic and Social History of the Orient II (1968), 215-16; er behauptet (225), daß indische Schiffe den Handel zwischen Mesopotamien und Indien versehen hätten, da Mesopotamien von anderem abgesehen kein Holz zum Schiffbau besessen hätte, während Indien über reichliche Vorräte von Teakholz verfügt habe. »Wenn der Nil«, Herodot II 97. Ägyptische und mesopotamische Flußfahrzeuge, SSAW 16-24, 29. Mit Bojen versehene Floße und Lederboote, 4-6. »fährt auf jedem«, Herodot I, 194.

15-17 Esel in Mesopotamien bereits 3000 v. Chr. bekannt, Pferde und Maulesel um 2300, Salonen, Hippologica 12; 46; 71. Früheste vierrädrige und zweirädrige Fahrzeuge, Salonen, Landfahrzeuge 155-6; 160-1. Von Ochsen gezogen, 29. Reste von Wagen, 157-8. Pferd als Zugtier, Hippologica 22-4. Streitwagen, Evans PM IV, 807-25; Salonen, Landfahrzeuge 163-4; Singer I, 724-8; Needham IV 2, 246. Bau von Streitwagen, Vermeule 261-2; A. Lucas und J. Harris, Ancient Egyptian Materials and Industries (London 1962[4]) 436; 438 (ein noch vorhandener ägyptischer Streitwagen mit Joch und Wagenkorbgeländer aus Ulmenholz, Deichsel aus Weidenholz, Achse aus Eschenholz, Speichen aus Pflaumenholz; alle Hölzer außer der Weide mußten importiert werden). Diomedes, Homer Il. X 504-5. Geschirr, Singer I 719-21. Indische Bronzemodelle, Singer I 719 Fig. 518 B; S. Piggott, Prehistoric India (London 1950) 178-9. Piggott nimmt aufgrund der Bronzemodelle von Ochsen, die man gefunden hat, an, daß Ochsen in der Gabel angeschirrt wurden; wenn das so ist, dann würde es das Bild abrunden: der Nahe Osten setzte Pferde in einem für Ochsen geeigneten Geschirr ein, Indienochsen in einem Pferdegeschirr. Gabeldeichseln in China, Needham IV 2, 246-50. Gedeckter Wagen, J. Pritchard, The Ancient Near East in Pictures (Princeton 1954) no. 169. Josephs Wagen, Genesis 45, 17-19; 46, 5. Verwendung von Eseln durch Reisende, Meissner 338. Sänften, Salonen, Landfahrzeuge 144-5 (Erwähnung von leichten Sänften aus

DIE ANFÄNGE: 3000-1200 V. CHR. 397

Faser oder Rohr; Tonmodell eines Tragsessels von etwa 1700 v. Chr. von Kreta [Evans PM II 157-8] stellt einen schweren, wahrscheinlich bei Prozessionen verwendeten, Typus dar).

18-20 Schulgis Hymnus, Pritchard ANET 584-6. Hammurabis Brief, A. Ungnad, Babylonische Briefe aus der Zeit der Hammurabi-Dynastie (Leipzig 1914) no. 15. »Straße durch das Land« Exodus 13, 17. Prozessionsstraße der Hethiter, W. Andrae, Alte Feststraßen im Nahen Osten (Leipzig 1941) 15-16 und Tafel 1. Keine Brücken in Mesopotamien, H. Schmökel, Kulturgeschichte des Alten Orients (Stuttgart 1961) 84. Fähren: vgl. die auf spätassyrischen Reliefs dargestellten Szenen von auf Fähren über Flüsse transportierten Streitwagen, z.B. R. Barnett and W. Forman, Assyrian Palace Reliefs (London 1960) Nr. 16-20 (BM 124 540). Sehr wahrscheinlich waren Wagenkorb, Achse und Räder so zusammengesetzt, daß sie schnell und leicht auseinandergenommen werden konnten; vgl. Singer I 717-18. Straße auf Kreta, Evans PM II 60-92, bes. 62, 71; Viadukt, 93-102. Straßen in Griechenland, 91 Anm. 1; Vermeule 263. Wandgemälde von Tiryns, 261-2 und 192 Abb. 33c und Plate XXXII. Siehe auch AJA 77 (1973) 74-7.

21-22 Beamtenreisen, J. Yoyotte, Les pélerinages dans l'Egypte ancienne, Les pélerinages (Coll. Sources Orientales III, Paris 1960) 24; 37-8; 52. »Ich erreichte Elephantine« 38 (Breasted ARE I Nr. 611-13). Reisende zur Sinai-Halbinsel, Pritchard ANET 229-30. Harkhuf, Breasted ARE I Nr. 333-6, 353. »Um die Straße«, Gardiner 99-100. Umfang der Reisen Harkhufs, Gardiner 100-1. Reisen der Ägypter in das südliche Rote Meer, AM 9-14.

22-24 Eseltreibende Levantiner, Singer I 706. Über den gut organisierten Karawanenhandel zwischen Mesopotamien und Kleinasien siehe M. Larsen, Old Assyrian Caravan Procedures (Istanbul 1967); Leemans op. cit. 171-215. »Vor dreißig Jahren« Oppenheim, Letters 74 Hammurabis gesetzliche Anordnungen, Pritchard ANET 170. Mesopotamisches Finanzierungsverfahren bei Schiffsladungen, A. Oppenheim, The Seafaring Merchants of Ur in Journal of the American Oriental Society 74 (1954) 6-17. »Die Ägypter versammeln sich«, Herodot II 59-60.

26-29 Ägyptischer Tourismus, Yoyotte op. cit. 49-53. »Hadnakhte« C. Firth und J. Quibell, The Step Pyramid I Text (Kairo 1935) 82-3. »Kamen, um den Schatten«, Yoyotte 57. »Sekretär NN« und »für alle Mitglieder«, 53. Pennewet und Wia, Firth-Quibell 84-5. »Der Sekretär mit«, 81. »Eile und bringe«, Gardiner 58-9. »Ich habe Dir bisher«, Oppenheim, Letters 87.

30-36 »An den Gouverneur«, Breasted ARE I Nr. 354. Schulgi, Pritchard ANET 585. Über die Art des Reisens in Mesopotamien vgl. A. Oppenheim, Ancient Mesopotamia (Chicago 1964) 119-20. Regierungsraststätte von Lagasch, T. Jones und J. Snyder, Sumerian Economic Texts from the Third Ur Dynasty (Minneapolis 1961) 293-302. Minoisches Rasthaus,

Evans PM II 103-39. Über private Gastlichkeit in Mesopotamien vgl. Oppenheim 78. Gasthäuser in den Städten Sumer und Babylon, T. Jacobsen, Toward the Image of Tammuz (Cambridge Mass. 1970) 349; G. Driver und J. Miles, The Babylonian Laws I (Oxford 1952) 202. Weibliche Geschäftsführer von Tavernen erwähnt in den kürzlich veröffentlichten Bruchstücken des Kodex des Ammisaduka (1646-26 v. Chr.), Pritchard ANET 528. Bestimmungen über Tavernen, 170 und Driver-Miles I 202-8; J. MacQueen, Babylon (New York 1965) 71-2. »Wenn ein Mann« 1. Gelb und andere, The Assyrian Dictionary (Chicago 1964 –) s. v. astammu. »Ich schicke Dir jetzt« Oppenheim, Letters 86.

36-41 »Dies Land wurde von mir« Pritchard ANET 229. Über Gefahren in Mesopotamien vgl. Meissner 338-9. Entschädigungen 338. »Männer hocken« Gardiner 109. Straßenpolizei-Stationen auf Kreta, Evans PM II 66; 78. Wenamon, Pritchard ANET 25-9.

Die Anfänge: 1200-500 v. Chr.

42-44 Eine neuere Zusammenfassung über das Ende der Bronzezeit in Griechenland findet man in M. Finley, Early Greece: The Bronze and Archaic Ages (London 1970) Kapitel 1-6; über das von Homer geschilderte Zeitalter, ebda Seite 81-9. Phönizier AM 67-72. »Phönizier, die wegen« Od. XV 415-6.

44-46 Odysseus' Rückkehr nach Ithaka, Od. XIII 70-6. Telemachos' Reisen, Od. II 414-8; XV 282-6. Von Pylos nach Sparta, Od. III 478-IV 2. Von Sparta nach Phthia Od. IV 8-9. Maulesel Il. XXIII 115-23 (Holztransport vom Berg Ida). Priamos, Il. XXIV 266-7. Nausikaa Od. VI 72-88. Gastgeschenke für Telemachos, Od. XV 114-29. Geschenke des Königs und der Königin von Theben, Od. IV 126-32. Unterbringung für die Nacht, Od. III 397-403 IV 296-305 VII 344-7. »Fremder« Od. XIV 56-8. ›sich um den ägishaltenden‹ Od. IX 275-6.

46-48 »Elender Fremdling« Od. XVIII 327-9. Lot, Genesis 13, 13; 19, 1-11. Der Levite, Richter 19. Jakob, Genesis 28. Sunamitische Frau, Könige II 4, 24. Könige und Adelige auf Mauleseln, Samuel II 13, 29; Könige I 1, 38. Rückkehr der Bundeslade, Samuel I 6, 7-12.

48-50 Xenophons Griechen, Anab. III 4, 10-11. »Ich nahm meine Streitwagen«, D. Luckenbill, Ancient Records of Assyria and Babylonia (Chicago 1926) I Nr. 222. Assyrische Streitwagen, Salonen, Landfahrzeuge 166-7. Mauerbrecher, Barnett-Forman op. cit. (S. 397) Nr. 23 (BM 124-536). Assyrische Straßen, Meissner 340-41. Gepflasterte Straßen zu Heiligtümern in Assur und Babylon, Andrae op. cit. (S. 397) 19-43. Pflaster in Babylon, R. Koldewey, Das wieder erstehende Babylon (Leipzig 1913) 25. Brücke in Babylon, Herod. I 186. Reste derselben, Meissner 342. Assyrische Post, Meissner 339.

DIE ANFÄNGE: 1200-500 V.CHR.

50-51 Pferd als Reittier, J.Wiesner, Fahren und Reiten (Archaeologica Homerica, Band I Kap. F, Göttingen 1968) 110-28; Anderson 10-14. »die Pferde bestieg« Homer Il. X 529-31. Streitwagen in China bis zur Han Periode (200 v.Chr.-200 n.Chr.) Needham IV 2, 247-8. Gebiß und Zaumzeug, Anderson 40-78.

52-56 Die persische ›königliche Straße‹, Herod. V 52-3; How und Wells zu der Stelle. Persische Post, Pflaum 4-17. »Es gibt auf Erden«, Herod. VIII 98. Harmamaxa DS s. v. »Nun, zuerst«, Aristoph. Ach. 68-71. Alexanders Leichenwagen, Diodor XVIII 26-8. Kamele, Salonen, Hippologica 84-90; Forbes 193-208.

Die Horizonte weiten sich

58-61 Karthagische Blockade ESAR I 6-8. Kenntnisse der Griechen über das Mittelmeer, Thomson 47. Der Atlantik, Cary-Warmington 30. Kelten und Donau, Thomson 52. Rußland, Thomson 56-64. Indien und Arabien, Thomson 78-82; Cary-Warmington 61-2. Afrika, Thomson 65-7.

62-73 Umschiffung Afrikas, Thomson 71-3; Cary-Warmington 87-97. Hanno, Thomson 73-7; Cary-Warmington 47-52.

Handel und Reisen in den Zeiten der Griechen

74-75 »Wie Frösche« Plato, Phaidon 109b. Erhaltene Abrechnungen zeigen uns, wie enorm hoch die Kosten für einen Landtransport waren. So kosteten beispielsweise Steine, die in Korinth für 61 Drachmen verkauft wurden, in Delphi über zehnmal so viel – 705 Drachmen. Die Baurechnungen eines Gebäudes in Eleusis geben einen Aufschluß über den Grund: der Transport einer einzigen Säulentrommel von einem nur 25 bis 32 Kilometer entfernten Steinbruch dauerte drei Tage und erforderte einunddreißig Ochsengespanne. Siehe H. Michell, The Economics of Ancient Greece (New York 1957²) 252; C. Roebuck, ed., The Muses at Work (Cambridge, Mass. 1969) 14; W. Burford, Heavy Transport in Antiquity, Economic History Review, Zweite Serie 13 (1960) 1-18, bes. 14. Griechischer Handel AM 108-24. Schiffe, SSAW 169-82. Dankopfer für glückliche Seereise: In Komödien dieser Zeit sind oft die ersten Worte eines heimkehrenden Kaufmanns, wenn er auf die Bühne tritt, Danksagungen an die Götter für die glückliche Ankunft. Theoproprides sagt in einer ins Lateinische übertragenen Komödie des 4. Jahrhunderts v.Chr. (Mostellaria V. 431-7)

> *Ich schulde Dir, Neptun, sehr großen Dank dafür,*
> *daß Du mich, fast halbtot, nachhaus entlassen hast.*
> *Wenn jemals Du hiernach erfährst, daß wieder ich*
> *aufs Meer mich wage, seh' ich keinen Grund, daß Du*
> *nicht alsobald mir antust, was Dir jetzt mißlang.*

*Doch bleib' mir nach dem heut'gen Tag nur stets vom Leib!
denn Dein Kredit bei mir ist jetzt total erschöpft.*

75-77 Fußmärsche, Xenoph. Mem. III 13, 5 (Sokrates unterhält sich mit einem offensichtlich wohlhabenden Mann über die Schwierigkeiten einer Reise von Athen nach Olympia, einen fünf- bis sechs Tage-Marsch; er spricht dabei nur über die richtige Einstellung gegenüber einem solchen Marsch und überhaupt nicht von der Möglichkeit der Benutzung von Wagen oder Reittier). Tragtiere, DS s. v. asinus, clitellae, mulus, sagma. Tragbetten und Tragsessel, DS s. v. lectica. Reaktion auf Demosthenes, Deinarchos' Rede gegen Demosthenes 36. Fahrzeuge, Enc. Arte Ant. s. v. carro; H. Lorimer, The Country Cart of Ancient Greece in JHS 23 (1903) 132 ff.

77-81 Griechische Straßen, Forbes 140-4. Pausanias' Angaben über die Straße nach Delphi x 5, 5. »Wegen ihrer Schmalheit« Paus. II 11, 3. Die Leiter, VIII 6, 4. Stockstraße, Frazer III 87-8. Auf 10 km Länge, Frazer II 547. Verbesserungen unter Hadrian, Paus. I 44, 6. Befahrbare Straße zur Peloponnes, Plutarch Mor. 304 e. Griechische Geleise-Straßen, Forbes 142-3; Singer II 499. Die prähistorischen Wege auf Malta, die oft unter den ersten Beispielen von Geleise-Straßen genannt werden, enthalten nur zufällige durch das Ziehen von Kufenwagen entstandene Rillen. (Aus zwei Stangen bestehende Wagen; die Stangen werden auf einem Zugtier befestigt, ihre rückwärtigen Enden schleifen auf dem Boden); s. J. Evans, The Prehistoric Antiquities of the Maltese Islands: A Survey (London 1971) 202-4. Ein glänzendes Beispiel für eine Nutzstraße mit Geleisen ist der Diolkos, die im 6. Jahrhundert v. Chr. über den Isthmus von Korinth gebaute Straße, auf der Schiffe von der einen zur anderen Seite gezogen wurden; s. N. Verdelis in Ath. Mitt. 71 (1956) 51-9 und Taf. 33-7. Felsvorsprung als Barriere, E. Curtius und J. Kaupert, Karten von Attika Heft II (Berlin 1883) 45. »Als meines Wegs« Soph., König Ödipus 801-13. Hermeia DS s. v. Hermae. In Ägypten, Strabo XVII 818. »Wenn er an den fettigglänzenden« Theophr. Char. 16, 5. Beschreibung einer Reisestrecke, Müller FHG II 256-61; vgl. Frazer I S. XLII ff.

82-85 Demosthenes-Prozesse, Demosth. Gegen Nikostratos 6-7, gegen Kallippos 5. Komödienstoff, H. Ormerod, Piracy in the Ancient World (London 1924) 263-4. »Er ist einer, der« Theophr. Char. 25, 2. »Von Räubern beim Kithäron« Lukian, Totengespräche 27, 2. Sinnloses Morden aus reinem Vergnügen war im Altertum nicht unbekannt und war ein weiteres Risiko für einen Reisenden. Plutarch Mor. 304 e berichtet von einer Gruppe von Familien, die sich auf einer Pilgerfahrt von der Peloponnes nach Delphi in ihren Wagen am Ufer eines Sees zur Nachtruhe niederlegten; betrunkene Strolche, die vorbeikamen, kippten die Wagen in den See, so daß die meisten Insassen ertranken. Wertvolle Schalen, Demosthenes, Gegen

Timotheos 31. Geldwechsel, R. Bogaert, Banques et banquiers dans les cités grecques (Leiden 1968) 314-26. Griechische Kleidung, M. Bieber, Griechische Kleidung (Berlin und Leipzig 1928); Anderson 85-7. »Wohlgerüsteter Wanderer« Herodot I 72. Schnitt und Form der griechischen, hier erwähnten Kleider änderte sich natürlich im Lauf der Zeit, aber auch von Ort zu Ort. Die genannten Bezeichnungen haben eine ebenso allgemeine Bedeutung wie unsere Wörter ›Hemd‹ oder ›Mantel‹, ›Schuhe‹ oder ›Sandalen‹.

87-90 Spartanischer Angriff, Thuk. V 49. Die Spartaner machten geltend, daß sie angegriffen hätten, bevor die Herolde in Sparta eintrafen und den Waffenstillstand verkündeten, und weigerten sich zu zahlen. Die Eléier vertraten die Ansicht, der Waffenstillstand sei vom Augenblick seiner Verkündung in Elis an in Kraft gewesen. Über die Olympischen Spiele im allgemeinen s. L. Drees, Olympia (Stuttgart 1967). Kostbar gekleidete Reiche: Der Maler Zeuxis erschien einmal bei den Olympischen Spielen in einem Gewand, das seinen Namen in Goldbrokat eingewebt zeigte (Plinius N.H. XXXV 62). Alkibiades, Plut. Alcibiades 11-12. Aquaeduct, Lukian, Der Tod des Peregrinus 19; der griechische Multimillionär Herodes Atticus bezahlte die Rechnung. Die Veranstaltungen, Drees 66-86. Offizielle Vorlesungen: Es gab eine zweifelhafte Geschichte, Herodot habe sein Geschichtswerk bei Olympischen Spielen vorgelesen und man habe ihn dabei sogar besser als die Olympioniken kennengelernt (Lukian, Herodotus 2). Im Mittelalter hatte diese Geschichte dramatische Züge angenommen – es wurde erzählt, daß Thukydides diese Vorlesungen als Knabe gehört habe und von ihnen zu Tränen gerührt worden sei; s. How and Wells 6. Ansprachen über erstrangige Themen, vgl. Drees 59-60. Demosthenes ließ sich beispielsweise bei den Olympischen Spielen von 324 auf eine Debatte über die Vor- und Nachteile der Herrschaft Alexanders des Großen ein (Plut. Demosthenes 9,2). Kunstausstellungen, Lukian, Herodot 4. Barhäuptige Zuschauer, vgl. Lukian, Anacharsis 16. »Werdet Ihr nicht ... gedörrt« Epiktet, Diss. I 6, 26; Epiktet lebte im ersten Jahrhundert n. Chr., doch waren die Verhältnisse während der Spiele damals zweifellos noch weitgehend die gleichen wie fünf Jahrhunderte zuvor. Bedrohung eines Sklaven, Aelian, Var. hist. 14, 18. Thales starb bei der Darbietung von Sportkämpfen an Durst und Hitzschlag (Diogenes Laertius I 39).

91-92 Kritik an der Regierung: Die Athener hatten ein zweites, etwas weniger bedeutendes Fest für dramatische Dichtung, die Lenäen. Dieses fand mitten im Winter statt zu einer Jahreszeit, wenn der Verkehr zur See fast vollkommen aufhörte. Aristophanes führte seine ›Acharner‹ an diesem Fest auf und macht die spitze Bemerkung (Ach. 502-5), »Jetzt wird Kleon mich nicht verleumden, ich spräche in Gegenwart von Fremden schlecht von unserer Stadt; es ist das Lenäenfest; wir sind unter uns«. Theater in Athen, A. Pickard-Cambridge, The Theatre of Dionysus in Athens (Oxford 1946) und The Dramatic Festivals at Athens (Oxford 1968²). Beispiel unglaublicher Unverschämtheit, Theophr. Char. 9, 5.

92-95 Das grundlegende Werk über den Asklepioskult: E. und L. Edelstein, Asclepius (Baltimore 1945). »Auf diesen Tafeln« Paus. II 27, 3. Texte der Weihtafeln, s. Edelstein I 229-37; die angeführten sind die Nr. 17, 20, 30. Beschreibung des Heiligtums s. Frazer III 236-57. Gasthaus in Epidauros, W. Dinsmoor, The Architecture of Ancient Greece (London 1950³) 251. »... kamen auch viele Hellenen« Herodot III 139. Solon, Aristoteles, Ath. pol. 11, 1. »Wenn Du Athen« Lysippus 7 (Müller FHG II 255). Platos Haltung dem Reisen gegenüber war kompromißlos totalitär: in seinen Gesetzen (950-1 a) läßt er Reisen im großen und ganzen nur für solche Personen zu, die einen Staatsauftrag haben und die außerdem mindestens vierzig Jahre alt sein müssen und nach ihrer Rückkehr »die Jugend darüber zu unterrichten haben, daß die politischen Einrichtungen anderer Staaten ihren eigenen unterlegen seien«. Besichtigungen in Delphi, vgl. Euripides Ion. 184-236.

96-99 »Vorsicht!« Aristoph. Ach. 616-17. Städtische Straßen, Forbes 166-7. »Mein Herr sagte« Plautus, Pseudolus 596-7; 658. »Kennst Du das Haus« Terenz, Brüder 581-4. Siehe auch Homo, Urb. 589-93. Straßenschilder und Hausnummern sind Erfindungen neuesten Datums; Paris führte erstere 1729 und letztere 1512, in durchgehender Weise aber erst 1800 ein (Homo, Urb. 588-9). Über private Gastlichkeit vgl. Diodoros' Bericht (XIII 83) über einen gewissen Tellias, einen reichen gegen Ende des 5. Jahrhunderts v. Chr. in Akragas lebenden Mann, der Diener an seine Haustüre stellte, um jeden Fremden zum Eintreten aufzufordern; einmal nahm er 500 Reiter eines Heeres auf, die bei Wintersturm in der Stadt eintrafen, und gab ihnen nicht nur Essen, sondern auch Kleider zum Wechseln. In jener Zeit wurde eine so großzügige Gastlichkeit jedoch bereits als altmodisch angesehen. Theophrast charakterisiert den Prahler als einen Mann, der in einem gemieteten Haus lebt, aber Fremden erzählt, es sei der Familiensitz seiner Vorfahren, den er verkaufen müsse, weil er nicht genug Platz für seine Gäste habe (Char. 23, 9). Gastlichkeit für alle Besucher, die von einem bestimmten Heimatort stammen: Aus in Delphi gefundenen Inschriften geht hervor, daß ein gewisser dort ansässiger Mann namens Kraton die seit langem in seiner Familie traditionelle Sitte pflegte, sein Gastzimmer jedem Delphi einen Besuch abstattenden Thebaner zur Verfügung zu stellen (E. Ziebarth, Gasthäuser im alten Griechenland, Festschrift für Sp. Lambros, Athen 1935, 339-48 bes. 340). Xenon, Diodor XIII 83 (Tellias hatte zahlreiche Xenones); Diogenes Laertius V 14. (Das Testament des Aristoteles erwähnt einen Xenon in einem Garten, der ein Häuschen für sich gewesen zu sein scheint). Einladung an die Tafel des Gastgebers, Vitruv VI 7, 4. Gasthäuser: es gibt außer Pandokeion noch zahlreiche andere Bezeichnungen für Gasthäuser, z. B. katalyma, katagogion, katalysis. Gasthäuser an größeren Landstraßen, vgl. die früher erwähnte Fülle von Gasthäusern zwischen Athen und Oropos. Gasthäuser mit den wenigsten Wanzen, Aristophanes, Frösche 114-15. Wirtin des Gasthauses im Hades ebda 549-78. Weitere Beispiele von Wirtinnen, Plutarch Mor. 412c; Dio Cassius XLVI 6, 4. Hof, s. A. Furtwängler in Mélanges Nicole (Genf 1905) 159-64 (Vase des vierten Jahrhunderts v. Chr. mit der Darstellung des Hofs eines Gasthauses). Gemeinsame Benutzung von Gasthauszimmern, s. Ziebarth 342 (ein Gasthaus in Epidaurus, das Sieben-Bett-Zimmer gehabt zu haben scheint). Möblierung, vgl. Aristides, Rede XXVII 15 = II 455 Keil (Aristides wurde in ein »Zimmer geführt, in dem ich eine Liegestatt und eine saubere Decke hatte – was sehr willkommen war, da ich nichts bei mir hatte«); Aristides schrieb im 2. Jahrhundert n. Chr.; doch dürften die Verhältnisse bereits in den vorangegangenen Jahrhunderten weitgehend die gleichen gewesen sein. Einkauf von Lebensmitteln, Plutarch, Mor. 234e-f; 995b-c. Preise unter Einschluß von Mahlzeiten, Polyb. II 15, 5-6; diese Stelle bezieht sich auf die Verhältnisse in der Lombardei im 2. Jahrhundert v. Chr. Gasthaus in Epirus (in Kassope bei Preveza) JHS 73 (1953) 120-1; 74 (1954) 159; 75 (1955) Archeological Reports p. 13; 76 (1956) Archeological Reports p. 19. Ein im 2. Jahrhundert v. Chr. in Sparta für Römer betriebenes Gasthaus s. RhM 64 (1909) 335-6. Für Leschen in dieser Zeit s. Diogenes Laertius IX 17; Paus. X 25, 1 (es handelt sich um die berühmte Lesche in Delphi, die von Polygnot, dem bedeutendsten Maler des 5. Jahrhunderts v. Chr. mit Fresken versehen worden war). Bäder, DS s. v. balneum S. 648-51. Kleiderdiebstahl, Aristoph. Wolken 175-9 (der Dichter macht einen Scherz des Inhalts, daß Sokrates eines Tages, als ihm das Geld für Lebensmittel ausgegangen war, einen Tastzirkel improvisierte, mit dem er nicht ein geometrisches, sondern das Essensproblem löste: er zog mit Hilfe des Geräts ein im Auskleideraum einer Palästra abgelegtes Gewand heraus); Diogenes Laertius VI 52 (Der berühmte Diogenes sagt zu einem ihm bekannten Dieb in einem Bad »bist Du zum Salben (aleimmation) oder wegen eines weiteren Gewandes (all'himation) gekommen?«; frei übersetzt »zum entstauben oder zum abstauben?«). Ehemänner in Byzanz, Athenäus X 442c.

99-101 Gasthäuser bei Tempeln und in Heiligtümern, IG II² 1638 A 30 (Delos) Diodor XI 89, 8 (Palike im östlichen Sizilien). Plataia, Thukydides III 68 (Zweistöckiges Gasthaus von 200 Fuß im Geviert; es hatte etwa 150 Schlafzimmer, wenn wir annehmen, daß diese zehn Fuß im Geviert maßen.) Speisehallen, A. Frickenhaus JdI 32 (1917) 114-33. Gasthof in Olympia, s. A. Mallwitz, Olympia und seine Bauten (München 1972); eine Inschrift verzeichnet, daß er von einem Leonidas von Naxos errichtet worden war. Mieten von Räumlichkeiten in Heiligtümern, vgl. Syll.³ 1106 §§ 1, 12-13 (die in das Jahr 300 v. Chr. zu datierende Inschrift handelt von der Errichtung einer religiösen Stiftung mit Xenones, die gemietet werden konnten, um Einkünfte zu erbringen; die Inanspruchnahme der Xenones wird dem Personal der Stiftung ausdrücklich untersagt). Die Wohlhabenden hatten Zelte; bei den Olympischen Spielen des Jahres 388 v. Chr. wohnten Dionysius I., Herrscher von Syrakus, und sein Gefolge in luxuriösen, aus Goldstoffen gefertigten Zelten (Diodor XIV 109, 1). Die Behörden versuchten gelegentlich, derartig niederregende Verschwendung zu reduzieren; eine Inschrift des frühen 1. Jahrhunderts v. Chr. spricht von einem bedeutenden Fest in Andania, einer Stadt in Messenien; eine der zahlreichen Vorschriften begrenzt die Größe der zu verwendenden Zelte und den Wert ihrer Ausstattung (Syll.³ 736, 34-9). Provisorische Unterkünfte bei internationalen Spielen, Aelian, Var. hist. 4, 9 (Plato teilte – incognito – mit Unbekannten ein Zelt bei den Olympischen Spielen); Schol. zu Pindar Ol. 10, 55 b (in Pisa, einen halben Kilometer von Olympia entfernt, errichtete Unterkünfte für die zu den Spielen herbeiströmenden Massen). In Syrien ernannten Städte in Hieropolis ansässige Vertreter, die ihre Bürger unterzubringen hatten, wenn diese als Pilger zu den Festen der Atargatis kamen (Lukian, De Syria dea 56).

101-103 Kneipen in Korinth, O. Broneer in Archaeology 7 (1954) 74 bis 81. Ein Gebäude in Olynth könnte ein elegantes Casino für Glücksspiele gewesen sein; s. W. McDonald in Studies Presented to David Moore Robinson I, (St. Louis 1951) 365-73. »diese Ohrringe« Lukian Dial. Mer. 14, 3.

103-106 Proxenos DS s. v. Proxenia. Der Text des Beschlusses, mit dem Herakleides erkannt wurde (Syll.³ 304), illustriert sehr hübsch die Gründe, warum jemand zum Proxenos gewählt wurde, und die Voraussetzungen, an die die Stellung geknüpft war:

Da Herakleides von Salamis sich ständig für die Angelegenheiten des athenischen Volkes eingesetzt und ihm im Rahmen seiner Möglichkeiten Wohltaten erwiesen hat, nämlich

bei einer Gelegenheit, als Weizen knapp war, war er der erste Reeder, der den Hafen wieder anlief und der Stadt freiwillig 4500 Scheffel zu einem Preis von 5 Drachmen per Maß verkaufte (der Marktpreis lag wahrscheinlich in der Gegend von 16) und

bei einer weiteren Gelegenheit, als freiwillige Beiträge gesammelt wurden, spendete er 3000 Drachmen (Kaufkraft ca. 38000 DM) für den Weizen-Kauf-Fonds, und

hat ständig in anderer Hinsicht sein Wohlwollen und seinen Einsatz für das Volk bewiesen,

sei beschlossen, daß Herakleides, Sohn des Charikleides von Salamis, offizielles Lob erhält und

daß er für sein Wohlwollen und seinen Einsatz für die Angelegenheiten des Volks von Athen einen goldenen Kranz empfängt,

daß ihm und seinen Nachkommen der Titel Proxenos und Wohltäter des Volks von Athen verliehen wird, daß sie berechtigt sind, Land und Gebäude zu besitzen (Ausländern war normalerweise der Besitz von Grund und Boden und Immobilien in Athen untersagt), soweit das Gesetz es zuläßt, und

daß sie berechtigt sind, ebenso wie die athenischen Bürger Militärdienst zu leisten und Vermögensteuer zu zahlen.

Es sei ferner beschlossen, daß der jeweils amtierende Sekretär eine Abschrift dieses Beschlusses und anderer, die sich auf die gleiche Sache beziehen, auf steinernen Tafeln anfertigen und auf der Akropolis aufstellen läßt, und

daß der Schatzmeister für diesen Zweck aus dem dafür vorhandenen Fonds 30 Drachmen bereitstellt.

Einem weiteren Abschnitt des Beschlusses ist zu entnehmen, daß der Kranz 500 Drachmen kostete (ca. 6500 DM Kaufkraft), aber zweifellos bedeutete der Geldeswert Herakleides wenig; sicherlich hat er die Ehrengabe als ein Erbstück aufgehoben.

Der erste Reiseschriftsteller

107-109 »An einer Stelle« IV 81. »Als Augenzeuge« II 29. »Ich habe sie nicht gesehen« I 183. Artemisia VIII 88. Herodots Leben, How und Wells 1-9.

109-116 W.F.Otto in Herodot, Historien (Stuttgart 1955); »Muscheln auf den Bergen« II 12, »Nicht wahrscheinlich« II 22. Interesse an Transportbooten I 194 (vgl. SSAW 6), II 96 (vgl. SSAW 14, 335). Dnjepr-Fisch, IV 53. Ägyptisches Leinen, II 105. Tuch aus Hanf, IV 74 Tamariskensyrup VII 31. »Sie legen die Waren« IV 196. Herodots Reisen, How und Wells 16-20; J. Myres, Herodotus, Father of History (Oxford 1953) 1-16. »Sie bildet ein Viereck« I 178-80. »Inmitten des heiligen Bezirks« I 181. »Die Wände sind voll« II 148 (über das Labyrinth). »Er war groß« II 143. »ein nicht viel geringeres Werk« II 124. »Es wird durch eine Inschrift« II 125. »Die oberen Räumlichkeiten« II 148; Deutung des Gebäudes s. How und Wells Anm. zu der Stelle. Moeris-See, s. How und Wells Anmerkung zu II 149, 1, und über die gegenwärtige Größe, Guide Bleu, Egypte (Paris 1950) 675-6. »Im Wunsch, darüber etwas Sicheres« II 44. Wie Priester sich wuschen, II 37. Apisstier II 38-9. Stieropfer für Isis, II 40. Unreinheit von Schweinen, II 47. Speisen, die für Priester Tabu, II 37. Heilige Tiere, II 65. Einbalsamierung, II 86-88. Herleitung griechischer Götter von ägyptischen II 43; 145-6.

116-120 Weihgaben des Krösus I 50-1; Heratempel, II 182. Fußfesseln in Tegea, I 66. Grab des Alyattes, I 93. Schlachtfelder, III 12. Enkel eines spartanischen Helden, III 55. Bodenproben mit Senkblei, II 5. Persische Wörter, I 192; II 6. Ägyptische Wörter, II 69; 77; 81; 96. Skythische Wörter, IV 23; 27. Fremdenführer, z.B. II 125. Priester als Führer, II 143. »Die Ägypter sind die ersten« II 123; vgl. J. Wilson in Scholae Adriani de Buck Memoriae dicatae (Leiden 1970) 8-11. Beschreibung des Nilpferdes, II 71.

Mahlzeiten im Freien, II 35. Gewandung ägyptischer Frauen, II 36. Phönix, II 73. »Ich selbst sah« II 156. »So sagen sie« I 182. »Das ist Geschwätz« II 131.

120-125 Bericht über Babylon, I 178-99. Bericht über die Skythen, IV 5-82. Äthiopier, III 17; 20; 114. Goldgrabende Ameisen, III 102-5; vgl. How und Wells Anmerkung zur Stelle. Insel, auf der Gold gefischt wird, IV 195. Esel mit Hörnern, Menschen mit Hundeköpfen, kopflose Menschen, IV 191. Einäugige Menschen, IV 27. Ziegenfüßige Menschen, Winterschlaf haltende Menschen, IV 25.

Eine Welt

128-130 Ziele Alexanders und seiner Nachfolger, Einwanderung von Griechen in orientalische Länder, SEHHW 262-63; 323-32; 472-82; 1054-57. Kosmopolitische Kultur, SEHHW 1045-53.

131-133 Pytheas, Cary-Warmington 33-40; Thomson 143-51. Arabische Handelsschiffahrt und Monsun, G. Hourani, Arab Seafaring (Princeton 1951) 17-28. Eudoxus, Cary-Warmington 70-1, 98-103; Thomson 175-6, 185; eine phantasiereiche freie Rekonstruktion seiner Reisen gibt L. Sprague de Camp, The Golden Wind (New York 1969). Sowohl Arabien als auch Somaliland erzeugten Weihrauch und Myrrhe. Ersterer wurde als Weihrauch und als Heilmittel (zum Blutstillen und zur Beschleunigung der Heilung) verwendet, die zweite als Weihrauch, Heilmittel (in Salbenform, z.B. gegen Hämorrhoiden) und als kosmetisches Mittel (vermischt mit einem neutralen Öl ergab sie ein Salböl); s. G. van Beek, Frankincense and Myrrh, The Biblical Archaeologist 23 (1960) 70-95. Fernhalten der Griechen vom Seehandel, Warmington 10-13; Hourani 21-2; die Vorgänger Ptolemäus' VIII bevorzugten infolgedessen die Handelswege über Land (SEHHW 386-8). Bombay und Patna, Thomson 173-4. Kenntnisse der Griechen über Indien, Cary-Warmington 152-3; Thomson 130-1.

133-134 Kenntnisse der Griechen über Ostafrika, Cary-Warmington 67-71; Thomson 136-9.

135-136 Römisches Geld, SEHRE 181. Römisches Recht, Crook 283-5.

136-149 Kenntnis von Nordeuropa, Thomson 233-47. Dänemark und die skandinavischen Länder, 246. Märchen, 237-8. Russland, 250-3. Seidenstraße, Needham IV 3; 17-8; Thomson 177-81; 306-12; J. Miller, The Spice Trade of the Roman Empire (Oxford 1969) 119-36. Die Seerouten, Warmington 35-51. Routen und Erzeugnisse, Thomson 298-301. Indien und malajische Frachter, Warmington 65-6. Chinesischer Seehandel, J. Mills, Notes on Early Chinese Voyages, Journal of the Royal Asiatic Society (1951) 3-25, bes. 6 (nicht vor dem 5. Jahrhundert n.Chr.). Niederlassungen in Indien, M. Wheeler, Rome beyond the Imperial Frontiers (London 1954) 133; 145-50. Über Indien hinausgehende Reisen, Cary-Warmington 82-4. Gewürznelken, Warmington 199-200. »Im neunten

Jahr«, W. Schoff, The Periplus of the Erythraean Sea (New York 1912) 276. Handelsobjekte, Miller 193-215; Schoff 284-9. Vermehrte geographische Kenntnisse, Thomson Abb. 54-8. Gerüchte, Cary-Warmington 83. »Ehrenhaft in ihren Geschäften«, Schoff 276. Kenntnis von Afrika, Cary-Warmington 173-8; Thomson 271-7. Quelle des Blauen Nils, Thomson 138. Neros Expedition, Cary-Warmington 174-6. Stämme ohne Nasen, Plinius VI 187-8.

Verschiedene Reisende

150-152 »Ich ließ fünf Schiffe bauen« Petronius 76. Flavios Zeuxis, IGRR IV 841. Irenaeus, Sel. Pap. 113. Ägyptische Kornflotte, SSAW 188; 297-9. »Nimmt das ganze Volk« Seneca Ep. 77, 1. Römischer Handel, AM 223-39. Landtransport im römischen Zeitalter, C. Yeo in TAPA 77 (1946) 221-5. Stationes, L. Moretti in Athenaeum N.S. 36 (1958) 106-16.

152-156 »Im Fall von Tuberkulose«, Celsus III 22, 8. Asklepios-Heiligtümer, Edelstein II 242-50 (Geschichte und Lage der Heiligtümer), 252 (Zulassung in Rom), 253-5 (Epidauros, Kos, Pergamon). Pergamonisches Heiligtum, Behr 27-30 (Einrichtungen für die Kranken), 32-4 (Ritual). Über die in den Heiligtümern praktizierte Medizin äußert sich ausführlich Edelstein II 139-80. »Es war Nacht« P. Oxy. 1381. Aristides' Krankheiten und Kuren, Behr 26; 37-49; 162-70. Ende des Asklepioskults, Edelstein II 256-7.

156 Silbergefäße von Vicarello, Friedländer 327-8. Münzen von Vicarello, RhM 9 (1854) 20-28. In anderen Bädern gefundene Münzen, RA 4 (1847) 410 (Amélie-les-Bains); RE s.v. aquae 294 (Schwalheim, Nauheim). Heiße Quellen auf Sizilien, Strabo VI 275. ›Viele von den Sizilianern‹ Diodor V 10.

157 Trophonios, Pausanias IX 39, 5-14. Tempel der Fortuna in Praeneste, Cic. de Div. II 41, 85-6. »es ist ein schön aussehendes Pferd« CIL I² 2177 (vgl. 2173-89). Herakles-Orakel, Pausanias VII 25, 10. »der Ruhm des Orakels« Lukian, Alexander 30.

158-160 »konnte man rund um« Dio Chrysostomus Or. 8, 9. Neros Auftritt, Tacitus Ann. 15, 33. Spartanische Knaben, Cic. Tusc. Disp. 2, 34; Philostratus, Vita Apoll. 6, 20; Plutarch, Lykurgos 18, 1; Libanios Or. 1, 23. »Dreimal habe ich« Res Gestae 22. Rennen, Gladiatorenspiele und andere Unterhaltungen in Rom, Balsdon 244-339.

Ferien

161 »Wir wollen« ad Att. 2, 8, 2, Peregrinatio, D'Arms 45. Frühling als Beginn der Saison, 48. Ciceros Landhäuser und seine Beziehungen zu seinen Nachbarn, 198-200. Unterkünfte, 49. Ciceros Tod, Plutarch, Cicero 47-8. Die Villen des Pompejus waren über die ganze italienische Halbinsel von Etrurien bis nach Tarent verstreut; s. W. Drumann und P. Groebe, Geschichte Roms IV (Leipzig 1908²) 542-3. Über Landhäuser und Ferienzeiten, s. auch Balsdon 193-213.

162-163 Landhäuser der republikanischen Zeit, D'Arms 171-201. Horaz' Bemerkung, Carm. III 1, 33-7. Augustus' Stiefvater, D'Arms 189-90. Lucullus, 184-6. »Xerxes in Toga« Plutarch Lucullus 39. Villen der Kaiserzeit, D'Arms 202-32. Nero, Tacitus Ann XIV 4-8. Vedius Pollio, D'Arms 125; er wurde offenbar als einer von Augustus' Agenten reich. Lage und Stil der Landhäuser, 45-6, 127-31. Fischfang vom Schlafzimmer aus, Martial X 30, 16-8; vgl. Plinius Ep. 9, 7. Wandmalereien, Enc. Arte Ant. s.v. Pompeiani stili. Glänzende Wiederherstellung des Wanddekors in einer neapolitanischen Villa des 2. und 3. Jahrhunderts n. Chr. s. K. Lehmann-Hartleben in The Art Bulletin 23 (1941) 16-44. Schmuckpflanzen, Martial III 58, 1-3. Piscinae, D'Arms 41-2. Menschenfleisch als Fischfutter, Plinius IX 77. Als Augustus einmal sein Gast war, wollte Pollio einen Sklaven, der einen Kristallbecher fallen ließ, in die Piscina werfen lassen; der Sklave bat den Kaiser um Gnade und Augustus gewährte sie nicht nur, sondern gab auch Befehl, sämtliches Kristall im Landhaus zu zerschlagen und die Fischteiche mit den Scherben zu füllen (Seneca, De ira 3, 40).

164-169 Gegenseitige Besuche, D'Arms 49-51. Austernkulturen, D. und P. Brothwell, Food in Antiquity (London 1969) 65-6. Austern aus dem Lucriner See; möglicher Zusammenhang mit der Verlegung des Flottenstützpunktes, D'Arms 136-7. »Wenn sie in ihren bemalten Booten« Ammianus XXVIII 4, 18. Beschäftigungen des durchschnittlichen Feriengasts, D'Arms 52, 135-8; Abb. 19 (Amphitheater, Park); Seneca Ep. 77, 1-2 (Beobachtung einlaufender Schiffe; vgl. S. 151). Baiae, Friedländer 405-8; D'Arms 42-3; 139-40. »Eine weitere Stadt« Strabo V 246. Zweifelhafte Frauen (adulterae), Seneca Ep. 51, 12. Nackt baden (procaces natatus), Symmachus Ep. VIII 23, 3. »Füllten die Seen« Seneca Ep. 51, 4. »Unverheiratete Mädchen« Varro Sat. Menipp. fr. 44 = Nonius 154, 4. »Wozu muß ich Betrunkene« Seneca Ep. 51, 4. »Nächtliches Gezänk« 51, 12. Lockeres Weib, Cicero Pro Caelio 35, 49. »Sie, die den alten Sabinern« Martial I 62. Augustus' Einstellung gegenüber Baiae, D'Arms 77. Puteoli, 138-9. Neapel, 36 (Griechische Kleidung), 142-6 (Kulturzentrum), 150-1 (Griechische Wettkämpfe). Romulus Augustulus, 108. Ausbruch des Vesuvs. Der Ältere Plinius, damals Oberkommandierender der im nahen Misenum stationierten Flotte, brach nicht zuletzt aufgrund des dringenden Hilferufs des Besitzers einer Villa, die an der Küste unmittelbar am Fuß des Berges gelegen war, mit einem Geschwader auf, doch war das Anwesen bei seiner Ankunft bereits verschüttet; vgl. D'Arms 222-3. »Ich verbrachte einige wenige Tage« Symmachus Ep. VIII, 23, 2-3.

170-171 Umzug in die Berge, D'Arms 48-9. Landhäuser in Tusculum, Friedländer 397. Cicero und seine Villa, J. Pollitt, The Art of Rome c. 753

B.C. -337 A.D. Sources and Documents (Prentice-Hall 1966) 76-9. Landhäuser in den Bergen, vgl. z. B. die Beschreibung der Villa des Plinius nahe der Grenze zwischen Etrurien und Umbrien in Ep. 5, 6. Geheiztes Schwimmbecken, Ep. 2, 17, 11; G. Mancini, Hadrian's Villa (Ministero della Pubblica Istruzione, Direzione generale delle antichità e belle arti; Guide Books to the Museums and Monuments in Italy 34). »Will Bassus stadtwärts?« Martial III 47, 15. Martials Häuschen, VI 43; IX 18. »Nahe bei Gräbern« Martial XII 72.

Seefahrten

173 »Was gibt es für ein größeres Wunder?« Plinius XIX 3-4. Baumwolle, Warmington 210-12.

174-176 Fingerdicke Planke, SSAW 204. Abschiedsgedichte, Horaz I 3 (anläßlich des Aufbruchs von Vergil zu seiner Griechenlandreise), III 27; Statius Silvae III 2. Zwar sind diese Propemptika, wie sie genannt wurden, ein von den Griechen übernommener Gedichttypus, doch spiegelt sich in ihnen deutlich eine den Römern eigene See-Nervosität. Zeit der Seereisen, SSAW 270-73. Haupt-Stapelplätze und Seerouten, J. Rougé, Recherches sur l'organisation du commerce maritime en Méditerranée sous l'empire romain (Paris 1966) 85-97. Kriegsschiffe zur Verfügung von Regierungsbeamten, Rougé in REA 55 (1953) 295-7. Ciceros Reise, ad Att. V 11, 4. V 12; VI 8, 4; VI 9, 1. Reise von Rom nach Alexandria und zurück, Casson in TAPA 81 (1950) 43-51. Plinius' Reise Ep. 10, 15-7.

176-179 Takelage SSAW 229-43. Geschwindigkeit SSAW 281-96. »In Konstantinopel ging ich« Libanios Or. 1, 31. Paulus in Caesarea und Myra Acta Apost. 27, 1-6. Platz in Ostia, der sogenannte Piazzale delle Corporazioni, R. Meiggs, Roman Ostia (Oxford 1960) 283-8, bes. 287. Lebensmittelvorräte, vgl. Synesius Ep. 4, 165 (Zwei Stürme, die die Ankunft um mehrere Tage verzögerten, bewirkten, daß Synesius keine Lebensmittel mehr hatte). Passagiere, die im 14. und 15. Jahrhundert auf venezianischen Galeeren zum Heiligen Land reisten, bestiegen die Schiffe mit eigenem Bettzeug und im allgemeinen auch mit eigenen Lebensmitteln, weil die im Preis der Überfahrt eingeschlossene Schiffsverpflegung bekanntermaßen dürftig war; s. J. Sottas, Les messageries maritimes de Venise aux XIVe et XVe siècles (Paris 1938) 168. Offiziere und Schiffsmannschaften SSAW 314-20. Unterbringung auf dem Schiff, 175-81. Ausreise-Pässe ESAR II 593-4; 715 (Nr. 64, 66, 68).

179-181 Warten in Hafennähe, Augustinus, Conf. IX 10. Ankündigung des Herolds, Philostratos, Vita Apoll. VIII 14. Aberglauben, Wachsmuth 299 (Tage mit schlechten Vorzeichen, nach Macrob. I 16, 18), 119-26 (Opfer, Verweisung auf E. Wüst in RE s. v. Poseidon 505 u. a.), 188 (Niesen, nach Plutarch Themist. 13, 3; Polyaen III 10, 2) 197, (Vögel, nach Plutarch, Cicero 47, 8; Horaz III 27, 1; 11; 15-16 u.a.) 182-3 (Wörter, nach

Artemidor 3, 38; Cic. Div. II 40, 84 u.a.), 183 (Schiffbruch, nach Seneca Controv. VII 1, 4). Siehe auch I. Hermelin, Zu den Briefen des Bischofs Synesios (Uppsala 1934) 31-5 (Monatsende als schlechtes Omen). Träume, Artemidor 2, 12 (Ziegen, Eber, Bullen), 2, 17 (Möwen), 2, 23 (Anker), 2, 27 (trübe Wasser), 2, 36 (Gesicht im Mond), 2, 68 (auf dem Rücken Fliegen), 3, 16 (auf dem Wasser Gehen), 3, 54 (Schlüssel), 3, 65 (Eulen). Vögel bedeuten Land, Wachsmuth 190 (nach Velleius Paterculus I 4, 1; Pomponius Mela 1, 110 u.a.). Haar und Fingernägel, 302-3 (nach Petronius 103, 5; 104, 5). Gotteslästerungen, 289 (nach Libanius Ep. 178, 1 u.a.). Tanzen, 289 (nach AP IX 82, 5). Tod, 278-9 (nach Plutarch Cato Min. 15, 4; Dio Cass. XLVII 49, 2).

181-183 Zahl der Passagiere SSAW 172. Stuhl auf dem Achterdeck, Lukian Jup. Trag. 47. Für Reisen nützliche Codices, Friedländer 342-3. Umgehen mit dem Schiff SSAW 224-8 (Steuerruder), 176 (Leckwasser-Schöpfen), 248-9 (Beiboot des Schiffs). Schiff des Paulus im Sturm, Act. Apost. 27, 19; 38. Beiboot ungeeignet als Rettungsboot, vgl. Act. Apost. 27, 30; Achilles Tatius 3, 3-4. Opfer, SSAW 182. Hafenschlepper, SSAW 336-7. Unheil bedeutende Handlungen, Wachsmuth 289 nach Greg. Naz. Carm. 1; II 33, 105-7 (PG 37, 995).

183-187 »Riet ihm Kaiser Caligula« Philo, In Flaccum 26. Kornschiffe aus Alexandria, Lukian, Navigium 5. »Wir waren insgesamt« Act. Apost. 27, 37. Vespasians Bevorzugung der Handelsschiffe, vgl. Josephus BJ 7, 21. Synesios' Reise, Ep. 4. ›Unser Reeder‹ 4, 160; 162-4.

Römische Straßen

188 Etruskische Straßen, J. Ward-Perkins in Mélanges Grenier (Collection Latomus 58 Brüssel 1962) 1636-43.

189-191 Bauzeit der Via Aurelia, H. Herzig in Epigraphica 32 (1970) 50-65; T. Wiseman in Epigraphica 33 (1971) 27-32, will sie bis 241 v. Chr. hinaufdatieren. Das römische Straßensystem; DSs.v. via 790-817 gibt einen nützlichen Überblick. Jedes Jahr bringt neue Erkenntnisse; siehe Fasti Archaeologici unter der Rubrik: Topographie. Alpenpässe, W. Hyde, Roman Alpine Routes (Memoirs of the American Philosophical Society 11 Philadelphia 1935) 137-41 (Brenner), 185 (Übersicht über die benutzten Pässe).

194-195 ›Gerade und ebenmäßig‹ Plutarch Gaius Gracchus 7. Römischer Straßenbau, Grenier Kap. X; Fustier passim. Straßen in England, Forbes 155. Werkzeuge, Fustier 78-9. Schubkarren, Needham IV 2, 258-74; Singer II 546. Felsenvorsprung bei Terracina, Baedekers Central Italy (1930[16]) 556. Tunnel der Via Flaminia, 149. Andere Tunnels, Baedekers Southern Italy (1930[17]) 106. Anhebung des Straßenniveaus, Fustier 83-4. Straßen an Talhängen, 68-9.

196-199 Vermessungsgeräte, Aufeinandertreffen von Straßenabschnitten, Fustier 74-8. Unrichtige Ansicht über römischen Straßenbau, vertreten von Nicolas Bergier (1557-1632), der durch Überreste einiger von ihm untersuchter Straßen zu seiner falschen Theorie kam. Oft fanden sich mehrere Schichten, weil die Straße mehrmals nach ihrer Herstellung ein neues Pflaster erhalten hatte, wobei dieses einfach über das alte gelegt worden war; Bergier und diejenigen, die seiner Theorie folgten, nahmen an, daß der vorgefundene Zustand die ursprüngliche Bauweise illustriere (Grenier 317-27; Fustier 109-10; 115; 269-71). Keine Verwendung von ›Zement‹, Fustier 115. Bauweise hängt von Bodenbeschaffenheit und Gelände ab, Grenier 387-9; Fustier 95. Pflasterung, Grenier 331-45. Art der Pflastersteine, Fustier 103. Deren Größe, Grenier 334-6, der Beispiele von länglichen Pflastersteinen anführt, die bis zu 92 auf 143 cm messen. Aneinanderpassende Pflastersteine aus dem gleichen Steinbruch, Fustier 103. »Und der obersten Decke« Statius Silvae IV 3, 44-6; Statius beschreibt eine von Domitian (81-96 n.Chr.) angeordnete Verlängerung der Via Appia. Unmittelbar auf die natürliche Unterlage verlegte Pflasterung, Fustier 100 und Abb. 38; 104 und Abb. 43 bis. Straßenbettung, Grenier 327-31; Fustier 105-8; 110-5. Erdmaterial für Bettung von anderer Stelle, 110. Stützmauern 117-8. Straßenbettung bei morastigem Grund, Fustier 108-9. Straßenwölbung und -neigung, 84-5. Randsteine und Fußwege, Grenier 342-5; Fustier 85; 103. Steine zum Aufsteigen, Plutarch Caius Gracchus 7; Fustier 131. Gräben (fossae) 85.

199-203 Straßen in Nordafrika, Fustier 95. Fels Abmeißeln, 96. Künstliche Geleise, Grenier 368-77, der darauf hinweist, daß die Spurweite der ›Geleise‹ wechselt, was auf die Verwendung von Fahrzeugen mit verschiedenen Radabständen in den verschiedenen Gebieten hinweist. Abwechselnd gute und schlechte Straßenabschnitte, Fustier 67. Straßenbreiten, Friedländer 319-20; Grenier 365-7; Fustier 85 und Abb. 32 auf S. 87; DS s.v. via 786. Gebirgsstraßen, Forbes 155; Friedländer 322-3. Steigungswinkel, 323. Furten, Fustier 118-20. Brücke bei Narni, Singer II 508; Baedekers Central Italy (1930[16]) 109. Pont du Gard, Baedekers Riviera and South-Eastern France (1931) 126-7. Zugangsrampen, Fustier 123-5. Pflasterung in der Nähe der Städte usw., Grenier 341. Mit grobem Sand abgedeckte oder Erdstraßen, 345-54; Fustier 68; 83 und Abb. 26; 97-9.

203-204 Verwaltung, O. Hirschfeld, Die kaiserlichen Verwaltungsbeamten (Berlin 1905) 205-11; G. Walser in Epigraphica 31 (1969) 102-3. Reparaturen, Grenier 354-65. Meilensteine, Plutarch Gaius Gracchus 7; DS s.v. via 790-2. Miliarium aureum, E. Nash, Pictorial Dictionary of Ancient Rome II (New York 1968[2]) 64. Von Meilensteinen abgeleitete Ortsnamen, Grenier 251-4. Religiöse Denkmäler, 224-34.

204-205 Chinesische Straßen, Needham IV 3, 1-31 bes. 7 (Decke,

Breite), 14 und 21 (Straßenführung, Brücken). Needhams Hypothese, die Chinesen hätten die Macadam-Straßen vorweggenommen, kann nicht ernst genommen werden; das Wesentliche bei den Macadam-Straßen ist die Verwendung von kleingeschlagenen Steinen, wovon in den chinesischen Berichten keine Rede ist. Straßen und Brücken im Mittelalter, Fustier 161-8. Renaissance, 178-84. Verwendung von Erde im 17. Jahrhundert, 207. McAdam, 251-3.

Unterwegs auf der Straße

206-207 Überlandreisen im Winter – Aristides reiste häufig im Dezember und Januar in Kleinasien (Behr 23; 63; 67). Der hl. Basilios, der im abgelegenen, gebirgigen Kappadokien lebte, beklagte sich über das Einstellen der Verkehrsverbindungen in der Winterzeit (Ramsay 377), aber nicht immer zu Recht (vgl. M. Fox The Life and Times of St. Basil the Great as Revealed in his Works, Washington 1939, 1-4). Kleidung, L. Wilson, The Clothing of the Ancient Romans (Baltimore 1938) 72-3 (Unterzeug), 87-95; 100-104; 112-29 (Umhänge). Röm. Schuhe, M. L. Rinaldi RIA Neue Serie 13/14 (1964/65). Im griechischen Osten übernahm man zusätzlich zur traditionellen Kleidung viele römische Kleidungsstücke. Taschen-Sonnenuhren, RE s.v. horologium 2423-4; R. Tölle, Eine spätantike Reiseuhr AA 84 (1969) 309-17. »Bringe Deinen Goldschmuck« P. Mich. 214 (296 n.Chr.). Theophanes' Abrechnungen, P. Ryl. 627-8; 630-8. Inventar seines Gepäcks, 627 1-64. »Wenn Du kommst« P. Mich. 214. Extra-Vorräte des Theophanes, P. Ryl. 630-8; 462-3; 465-6. Verwendung von Fahrzeugen, vgl. Pflaum 36 (Verwendung von Wagen im cursus publicus fast von Anfang an), Juvenal 3, 10 (Transport von Haushaltssachen in einer reda von Rom nach Cumae). Verwendung von Tragtieren und Trägern, Vigneron 140-9. Träume, Artemidorus 1, 77 (Narzissen), 2, 8 (Luft), 2, 12 (Esel, Eber, Gazellen), 2, 28 (Morast), 2, 33 (sich bewegende Statuen), 2, 36 (Sterne), 2, 37 (Götter), 3, 5 (Wachteln), 3, 65 (Eulen).

207-211 Gepäcktransport, vgl. Juvenal 3, 10-11 (Jemand, der Rom verließ, verlud sein Gepäck außerhalb der Porta Capena, wo die Via Appia begann, auf einen Wagen). Fußpfade neben den Straßen, s. TLL s.v. crepido 2b; margo 1; von angesehenen Personen der Gesellschaft erwartete man, daß sie nicht zu Fuß gingen, sondern Wagen oder Tragtiere benützten (vgl. Synesios Ep. 109). Verschiedene Fahrzeugtypen, s. DS s. vv.; M. Cagiano de Azevedo I trasporti e il traffico (Mostra Augustea della Romanità. Civiltà Romana 4, Rom 1938) 10-14; Vigneron 151-2; 167-70. Der griechischsprachige Osten verwendete weiterhin die traditionellen griechischen Ausdrücke und auch den allgemeinen Ausdruck ochema d. h. Fahrzeug. Schmiermittel, vgl. Cato, de Agr. 97 (Olivenrückstände). Mietställe – cisarii ›Kutschen-Vermieter‹, ›Wagen-Vermieter‹ und iumentarii

›Tier-Vermieter‹ sind in vielen Städten, üblicherweise mit ihren Quartieren bei den Stadttoren, bezeugt (Friedländer 330-1; Pflaum 52); die ersteren boten vermutlich Fahrzeuge, die letzteren Pferde, Maultiere und Esel zum Mieten an. Die gemieteten Kutscher des Altertums hatten die gleiche schlechte Angewohnheit wie ihre modernen Nachfahren, nämlich, zu schnell zu fahren. »Wenn ein Kutscher (cisiarius)«, so erklärt ein führender römischer Jurist, »bei einem Überholungsversuch den Wagen zum Umstürzen bringt und dabei einen Sklaven überfährt oder tötet, so ist er nach meiner Meinung schuldig, weil er verpflichtet war, eine mäßige Geschwindigkeit einzuhalten« (Dig. XIX 2, 13 pr.). Federung. Obwohl der große Wagen, der die Leiche Alexanders von Babylon nach Alexandria brachte, eine Art Federung gehabt zu haben scheint, hört man erst im 10. Jahrhundert n.Chr. wieder von Federn; s. L.White jr. ›Die Ursprünge der Kutsche‹ in Proceedings of the American Philosophical Society 114 (1970) 423-31. In älteren Vierräder-Fahrzeugen waren beide Achsen unbeweglich, d.h. die Achse der Vorderräder war nicht drehbar; es wird oft behauptet, daß die römischen Fahrzeuge so gebaut waren (Singer II 545; Fustier 82; vgl. Vigneron 114-5, der die Frage offen läßt); es mag dies für die derben Bauernwagen zutreffen, doch schwerlich für die Fahrzeuge, die man auf den Landstraßen verwendete; vgl. Cagiano de Azevedo 17. Die Kelten verwendeten bereits im 1.Jahrhundert v.Chr. Vorderräder an drehbarer Achse; Singer II Taf. 73 a. Sänften DS s.v. lectica; Balsdon 214-5. Reisen im großen Stil in Spezialwagen, Friedländer 341-3. Horaz macht sich lustig, Sat. I 6, 107-9.

211-212 Reisen zu Pferd oder Maultier, Friedländer 340. Steigbügel, Vigneron 86-8. Sättel. Starre Sättel wurden von Barbaren schon im 5. oder 4. Jahrhundert v.Chr. verwendet, von den Griechen und Römern aber erst seit der Zeit kurz vor dem Beginn der christlichen Zeitrechnung; damals wurden sie in der römischen Armee eingeführt; vgl. DS s.v. sella equestris. Hufeisen, Vigneron 44-50 und Taff. 10-13. Pferdegeschirr, Singer II 552-5; Vigneron Taff. 42; 43; 46; 51; 53. Gabeln, Vigneron Taff. 54; 55; Singer II 544; 553-4. Das hier für das früheste Beispiel gegebene Datum – 3. Jh. n. Chr. – ist verkehrt, denn Abb. 11 stammt aus dem frühen zweiten Jahrhundert; s. G. Becatti Scavi di Ostia IV Mosaici e pavimenti marmorei (Rom 1961) 40. Gabeln waren in China schon lange in Gebrauch. Chinesische Post, Needham IV 3, 34-8. Ptolemäische Post, Pflaum 18-21; E. Van't Dack in Chr. d'Eg. 37 (1962) 338-41.

213-215 Schaffung des cursus publicus durch Augustus, Pflaum 22-48. Grabstein eines speculator, Rostovtzeff in RM 26 (1911) 267-83; E. Ritterling in BJb 125 (1919) 23-5. Kuriere und diplomata, Pflaum 122-48. Otho, Tacitus, Hist. II 54. Der cursus publicus nach Severus, Pflaum 91-121; Levi 103-6; Schwierigkeiten damit, T. Zawadzki in REA 62 (1960) 89-90. Evectio und tractoria, Cod. Theod. VIII 5, 9; 8, 6. Halteplätze, Pflaum

149-91. Die Bezeichnungen mansio, statio usw. wurden sehr frei verwendet; vgl. Levi 109-10. Die chinesischen Poststationen, die sich in einem Abstand von jeweils 17,5 km befanden, boten Pferde- und Kurierwechsel, Essen und Unterkunft und als zusätzliches Raffinement Zellen für Gefangene, die unter Bewachung transportiert wurden; Needham IV 3, 35-6.

215-216 Von Aquileia über die Alpen, Pflaum 180-4. Praetoria, Levi 110. Zur Verfügung stehende Dienste, De Ruggiero s.v. Cursus Publicus 1413-14. Kosten des cursus publicus, Pflaum 62; 92-3; 119-21. Mißbräuche, vgl. T. Zawadzki in REA 62 (1960) 92-3. Maßnahmen gegen Mißbräuche, Cod. Theod. VIII 5, 1; 3; 6-7; 10; 14; 16; 18; 24-5; 50; 53. Bestimmungen, Cod. Theod. VIII 5, 27; 35; 40 (Zahl der Tiere); VIII 5, 17; 30 (Größe der Wagen); VIII 5, 8; 17; 28 (Maximalladungen); VIII 5, 34 (Zahl der Kutscher); VIII 5, 47 (Gewicht der Sättel); VIII 5, 2 (Peitschen); VIII 5, 31 (Trinkgelder). Zusammenhang zwischen den itineraria und der Tabula Peutingeriana mit dem cursus publicus, Levi 97 – 124 bes. 119-24. Bedeutung der Bildsymbole, Levi 66-93; 110-11. Geschwindigkeit der Kuriere, Pflaum 192-200; C. Elliot in Phoenix 9 (1955) 76-80; A. Ramsay in JRS 15 (1925) 63-5.

216-220 »Herr!« Plinius Ep. 10, 120. »der Mann, von dem ich« Libanios Or. 1, 14. cursus publicus, Sidonius Ep. 1 5, 2. Mißbrauch. Pertinax, der spätere Kaiser, verwendete als frisch ausgebildeter Armee-Offizier den cursus publicus, ohne dazu berechtigt zu sein, um sich zu seiner Einheit zu begeben und wurde dabei erwischt; zur Strafe mußte er die ganze Strecke nochmals zu Fuß machen (SHA Pertinax 1, 6). Bestimmungen gegen den unerlaubten Gebrauch, Cod. Theod. VIII 5, 4; 8; 12; 41 (Todesstrafe für Verkauf oder Kauf von Postvollmachten oder für aktive oder passive Bestechung); 54. Höhere Qualität der Rasthäuser des cursus publicus: Eine in Ombos, einem kleinen, vierzig Kilometer nördlich von Assuan gelegenen Dorf gefundene Inschrifttafel gibt darüber beredten Aufschluß; sie stammt aus dem 6. oder 7. Jahrhundert n. Chr. und befand sich einmal in einem dortigen Gasthaus, wo sie den Gästen mitteilte, daß »eine vollständige Reinigung des Gebäudes und eine restlose Entfernung der großen Mengen von Dung und Kot stattgefunden hat, die sich in einem langen Zeitraum angesammelt hatten ... Die gesamte Anlage ist erneuert und von Grund auf neu gebaut worden, um Fremden und Leuten ohne Anrecht auf Requisitionen Unterkunft zu gewähren« (SB 7475 und vgl. G. Rouillard in Mélanges Schlumberger, Paris 1924, 85-100, bes. 88). In der Zeit vor dieser Reinigung haben Reisende, die ohne eine offizielle Bescheinigung reisten, sicherlich alles getan, um eine Übernachtung in Ombos zu vermeiden. Durchschnittliche Reisegeschwindigkeit zu Land, Ramsay 386-8; L. Hunter in JRS 3 (1913) 78. Große Reiseleistungen: Aristides legte einmal an einem langen Reisetag 320 Stadien, d.h. 57 Kilometer zurück, an einem anderen Tag, an dem er ohne Unterbrechung bis Mitternacht ritt,

400 Stadien, d.h. etwa 71,5 Kilometer (Or. 27, 14; 17 = II S. 455-6 Keil); der Bote, der die Nachricht von der Ermordung des Roscius von Rom nach Ameria brachte, schaffte, indem er nachts in einer cisia fuhr, 90 Kilometer in zehn Stunden« (Cicero, Pro Roscio Amerino 7, 19). Chinesische Kuriere scheinen einen Durchschnitt von 193 Kilometern in 24 Stunden erreicht zu haben (Needham IV 3, 36). Reisestationen zwischen Toulouse und Carcassonne und über die Alpen, Grenier 203-4.

221-223 Reise des Theophanes, P. Ryl. IV S. 106. Geschwindigkeit der Hinreise, S. 107. Ausgaben und Reiseroute vom 19. Juli bis zum 6. August, P. Ryl. 630-8, 203-506.

224-227 Reise des Aristides, Or. 27, 1-8 = II 452-4 Keil, und vgl. W. Ramsay in JHS 2 (1881) 44-54. Reise des Horaz, Sat. I 5.

Rasthäuser und Restaurants

228-231 »So Gott will« Sel. Pap. 140. Quartiere in passenden Abständen: Cicero besaß ein Quartier (deversorium) in Anagnia, in dem er auf seinen Reisen zu seinem Gut in Arpinum abstieg, und Quartiere in Lanuvium und Sinuessa für seine Reisen zu seinen Landhäusern an der Küste (D'Arms 49). Gastzimmer, Vitruv VI 7, 4, wo er griechische Landsitze des 3. bis 1. Jahrhunderts v.Chr. beschreibt. Dieser Beschreibung entsprechende Räumlichkeiten sind in den aufwendigen Häusern in Pompeji, wie etwa in der Casa del fauno und der Casa del labirinto, gefunden worden; A. Maiuri in Accademia Nazionale dei Lincei Ser. 8, Mem. 5 (1954) 461-7. Der Palast des Herodes in Jerusalem enthielt Zimmer für hundert Gäste, Josephus BJ V 178. Elegantes Zelten, Friedländer 343. Der Jüngere Cato, Plutarch, Cato Min. 12. Lucius Memmius, Sel. Pap. 416. »Eurem Schreiben entsprechend« 414. Besuch eines Gouverneurs in Hermopolis, W. Chrest. 415. Bemerkenswerter Delphin, Plin. Ep. 9, 33. Empfehlungsbriefe vgl. Liebeschütz 17-8.

231-234 Gasthaus in Bovillae, Kleberg 67. Von Gasthäusern stammende Ortsnamen, 63-5; Grenier 284. Gasthaus in der Steiermark ÖJh. 27 (1932) Beibl. 194-222. Mansio auf dem Kleinen St. Bernhard NSc. (1924) 385-92. Mutatio an der Aquileia-Straße ÖJh. 27 (1932) Beibl. 206-7. Ein sehr ähnliches Gasthaus wurde kürzlich an einer der Stationen (Vindolanda, dem heutigen Chesterholm) unmittelbar innerhalb des Hadrianswalls in Nordengland aufgedeckt. Es besaß zwei geheizte Räume für das Publikum, sechs Schlafzimmer, Toiletten und sogar eine eigene Badeanlage, alles um einen zentralen Hof gruppiert (The Sunday Times vom 28. November 1971). Im Ägypten der Spätzeit wurde die allgemeine Bezeichnung pandokeion aus irgendeinem Grund niemals verwendet und dafür wenigstens in den späteren Jahrhunderten das ziemlich ungewöhnliche Wort apanteterion vorgezogen (PSI 175, 5; P. Iand. 17, 3-4; SB 7475.

22-3); dies findet sich auch in Inschriften (L. Robert in Hellenica 11-12 (1960) 16). Khan in Umm el-Walid, R. Brünnow und A. Domaszewski, Die Provincia Arabia II (Straßburg 1905) 87 und Abb. 668-70; Khan etwa gleicher Größe in Kurnub IEJ 16 (1966) 147; Khan bei Haifa, IEJ 19 (1969) 248. Rasthäuser in Olympia, Olympiabericht VI (Berlin 1958) 30-8; 55-67 und Taf. 6-7.

235-240 Hotels zwischen Alexandria und Kanopus, Strabo XVII 800-1; Ammianus XXII 16, 14. Paulus in Rom Act. Ap. 28, 30. »Bist Du ein sauberer Mensch« ILS 6039; die Inschrifttafel wurde in Tarragona in Spanien gefunden. Hospitium, deversorium, caupona, Kleberg 5-7; 14; 27-8. Caupones betreffende Gesetzgebung, Crook 226-8. »Gold, Silber oder Perlen«, 227. Gasthäuser bei den Stadttoren vgl. Plautus Pseud. 658-9; Kleberg 49. Stabulum, 18; 28. Brennende Lampen, Spano 29-32. Gasthausschilder, Friedländer 347; Kleberg 65-6; Archaeology 20 (1967) 36 (farbige Reproduktion). Wandbilder an Fassaden, Kleberg 116-7. »Hier verspricht Merkur« ILS 6037; Kleberg 115. »Reisender, höre zu« CIL XII 5732; Kleberg 119. Trojas Mauern, Kaibel 1049. Kunden anlockende Gastwirtin, Vergil Copa. »Gastwirtin, laß uns die Rechnung« ILS 7478; Kleberg 118-9 und Abb. 7. Stabulum in Pompeji, Kleberg 34-5. Gasthäuser in der Stadt, 32-3. Haus in der Nähe des römischen Forums, G. Lugli Monumenti minori del Foro Romano (Rom 1947) 139-64, bes. 139-41; 157-8. Terminologie, Kleberg 87-9; 113. Die Bezeichnung für den Schankwirt könnte deversitor gewesen sein; siehe G. Bagnani in AJPh 79 (1958) 441-2. »Sommer-Tiere der Gasthöfe« Plinius IX 154. »Ich sage Euch« Acta Ioannis 60-1 in M. James, The Apocryphal New Testament (Oxford 1924) 242.

240-242 Vibius Restitutus CIL IV 2146; Kleberg 33. Abschiedsgruß an Puteoli CIL IV 2152; Kleberg 33. Namen an der Wand, CIL IV 2147; 2149; 2154-5. Lixa, Kleberg 14-6; 44. Gasthäuser in der Nähe von Bädern, 51-2. Senecas Unterkunft, Ep. 56, 1-2. Nächtlicher Lärm, Martial 4, 64; Juvenal 3, 235-8; Neue Bordelle, Tertullian, Apolog. 35, 4. Gasthäuser als Bordelle, Kleberg 89 – 91. Eigene Lebensmittel, Kleberg 98-100. Dienste auf dem Hotelzimmer. Eine der Romanpersonen des Petronius läßt sich bei einem Aufenthalt in einem Hotel von der dafür verantwortlichen Frau ein Essen – wahrscheinlich aus der Hotelküche – auf das Zimmer schicken; Satyricon 90, 7; 92, 1; 95, 1 und vgl. H. Rowell in ClPh. 52 (1957) 217-27 bes. 221-3.

243-245 Lage der Weinschenken und Restaurants, Kleberg 49-53. Hauptstraße (Via dell'Abbondanza) mit zwanzig Speiselokalen, 52. Taberna, 37-8. Popina, 36-7. Typische popina, A. Mau, Pompeji in Leben und Kunst S. 396. Popina mit Weinstamm, Archaeology 20 (1967) 36-44. Stühle und Lagerstätten, Kleberg 114; vgl. Martials verächtliche Erwähnung (V 70, 3) von sellariolae popinae »Braten auf Stühlen sitzend essen«. »Auch ein Becher Setiner« CIL IV 1292; Kleberg 108. Hedone, CIL IV 1679;

Kleberg 107. Importierte Weine, 108-9; Bier, 110. Grog und heißes Wasser, 104-5. Gemischte Getränke, 109-10. Becher mit Aufschriften CIL XIII 10018:59; 103; 105; 131; 135; 152. Mit Schenkwirt bezeichnen wir den Caupo, dessen Geschäft es im allgemeinen mehr war, Getränke auszuschenken als Zimmer zu vermieten. Die Becher stammen aus Gallien und Germanien und sind Produkte des 4. Jahrhunderts n. Chr. (CIL XIII 10018 praef.).

246-257 Verwässerter Wein, Kleberg 111-3. »Oh, möge derlei Betrügen« CIL IV 3948; Kleberg 112. »Deine Kaufleute« Isaias 1, 22. »Feucht ist« Martial 1 56. »Neulich betrog« Martial III 57; das vorhergehende Epigramm handelt unmittelbar von dem Wasserproblem Ravennas:

In Ravenna hätt' ich Zisternen viel lieber als Reben,

Da dort mit viel mehr Gewinn Wasser verkauft wird als Wein.

»er wisse von vielen«, Galen, De simpl. medic. X 2, 2 (Kühn Bd. XII p. 254). Fleischspeisen, Kleberg 100-1. Öffnungszeiten, Kleberg 120-1. Prostituierte, 89-90. Erotische Wandbilder, 90. Verkehr mit der Eigentümerin, CIL IV 8442; Kleberg 90. »Gib mir Wein« Copa 37. »Hierher« M. della Corte, Case ed abitanti di Pompei (Rom 1965³) 81-3 und Kleberg Abb. 18-20. Kundschaft, Kleberg 92-4. »Finden wirst Du ihn« Juvenal 8, 173-6. Popina in Catania, G. Manganaro in Helikon 2 (1962) 485-93 bes. 490-3. Restaurants betreffende Gesetzgebung, Kleberg 101-2. Popina der Sieben Weisen, G. Calza in Die Antike 15 (1939) 99-115. Kirchliche Regelung, Kleberg 94-5. Bordelle, siehe H. Herter in JbAChr. 3 (1960) 85-8.

Die Post

258-259 Tageläufer und Herold-Läufer, hemerodromoi, dromokerykes. Der am besten bekannte hemerodromos ist Pheidippides, der die Strecke Athen–Sparta, etwa 240 Kilometer, in zwei Tagen lief, um die Hilfe der Spartaner gegen die Perser zu erbitten (Herod. VI 105-6). Tabellarii, siehe z.B. Cicero ad Att. VI 2, 1; VIII 14, 1. »Viele Tage lang« Cicero ad Quint. fr. III 1, 7, 23. »Du hast sonderbare Briefträger« Cicero ad fam. XV 17, 1. »Da ich jemand fand« P. Mich. VIII 490. »Ich war hocherfreut« Sel. Pap. 151. »Ich schickte Dir« 107. Synesios trug seine Briefe gewöhnlich zum Hafen und gab sie einem der Ruderer auf den Handelsschiffen (Ep. 129). »Wenn Du mich liebst« Cicero ad fam. XVI 5, 2; vgl. ad Quint. fr. II 12, 4 (Inanspruchnahme eines vornehmen Römers), ad Att. V 15, 3 (eines Freundes), Plautus Miles glor. 129-32 (eines durchreisenden Kaufmanns, um einen Brief von Ephesus nach Naupaktos zu befördern). Zu den Zeiten Ciceros gab es nur den von den römischen Steuereintreibern eingerichteten Postdienst; sogar Provinzgouverneure zogen ihn manchmal als besten Dienst anderen Möglichkeiten vor (siehe J. Ooteghem in EtCl. 27 (1959) 192-3.

259-260 Schnelligkeit der Beförderung von Ciceros Briefen von nahegelegenen Orten, siehe W. Riepl, Das Nachrichtenwesen des Altertums (Berlin 1913) 141-2. Auf Briefe, die am Morgen von Rom nach der etwa 27 Kilometer entfernten Villa in Tusculum gesandt wurden, kam bereits am Abend eine Antwort; Briefe von Rom nach dem rund 56 Kilometer entfernten Anzio kamen noch am gleichen Tag an; Briefe von Rom konnten das rund 120 Kilometer entfernte Arpinum in zwei Tagen erreichen; Briefe zwischen Rom und dem Raum von Neapel brauchten vier bis sechs Tage (einer kam in drei Tagen – sane celeriter (äußerst schnell) – an, wie Cicero ad Att. XIV 18, 1 bemerkt). Briefe von Rom nach Athen ad fam. XVI 21, 1 (46 Tage), XIV 5, 1 (21 Tage). Von Patras nach Brindisi ad fam. XVI 9, 2. Von Afrika ad fam. XII 25, 1. Von Syrien nach Rom ad fam. XII 10, 2 (50 Tage), ad Att. XIV 9, 3 (am 31. Dezember abgeschickt, kam um den 17. April 44 v. Chr. an).

260 Über Herstellung und Verwendung von Papyri siehe E. Turner, Greek Papyri, an Introduction (Oxford 1968) Kap. 1 bes. S. 2-5, und Greek Manuscripts of the Ancient World (Oxford 1971) Taf. 1. Das Papyrus-Papier wurde hergestellt, indem man den dreieckig geformten unteren Teil des Stengels der Papyruspflanze nahm und von seinem Mark einzelne Streifen abschälte, die Streifen sich ein wenig überlappend nebeneinander legte, eine zweite Lage von Streifen über die erste legte, wobei die Fasern der einen Schicht horizontal, die der anderen vertikal verliefen. Mit einem hammerförmigen Holzgerät wurden sie zusammengeklopft und klebten ohne zusätzlichen Klebstoff fest aneinander. Man ließ die Streifen trocknen und rieb sie dann mit einem Bimsstein glatt. Ein normaler Brief aus Papyrus wurde gewöhnlich gerollt. Die bequemste Art, ihn zu verschließen, war es, einen Faserstrang des Papyrus herauszureißen, um die Rolle zu binden und diesen dann mit einem Tonkügelchen zu befestigen, auf das das Siegel gedrückt wurde. Auch wenn Papyrus das billigste und bequemste Material für Briefe war, so war es doch nicht das einzige. Die Römer verwendeten auch Wachstafeln oder Bögen aus Pergament oder Leder; siehe RE s.v. Pugillares (XXIII, 2 col. 2515-16). »An Apollinarius« Sel. Pap. 113.

261-265 »Nachdem ich auf italischem Boden« P. Oxy. 2191. »Liebe Mutter« Sel. Pap. 111. »Serapis meinen Dank« 112, 2. Jahrhundert n. Chr. »Gerade als wir uns« P. Strass 233 und Chr. d'Eg. 39 (1964) 150-6. »Zuerst und vor allem« P. Oxy. 1773 in G. Ghedini, Lettere Cristiane (Mailand 1923) nr. 8. »Liebe Mutter – ich schreibe« P. Lips. 110. »Lieber Zenon« Sel. Pap. 93. »Laß mich zu Dir« 115, 2. Jahrhundert n. Chr. »Ich bin darüber verärgert« 97, 168 v. Chr. »Etwas Schönes hast Du« P. Oxy. 119.

Die Sehenswürdigkeiten

268-269 Reise des Aem. Paulus Livius XLV 27-8. »Phidias hat den Zeus« Plutarch Paulus 28, 2.

270-271 Kein Interesse an Naturschönheit, Friedländer 459-65. Sieben Weltwunder, 444.

272-273 Mythologische Gedenkstätten, Friedländer 418; 450-3; 463; Pfister 63-4; 93; 107; 156; 219; 221; 280-1; 286; 336; 347-50; 362-4; 368; 454; Pausanias IV 36, 2 (Nestors Höhle).

273-275 Historische Gedenkstätten, Friedländer 450; 454-6; Pfister 233; 237; 352; 456; Pausanias IX 23, 2 (Pindars Grab); Strabo XVII 794 (Alexanders Grab); Vergil, Vita Donatiana 36 (Vergils Grab); Plutarch, Demosthenes 7, 3 (unterirdisches Gemach), Alexander 69, 4 (Grab eines Inders), 7, 3 (Schule des Aristoteles).

275 Schlachtfelder, Friedländer 408-9; 454-5; Pausanias IX 40, 10 und Frazers Anmerkung zu Chaeronea.

276-277 Kunst, Friedländer 457-9; Anth. Pal. IX 715; 721; 730; 734 (Kuh des Myron); Cicero Verr. II 4, 135 und vgl. J. Pollitt, The Art of Greece 1400-31 B.C. Sources and Documents (Prentice-Hall 1965) 59; 128; 133; 166-7; 177.

Museen

278-280 Schutruk-Nahhunte, E. Unger Assyrische und babylonische Kunst (Breslau 1927) 62-3; CAH II[3] Kap. 31 1. Abschn. und Kap. 32 1. Abschn. Assyrer, Unger 63. Museum des Nebukadnezar 63-6; Unger Babylon, die heilige Stadt (Berlin und Leipzig 1931) 224-8.

280-282 Schatzhaus der Korinther, Herodot I 14, 50-1; Frazer V 295-6. Hera-Tempel, Pausanias V 17-20, 1 und Frazer III 593-620. Herondas Mim. 4, 20-95; Übersetzung von O. Werner (Stuttgart 1968). Statuen nahe beim Eingang der delphischen Heiligtums, Pausanias X 9, 5-7; X 10, 1. Athener-Halle, Pausanias X 11, 6. Erechtheion I 27, 1. Pindars Stuhl, X 24, 5. Artaxerxes und Amasis, C. Blinkenberg Lindos, Fouilles de l'acropole II Inscriptions (Kopenhagen 1941) Nr. 2, C XXIX und XXXV. Jeder Faden des Leinenpanzers war nach allgemeiner Annahme aus 360 bis 365 Fasern hergestellt; zahllose Zweifler mußten ihn angefaßt haben, um sich zu vergewissern, so daß er im 1. Jahrhundert gänzlich verschlissen war (Plin. XIX 12). Waffen Alexanders, Pausanias VIII 28, 1.

282-284 Erinnerungsstücke aus der Sagenzeit, Friedländer 450-1; Pfister 322; 331-4. Inventar von Lindos, Blinkenberg op. cit. Nr. 2 B III bis XIV. Brand in Lindos Nr. 2 D 39-42. Das Feuer verschonte nur Weihungen, die später als etwa 330 v. Chr. gestiftet worden waren; diese waren lange nicht so vielfältig und interessant, denn sie bestanden hauptsächlich aus von hellenistischen Königen gestifteten Rüstungen und Waffen und Ochsenköpfen oder Ochsenhörnern von ihren Opfern (Nr. 2 C XXXVII-XLII). Stuhl der Helena, Plutarch, Solon 4. Ihr Becher, Plinius XXXIII 81. Gleiche Reliquien an verschiedenen Stellen, Friedländer 451; Pfister 341-5.

284-287 Naturgeschichtliche Reste, Pfister 208; 321; 410; 424. Gigantenknochen, Pfister 426-7; Frazer IV 314-5. Verschiedene Curiosa, Friedländer 447-8; Pfister 324-5. Indische Ameisen, Plinius XI 111. Wunderbares, Friedländer 449; Polybius XVI 12 (Artemisstatuen); Plinius II 228 (fackelentzündende Quelle), II 231 und XXXI 16 (weinspendender Brunnen). Der Altar im Heiligtum der Aphrodite von Paphos auf Zypern war ebenfalls gegen Wetter gefeit (Tacitus, Hist. II 3).

287-290 Sammlung der Attaliden JdI VI (1891) 49-60.

290-292 Römische Kunsträuber, Pollitt op. cit. 32; 44-8. Verres, 66 bis 74. Cicero als Sammler, 76-9. Gemäldesammlungen in Landhäusern DS s. v. pictura p. 471; K. Lehmann-Hartleben in The Art B. 23 (1941) 16-44. »Ausgestoßen wie Verbannte« Plin. XXXV 26. Meisterwerke in Rom, Homo 21-46; 177-208. Polyklet, Plin. XXXIV 55-6. Myron, Strabo XIV 637; Plin. XXXIV 57-8. Phidias XXXIV 54. Praxiteles XXXVI 20-3. Skopas XXXVI 25-6; 28. Lysipp XXXIV 40; 61-5; Vell. Pat. I 11, 3-4. Apelles Plin. XXXV 27; 93-4. Zeuxis XXXV 66. Fenster im Concordiatempel, MemAmAc. 5 (1925) 73. Caracallathermen, Homo 199.

292-294 Curiosa in römischen Tempeln, Friedländer 447-9. Museum im Tempel des Vergöttlichten Augustus, K. Lehmann ›A Roman Poet visits a Museum‹ in Hesperia 14 (1945) 259-69.

294-295 Kirchen als Museen, J. von Schlosser, Die Kunst- und Wunderkammern der Spätrenaissance (Leipzig 1908) 12-16; P. Salmon, De la collection au musée (Brüssel 1958) 27-9. Sixtus IV, W. Heckscher, Sixtus IIII Aeneas insignes statuas romano populo restituendas censuit (den Haag 1955) 46-47; E. Muntz RA 43 (1882) 24-36. Früheste Gelehrtensammlungen, D. Murray Museums, Their History and Their Use I (Glasgow 1904) 24-9.

Reiserouten

296-297 »Wir unternehmen oft« Plin. Ep. VIII 20, 1-2. Kein Babylonbesuch des Pausanias, Paus. IV 31, 5. Provinzler besuchen Rom, Friedländer 395. Denkmäler Roms, E. Nash, Pictorial Dictionary of Ancient Rome (New York 1968²); Homo, Urb. 305-24. Fand eine Stadt aus Backstein vor, Sueton Aug. 28, 3.

298-299 Sehenswürdigkeiten von Sizilien, Friedländer 408-9; 458. Sehenswürdigkeiten von Korinth, 412-3; zu denen, die den Ruinen von Korinth einen Besuch abstatteten, gehörte Cicero (Tusc. Disp. 3, 53). Sehenswürdigkeiten von Epidaurus, Friedländer 413. Verfall in Griechenland, 410; Dio Chrys. 7, 39. Theben, Paus. IX 7, 6. Pisa, VI 22, 1. Sehenswürdigkeiten der Inseln, Friedländer 414-6. Samothrake, K. Lehmann, Samothrace II Teil 1, The Inscriptions on Stone (New York 1960) 16-7.

300-301 Homerisches Land und Kleinasien, Friedländer 417-20. Die Leier des Paris, Plutarch Alex. 15. Rüstungen, Arrian, Anab. I 11, 7. Knidos, Lukian Amores 11-15.

301-305 Über die übliche Reiseroute nach Ägypten handelt J. Milne JEA 3 (1916) 76-80; Behr 16-8 (Reiseroute des Aristides); Apollonius, Philostr. Vita Apoll. 5, 43. Ansicht des Leuchtturms, Jos. BJ 4, 613. Alexandria, Friedländer 429-38. Das Museum, E. Parsons, The Alexandrian Library (London 1952) 166-74. »Sie haben nur einen« Friedländer 433 Anm. 5. Musikalität, Athen. IV 176e. Heliopolis, Strabo 17, 805-6. Memphis, XVII 807. »Sofort nach Empfang« SB 7263. Philae, Strabo 17, 818. Aristides gelangte bis nach Pselchis, etwa einhundert Kilometer jenseits von Assuan (Behr 18).

Die Besichtigungen

306-308 Erkundungsspaziergang vgl. Lukian, Amores 8-9, wo die Hauptperson der Erzählung berichtet, er habe sich, nachdem er in Rhodos eingetroffen sei, »ein Gastzimmer gegenüber dem Dionysosheiligtum gesichert und dann einen gemächlichen Spaziergang gemacht«, in dessen Verlauf er »das Erfreulichste, das man von einer Reise in die Fremde haben kann, erlebte, nämlich altbekannte Freunde wiederzutreffen«. Straßenbeleuchtung in Pompeji, Spano 22-3. Öffentliche Beleuchtung an Kreuzungen, 99-104. Erleuchtete Masken, 102-5; Abbildung in R. Calza und E. Nash, Ostia (Florenz 1959) fig.84. Spano vertritt die Meinung, diese Art Beleuchtung gehe in die hellenistische Zeit zurück. Ammian erwähnt bei der Beschreibung der Ereignisse von 353 n.Chr. (XIV 1, 9) »die Helligkeit der nächtlichen Beleuchtung in Antiochia«, womit doch sicherlich Straßenbeleuchtung gemeint ist. Konstantinopel hatte eine solche fraglos im 6. Jahrhundert n.Chr.; Prokop (Anecd. 26, 7) spricht von der Weigerung Justinians, sie verwenden zu lassen. Rom scheint im frühen 3. Jahrhundert n.Chr. ein Straßenbeleuchtungssystem für die Hauptstraßen gehabt zu haben (Homo, Urb. 583-4). Bevor Straßenbeleuchtung verwendet wurde, waren Spaziergänger nach Ladenschluß oder in Nebenstraßen, wenn sie keine Fackeln bei sich hatten, verloren; Petron (Sat. 79) erzählt, daß die Helden seiner Geschichte in der Nacht den Rückweg zu ihrem Hotel niemals gefunden hätten, hätte nicht einer von ihnen vorsorglich Pfosten und Säulen längs ihres Wegs mit Kreide markiert. Verkehrsgefahren: Caesars gesetzliche Regelungen für Rom aus dem Jahr 45 v.Chr. enthielten auch eine solche (ILS 6085, 56-67), derzufolge während der ersten zehn Stunden des Tages das Fahren von Räderfahrzeugen verboten war; hiervon machten eine Ausnahme: Wagen, die Baumaterial für Tempel beförderten, Bauschutt von öffentlichen Abbruchstellen abfuhren, Müllabfuhr, Wagen, die für

Feste an den Tagen von deren Veranstaltung gebraucht wurden, Wagen der Vestalinnen und anderer hoher Priester an Festen u. dergl. Claudius erließ ein Edikt, mit dem er den Gebrauch von Fahrzeugen für Passagiere in allen Städten Italiens zu allen Tageszeiten verbot (Sueton Claud. 25, 2); Reisende konnten nur ihre »Füße, Tragstühle oder Sänften« gebrauchen. Verschiedene ähnliche Regelungen wurden laufend während der folgenden drei Jahrhunderte erlassen (vgl. SHA Marcus Antoninus 23, 8). »Es gibt Betrüger« Müller FHG II 255.

308 Porträtieren von Touristen: Es gab Maler von Miniaturen z.B. bei den Flottenstützpunkten, die Porträts der Seeleute malten, so daß diese sie an ihre Familien in der Heimat schicken konnten (AM 212). Man darf vermuten, daß solche Maler auch bei den touristischen Sehenswürdigkeiten zu finden waren.

308-312 Fremdenführer, Frazer I, LXXVI-VII; Friedländer 451-2. »Ich ging in den Säulenhallen« Lukian, Amores 8. »gaben die Führer auch« Ver. Hist. 2, 31. »Zeus, schütze mich« Varro, Men. 34 in Nonius 419, 4. »Die Fremdenführer hielten« Plutarch, Mor. 395a; 396c. Bratspieße, Mor. 400 f. Aus Syrakus gestohlene Kunstwerke, Cicero Verr. IV 59, 132. »Der Führer zeigt« Aristides Or. 25, 2 (II 72 Keil). Aristides bei den Pyramiden, Or. 36, 122 (II 301 Keil). Tempel in Ephesus, Plinius XXXVI 32. Reste des Geryoneus, Paus. I 35, 7-8. Führer in Argos, II 23, 5-6; »Wenn man Griechenland« Lukian, Philops. 4. Mucianus, H. Peter, Historicorum Romanorum reliquiae (Leipzig 1906) 101-7; Plinius VII 159 (Tmolus-Gebirge); VIII 6 (gelehriger Elephant); XIII 88 (Brief).

313-315 Herondas' Gedicht Mim. 4, 20-90. Aufhängen von Schilden, Paus. X 19, 4 (am Architrav), V 10, 4 (im Giebel), V 10, 5 (längs des Frieses). Aufstellen von Statuen, M. Jacob-Felsch, Die Entwicklung griechischer Statuenbasen und die Aufstellung der Statuen (Waldsassen, Bayern 1969) 19-21; 43-45; 58-9; 69-75; 84-7; 101-3. Rückwärtiger Eingang in Knidos, Lukian, Amores 14. Diebstähle in Tempeln, Homo 204-6; vgl. Lukian Jup. Trag. 10.

315-316 Pyramiden Hinaufklettern, Plinius XXXVI 76. Zähneputzen der Krokodile, Plutarch Mor. 976b. Füttern des Suchus-Krokodils, Strabo XVII 811-2; Stromschnellen bei Syene, Strabo XVII 817-8; Aristides Or. 36, 48-50 (II 279 Keil).

316-337 Allgemeines über Memnon, Friedländer 439-41. Strabos Bericht XVII 816; Pausanias' Bericht I 42, 3. Erklärung des Tons, Friedländer 441 (recht unwahrscheinlich); Hohlwein in Chr. d'Eg. 29 (1940) 274-5; Frazer II 530-1. Henu, Breasted ARE I Nr. 427-33. Graffiti bei Abu Simbel, REG 70 (1957) 5. (Als Pharao Psammetichos), 16 (Telephos), 29 (Krateros), 42 (De Lesseps) Soldaten der Elephantenjagd, P. Perdrizet und G. Lefebvre, Les Graffites grecs du Memnonion d'Abydos (Paris 1919) Nr. 91. Die Graffiti am Memnonkoloß, A. und E. Bernand, Les inscriptions grecques et latines du colosse de Memnon (Kairo 1960) 25-30; A. Bataille, Les Memnonia (Institut français d'archéologie orientale. Recherches d'archéologie, de philologie et d'histoire Bd. XXIII Kairo 1952) 153-68. Sorgfältig eingeschnitten, Bataille 163. Ein in Ägypten gefundenes Stück Papyrus enthält anscheinend den Text einer Inschrift, die ein Reisender für einen Steinschneider vorbereitet hatte; siehe P. Lond. III 854, neu herausgegeben von W. Crönert in Raccolta di scritti in onore di Giacomo Lumbroso (Mailand 1925) 481-97, bes. 486-7; *492;* 495-6. Er lautet:

Da viele Leute (derzeit auf Reisen gehen) und sogar eine Seereise nach Ägypten unternehmen, um die künstlerischen Schöpfungen aufzusuchen, machte auch ich eine Reise. Ich bestieg ein stromaufwärts fahrendes Schiff und erreichte Syene, von wo der Nil (genannte Teil des Flusses) fließt, und Libyen, wo Ammon allen Menschen weissagt, besuchte das Herausgeschnittene (?) und ritzte an den heiligen Orten für meine Freunde mit Namensnennung ein ewiges Denkmal ihrer Huldigung ein. Das Datum dieses Textes dürfte das erste oder zweite Jahrhundert n. Chr. sein. Der Verfasser fuhr Nil-aufwärts bis nach Syene, dem modernen Assuan. Von dort muß er wieder stromab gefahren sein, bis Memphis oder in dessen Nähe; von hier begab er sich zu dem Orakel des Ammon in der Oase Siwa in der libyschen Wüste, das so berühmt war, daß selbst Alexander der Große ihm einen Kurzbesuch abstattete. Er kehrte dann nach Ägypten zurück und besuchte das Herausgeschnittene (?), was ein rätselhafter Ausdruck ist (vgl. Crönert 486), der sich vielleicht auf die aus dem Stein geschnittenen Gräber im Tal der Könige bezieht. Auf verschiedene Tempelwände ritzte er Botschaften zu Nutz und Frommen seiner Freunde, wie diejenigen, die wir in Philae und anderenorts finden. Sabine, Bernand Nr. 32. Hadrians Besuch Memnons, Nr. 30; 28. Letztes datiertes Graffito, Nr. 60. Funisulanus, Nr. 18. Petronius Secundus, Nr. 13. Dichter und Procurator, Nr. 62. Falernus, Nr. 61. Mettius, Nr. 11. Statistik von Vers- und Prosainschriften, Bernand S. 15. Artemidoros, Nr. 34.

338-343 Über die Graffiti im Tal der Könige, J. Baillet, Inscriptions grecques et latines des tombeaux des rois ou Syringes à Thèbes (Mémoires de l'Institut français d'archéologie orientale Bd. 42 Kairo 1920-6); Bataille (zuvor zitiert) 168-79. Vierzig Gräber bekannt, Strabo XVII 816. Zehn Gräber enthalten Graffiti, Baillet VIII, Daten der Graffiti, XX-XXIV. Der Ausdruck Syringes: Pfeifen, Bataille 168. Gruppenreisen, Baillet XII-XIX. Tatianus, Baillet Nrn. 1118; 1380; 1512. Sein Stab, Nrn. 1693 und 1826 (Sekretäre), 1680 und 1844 (Assistenten), 1520 (Freund). Herkunftsländer der Touristen, Baillet XXVIII-XXX; Tod in JEA 11 (1925) 258. Beamte und Armeeoffiziere, Baillet XXXIII-XXXIX und XLIV-XLVII. Intellektuelle, XLVIII bis LXIV. Neuplatoniker, LVI-LVII; Bataille 182. Burichios, Baillet Nr. 1279. Kaufleute, Baillet LXV; Bataille 171. Touristensaison, Baillet XXVII. Artemidoros, Nr. 1535. Verteilung der Graffiti auf die einzelnen Gräber, IX. Jasios,

XI und Nrn. 13; 777. Graffiti bei den Eingängen und rundum Bilder, IX-X. Statistik der mit Tinte geschriebenen, LXXXVI und S. 597. Palladios, Nr. 1814. Alexander, Nr. 1733. Antonius, Nr. 1249. »Einzigartig«, Nr. 602. Januarius, Nrn. 468; 1504; 1585; 1620. Volturius, Nrn. 283; 588; 2003-4. Amsuphis, XI. Buchstabenrätsel, Nrn. 424; 1386; Bataille 175. Klage des Burichios, Baillet Nr. 1405. Hermogenes, Nr. 1283. Heraclios, Nr. 1732. »Weiß Deine Mutter«, Nrn. 1222, 1986 und vgl. Tod in JEA 11 (1925) 256. Epiphanios, Nr. 1613. Dioskurammon, Nr. 1550. Christen, LXXII-LXXVIII; Graffiti mit Kreuz, Nrn. 820, 2017, mit Christogrammen, Nrn. 206; 706.

344-345 Römische Dame, F. Buecheler, Carmina latina epigraphica I (Leipzig 1895) Nr. 270. »Dieses allhier«, Harpocration, Hermias, CIG III add. 4700b, e, f. Graffiti in Philae, A. und E. Bernand, Les inscriptions grecques de Philae (Paris 1969). Die Besucher, I 53-4; II 22-6. Heliodoros, Nr. 170. Senatoren und sudanesische Abgesandte, Bernand Nr. 147; 180-1. Catilius, Nr. 142-4. Ammonios, Nr. 150. Demetrios, Nr. 130. Tempel der Hatschepsut, A. Bataille, Les Inscriptions grecques du temple de Hatshepsout à Deir-el-Bahari (Kairo 1951) XXVII. Abydos, Perdrizet und Lefebvre op. cit. XIV. Zornesausbruch des Plutarch Mor. 520e. Besuchernamen waren keineswegs die einzigen im Altertum üblichen Graffiti. Damals enthielten solche Einritzungen ebenso wie heute alles von philosophischen Sentenzen über Witze bis hin zu bloßen Kritzeleien. Ein Witzbold signierte an einer Wand des Tempels der Hatschepsut mit »Amun, Sohn des Nil, Krokodil« (SB 151). Ein gewisser Plenis kratzte an einen Felsen zwischen Deir-el-Bahari und dem Tal der Könige den Satz ein »Liebe, die überlegt, ist keine Liebe«, und nicht weit weg von da schrieb er mehrfach sehr flüchtig das griechische Alphabet, einmal von Alpha bis Omega – mit zwei Fehlern – ein weiteres Mal gleichzeitig von vorn und hinten (AZBYCX usw.) und noch drei Mal regelrecht, wobei er aber keinmal über den siebten Buchstaben hinauskam; s. Bulletin de l'Institut français d'archéologie orientale 38 (1939) 133; 150. Das Einkritzeln des Alphabets scheint ein beliebter Zeitvertreib gewesen zu sein. Zahlreiche Beispiele dafür sind an den Wänden der Häuser von Pompeji und Herkulanum gefunden worden (CIL IV 2514-48, Suppl. 10707-17). Wegen der Graffiti bei Clitumnus s. Plinius Ep. 8, 8.

346-348 Nil-Wasser, Juvenal VI, 526-9. Miniaturkopien: Beispiele dafür in vielen Museen; z. B. die bekannte Athena Parthenos, EAA. s. v. Fidia (III 656); Repliken der Tyche von Antiochia s. 12 Zeilen unten. Hadriansvilla: in ihr waren außer den genannten Landschaften noch das Lykeion, die Akademie, das Prytaneion und die Bunte Halle in Athen nachgebildet (SHA Hadrian 26). Über die Kunstschätze der Villa s. H. Winnefeld, Die Villa des Hadrian bei Tivoli (Berlin 1895) 142-68. Glasgefäß aus Afghanistan, J. Hackin Recherches archéologiques à Begram (Mémoires de la délégation archéologique française en Afghanistan IX Paris 1939)

43 und Abb. 38; 39. Ptolemäerkannen, E. Breccia, Iscrizioni greche e latine (Catalogue général des antiquités égyptiennes du Musée d'Alexandrie LVII Kairo 1911) III-VII; B. Brown, Ptolemaic Paintings and Mosaics (Cambridge, Mass. 1957) 47-8. Glasflaschen von Puteoli, C. Dubois Pouzzoles antique (Paris 1907) 190-212; G. Picard in Latomus 18 (1959) 23-51. Tyche von Antiochia, T. Dohrn, Die Tyche von Antiochia (Berlin 1960) 13-26. Die Statue wurde nicht nur in Glas, sondern auch in Marmor, Alabaster, Ton, Bronze und Silber reproduziert. Die Repliken in Metall waren etwa 8-13 cm hoch, die kleinste 5 cm; die Marmorrepliken variierten von 32 cm bis zum dreifachen dieser Größe. Der Quacksalber, Lukian, Alexander 18. Obszöne Töpferwaren, Lukian, Amores 11. Demetrius von Ephesus, Act. Apost. 19, 24-7. Miniaturtempel als Weihgaben, W. Ramsay, The Church in the Roman Empire (London 1900[6]) 121-9. Einkauf in Rom, Martial 9, 59 (Gegenstände aus korinthischer Bronze, einer Legierung von Gold, Silber und Kupfer, waren Sammlerstücke; Polyklet war ein berühmter argivischer Bildhauer des 5. Jahrhunderts v. Chr.; Mentor, ein Künstler des 5. oder 4. Jahrhunderts v. Chr., war der Cellini des Altertums). »Künstler, ... die einen höheren Preis« Phaedrus 5 praef. 4-7 (Myron ein berühmter Bildhauer des 5., Zeuxis ein berühmter Maler des 4. Jahrhunderts v. Chr.)

348 In Alexandria käufliche Erzeugnisse (und weiteres derart) ESAR V 282-7; 293-4. Sarkophage, J. Ward-Perkins ›Il commercio dei sarcofagi in marmo fra Grecia e Italia settentrionale‹ Atti del I Congresso Internazionale di Archeologia dell'Italia Settentrionale (Turin 1963) 119-24. ›Wenn mein Gesundheitszustand‹ Sel. Pap. 170 (259-7 v. Chr.).

349-351 Römischer Zoll, S. de Laet, Portorium (Brügge 1949) 305-10 und 450-1 (Zollsätze), 425-30 (zollfreie und zu verzollende Waren), 438 (professio), 431-5 (Zollbefreiung genießender Personenkreis; wer eine Grenze überschritt, um an einem Fest teilzunehmen, genoß Zollbefreiung – falls er religiöse Symbole bei sich hatte, die bewiesen, daß das in der Tat sein Reisezweck war). Der weise Apollonius im Zoll, Philostratus, Vita Apoll. 1, 20. »Wir sind mißmutig« Plutarch Mor. 518e. Diskussion über Perlen, Quintilian, Declam. 359. Konfiszierung und Rückkaufpreis, de Laet 438-42. »Schicke baldmöglichst« Sel. Pap. 88.

Baedeker der Alten Welt

352-354 Pausanias' politische und religiöse Ansichten, Frazer I XLIX-LX. Hydra II 37, 4; Lykaeus Berg VIII 2, 3-6; Aktaeon IX 2, 3-4. Pausanias' künstlerischer Geschmack, Frazer I LX-LXVI. Die älteren Ausgaben des Baedeker geben, vergleichbarerweise, nur wenig über barocke Kunst und Architektur. Geburtsort und Reisen des Pausanias, Frazer I XIX-XXII.

354-355 Vorgänger des Pausanias, Frazer I LXXXII-IV. Titel der Bücher des Polemon, L. Preller, Polemonis periegetae fragmenta (Leipzig 1838)

18-9. Gesonderte Herausgabe des ersten Buchs und Zeit der Niederschrift, Frazer I XVI-IX.

355-356 »Es gibt einen Eingang« I 22, 4-5. Vorhaben und dessen Konzeption bei Pausanias, Frazer I S. XXII-XXXII. Beschreibung von Akrokorinth, II 4, 6-7. Naturschönheit bei Pausanias, Frazer I S. XXX-XXXI.

356 Darstellungsmethode des Pausanias, Frazer I S. XXIII-IV. Olympia, Frazer I 244-316; Athen I 2-44; Delphi I 507-47.

358-359 Pausanias rechnet mit einem größeren Leserkreis, Frazer I S. XXIV-V. Geschichte der Gallier, I 3,5-4, 6. Übersicht über die hellenistische Geschichte, I 5, 5-13, 9. Quellen des Pausanias, Frazer I S. LXXII bis VII. Aufgrund von Autopsie beschriebene Denkmäler und Orte, Frazer I S. LXXVII-XCVI.

360 Reiseführer waren nicht die einzigen Bücher über Reisen, die veröffentlicht wurden; manche schrieben in der Art des Herodot Reiseschilderungen. Vollständige Werke dieser Art sind nicht erhalten, wohl aber umfangreiche Reste eines wahrscheinlich im 2. Jahrhundert v.Chr. von einem unbekannten Autor geschriebenen Reisebuchs. Hier folgt eine kurze Probe daraus, ein Teil der Beschreibung von Böotien: »Von dort (d.h. von Plataä) nach Theben 80 Stadien (ca. 13 km). Die ganze Wegstrecke ist glatt und eben. Die Stadt liegt inmitten des Böoterlandes, hat einen Umfang von 70 Stadien (11,4 km), ist im großen und ganzen eben, von runder Form und hat schwarze Erde. An sich ist sie alt, hat aber eine moderne Straßeneinteilung, weil sie, wie die Geschichte berichtet, wegen des Hochmuts ihrer Einwohner und des von ihnen ausgeübten Drucks bereits dreimal dem Erdboden gleichgemacht wurde. Für Pferdezucht ist sie sehr geeignet, überall wasserreich ... und hat die meisten Gartengewächse von ganz Griechenland. Dies sei zur Stadt gesagt. Die Bewohner sind hochgesinnte Leute von erstaunlichem Optimismus, doch sind sie auch dreist, ausgelassen und übermütig und schlagen schnell und ohne Unterschied zu ... sind Verächter jeden Rechts. Bei Streitfragen im Geschäftlichen einigen sie sich nicht in vernünftiger Weise, sondern versuchen es mit Dreistigkeit und Gewalt, wobei sie die Methoden des Sport-Wettkampfs auf die Rechtsprechung übertragen. Deshalb dauern auch Prozesse bei ihnen mindestens dreißig Jahre ... Morde werden bei ihnen aus jedem sich bietenden Anlaß verübt ... Ihre Frauen sind an Größe, in ihrer Art zu schreiten und in ihren Proportionen die schönsten und schicklichsten von allen Frauen in Griechenland ... Die Verhüllung ihres Kopfs durch das Gewand ist so vollkommen, daß ... nur ihre Augen sichtbar sind ... ihre Gewänder sind weiß; sie tragen flache, purpurfarbige Schuhe, deren Schnürung die bloßen Füße sehen läßt. Ihr blondes Haar ist in einem Knoten auf den Kopf gebunden ... sie haben angenehme Stimmen, während die Stimmen der Männer rauh und tief sind.« (Aus der gleichen Schrift stammt das Zitat S. 81). Offenbar hatten Reiseschriftsteller seit der Zeit des Herodot neue Darstellungsmethoden entwickelt. Seine entzückende, leicht dahinschreitende Erzählung wird hier von einer atemberaubenden Folge von Feststellungen ersetzt, die wiederum mit eigentümlichen Erklärungen gewürzt sind.

Pilgerreisen nach Palästina und Ägypten

361-363 Schmausende Bischöfe, Gorce 35-40. Einschränkende Beschlüsse des Konzils von Sofia, 36-7. Teilnahme an Konzilen, 28. Benutzung der öffentlichen Post, 41-57. Konstantin, 41-2. Reitpferde und reda, 52-3. Verpflegung, 54. Gorce, Melanie 226-9. Gregor von Nyssa und seine Reisekapelle, Gorce 48. »Der cursus publicus ist« Cod. Theod. VIII 5, 12. Basilios und Hilarion, Gorce 45-6.

363-365 Die gebildete Schicht, Gorce 14-20. Verschlossener Kuriersack der Regierung, 205-6. Lektoren und Subdiakone, 210. Diakone, Priester und Mönche, 211-6. Gelegentliche Briefträger, 222-4. Auffällig gekleidete Briefträger, 238-9 (Paulinus von Nola Ep. 22, 2). Nörgeln und Herumlungern, 232-3. Stets in Eile, 226-8. »der Überbringer dieses Briefs« Paulinus von Nola, Ep. 50, 1. Lesen vertraulicher Mitteilungen, Gorce 234-6. »Schreib Deine Worte mit Milch« Ausonius Ep. 28, 21-2; wenn man feine Asche auf ein mit Milch beschriebenes Papier streute, blieb sie auf den etwas klebrigen, beschriebenen Stellen hängen, so daß die Schrift in hellem Grau erschien. Vgl. Ovid, Ars amat. 3, 627-30; Plin. 26, 62.

365-368 »Überall in der Welt« Ep. 46, 8. Christliche Gelehrte, 46, 9. »Es ist Teil« 47, 2. »es mangele ihnen an Glauben« 46, 9. Besucher des 2. und 3. Jahrhunderts, Fliche-Martin 364. Anastasis und Martyrium. L. Vincent Il Santo Sepolcro di Gerusalemme (Bergamo 1949) 38-41; Wilkinson 39-46. Das Bauprogramm Konstantins und Reisende des frühen 4. Jahrhunderts, Cabrol-Leclerq s. v. Pèlerinages aux lieux saints 75-6; Wilkinson 10-3. Paula, Tobler 29-40. Gorce, Melanie 166-9; 190-203. Etheria, Cabrol-Leclerq s. v. Etheria; Wilkinson 91-122.

369-372 Bordeaux-Pilger, Geyer 3-33; Cabrol-Leclerq s. v. itinéraires 1855-8; Pèlerinages aux lieux saints 76-8; Pfister 370-3. Durchbohrter Stein, Hastings' Dictionary of the Bible s. v. Jerusalem 589. Denkwürdige Häuser und Höhlen, Pfister 355-6; 375. Begeisterter Bericht, Antoninus von Piacenza in Geyer 159-218, bes. 161 (Nazareth), 169-70 (Sodom und Gomorrah), 71-7 (Jerusalem). Josefs Vorratshäuser, Pfister 351 nach PG 38, 534; 546.

373-375 Frühe Eremiten, Fliche-Martin 302-3. Antonius, 329-30. Wadi Natrun, Makarios und Ammonas, 322-6. Lebensweise und Versuchungen der Anachoreten, 330-6. Simeon, RE s. v. Simeon 140-1. Pachomios, Fliche-Martin 338-41. Gefahren eines Besuchs der Thebais, 311. Besucher Ägyptens, 366-7. »Wenn er keinen Nutzen« 318. Palladios, 315-7.

Johannes Cassianus, 317. Rufinus, 324. Melania die Ältere, PL 21, 86 C. Menas, Cabrol-Leclerq s.v. Menas 345-73. »Nimm das wohltätige Wasser« 346.

377 Das Heilige Land war, wenn auch weitaus das wichtigste, so doch keineswegs das einzige Ziel der Pilger in den ersten Jahrhunderten des Christentums. Rom folgte ihm auf dem Fuß, insbesondere an den Geburtstagen von Peter und Paul, Laurentius oder Hippolyt; die Stadt war an diesen Tagen übervoll von Besuchern, meist solchen aus Italien, aber auch von großen Scharen aus Frankreich, Spanien und Nordafrika (Gorce 4-5). Die größte Sehenswürdigkeit waren die Katakomben, die man besonders unter Papst Damasus (366-84) hergerichtet hatte, um Touristengruppen aufzunehmen; man hatte Öffnungen hergestellt, um Licht hineinzulassen, Treppen gebaut, Inschriften angebracht und einigen Gräbern mit Silber und Marmor Schimmer und Glanz verliehen (Gorce 6). Es gab auch noch andere Anziehungspunkte wie z.B. die zahlreichen geheiligten Häuser – etwa das Haus, in dem Paulus zwei Jahre lebte, das Haus des Pudens, in dem Paul und Peter aufgenommen worden waren; dasjenige der Aquila und der Prisca, in dem Paulus seine erste Versammlung abhielt; den Palast der Helena und anderes derart.

377-379 Reiserouten des Hieronymus und der Älteren Melania, Cabrol-Leclerq s.v. Pèlerinages aux lieux saints 82-5. Reiseweg der Paula, Tobler 30-1. Melania die Jüngere, Gorce, Melanie 166-9; 190-3. Antoninus, Geyer 159. Reiseroute des Bordeaux-Pilgers und ihre Länge, Geyer 3-9; 25-33. Melanias Reise und deren Geschwindigkeit, Gorce 76; Gorce, Melanie 238-41; 274. Reise zu Land zwischen Konstantinopel und Syrien, Liebeschütz 75. Unruhige Zeiten im Westen, vgl. Sidonius Apollinaris Ep. III 4,1. Wiederaufleben des Piratentums, C. Starr, The Roman Imperial Navy (Cambridge 1960²) 192-8. Libanios, Liebeschütz 121-2. Eskorte für Johannes Chrysostomos, Gorce 55. Isaurische und arabische Marodeure, Gorce 88-9. Malchus, PL 23, 57B-58A.

380-382 Klöster auf der Halbinsel Sinai, Cabrol-Leclerq s.v. Sinai 1472-8. Außer Etheria hat auch Antoninus Martyr einen Bericht über seinen Besuch des Sinai geschrieben (Geyer 182-5); vgl. Cabrol-Leclerq, Pèlerinages aux lieux saints 144-5. Garnison von Nessana, C. J. Kraemer, Excavations at Nessana III Non-literary Papyri (P. Colt) (Princeton 1958) 16-23. Araberskorte P. Colt 89, 22-5. Kostenerstattung 89, 35; s. Kraemers Einleitung und Anmerkungen zu den einschlägigen Zeilen. »Im Namen des Allmächtigen« P. Colt 73. Abu 'l-Mughira, P. Colt 72.

382-386 Unterkunft in Privathäusern, Gorce 137-41. Die Tabernen in Nola, 144-5. Apostolische Verordnungen 54 (vgl. Gorce 145). Konzil von Laodikea, Gorce 145. Basilios, 146-7. Das Wort Xenodocheion stammt bezeichnenderweise von der altgriechischen Bezeichnung für einen privaten Gastgeber, nicht für einen Gastwirt, der pandokeus – einer der alle Gäste aufnimmt – genannt wurde; vgl. RE s.v. Xenodocheion 1489-90.

Xenodocheia, und was sie boten, Gorce 146-55. Gemäß Antoninus von Piacenza gab es dreitausend Betten in Jerusalem, Geyer 175. Von privater Seite dotierte Hospize in Deir Seman, Cabrol-Leclerq s. v. Hôpitaux etc. 2757; L. de Beylié, L'habitation Byzantine (Paris 1902) 45-6. Kaiserliche Stiftungen, Gorce 153; RE s. v. Xenodocheion 1499. Oxyrhynchus, Gorce 154 (die Geschichte stammt von Palladios; siehe PG 65. 447). Xenodocheia für Christen, 172. Es war dies die Einstellung des 4. Jahrhunderts; im 6. Jahrhundert finden wir beispielsweise ein Hospiz für Pilger zu der hl. Eulalia in Merida in Spanien, das ausdrücklich auch Nichtchristen aufnahm (RE s. v. Xenodocheion 1502).

386-390 Empfehlungsschreiben, Gorce 172-4. Paulus 2. Kor. 3, 1. Aufnahme und Mahlzeiten, Gorce 175-7. Turmanin, Cabrol-Leclerq s. v. Hôpitaux, etc. 2751-6. Der Seman, H. Butler, Early Churches of Syria (Princeton 1929) 105-7; einer der Schlafräume mißt 5,15 zu 9,25 Meter. Einige wenige Gasthäuser für durchreisende Kaufleute haben sich ebenfalls in Nordsyrien in Resten erhalten. Es handelt sich um rechteckige Gebäude mit einer Säulenhalle an der Frontseite und zwei Stockwerken, von denen das ebenerdige die Ställe beherbergte, während sich im oberen die Schlafzimmer befanden; siehe G. Tchalenko, Villages antiques de la Syrie du Nord; Le massif du Bélus à l'époque romaine (Beirut 1953-8) I 21-5. In Qal'at Seman waren ähnliche Gebäude für Pilger zu dem Heiligtum des Simeon Stylites in Gebrauch, wobei sich in diesem Fall in beiden Stockwerken Schlafzimmer befanden; Tchalenko 250. Was wurde in den Hospizen geboten? Gorce 178-84. Unentgeltlichkeit, 184. Beiträge, 185-6. Einkommensquellen, RE s. v. Xenodocheion 1493-4. ›Den Armen‹ als Vermächtnisnehmern, Cod. Iust. I 3, 48, 3. Die Anordnung gilt in erster Linie für Krankenhäuser, doch diente vielerorts ein und dasselbe Gebäude als Krankenhaus und Hospiz. Wenn es mehr als eine Einrichtung dieser Art in einem Ort gab, wurde das Geld der Bedürftigsten gegeben. Gastlichkeit, ein zeitraubendes Geschäft, Gorce 187-9. Meinung des Hieronymus, Ep. 52, 3. Besuchszeit des Simeon, Gorce 188. Lage der Klöster, 156-61. Gastzimmer in der Anastasis, s. Gorce, Melanie 192-3. Hospizpersonal, Gorce 164-8.

390-394 »Wir kamen nach Kanaan« Geyer 161. Graffiti in Palästina, Cabrol-Leclerq s. v. graffites 1495-8; für die Unzahl von Pilgergraffiti in den Katakomben Roms ebda 1459-77. Andenken an das Heilige Land, Cabrol-Leclerq s. v. Ampoules 1722; A. Grabar, Ampoules de Terre Sainte (Paris 1958) 64. Auferstehungskirche, B. Bagatti, Orientalia Christiana Periodica 15 (1949) 138. Kreuzessplitter, Wilkinson 137. Farfa, I. Schuster, Nuovo Bullettino di Archeologia Cristiana 7 (1901) 259-68; Cabrol-Leclerq s. v. Ampoules 1735-7. Ol als Andenken, Cabrol-Leclerq s. v. Ampoules 1722. Silberne Fläschchen, Grabar passim. Glasfläschchen, D. Baraq Journal of Glass Studies 12 (1970) 35-63; 13 (1971) 45-63. Alexandria und Smyrna Zentren für die Herstellung von Tonfläschchen, Cabrol-Leclerq s. v. Ampoules 1733-34. Jerusalem, Cabrol-Leclerq s. v. Pèlerinages aux lieux saints 127. Nazareth, IEJ 16 (1966) 73-4. Menas-Flaschen, Cabrol-Leclerq s. v. Menas 381-5 und s. v. Ampoules 1725-6; C. M. Kaufmann, Die Ausgrabung der Menas-Heiligtümer in der Mareotiswüste (Kairo 1906-08) I. Periode 92-102. Amulette, Grabar 63-7; Bagatti 143; 165-6; L. Rahmani in IEJ 20 (1970) 105-8. Menas-Flaschen mit einem Boot, A. Köster, Das antike Seewesen (Berlin 1923) Taf. 9; Sefunim (Bulletin of the Maritime Museum, Haifa) 2 (1967/8) Taf. IV 3-4; Cabrol-Leclerq s. v. Menas 387. Besucher in der Zeit des Passah-Festes, Josephus BJ II 10; VI 421-8. Histräume in Synagogen RE s. v. Xenodocheion 1489-90; The Excavations at Dura-Europos. Final Report VIII Part I (New Haven 1956) 7-11.

395 »Bilde Dir nicht ein« Hieronymus, Ep. 58, 4 (PL 22, 582).

Verzeichnis der Abbildungen

1 Sumerisches Lastboot. Rollsiegel aus Lapislazuli, späte Uruk-Dschemdet-Nasr-Zeit, etwa 3200-3000 v. Chr. Berlin, Staatliche Museen.

2 Sumerisches Boot mit Bootsmann und Reisendem. Rollsiegel, 3. Viertel 3. Jahrtausend v. Chr. London, Britisches Museum.

3 Phönizisch-assyrische Schiffe beim Holztransport. Alabasterrelief im Palast Sargons II. (722-705 v. Chr.) in Chorsabad. Paris, Louvre.

4 Ägypter beim Bau von Papyrusbooten. Kalksteinrelief im Grab des Ti in Sakkara, 5. Dynastie, um 2650 v. Chr.

5 Ägyptisches Ruderboot. Kalksteinrelief im Grab des Ti in Sakkara, 5. Dynastie, um 2650 v. Chr.

6 Ägyptisches Segelboot. Totenbeigabe aus einem Grab bei Theben, um 2000 v. Chr. London, Science-Museum.

7 Modell des Schiffes des Pharao Sahure, um 2550 v. Chr. New York, Columbia University.

8 Griechische Kriegsschiffe. Außenseite der Schale des Nikosthenes, um 525/520 v. Chr. Paris, Louvre.

9 Ankunft eines griechischen Langbootes mit Theseus und Athenern in Kreta. François-Vase, um 570 v. Chr. Florenz, Archäologisches Museum.

10 Phönizisches Frachtschiff aus Sidon. Kalksteinrelief, wahrscheinlich augustäische Zeit. Beirut, Archäologisches Nationalmuseum.

11 Römisches Frachtschiff im Hafen von Ostia. Kalksteinrelief, frühes 3. Jahrhundert n. Chr. Rom, Museo Torlonia.

12 Getreideschiff im Hafen von Ostia. Fresko, 2. Hälfte 3. Jahrhundert n. Chr. Rom, Vatikanische Museen.

13 Römisches Weinschiff mit ursprünglich drei Treidlern. Steinrelief (rechts abgebrochen) aus Vaucluse (Cabrières d'Aigues), augusteische Zeit. Avignon, Musée Calvet.

14 Römischer Flußhafen an der Donau. Rom, Detail vom Relief der Trajanssäule, geweiht 113 n. Chr.

15 Tutenchamun im Jagdwagen. Goldener Straußenwedel aus dem Grab Tutenchamuns. Von den am Halbrund befestigten Straußenfedern sind nur noch Spuren erhalten. Die an dem Griff des Wedels angebrachte Inschrift besagt, daß der junge König zwei Strauße in der Ostwüste von Heliopolis erlegt hat. 18. Dynastie, um 1350 v. Chr. Kairo, Ägyptisches Museum.

16 Der assyrische König Tiglatpileser III. im Kampfwagen. Alabasterrelief aus Kalach (Nimrud), 745-727 v. Chr. London, Britisches Museum.

17 Wagenlenker. Gipsabguß eines Siegelsteines aus Sardonyx, aus Vaphio in Lakonien, um 1500 v. Chr. Athen, Archäologisches Nationalmuseum.

18 Damen auf einem zweirädrigen Wagen. Schmalseite des sog. Poros-Sarkophages aus Hagià Triada, Kreta, um 1400 v. Chr. Iraklion, Archäologisches Museum.

19 Assyrer auf dem Vormarsch. Bronzerelief vom Tor des Palastes Salmanassars III. (859-824 v. Chr.) bei Balawat (Imgur-Enlil). London, Britisches Museum.

20 Griechisches Viergespann. Xenokles-Maler, Schale, um 560 v. Chr. Tarquinia, Archäologisches Museum.

21 Ägyptischer Streitwagen. Aus einem Grab bei Theben, 18. Dynastie, um 1350 v. Chr. Florenz, Ägyptisches Museum.

22 Viergespann. Panathenäische Amphora, Kuban-Gruppe, nach der Mitte des 4. Jahrhunderts. London, Britisches Museum.

23 Griechen bei der Ausfahrt auf einem zweirädrigen Wagen. Attisch-schwarzfigurige Lekythos des Amasis-Malers, vor 550 v. Chr. New York, Metropolitan Museum.

24 Pelops und Hippodamaia beim Wagenrennen in Olympia. Strickhenkel-Halsamphora, Kreis des Dinos-Malers, um 410 v. Chr. Arezzo, Archäologisches Museum.

25 Reda. Detail eines Fußbodenmosaiks in den Thermen von Ostia, 1. Hälfte 2. Jahrhundert n. Chr. Rom (stark ergänzt).

26 Ägyptischer Schreiber aus Karnak. Kalkstein, 13. Dynastie, um 1770 v. Chr. Kairo, Ägyptisches Museum.

27 Mädchen, eine Papyrusrolle lesend. Pompejanische Wandmalerei, 1. Jahrhundert n. Chr. Neapel, Nationalmuseum.

28 Athena mit Griffel und Klapptafel. Attische Amphora des Triptolemos-Meisters, um 480 v. Chr. München, Staatliche Antikensammlungen.

29 Mädchen mit Griffel und Wachstäfelchen, manchmal als ›Sappho‹ bezeichnet. Wandmalerei aus Pompeji, 1. Jahrhundert n. Chr. Neapel, Nationalmuseum.

30 Kurier der römischen Post. Grabrelief eines Speculators, 3. Jahrhundert n. Chr. Belgrad, Nationalmuseum.

VERZEICHNIS DER ABBILDUNGEN 433

31 Römischer Reisewagen. Sesterz, geprägt 80-81 n.Chr. zur Erinnerung an Domitilla, die Tochter des Kaisers Vespasian.

32 Römischer Reisewagen aus Virunum, Kärnten. Relief aus der römischen Kaiserzeit in der Vorhalle der Stiftskirche Maria Saal.

33 Reisewagen aus gallisch-römischer Zeit. Avignon, Musée Calvet.

34 Die ›Heilige Straße‹ vor dem Palast von Knossos, Kreta. 2. Hälfte des 2. Jahrtausends.

35 Die später sog. Porta Saracena der Volsker-Stadt Segni, etwa 5. Jh. v. Chr.

36 Pflaster der römischen Via Egnatia im heutigen Jugoslawien.

37 Die Via Casilina bei Montecassino. Die Straße führte von Rom nach Capua.

38 Detail einer Römerstraße bei Aleppo in Syrien.

39 Gedeckte Holzbrücke über die Donau. Rückseite eines Sesterzes des Trajan, 104-112 n. Chr. in Rom geprägt, zur Erinnerung an den Brückenschlag über die Donau anläßlich der Unterwerfung Daziens (Rumänien).

40 Römische Bergstraße im Aostatal (Donnaz), die zum Kleinen Sankt Bernhard führte.

41 Reststück des Pons Aemilius, erbaut 181-179 v. Chr., heute Ponte Rotto genannt; rechts davon der 68 v. Chr. erbaute Pons Fabricius (Ponte dei Quattro Capi).

42 Römerbrücke (Ponte d'Augusto) über die Nera bei Narni (Umbrien), erbaut 10 v. Chr.

43 Stadtplan von Nippur. Tontafel (21 x 28 cm) aus der Sammlung Hilprecht, um 1500 v. Chr. Jena, Friedrich Schiller Universität.

44 Ausschnitt aus der Tabula Peutingeriana. Kopie einer Reisekarte der römischen Kaiserzeit. Wien, Österreichische Nationalbibliothek.

45 Römischer Meilenstein mit dem Namen des Kaisers Septimius Severus und seiner Söhne Caracalla und Geta.

46 Hermes. Stater der arkadischen Stadt Pheneos, um 362/330 v. Chr.

47 Gelagerter Zecher und Flötenspieler. Innenbild einer griechischen Schale des Duris-Malers, um 480 v. Chr. München, Staatliche Antikensammlungen.

48 Gefäße in Form ionischer Schnabelschuhe, 6. Jahrhundert v. Chr. Palinuro (Süditalien), Museum (Trinkgefäße in Form von Schuhwerk gibt es bis heute).

49 Griechische Sandalen. Detail vom Großen Votivrelief aus Eleusis, um 440 v. Chr. Athen, Archäologisches Nationalmuseum.

50 Etruskische Schnürschuhe. Detail vom Sarcofago degli sposi, um 520 v. Chr. Rom, Museum Villa Giulia.

51 Oidipus vor der Sphinx. Innenbild einer griechischen Schale, um 470 v. Chr. Rom, Vatikanische Museen.

VERZEICHNIS DER ABBILDUNGEN

52 Römische Familie auf der Reise. Grabrelief in der Nekropole von Stobi bei Bitola (Mazedonien), 1. Hälfte 3. Jahrhundert.

53 Jäger opfert am Altar der Diana. Detail aus der Kleinen Jagd. Spätrömisches Fußbodenmosaik in der Villa Imperiale del Casale bei Piazza Armerina (Sizilien).

54 Europa auf dem Stier. Metope aus dem Kleinen Tempel von Selinunt (Sizilien), um 550 v.Chr. Palermo, Archäologisches Nationalmuseum.

55 Kameltreiber. Relief vom schwarzen Obelisken des assyrischen Königs Salmanassars III. in Nimrud, 841 v.Chr. London, Britisches Museum.

56 Kretische Bäuerin.

57 Eintritt des Hephaistos in den Olymp. Volutenkrater des Kleitias und Ergotimos, um 570 v.Chr. Florenz, Archäologisches Museum.

58 Griechischer Reiter. Innenbild einer Schale des Euphronios aus Vulci, um 510 v.Chr. München, Staatliche Antikensammlung.

59 Pferdekopf. Wahrscheinlich Teil der Giebelfigur eines Tempels von Gela (Sizilien), 2. Viertel 5. Jahrhundert v.Chr. Gela, Museum.

60 Reiter aus der T'ang-Zeit (7.-10. Jahrhundert n.Chr.). Mausoleum des chinesischen Kaisers Ho-nan. Philadelphia, Museum.

61 Drei Münzen des 5. Jahrhunderts v.Chr. Stater von Kyzikos, athenische Zehn-Drachmen-Münze und persische Goldmünze.

62 Begrüßung eines assyrischen Königs. Alabasterrelief aus dem NW-Palast Königs Assurnasirapli II. (883-859 v.Chr.) in Kalschu, Thronsaal B, Südwand. London, Britisches Museum.

63 Besuch einer Popina. Relief von der Isola Sacra (Ostia), 3. Jahrhundert n.Chr.

64 Begrüßung eines Reisenden in einem alpenländischen Landgasthaus. Relief vom Sarkophag eines Christen, 4. Jahrhundert n.Chr.

65 Fußwaschung eines griechischen Wanderers. Odysseus wird bei seiner Heimkehr von der Magd erkannt. Skyphos des Penelope-Malers, um 440 v.Chr. Chiusi, Etruskisches Museum.

66 Rast eines Wanderers bei einer Wahrsagerin. Relief auf einem Silberbecher aus dem Haus des Menander in Pompeji, 1. Jahrhundert n.Chr. Neapel, Nationalmuseum.

67 Sog. Gartenszene. Relief aus Kuyunjik, Zeit des Assurbanipal (668-631 v.Chr.). London, Britisches Museum.

68 Griechen beim Gastmahl. Mittelkorinthischer Kolonetten-Krater E 635, um 590 v.Chr. Paris, Louvre.

69 Junge Leute beim Festmahl in einem Garten. Pompejanische Wandmalerei, 1. Jahrhundert n.Chr. Neapel, Nationalmuseum.

70 Römische Familie beim Mahl. Grabrelief, 1. Jahrhundert v.Chr. Avignon, Musée Calvet.

VERZEICHNIS DER ABBILDUNGEN

71 Brotverkäufer. Wandfresko in der Casa del Panettiere in Pompeji, 1. Jahrhundert n. Chr. Neapel, Nationalmuseum.

72 Thermopilium in Herculanum, 1. Jahrhundert n. Chr.

73 Römische Luxusvilla am Meer. Wandmalerei aus Stabiae, 1. Jahrhundert n. Chr. Neapel, Nationalmuseum.

74 Krankenheilung in einem Asklepios-Heiligtum. Motivrelief aus dem Heiligtum des Amphiaraos in Oropos (Attika), 4. Jahrhundert v. Chr. Athen, Archäologisches Nationalmuseum.

75 Römische Stadt. Relief aus augustäischer Zeit. Avezzano, Museo Torlonia.

76 Das etruskische Nordtor von Perugia, 3.-2. Jahrhundert v. Chr.

Abkürzungen

AJPh American Journal of Philology
AM L. Casson, The Ancient Mariners (New York 1959)
Anderson J. Anderson, Ancient Greek Horsemanship (Berkeley and Los Angeles 1961)
AP Anthologia Palatina
Ath. Mitt. Mitteilungen des Deutschen Archäologischen Instituts, Athenische Abteilung
Balsdon J. Balsdon, Life and Leisure in Ancient Rome (London 1969)
Behr C. Behr, Aelius Aristides and the Sacred Tales (Amsterdam 1968)
Breasted, ARE J. Breasted, Ancient Records of Egypt (Chicago 1906)
Cabrol-Leclerq F. Cabrol and H. Leclerq, Dictionnaire d'archéologie chrétienne et de liturgie (Paris 1907-53)
Cary-Warmington M. Cary and E. Warmington, The Ancient Explorers (New York 1929)
Chr. d'Eg. Chronique d'Égypte
CIG Corpus inscriptionum graecarum
CIL Corpus inscriptionum latinarum
Crook J. Crook, Law and Life of Rome (London 1967)
D'Arms J. D'Arms, Romans on the Bay of Naples (Cambridge, Mass. 1970)
De Ruggiero E. de Ruggiero, Dizionario epigrafico di antichità romane (Rom 1886 ff.)
DS C. Daremberg and E. Saglio, Dictionnaire des antiquités grecques et romaines (Paris 1877-1919)
Edelstein E. and L. Edelstein, Asclepius (Baltimore 1945)
EEA Enciclopedia dell'arte antica (Rom 1958-66)
ESAR T. Frank und Mitarbeiter, An Economic Survey of Ancient Rome (Baltimore 1933-40)
Evans, PM A. Evans, The Palace of Minos at Knossos (London 1921-35)
Fliche-Martin A. Fliche and V. Martin, Histoire de l'Église III (Paris 1936)
Forbes R. Forbes Studies in Ancient Technology II (Leiden 1965)

Frazer J. Frazer, Pausanias's Description of Greece (London 1898)
Friedländer L. Friedländer, Darstellungen aus der Sittengeschichte Roms I (Leipzig 1922)
Fustier P. Fustier, La route (Paris 1968)
Gardiner A. Gardiner, Egypt of the Pharaohs (Oxford 1961)
Geyer P. Geyer, Itinera hierosolymitana, saecula III-VIII (Corpus scriptorum ecclesiasticorum latinorum, vol. 39, Wien 1898)
Gorce D. Gorce, Les voyages, l'hospitalité et le port des lettres dans le monde chrétien des IV. et V. siècles (Paris 1925)
Gorce, Melanie D. Gorce, Vie de Sainte Melanie (Sources chrétiennes 90, Paris 1962)
Grenier A. Grenier, Archéologie gallo-romaine. Deuxième partie: l'Archéologie du sol, les routes (Paris 1934)
Hodges Hodges, Henry, Technology in the Ancient World (Harmondsworth 1970)
Homo L. Homo, 'Les musées de la Rome impériale', Gazette des Beaux Arts 61 (1919) 21-46, 177-208
Homo, Urb. L. Homo, Rome impériale et l'urbanisme dans l'antiquité (Paris 1971²)
How and Wells W. How and J. Wells, A Commentary on Herodotus (Oxford 1912)
IEJ Israel Exploration Journal
IG Inscriptiones graecae
IGRR R. Cagnat und Mitarbeiter, Inscriptiones graecae ad res romanas pertinentes (Paris 1911-27)
ILS H. Dessau, Inscriptiones latianae selectae (Berlin 1892-1916)
ÖJh Jahreshefte des Österreichischen Archaeologischen Instituts
JdI Jahrbuch des Deutschen Archäologischen Instituts
JEA Journal of Egyptian Archaeology
JHS Journal of Hellenic Studies
JRS Journal of Roman Studies
Kaibel G. Kaibel, Epigrammata graeca (Berlin 1878)
Kleberg T. Kleberg, Hôtels, restaurants et cabarets dans l'antiquité romaine (Uppsala 1957)
Levi A. and M. Levi, Itineraria picta. Contributo allo studio della Tabula Peutingeriana (Rom 1967)
Liebeschuetz J. Liebeschuetz, Antioch. City and Imperial Administration in the Later Roman Empire (Oxford 1972)
Meissner B. Meissner, Babylonien und Assyrien I (Heidelberg 1920)
Müller, FHG C. Müller, Fragmenta historicorum graecorum (Paris 1841-70)
Needham J. Needham, Science and Civilisation in China, vol. 4, parts II-III (Cambridge 1965, 1971)

N Sc Accademia dei Lincei, Roma: Notizie degli scavi di antichità
Oppenheim, Letters A. Oppenheim, Letters from Mesopotamia (Chicago 1967)
Pfister F. Pfister, Der Reliquienkult im Altertum (Religionsgeschichtliche Versuche und Vorarbeiten, v. Band, Giessen 1909)
Pflaum H. Pflaum, Essai sur le cursus publicus sous le haut-empire romain (Mémoires présentés par divers savants à l'Académie des Inscriptions et Belles-Lettres XIV, Paris 1940)
PG J. Migne, Patrologia graeca
P. Giess. Griechische Papyri im Museum des oberhessischen Geschichtsvereins zu Giessen (Leipzig 1910-12)
P. Iand. Papyri Iandanae (Berlin und Leipzig 1912 ff.)
PL J. Migne, Patrologia latina
P. Lips. L. Mitteis, Griechische Urkunden der Papyrussammlung zu Leipzig (Leipzig 1906)
P. Lond. F. Kenyon and H. Bell, Greek Papyri in the British Museum (London 1893 ff.)
P. Mich. H. Youtie und Mitarbeiter, Michigan Papyri (Ann Arbor 1931 ff.)
P. Oxy. B. Grenfell, A. Hunt, and others, Oxyrhynchus Papyri (London 1898 ff.)
Pritchard, ANET J. Pritchard, Ancient Near Eastern Texts Relating to the Old Testament (Princeton 1955², Supplement 1969)
P. Ryl. A. Hunt und Mitarbeiter, Catalogue of the Greek Papyri in the John Rylands Library at Manchester (Manchester 1891 ff.)
PSI Papiri greci e latini (Florenz 1912 ff.)
P. Strass. F. Preisigke, Griechische Papyrus der kaiserlichen Universitäts- und Landesbibliothek zu Strassburg (Strassburg und Leipzig 1906-1920)
RA Revue archéologique
Ramsay W. Ramsay, ›Roads and Travel in the New Testament‹, in Hastings' Dictionary of the Bible, Extra Volume (London 1904)
RE Paulys Real-Encyclopädie der klassischen Altertumswissenschaft
REA Revue des études anciennes
REG Revue des études grecques
RhM Rheinisches Museum für Philologie
RIA Rivista del Istituto Nazionale di Archeologia
RM Mitteilungen des Deutschen Archäologischen Instituts, Römische Abteilung
Salonen, Hippologica A. Salonen, Hippologica Accadica (Annales Academiae Scientiarum Fennicae, Ser. B, Tom. 100, Helsinki 1955)
Salonen, Landfahrzeuge A. Salonen, Die Landfahrzeuge des alten Mesopotamien (Annales Academiae Scientiarum Fennicae, Ser. B, Tom. 72, 3, Helsinki 1951)

ABKÜRZUNGEN

SB   F. Preisigke, F. Bilabel und Mitarbeiter, Sammelbuch griechischer Urkunden aus Ägypten (Strassburg, Berlin und Leipzig 1913 ff.)
SEHHW   M. Rostovtzeff, The Social and Economic History of the Hellenistic World (Oxford 1941)
SEHRE   M. Rostovtzeff, The Social and Economic History of the Roman Empire (Oxford 1957²)
Sel. Pap.   A. Hunt and C. Edgar, Select Papyri (Loeb Classical Library 1932-1934)
SHA   Scriptores historiae augustae
Singer   C. Singer, A History of Technology I-II (Oxford 1954, 1956)
Spano   G. Spano, ›La illuminazione delle vie di Pompei‹, Atti della Reale Accademia di archeologia, lettere, e belle arti di Napoli 7 (1920) 3-128
SSAW   L. Casson, Ships and Seamanship in the Ancient World (Princeton 1971)
TAPA   Transactions of the American Philological Association
Thomson   J. Thomson, History of Ancient Geography (Cambridge 1948)
TLL   Thesaurus linguae latinae
Tobler   T. Tobler, Itinera hierosolymitana et descriptiones Terrae Sanctae (Genf 1879)
Vermeule   E. Vermeule, Greece in the Bronze Age (Chicago 1964)
Vigneron   P. Vigneron, Le cheval dans l'antiquité gréco-romaine (Annales de l'Est, publiées par la Faculté des Lettres et des Sciences de l'Université de Nancy 35, Nancy 1968)
Wachsmuth   D. Wachsmuth, Pompimos Ho Daimon: Untersuchung zu den antiken Sakralhandlungen bei Seereisen (Diss., Berlin 1967)
Warmington   E. Warmington, The Commerce between the Roman Empire and India (Cambridge 1928)
W. Chrest.   L. Mitteis and U. Wilcken, Grundzüge und Chrestomathie der Papyruskunde. Erster Band (Leipzig und Berlin 1912)
Wilkinson   J. Wilkinson, Egeria's Travels (London 1971)

Register

Aberglaube 179-181, 183, 208, 209
Abu Simbel, Tempel bei 337
Abusir, Pyramidenkomplex von 26, 27
Abydos 21, 304, 337, 345
Aemilius Paulus, röm. Konsul 268 bis 270, 290
Aetna 271, 298
Afrika 21, 22, 44, 61-63, 72, 73, 110, 133, 134, 148, 151, 194, 199, 302, 337, 348
Ägypten, Ägypter 12, 13, 15, 18, 19, 21, 22, 24, 26-30, 42, 55, 56, 60, 62, 80, 95, 109-111, 113-119, 129, 134, 178, 179, 183, 207, 213, 214, 221, 296, 301-305, 315-345, 367, 372-377, 389
Agyrion 273
Aix-en-Provence 156
Albaner Berge 170, 172
Alexander der Große 54, 128, 132, 274, 275, 283, 301, 371
Alexandria (in Ägypten) 130, 151, 174, 177, 178, 183, 191, 194, 218, 235, 272, 275, 287, 301, 302, 346, 348, 364
Alexandria (in der Troas) 301
Algerien 194
Alkibiades, athen. Staatsmann 87, 88, 103, 274
Alpen-Pässe 191, 215, 216, 233
Amasis, Pharao 117, 283
Ambrakia 290
Amenophis III., Pharao 51, 316

Ammon 343, 344
Ammonas, Mönch, Heiliger 373
Amyklai 79, 273
Antigoniden, Herrschergeschlecht 128
Antiochia 130, 174, 198, 218, 346, 364, 377
Antium 159, 161
Antonius der Große, ›Vater des Mönchtums‹ 373, 374
Antoninus von Piacenza 372, 377, 386, 390
Apamea 194
Apelles, griech. Maler 277, 287, 291, 312
apene 77
Aphrodite 208, 357
Apisstier 116, 303
Apollon 89, 95, 157, 158, 272, 284, 301
Apollonius von Tyana, ›Wundertäter‹ 301, 350
aquae 156, 157
Aquileia 191, 194, 215, 233
Arabien, Araber 12, 61, 132-134, 379-382
Argos 77, 100, 269, 273, 283, 284, 285, 311, 358
Aricia 225, 284
Aristides, Älius, griech. Rhetor 155, 156, 224, 225, 311
Aristophanes, griech. Komödiendichter 54, 91, 97
Aristoteles, griech. Philosoph 275

REGISTER

Arles 174, 220
Armenier 14
Arsinoë 229, 304, 316, 373
Artaxerxes, König von Persien 283
Artemis 116, 353
Artemisia, Königin von Halikarnassos 109
Asklepios, Heiligtümer des 92-94, 152-156, 224, 282, 299; *Abb. 74*
Assur 23, 279
Assurbanipal, König von Assyrien 279
Assyrien, Assyrer 42, 48-52, 55, 56, 279; *Abb. 3, 16, 19, 55, 62, 67*
Aswan 305, 316
Athen 58, 59, 60, 74, 75, 77, 79, 81, 84, 90-92, 103, 106, 107, 175, 268, 273, 274, 275, 277, 282, 284, 292, 298, 299, 306, 308, 309, 349, 354, 355, 357, 358, 364
Athena 44, 269; *Abb. 28*
Äthiopien 22, 62, 125, 134, 148
Attalos II., König von Pergamon 287, 290
Augustus, röm. Kaiser 135, 159, 160, 163, 165, 168, 212, 213, 274, 277, 291, 298, 302
Auja 380, 382
Aulis 268
Ausonius, röm. Dichter 365
Avernersee 271

Babylon 18, 48, 49, 50, 56, 111-113, 120, 121, 272, 274
Bäder, Waschen 34, 99, 170, 240, 241
Baiae 166-168
Bari 227
Basilius, Heiliger und Kirchenlehrer 363, 364, 383
Bath 156
Baumwolle 146, 173
Beirut 18, 74
Benevent 227
Bernstein 123, 132
Bethanien 372
Bethel 370
Bethlehem 366, 367, 371
Bibel 47, 48, 51, 56, 184, 246, 366 ff.
Birket-el-Karun 115

Boëthos, griech. Bildhauer 281, 312
Boiotien 20, 95
Bombay 133
Boote *siehe* Flußboote
Bordeaux-Pilger 369-371, 377, 382
Bordell 239, 242, 247
Bosporus 60, 191
Bostra 364
Briefe 23, 29, 36, 150, 161, 169, 228 bis 230, 259-265, 304, 349, 351, 365, 366
Briefträger 364, 365
Brindisi 175, 183, 189, 218, 227
Britannien 60, 131, 136, 194
Brücken 19, 20, 50, 202, 203, 205; *Abb. 39, 41, 42*
Busiris 24, 29
Byzanz 99, 191, 218

Cáceres 203
Cadiz 174, 191
Caesar, röm. Staatsmann 163, 291, 292, 293, 297, 300
Caesarea (in Kappadokien) 364
Caesarea (in Palästina) 174, 292, 364
Caligula, röm. Kaiser 183
Capri 163, 274
Capua 189, 226
Carales 177
Carcassonne 220
carruca 188, 209
Cartagena 174
Catania 248
Cato der Jüngere, röm. Staatsmann 229
caupones 235, 236, 239
Celsus, Aulus Cornelius, röm. Enzyklopädist 152
Ceylon 133
Chäronea 275
Chalkis (in Syrien) 198
China 16, 17, 145-148, 204, 205, 213, 348
Christen 343, 361-395
Reisen der Geistlichkeit 361 bis 364
Cicero, röm. Staatsmann 159, 161, 162, 167, 169, 170, 175, 176, 248, 259-261, 276, 277, 290, 310

Circei 284
Claudius, röm. Kaiser 211, 257, 274
Commodus, röm. Kaiser 211
Constantine 194
Cordoba 194
Cumae 162
cursus clabularis 215
cursus publicus 212-219, 228, 234, 363, 364, 377, 378; *Abb. 30*

Dänemark 132, 145
Dareios I., der Große, König der Perser 52, 58, 61, 84, 107, 122, 280
David, israel. König 48, 369-371
Deir-el-Bahari 345
Delgado, Kap 148
Delos 123, 157, 299
Delphi 77, 78, 79, 116, 268, 280, 281, 282, 283, 284, 298, 306, 355, 358
  Apollon-Orakel 95, 157
Demeter 116, 353
Demosthenes, griech. Redner 76, 82, 103, 274
Der Seman 386, 388
Didyma, Apollon-Orakel in 95, 157, 301
Diener (und Träger) 48, 75, 85, 100, 102, 178, 208-211, 214, 216, 221, 222, 231, 308
Dionysien, Große D. in Athen 90-92
Dionysos 90, 116, 208
diploma 214, 215, 216, 219
Djerba 284
Dodona, Zeus-Orakel von 95
Donau 60, 123, 191, 271; *Abb. 14*
Dromedar 55, 56
Durazzo 191

Edessa 368
Egnatia 227
Elam 278, 279
Elephantine 21, 108
Eleusis 79, 353, 354
Elfenbein 148
Elias, Prophet 367, 368, 369, 371
Elis 79, 87, 122
Empfehlungsbriefe 231, 386, 387

England *siehe* Britannien
Ephesos 88, 111, 175, 194, 272, 277, 301, 347
Epidauros 93, 94, 153, 269, 298, 299
Epiktet, Philosoph 89
Eratosthenes, griech. Gelehrter 130
Eremiten in Ägypten 373-376
Erythraea 286
Esel 15, 17, 48, 51, 56, 76, 208
Essen 75, 97, 98, 101, 178, 207, 208, 215, 222, 223, 227, 230, 231, 238, 242-244, 248, 257, 362, 387
Etesische Winde 176, 183
Etheria, Reisende 367, 368, 375, 377, 379, 380
Etrusker 76, 188, 189, 199, 247
Euböa 268, 299
Eudoxus von Knidos, griech. Astronom 303
Eudoxos von Kyzikos, Forschungsreisender 132-134
Euphrat 13, 14, 50, 121
Euripides, athen. Tragiker 91, 371
Euripos, Meerenge 268, 270, 271
Eusebius von Caesarea, Kirchenhistoriker 366
Eusebius, Bischof v. Nikodemia 366

Fähren 19, 36, 52
Fano 189
Farfa 392
Ferien 161-172
Ferner Osten 16
Feste, ägyptische 24, 26, 86
Festspiele, panhellenische religiöse 85-90, 92, 100, 101, 158, 159
  Isthmische 86, 90, 158, 159
  Nemeïsche 86, 90
  Olympische 86-89, 158
  Pythische 86, 89, 90, 158
  in Rom 159, 160
Flachs 173
Flußboote 13, 14, 19, 110, 121; *Farbt.* II, *Abb. 1, 5, 6, 12, 13, 14*
Formiae 161, 226
Forschungsreisen 61-63, 72, 73, 131 bis 134
Fremdenführer 113, 114, 118, 300, 308-312, 359, 372

REGISTER

›Friedensbrief‹ 387
Fulvius Nobilior, Marcus, röm. Feldherr 290

Galenus, griech. röm. Arzt 153, 246
Ganges 133
Gastfreundschaft 34, 45, 46, 48, 97, 117, 229, 382, 383
Gasthäuser 34, 35, 52, 81, 94, 97 bis 102, 212, 215-217, 219, 220, 231 bis 242, 383; *Abb. 64*
  Namen 236, 237
  siehe auch Hospize, *mansio, mutatio*
Gastwirte 35, 98, 237, 239, 246, 247
Geld 82-84, 135, 206; *Abb. 61*
Genua 189, 191
Gerizim, Berg 369
Germanien 145
Gewürze 61, 133, 146, 147
Gibraltar, Meerenge von 44, 59, 60, 62, 63, 64, 131, 177
Giseh 26
Graffiti 27, 28, 240, 247, 318, 319, 336-345, 390, 391
Gregor von Nazianz, griech. Kirchenlehrer 364
Gregor von Nyssa, Kirchenvater 363
Griechenland, Griechen 16, 19, 20, 42, 43, 44, 58-61, 74-106, 128, 129, 247, 296, 298, 299
Guardafui, Kap 134
Guinea 63
Gyges, König von Lydien 281

Hadrian, röm. Kaiser 78, 170, 274, 292, 318, 346, 366
Halikarnassos 109, 272, 301
hamaxa 77
Hammurabi, König von Babylon 18, 24, 35, 36, 37, 278
Handel, Handelsreisen 22-24, 43, 44, 74, 75, 131-134, 136, 145-148, 150-152, 183
Handelsflotte, röm. 151, 175, 183, 301
Handelshäfen in röm. Zeit 168, 174
Händler 22, 24, 74, 85, 102, 110, 136, 148, 149, 150, 191, 340
Hannibal, karthag. Feldherr 369

Hanno von Karthago, Forschungsreisender 72
Harkuf, ägypt. Prinz 21, 22, 28
harmamaxa 54, 55
Harran 368
Hebron 367, 371, 372, 391
Heilbäder 156, 157, 166
Helena, Mutter Kaiser Konstantins 366, 370
Heliopolis 274, 302, 303
Hellespont 60
Herakles, ägyptischer 115, 116
Herculaneum 234; *Abb. 72*
hermeia 80
Hermes 116, 204, 208; *Abb. 46*
Hermopolis 230
Herodot, griech. Geschichtsschreiber 13, 24, 26, 50, 54, 60-62, 84, 85, 95, 106-125, 133, 280, 281, 286, 296, 310, 359
›Herold-Läufer‹, griech. 258
Herondas, griech. Satiriker 282, 312 bis 315
Hethiter 18, 42
Hierapolis, Kleinasien 271
Hieronymus, Kirchenlehrer 364 bis 366, 377, 379, 389, 395
Himalaya 133
Himera 157
Hipparch, griech. Astronom 130
Hippokrates, griech. Arzt 153
Homer 43-47, 60, 359
Horaz, röm. Dichter 163, 171, 211, 225-227, 245
Hortensius, Quintus H., röm. Redner 163
Hospize, christl. 367, 375, 383, 386 bis 390
Hyperboräer 122, 123, 125

Ilium 300
Indien 12, 16, 17, 24, 44, 132-134, 146, 147, 151, 285, 286, 302, 348
Indischer Ozean 12, 61, 62, 133
Indonesien 136, 348
Industal 61
Iran 24, 51, 60, 146
Irland 131, 145, 373
Isis 116, 284

Israeliten 42, 51, 56
Isthmische Spiele 86, 90
Italien 59, 60, 76, 111, 152, 156, 157, 161-169, 194, 196, 197, 199, 202, 203, 208, 215, 231, 244, 346, 354
itineraria 217, 220

Jade 147
Java 147
Jericho 371, 372
Jerusalem 365-372, 386, 394, 395
Johannes Cassianus, Kirchenschriftsteller 376
Johannes Chrysostomus, Heiliger 379
Jordan 368, 371
Joseph von Arimathea 366
Julianus Apostata, röm. Kaiser 363
Julier-Paß 191
Justinian, oström. Kaiser 380, 386, 389
Justinus, byzant. Kaiser 386
Juvenal, latein. Satiriker 248

Kalauria 274
Kamel 15, 55, 208, 213
Kamel-Karawanen 55-57, 380; *Abb. 55*
Kampfer 147
Kampfwagen siehe Streitwagen
Kanaaniter 42
Kanarische Inseln 136
Kanopus 235, 346
Kanopus 235, 346
kapeleia 101, 242, 245
Karawanen 23, 55, 145
Karmel, Berg 38, 369, 391
Karnaim 368
Karnak 113
Karren siehe unter Wagen
Karthago 44, 59, 60, 72, 110, 111, 129, 130, 135, 174, 177, 194, 285, 390
Kassia 133
Kassope 100
Katarakt, Erster 22, 60, 305, 316, 344
Zweiter 22, 110
Kaufleute siehe Händler
Kaukasus 272

Kelten 60
Khan 234
Klaros 157
Kleinasien 18, 23, 42, 51, 55, 58, 95, 128, 153, 194, 300, 301, 349
Kleon, griech. Bildhauer 281
Klöster 386, 388, 389
Knidos 276, 301, 315, 347
Knossos 19, 34, 37; *Abb. 34*
Koine 130
Kolophon 301
Konstantin der Große 217, 361, 362, 366, 370, 371
Konstantinopel 240, 361, 364, 386; siehe auch Byzanz
Koptos 284
Korinth 58, 60, 74, 77, 99, 101, 102, 175, 269, 273, 290, 298, 356-358
Kos 153, 277, 312
Kranke (als Reisende) 92, 152-157
Krebrene 273
Kreta 16, 19, 37, 273
Krim 60, 122
Krokodilopolis 229, 303
Krösus, König von Lydien 116, 281
Kunstgalerie 287
Kuriere 24, 35, 50, 52, 54, 213, 214, 218, 258, 259; *Abb. 30*
Kyrene 111
Kyzikos 84, 88

Labyrinth (in Ägypten) 114, 115, 230, 303, 304
Lacus Palicorum 298
Lagasch 31
Larsa 18, 36
Lebadeia 157, 268
Leochares, griech. Bildhauer 281
Lérins, Insel 373
Lesbos 88, 284
lesche 101
Leuchtturm von Alexandria 272, 301
Levante 12, 18, 21, 60
Libanius, Sophist 159, 177, 219, 379
Licinius, Gaius L. Mucianus, Gouverneur von Syrien 312
Lipari 157
Livius, röm. Geschichtsschreiber 268-270

London 194
Luceria 283
Lucriner See 165, 169
Lucullus, Lucius Licinius, röm. Feldherr 163
Lukian, griech. Satiriker 82, 103, 158, 183, 184, 309, 311, 347
Lyon 194, 237
Lysipp, griech. Bronzebildner 291, 353

Mäander 271
Maecenas, C., röm. Ritter 225, 226
Magnesia 274
Mailand 189, 194, 220
Mainz 218
Makarius der Ältere, der Große, Heiliger 373
Makedonien 76, 191, 290
Malaya 147
Maloja-Paß 202
mansio 215, 220, 232, 233, 382
Mantinea 358
Marathon 117, 275
Marcellus, röm. Feldherr 287
Marokko 72, 134
Marseille 59, 130, 174, 191
Martial, latein. Dichter 167, 171, 246, 247, 347, 348
Maulesel 45, 48, 52, 76, 122, 208, 211
Meder 48, 52
Megalopolis 358
Megara 77, 273
Meilensteine 203, 204; *Abb. 45*
Melania die Jüngere, Heilige 363, 367, 376, 377, 378, 382, 389
Memnon-Statue 304, 316-319, 336, 340
Memphis 13, 21, 117, 154, 284, 303, 343
Menas, Heiliger 376, 393, 394
Merida 194
›Merkur-Haufen‹ 204
Merw 146
Mesopotamien 12, 13, 14, 19, 23, 26, 31, 34, 42, 55, 56, 60, 129, 146, 148, 279, 280
Messina, Straße von 173, 175

Metapont 274
Midas, König von Phrygien 281
Mietwohnung (Pension) 99, 235
Milet 74
miliaria 203, 204
miliarium aureum 204
Minoer 19; *Farbt. III, Abb. 18*
Misenum, Kap 162
Mithridates, König von Pontos 275, 293
Mittelmeer 12, 44, 57, 59, 60, 74
Moerissee (in Ägypten) 115, 303, 304
Mönchsklöster in Ägypten 375, 376 389
Mönchstum in Ägypten 373-376
Monsun 133, 146
Mont-Genèvre-Paß 191
Mummius Achaicus, L., röm. Feldherr 290
Museen 279, 280; *siehe auch* Tempel als Museen
mutatio 215, 220, 233, 382
Mykene, Mykener 19, 20, 21, 43, 45, 77, 273; *Abb. 17*
Myron, attischer Bildhauer 276, 277, 291
Myrrhen 134

Nabonidus, König von Babylon 280
Nachtlokale 235, 242, 247, 302
Narbonne 174, 177, 191
Narde 133, 146
Narni 202; *Abb. 42*
Natur, Verhältnis zur Natur 270, 271, 358
Naturgeschichte 285, 292, 358
Naukratis 13
Nazareth 372
Neapel 168, 175, 274
  Bucht von 157, 161-169, 346
Nebo, Berg 368
Nebukadnezar II., König von Babylon 279, 280
Necho, Ägypterkönig 62
Neger 149
Nemeïsche Spiele 86, 90
Nero, röm. Kaiser 148, 159, 163, 168, 239, 248, 257

Nerva, röm. Kaiser 298
Nessana 380, 382
Niederlande 145
Nikaia, Konzil von 362, 383
Nikomedia 364
Nil 13, 21, 24, 25, 60, 62, 110, 148, 149, 271; *Farbt.* V
Ninive 48
Nippur 18, 26; *Abb. 43*
Nitokris, Königin von Babylon 120
Nordeuropa 16, 36, 131, 137, 138
Nordsee 132
Norwegen 131

Ochsen 16, 209
Oidipus, Sohn des Laios 79, 80; *Abb. 51*
Olympia 79, 86, 100, 234, 269, 272, 276, 280, 281, 285, 298, 306, 358
Olympische Spiele 86-89, 100
Omen vor u. auf einer Reise 179-181, 183, 208
Onager 15, 16
Orakel 95, 157, 158
Origenes, griech. Kirchenschriftsteller 364, 366
Oropos 81, 268
Ostia 173, 177, 234, 248, 298; *Abb. 11, 12*
Ostsee 132
Oxyrhynchus 386

Pachomius, Mönch, Heiliger 375
Palästina 12, 14, 42, 47, 111, 129, 221-223, 297, 365-372, 374, 383, 386, 395
pandokeion 97
Panopeus 272
Papyrus 13, 260, 348; *Abb. 4, 26, 27*
Parium 273
Pässe 178, 179
Patna 133
Patras 349
Paula, Heilige 367, 368, 377, 383
Paulinus von Nola, christl. Dichter 365, 383, 389, 395
Paulus, Apostel 136, 177, 182, 184, 231, 235, 347, 369, 371, 387
Pausanias, griech. Schriftsteller 77, 93, 296, 308, 311, 312, 317, 352 bis 360
Pax Romana 135, 173, 338
Pelion 273
Pella 371
Pentelikon 79
Pergamon 153, 155, 194, 225, 287
Persephone 353
Persien, Perser 24, 52-56, 58, 60, 74, 107, 111, 117, 146, 275, 282
Persischer Golf 12, 24, 61
Perugia *Abb. 76*
Petronius, röm. Schriftsteller 150, 163
Peutingeriana, Tabula 217, 218; *Abb. 44*
Pferd 15-17, 50, 51, 76, 211, 212
    Hufbeschlag 51, 212
    Pferdegeschirr 16, 17, 51, 211; *Abb. 59, 60*
Phaselis 283
Phidias, attischer Bildhauer 269, 272, 276, 277, 291
Philae, Insel 305, 344, 345
Philippi 371
Philister 18, 48, 51
Phönizier 42-44, 59, 62; *Abb. 3, 10*
Phrygien 272
Piacenza 189
Pilger, P.reisen 24, 220, 366-368, 373, 375, 376-395
Pindar, griech. Lyriker 274, 282
Piraten 81, 82, 135, 173, 378
Piräus 74, 99, 183
Plataiai 81, 99
Plato, griech. Philosoph 74, 274, 339
Plautus, lat. Komödiendichter 96
Plinius der Ältere, röm. Schriftsteller 173, 211, 286, 291, 312
Plinius der Jüngere, Briefschriftsteller 176, 219, 231, 296
Plutarch, griech. Historiker 159, 194, 229, 310, 312, 345, 350
Polemon von Ilium, Inschriftensammler u. Philologe 354, 355
Polybios, griech. Geschichtsschreiber 359
Polygnot, griech. Maler 291, 353
Polyklet, griech. Bildhauer 291

Pompeji 168, 169, 234, 237-240,
    242-244, 246, 247, 306; *Abb. 71*
Pompejus, Gnäus P. Magnus, röm.
    Staatsmann 163, 293
popina 243-248, 257; *Abb. 63*
Poseidon 90, 180
Post 23, 35, 36, 50, 52, 54, 152,
    213-218, 232; *siehe auch cursus
    publicus*
    Privat-Post 258-260, 364, 365
    Schnelligkeit der Post 261
potisteria 101, 242, 245
Pozzuoli *siehe* Puteoli
Praeneste 157, 172; *Farbt.* V
Praxiteles, griech. Bildhauer 276,
    277, 281, 290, 291, 294, 301,
    315, 353
Prostituierte 35, 88, 102, 103, 179,
    235, 238, 242, 247, 308
Protogenes, griech. Maler 277
proxenos 103, 106, 152
Ptah 116, 303
Ptolemäer, Herrschergeschlecht
    129, 130, 134, 213, 303, 337
Ptolemäus I., König von Ägypten
    287
Ptolemäus II., König von Ägypten
    304
Ptolemäus, Claudius, ägypt.
    Geograph 73, 145
Puteoli 151, 162, 166, 168, 298;
    Farbt. IV
Pylos 20, 273
Pyramiden 26-28, 114, 271, 303,
    315, 343
Pythagoras, griech. Philosoph 274
Pythagoras von Rhegium, Bildhauer
    277
Pytheas, Geograph 131, 136
Pythische Spiele 86, 89, 90

Quellen (Mineralqu.) 156, 157, 166,
    167

Rad 15, 16, 49, 76; *Farbt.* I
Rasthäuser *siehe unter* Gasthäuser
Räuber *siehe* Wegelagerei
Rechtsvorschriften 24, 135, 136,
    235, 236

reda 188, 209, 214, 362; *Abb. 25*
Reims 194
Reisen zu Fuß 17, 34, 48, 75, 209
    über Land 206-227, 377, 378
    über See 173-187, 377, 378
Reiseandenken 28, 29, 345-349,
    391-394
Reisegepäck 75, 85, 179, 207, 211,
    236
Reisegeschwindigkeit über Land
    18, 53, 218, 221-227, 378
    über See 176, 177
Reisekleidung 84, 85, 206, 207, 214;
    Abb. 47-53
Reise-Routen 22, 23, 57, 74, 133,
    134, 145, 148, 151, 152, 174, 175,
    177, 298-300
Reiseschriftsteller, Reiseführer
    107 ff., 308, 352 ff., 369-371
Reiseverpflegung 75, 97, 98, 101,
    178, 207, 208, 215, 222, 223, 227,
    230, 231, 238, 242-244, 248, 257,
    362, 387
Reise – Versorgung auf der R. 31,
    34, 177, 178, 206-208, 211
Reisen zur Wiederherstellung der
    Gesundheit *siehe unter* Asklepios,
    Heiligtümer des
reiten 50, 51, 76, 211, 212; *Abb. 56, 58*
Restaurants 236-239, 242-248, 257
Rhein 271
Rhodos 175, 272, 273, 277, 283, 299
Rimini 362
Rom (Stadt) 159, 160, 174, 175, 177,
    194, 204, 218, 219, 235, 239, 242,
    248, 272, 274, 275, 277, 284, 287,
    291, 202, 297, 315, 348, 364;
    Abb. 41
    Tempel des Vergöttlichten
    Augustus 293, 294
Römer 134, 135, 173, 188, 287
Rotes Meer 12, 22, 61, 62, 132, 133,
    179
Rubi 227
Rufinus, latein. Kirchenschrift-
    steller 375-377
Rußland 51, 122, 145

Sabiner Berge 170-172

Sakkara, Pyramide des Djoser bei
  26, 27, 28
Salamis 272
Salem 368
Salomo, König Israels und Judas
  44, 48, 370, 371
Saloniki 191
Samos 116
Samothrake 283, 299
Sänften 17, 76, 165, 172, 210
Sansibar 136, 148, 151
Saragossa 194
Sardes 52, 111, 117
Sareptah 367, 369
Saudi-Arabien 24
Säulenheilige 374
Schenken 236, 242-247; *siehe auch*
  Tavernen
Schiffe 12, 13, 44, 75, 175-177, 181,
  183, 184; *Abb. 3, 7, 8, 9, 10, 11*;
  Segel *siehe dort*
Schottland 136, 145, 284, 373
Schulgi, König von Ur 18, 19, 31,
  34, 37
Schutruk-Nahhunte, König von
  Elam 278
Schwarzes Meer 59, 60, 74, 111, 145
Seeräuber 81, 82, 135, 173, 378
Segel 75, 176, 177; *Abb. 6, 8, 10*
Segesta 157
Sehenswürdigkeiten 26, 27, 95,
  112 ff., 268-277, 297-316, 337,
  338, 343, 367-372, 376, 380
Seide, Seidenstraße 145-147
Seleukiden, Herrschergeschlecht
  128, 129, 130
Selinus 157
Semiramis, Königin von Babylon
  120
Seneca, röm. Philosoph 167, 241
Septimius Severus, röm. Kaiser 214,
  217, 317, 319
Servius Tullius, röm. König 292
Sichem 369
Sidon 18
Sieben Weltwunder, die 88, 271,
  272, 299, 347
Sikyon 269, 284, 285, 355
Simeon Stylites 374, 386, 389

Sinai-Halbinsel 21, 36, 367, 368, 380
Sizilien 60, 111, 156, 298
Skandinavien 131, 145
Skillos 274
Skopas, griech. Bildhauer 291, 353
Skythen 60, 111, 118, 122-124
Smyrna 175, 301
Sokrates, griech. Philosoph 274
Solon, athen. Gesetzgeber 95, 274
Somaliland 22, 134
Sophia, Konzil von 362
Sophokles, griech. Tragödiendichter
  79, 80, 91
Sorrent, Halbinsel von 162, 168
Spanien 59, 173, 194, 245
Sparta 58, 79, 87, 117, 159, 269,
  272, 273, 282, 283, 284, 298, 358
Sphinx bei Memphis 343
Spiele *siehe* Festspiele
Splügen-Paß 191
Sprachen 117, 118, 130, 136, 261
St. Bernhard-Paß, Großer 191
  Kleiner 191, 233
Stabiae 168
stabulum 236, 238
Stadtverkehr 209, 242, 307
statio 151, 152, 215
Strabo, griech. Geograph 80, 167,
  290, 317
Stradela 369
Straßen 17-21, 36, 45, 49, 52, 57,
  77-81, 135, 152, 188-205
  Geleise-Str. 78, 79, 199; *Abb. 40*
  Pflaster-Str. 18, 20, 49, 57, 96,
    118, 189, 195, 197, 198;
    Abb. 34, 36, 37, 38
Straßenbau 19, 49, 54, 188-205;
  siehe auch unter Straßen: Pflaster-
  und Geleise-Straßen
Straßenbeleuchtung 96, 306, 307
Straßenkarten 217, 218
Straßenmarkierungen 49, 80; *siehe
  auch* Meilensteine
Straßennamen 96, 307
  Hausnummern 96, 307
Straßenpolizei 37, 203
Straßenverwaltung 203
Streitwagen 15, 16, 18, 20, 21, 45,
  48-51; *Farbt. I, Abb. 16, 17, 19, 21*

Sudan 21, 22, 28, 62, 148, 375
Suez 61
Sumatra 147
Sumerer 15, 18, 19, 22; *Farbt.* 1, *Abb. 1, 2, 43*
Susa 52, 278, 279
Syene 305, 316
Synesius, Bischof von Ptolemais 184-187
Syrakus 74, 75, 130, 276, 287, 298
Syrien 12, 14, 42, 111, 112, 128, 297, 348, 349, 374, 388

tabellarius 258, 365
Tabennisi 374
taberna 243-245
›Tageläufer‹, griech. 258
Tal der Könige, Felsengräber im 304, 338-344
Tanagra 81
Tana-See 148
Tarent 277
Tarragona 174, 191
Tarsus 151, 369
Tavernen 35, 101, 102, 242, 243, 383; *siehe auch* Schenken
Tebessa 194
Tegea 117, 282, 285, 358
Tempel als Museen 280-294, 314
Tempe-Tal, Thessalien 271, 346
Terenz, lat. Komödiendichter 96
Terracina 195, 225, 226
Theater 90-92, 159
Theben (in Ägypten) 46, 117, 279, 304, 316
Theben (in Griechenland) 58, 81, 273, 274, 284, 285, 299, 358
Themistokles, athen. Staatsmann 274
Theodora, oström. Kaiserin 386
Theodosius II., oström. Kaiser 386
Theognis, Bischof von Nikaia 366
Theokrit, griech. Dichter 130
Theophrastos, griech. Schriftsteller 81, 82, 92
Thespiae 277, 292
Thessalien 20
Thukydides, griech. Geschichtsschreiber 359

Thurii 109
Tiberias 151
Tiberius, röm. Kaiser 163, 248, 274
Tibur 170-172, 271, 346
Tiglat-pileser I., König von Assyrien 49
Tigris 13, 14
Tiryns 20
Tischbe 368
Titus, röm. Kaiser 274
Tivoli 170, 171, 271, 346
Totes Meer 234, 368, 371
Toulouse 220
Tourismus, Touristen 26-29, 85-92, 95, 96, 116, 117, 231, 268-277, 297-339, 360, 365
Touristische Darbietungen 315, 316
Touristen-Saison 340
Trajan, röm. Kaiser 274, 298
Tralles 151
Transport über Land 18, 19, 23, 36, 37, 44, 56, 57, 82, 151, 152
über See 12, 24, 56, 75, 151, 173, 175, 177, 183, 301
trapezites 83
treideln 14, 225, 226
Trinken, Getränke 35, 75, 88, 101, 102, 208, 222, 223, 244-246, 363
Troïzen 100, 272, 273
Troja 272, 273, 300, 355
Tunesien 194
Tunnels 195
Turmanin 388
Tusculum 170, 172
Tyrus 18, 115, 275, 364

Unterhaltung 101, 102, 159, 160, 164-167, 181, 226, 238, 241, 242, 247, 248, 315, 316
Ur 18, 279

Vergil, röm. Dichter 226, 247, 271, 274
Vergnügungsreisen *siehe unter* Tourismus
Verres, Gaius, röm. Staatsmann 290
Vespasian, röm. Kaiser 184, 257, 298

Via Aemilia 189
Via Appia 172, 189, 195, 199, 202, 225, 231
Via Aurelia 189, 218
Via Egnatia 191; *Abb. 36*
Via Flaminia 189, 195, 202; *Abb. 42*
via glarea strata 203
Via Praenestina 172
via silice strata 197
via terrena 203
Via Tiburtina 172
Via Tusculana 172
Vicarello 156
Vichy 156
Villen, römische 161-172, 226, 271, 290; *Abb. 73*

Wachtposten 37, 49, 52, 379
Wadi Natrun 373-376, 387, 388, 389
Wagen 15, 45, 78, 209, 210, 213-215
 gedeckte 17, 76, 210
 harmamaxa 54, 55
 Kampf-, Streitwagen 15, 16, 18, 20, 21, 45, 48-51
 reda 209, 214, 362
 vierrädriger 15, 45, 77, 210; *Abb. 31, 32, 33*
 zweirädriger 15, 45, 77, 209; *Abb. 15, 18, 23*
Wagenrennen 45; *Abb. 20*
Waschgelegenheit (für den Reisenden) 99, 240, 241
Wegelagerei 24, 36, 37, 56, 82, 83, 136, 173, 262, 379, 380
Weihrauch 61, 134, 148
Weizen 151, 183
Wiesbaden 156
Wunder, Wunderberichte 286, 287 310-312

xenon 97
Xenophon, griech. Schriftsteller 274, 359

Zelte 100, 178, 211, 229, 231
Zeus 46, 86, 90, 95, 116, 145, 158, 272, 276, 300, 353
Zeuxis, griech. Maler 291
Zinn 131
Zoll 56, 349-351
Zypern 40, 41, 76, 273

Für freundliche Hilfe und Rat bei der Gestaltung des Bilderteils danken Autor und Verlag Herrn Prof. Dr. S. Lauffer, Vorstand des Seminars für Alte Geschichte und den Herren Dr. Berthold Fellmann und Dr. Henning Wrede vom Archäologischen Seminar der Universität München; Herrn Dr. Dietrich Wildung, dem Direktor der Ägyptischen Staatssammlungen und Herrn Dr. Dieter Ohly, dem Direktor der Staatlichen Antikensammlungen des Bayerischen Staates in München, sowie Herrn Leonhard von Matt in Buochs, Schweiz.

Fotos stellten zur Verfügung: Alinari 11, 13, 14, 15, 51, 75. Lala Aufsberg 45. Klaus Hansmann 41. Konrad Helbig 35, 53. Hirmer Foto-Archiv Farbtafel I, III 3, 8, 9, 17, 20, 22, 24, 46, 47, 57, 67, 68. Eugen Kusch 36, 52. Leonhard von Matt 10, 12, 18, 19, 31, 34, 37, 39, 48, 50, 54, 56, 59, 66, 69, 71, 76. M. Ohly 28. Scala Farbtafel IV., V. Dr. Dietrich Wildung II. – Die hier nicht aufgeführten Vorlagen und Fotos stellten freundlicherweise die angegebenen Museen oder der Autor zur Verfügung.

Die Karten zeichnete Alfred Beron, zum Teil nach Unterlagen von Prof. Dr. S. Lauffer.